U0750817

《心理学基础》编委会

主　编：陈少华　邢　强

编　委：（按姓氏音序排列）
陈少华　刘百里　刘海涛　邢　强

精品资源共享课程教材

心理学基础

Foundations of Psychology

陈少华　邢　强　主编

中国·广州

图书在版编目（CIP）数据

心理学基础/陈少华，邢强主编．—广州：暨南大学出版社，2016.12（2019.8 重印）
ISBN 978－7－5668－2031－0

Ⅰ．①心…　Ⅱ．①陈…②邢…　Ⅲ．①心理学—高等学校—教材　Ⅳ．①B84

中国版本图书馆 CIP 数据核字（2016）第 325552 号

心理学基础
XINLIXUE JICHU
主　编　陈少华　邢　强

出 版 人　徐义雄
策划编辑　黄圣英
责任编辑　冯　琳　何镇喜　江肖莹
责任校对　黄　颖　何　力
责任印制　汤慧君　周一丹

出版发行　暨南大学出版社（510630）
电　　话　总编室（8620）85221601
　　　　　营销部（8620）85225284　85228291　85228292（邮购）
传　　真　（8620）85221583（办公室）　85223774（营销部）
网　　址　http：//www. jnupress. com
排　　版　广州市天河星辰文化发展部照排中心
印　　刷　佛山市浩文彩色印刷有限公司
开　　本　787mm×1092mm　1/16
印　　张　21.25
字　　数　405 千
版　　次　2016 年 12 月第 1 版
印　　次　2019 年 8 月第 4 次
定　　价　53.00 元

前　言

有一次，我到一所中学听课，一位不认识的老师私下对我说他是我的学生，我感到很是诧异。后来他才告诉我，十年前我给他上过心理学公共课，这让我感到很欣慰，他不但记得我，而且还对心理学有印象。但是，随后的交谈却让我感到有些失望，因为他不记得在心理学公共课上到底学了些什么。直到今天，我对那次谈话仍有感触：一方面，大家都知道心理学很有用，就像那位中学老师一样，但心理学究竟有哪些用处，很少有人说得清楚；另一方面，人们对于心理学的期望很高，但当他们真正接触到心理学之后，又觉得很失落，因为他们接触到的心理学与心目中的心理学很不一样。究其原因，个人以为还是书的问题，是心理学教材的问题。

我本人在高校既从事心理学专业课教学，也参与心理学公共课的教学工作，而每次在上心理学公共课的时候，都会遇到很多两难选择。比如说，国内的一些公共课心理学教材注重概念和原理的解释，而学生似乎对这些不太感兴趣，那么作为老师，我上课的时候应该怎么教？如果采用国外的心理学公共课教材，学生考试的时候应该怎么考？再比如说，大部分学生希望心理学能教给他们一些实用的知识，甚至希望学了之后很快就能去实践，类似于如何快速准确地了解一个人，如何更好地与人相处，如何有效地提高学习效率，如何控制自己的脾气等，但是，国内很多心理学公共课教材都不怎么关注这些问题，即便关注，其解释也是学术性的，现实中很难操作。反观国外的一些心理学公共课教材，它们非常注重心理学的生活化和实用性，没有那么多过于理论和抽象的东西，这对国内心理学公共课教材的改革很有启发。

在参照国内外心理学公共课和心理学入门教材的基础上，我们确定了这本《心理学基础》的内容体系和编写思路：其一，内容不图全，只图精。作为心理学的入门课程，内容不可能面面俱到，因此我们根据公共课心理学的特点有针对性地选取了十个章节做重点介绍，这些章节内容涵盖心理学概论、心理过程、发展心理、学习心理、差异心理以及情绪心理等领域，尽量呈现心理学公共课的精华。其二，避免理论化，突出实用性。心理学公共课的课程目的不仅要求掌握心理学的一般知识原理，更要求将掌握的知识原理应用于学习、工作和生活中。记住几个概念、了解几个理论，并不等于学到了心理学。本书的编者都是长期从事心理学公共课教学的老师，他们在实践中也和我一样，有很多困惑，我们也达成了共识，即认为教材的编写要突出实用性。其三，既注重科学性，又注重趣味性，在编写风格上不拘一格，灵活多样。在与学生的交谈中我们发现，大部分学生都反映心理学的课听上去有趣，学起来没劲，看心理学书的时候容易打瞌睡。主要原因还是专业性太强，趣味性不够。为此，本书借鉴国外一些有影响的心理学教材编写风格，努力做到科学性与趣味性相结合。

尽管本书的定提纲、定体例、统稿、定稿等具体工作由我负责，但它是集体努力的结果，编写的具体分工如下：陈少华负责撰写第一章、第七章、第八章和第十章，刘海涛负责撰写第二章和第三章，邢强、王家慰负责撰写第四章，刘百里负责撰写第五章和第六章，邢强、夏静静负责撰写第九章。

付梓在即，我首先要感谢编写团队的每位老师，感谢他们这一年多来的辛勤付出，在繁忙的教学与科研工作之余，还要花精力来编写这样一本书，甚至可能是吃力不讨好。其次要感谢“广州大学教材出版基金”的大力支持，正是因为有它的立项资助，本书才能够顺利出版。再次要感谢暨南大学出版社的徐义雄社长、黄圣英副社长和编校人员，他们为本书的出版提出了许多中肯的建议，并为此做了大量的工作。最后要特别感谢国内外的心理学专家和同行，书中引用的文献资料都是他们多年精心研究的成果，没有这些成果也就不会有这本《心理学基础》。由于篇幅有限，有些文献或成果未能尽数列出或注明，恳请谅解。

尽管我们对心理学公共课教材的编写有很多想法，并为此花费了大量的时间和精力，但是由于能力有限或考虑不周，加上时间仓促，呈现给大家的这本《心理学基础》难免会有不足。其在编排体例、编写风格、内容选择以及材料组织等方面可能会与我们的初衷有差距，但是只要努力了，我们就问心无愧。套用美国心理学家 David Funder 说的一句话，无论是一个理论还是一种方法，它的优点同时也是它的缺点。Funder 称之为第一定律，我认为这一定律同样适用于评价一本书。尽管本书谈不上有多少优点，但它一定有自己的特点。我一直以为，要写好一本书，必须精雕细琢，如同对待一件艺术品那样，这一点，我觉得我们应该向国外一些心理学著作的作者学习。

最后，对于书中存在的疏漏和不足，我们衷心希望专家同行和读者朋友多提批评和建议，以便我们在今后的修订工作中努力改进。

编　者

2016 年 12 月

目　录

第章

心理学概论

引　言

“嫁给一个心理学家的感觉怎么样?”人们常常这样问我的妻子,“他在你身上运用心理学吗?”

“那么,你爸爸分析你的心理吗?”我孩子的朋友们这样问过好多次了。

“你觉得我怎么样?”一个理发师这样问我,在得知我是一个心理学家以后,他希望得到一个即时的人格分析。

对于这些提问的人,或者对于绝大多数只是从一些通俗书籍、杂志、互联网或电视节目中获取心理学知识的人来说,心理学家就是分析人格、提供心理咨询(治疗)或给出儿童培养的建议的人。

是这样的吗?是的,但远不止这些。

内容提要

※心理学是一门关于个体行为及心理过程的科学,心理学工作者的职业非常广泛。

※心理学研究的目标包括描述和测量、解释和说明以及预测和控制。

※行为与基因关系密切,行为遗传学是研究遗传(基因)对行为影响的科学。

※心理是脑的机能,脑是心理的器官,智力、人格等个体差异与大脑有关。

※心理学研究通常会采用描述性的方法,包括观察法、自我报告法、测验法及个案法。

※相关研究是用来考察两个或多个变量之间是否相关以及相关强弱的定量研究方法。

※实验法是心理学研究中最重要的研究方法,它可以用来考察变量之间的因果关系。

※西方心理学史上早期的理论流派主要有构造主义、机能主义及格式塔心理学。

※现代心理学形成了心理动力学、行为主义、人本主义以及认知心理学并存的格局。

第一节　心理和心理学

一、什么是心理学

（一）心理学是一门科学

“你为什么这样做?”“你原来怎么想的?”“你现在感觉如何?”这三个问题概括了心理学家在了解人的心理真相时想探究的问题，也是我们自己想要回答的问题。而心理学正是这样一门关于人们所感、所想、所为的学问。

心理学是一门关于个体的行为及心智过程的科学。在研究对象方面，心理学既要研究人，也要研究动物。这里的人既包括正常的人，也包括有心理问题的人；既包括刚出生的婴儿，也包括从事各行各业的成年人。在研究内容方面，心理学既研究外显的动作和反应，如言行举止、面部表情及身体姿态等，也要研究内在的心理过程，如思维、情感、动机等。之所以强调心理学是一门科学，是因为心理学采用了科学的方法尤其是实验研究的方法。历史上，灵魂、精神、意识、心理或心智一类的现象属于哲学研究的范畴，直到19世纪末，科学家采用实验的方法去研究上述现象，心理学才逐渐成为一门科学。

然而，直至今天，仍然有一些人怀疑心理学的科学地位，有人甚至将心理学与算命先生和江湖骗子相提并论，对心理学持有偏见甚至错误观点的人不在少数。比如最常问到的一个问题是：“你是学心理学的，你知道我心里在想什么吗?”似乎学过心理学的人都懂得“读心术”。类似的偏见还有：

心理学就是心理咨询。

心理学就跟算命一样。

心理学就是分析一个人的梦。

心理学是骗人的东西。

心理学成果不过是些常识。

心理学就是“话疗”。

相关链接 1－1

心理学与常识

请你判断以下说法是否正确，并说说你的理由：

（1）如果你碰巧踩在一颗钉子上，你会马上感觉到。

（2）一个独眼人不可能驾驶飞机降落。

（3）当月亮低挂在夜空时，大气层的作用使月亮看上去显得更大。

（4）对目击者实施催眠术后，他们能完整地回忆起所看到的犯罪行为。

（5）大脑的活动在睡眠的各个阶段中几乎处于停止状态。

（6）惩罚是促进一种新习惯形成的最有效方法。

（7）所有记忆都是持久性的，只是我们有时找不到提取记忆的有效方法。

（8）高智商的人通常都有非凡的创造力。

（9）测谎器能够很精确地发现人是否在说谎。

（10）压力总是使人感到痛苦。

（11）智力完全是父母遗传的。

（12）扬言要自杀的人实际上一般不会自杀。

（13）精神分裂症患者有双重或多重人格。

（14）与在车辆稀少的乡间路上相比，如果你的车坏在一条来往车辆很多的高速公路上，你更可能得到过路人的帮助。

答案：上述14道题的表述都是错误的，你或许还不能完全理解，不用急，读完本书之后，你会明白的。

（二）心理学家都是干什么的

如果要求没学过心理学的人描述一下他们心目中的“心理学家”是干什么的，会得到一大堆不同的答案：

心理学家知道你正在想些什么。

心理学家像弗洛伊德那样分析你。

心理学家测量你的智商和分析你的性格。

心理学家处理恐惧症和抑郁症之类的问题。

心理学家使用测谎仪。

心理学家做一些不正当的实验。

最常见的答案是涉及揭露人们的秘密和心理问题，这些回答表明，人们对心理学家和他们的专业常常心存戒备。既然心理学研究的领域如此广泛，那么心理学家所从事的职业也是各式各样的。有些心理学家关注心理学的基本问题，例如，我们是如何认识这个世界的？为什么只有人类才会使用语言？这些问题需要认知心理学家去研究。有些心理学家关注人的发展问题，例如，婴儿出生的时候有情绪吗？他们什么时候能认出自己的妈妈？这些问题需要发展心理学家去解

决。再比如，课堂上如何对待调皮捣蛋的学生？为什么有些学生一到考试前就头痛肚子疼？这类问题需要教育心理学家去处理。人们通常所说的心理咨询，那是咨询心理学家或临床心理学家干的事情。

（三）各种各样的伪心理学

伪心理学（pseudopsychologies）是一种不基于科学证据来解释人类行为的体系。除娱乐消遣外，伪心理学不具有任何理论和实际价值。但是，生活中有些人仍然对此津津乐道，个别人还利用人们迷信伪心理学的心理骗取钱财。这也反映了普及科学心理学知识对于我们的学习、生活和工作有重要现实意义。以下是一些常见的伪心理学：

1. 手相学（palmistry）

手相学就是通过观察一个人手掌的形状、纹路来预测其性格及其命运的一门“学问”。手相学认为，手相即人相，手的形体和整个人体，手的色彩、质地和人的健康、精神都有着千丝万缕的联系。按照手相学的观点，人是全息的，手作为人体中最敏感最灵巧的器官之一，当然能透露些内容。然而，大量的科学研究表明，手掌的纹路与性格没有任何关系，也不可能用来预测一个人的未来。

2. 笔迹学（graphology）

笔迹学是研究书写者的心理特性和心理状态变化，抑或通过一个人的字迹或笔迹来预测其人格的学说。按照笔迹学“专家”威廉·希契科克的观点，笔迹是一个人的人格、智力水平和思维逻辑的具体反映，笔画轻重均匀适中，说明书写者有自制力、稳重，对自己所喜欢的工作能竭尽全力去完成；反之，笔画不均匀的书写者多半是个脾气暴躁、喜欢破坏和妒忌心强、喜欢背后做小动作的“阴谋家”。笔画过重的人比较敏感，笔画过轻的人往往缺乏自信。在人格测试方面，虽然笔迹学的准确性基本为零，但有些知名公司也会通过分析笔迹来招聘潜在的雇员。

3. 占星术（astrology）

占星术亦称星象学，是运用天体的相对位置和相对运动来解释人格和预测人的命运的伪心理学。占星术士认为，天体尤其是行星和星座，都以某种因果性或非偶然性的方式预示人间万物的变化。它试图利用人的出生地、出生时间和天体的位置来解释人的性格和命运。以下问题能够帮助我们澄清为什么说占星术是伪心理学：

（1）占星术士的星图是最新的吗？占星术士的星图基本是在3 000年前绘制的。经过多年地球自转，天空中的恒星、行星和星座已经不在原来的位置了，星座的位置仅在最近2 000年已经改变了24°之多。因此双子座实际上是原来的巨蟹座，并将在2 000年后变成狮子座。

(2) 为什么出生的时刻这么重要？为什么不是受精的时刻呢？如果小宝宝是剖宫产而不是自然生产的又该怎么办呢？是不是一个人的一生也因此毁掉了呢？

(3) 为什么恒星和其运行会对人有影响呢？是万有引力导致的吗？替小宝宝接生的医生的身体质量对于婴儿身体产生的万有引力要比月球产生的引力大得多（也许人们应该找一个瘦一点的产科医生）。

研究表明，天体等的征兆和人格、事业、技能、结婚率、离婚率或者生理特征都没有关联。通过对数以千计占星术士的预言进行研究，结果显示只有非常小比例的预言变成了现实，并且变为现实的那些预言都是非常隐晦或者容易猜中的，例如，“我预测一个明星今年会做整形手术”。

二、心理学的目标与任务

（一）描述和测量

所谓描述就是对心理和行为事件加以客观地陈述，即只求事实的真实性，而不涉及心理和行为发生的原因。举例来说，如果要从定性的角度来描述一位大学生害羞的特质，我们可以向被试提出下列问题：“你在什么情境下容易感到害羞？你在害羞时有哪些心理和行为反应？你的害羞感是经常性的还是情境性的？”根据对被试回答的分析，我们可以对这位大学生的害羞特质进行定性描述。如果要从定量的角度加以描述，则可以让这位大学生根据其自身的情况填写一份《青少年害羞量表》，对其害羞状况进行客观测量，经统计处理就可以对这位大学生的害羞特质做出定量的描述。概言之，心理学研究的初始目标是对研究对象做初步了解，需要解决“是什么”的问题。

（二）解释和说明

心理学研究不会仅局限于对心理和行为事件的描述和测量，而是要进一步探究事件的真相和规律，亦即要解决“为什么”的问题。解释就是将心理和行为事件发生的前因后果分析清楚，即以陈述的事实为根据，进而分析其形成的原因。解释和说明是心理学较高一级的目标和任务，它要求心理学家将已知事实组织起来进行概括总结，对事件之间的关系提出假设，并通过一定的方法证明假设，最终形成与事实相符的理论。

一般来说，心理学家会从遗传、环境（教育）和社会文化等不同层面来解释心理和行为发生、发展的过程及其特点。例如，为什么有些人比另外一些人更容易感到害羞？对此，心理学家会从三个角度进行解释：

其一，天性原因。研究表明，大概有10%的儿童“生来害羞”，这些小孩在

与不熟悉的人或环境接触时会更加害羞。

其二，成长经历的原因。儿童期被嘲讽，因一时犯错而被大家取笑；或小时候在家里是“掌上明珠”，父母宠爱有加，很少有和他人接触的机会。

其三，文化的原因。在中国传统文化中，女性害羞是受鼓励的，因而女性害羞者较多。现代社会中年轻人由于过度使用网络和手机，减少了与人面对面接触的机会，因此产生孤独感和隔离感，从而变得更害羞。

（三）预测和控制

预测是根据已有的知识和信息去估计某种事物或现象在将来发生的可能性，心理学中的预测是表述一个特定行为将要发生的可能性和一种特定关系将被发现的可能性。例如，在高校毕业生人才招聘时，用人单位往往会根据应聘者在大学期间的学业成绩及其人格测试得分来招聘相应的人才。如果一个大学毕业生学业成绩优秀，而且在人格测验中尽责性得分较高，那么主考官很可能会录用此人。因为根据心理学的研究，优秀的学业成绩和高的尽责性可以比较准确地预测一个人的工作成就。然而，行为预测并不总是准确的，因为一种行为在未来发生的可能性由多种因素决定。如在上面的例子中，尽责性的测量如果不准确的话，那么其预测很可能不准确。

控制是指采取有效措施，使事物朝着人们所期望的方向发展，避免消极事件的发生或将其危害减少到最小，它是要解决“怎么做”的问题。对许多心理学家来说，控制是核心的、最强有力的目标。控制意味着支配行为的发生，并影响行为的形式、强度或发生的频率。举例来说，如果想控制害羞，使之不发生或少发生，那么专业的心理学家会向你提供一些可行的建议（Zimbardo，1991）：

（1）要相信你的害羞并不比其他人更严重，其他人可能会比你更害羞。

（2）要相信即使从小就很害羞，也是可以改变的。就像改掉不良习惯一样，需要的是勇气和毅力。

（3）向你所接触到的人微笑，并与他们目光接触。

（4）与别人交谈时要用最清晰的语音大声地说话，特别是当说到自己的名字或询问信息时。

（5）在一个新的社会环境中努力让自己第一个提出问题和发表观点。

（6）绝不要小瞧自己，要想取得成功，就应采取行动。

（7）将你的注意力投向别人，看看其他人是否害羞，以转移你对自己的注意力。

（8）去经常让你感到害羞的地方之前，可以先练习一下沉思、放松，使思想调整到理想的状态。

三、心理学的分支学科

（一）基础心理学

基础心理学是指心理学的基础领域或基础研究的分支学科群，主要探讨心理科学中与各分支心理学有关的基础理论和基本的方法论问题，研究心理和行为发生、发展的基本规律。

1. 普通心理学

普通心理学是研究心理学基本原理和心理与行为现象一般规律的分支学科，是所有心理学分支中基础性和一般性的学科。

2. 实验心理学

实验心理学是研究心理实验的基本理论、基本技术并介绍心理学各分支领域中实验研究成果的科学，它是通过实验程序对心理和行为进行研究的心理学分支学科。

3. 生理心理学

生理心理学探讨的是心理活动的生理基础和脑的机制。其研究内容包括脑与行为的演化；脑的解剖与发展及其和行为的关系；认知、运动控制、动机行为、情绪和精神障碍等心理现象和行为的神经过程与机制。

4. 发展心理学

发展心理学是研究人类个体不同年龄阶段的心理发生发展规律的学科。个体心理发展的研究对象是人生全过程各个年龄阶段的心理发展特点，这些年龄阶段包含婴儿期、幼儿期、儿童期、少年期、青年期、中年期、老年期等时期。

5. 社会心理学

社会心理学是研究个体和群体的社会心理现象的心理学分支。个体社会心理现象指受他人和群体制约的个人的思想、感情和行为，如人际知觉、人际吸引、社会促进等。而群体社会心理现象是指人们在共同活动中所产生的群体本身特有的心理现象，如竞争行为、侵犯行为等。

6. 认知心理学

广义的认知心理学是指以人或动物的认知过程为研究对象，探索认知过程的内容、机制及其研究方法的心理学；狭义的认知心理学就是根据信息加工的过程揭示人类认知过程及其机制的心理学。

7. 人格心理学

人格心理学是研究个体稳定的行为模式的心理学。它以现实的完整的人作为研究对象，对人的思想、情绪及行为的独特模式做出整体性的解释。

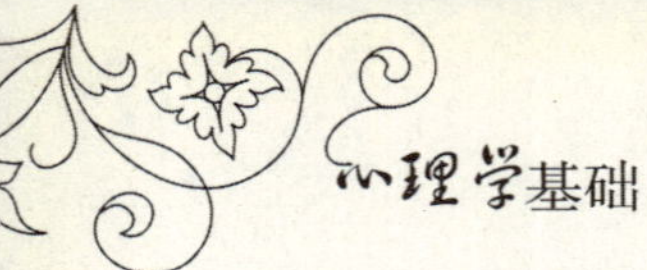

8. 比较心理学

比较心理学是研究动物行为进化的基本理论以及不同进化水平的动物的各种行为特点的心理学分支，以不同进化阶梯上的动物的行为为研究对象。

（二）应用心理学

应用心理学研究心理学基本原理在各种实际领域的应用，包括工业、工程、组织管理、市场消费、学校教育、医疗保健、体育运动以及军事、司法、环境等领域。

1. 教育心理学

教育心理学是研究在教育情境下人类的学习、教育干预的效果、教学心理以及学校组织的心理学分支，重点是把心理学的理论或研究成果应用在教育上。

2. 临床心理学

临床心理学借助心理测验对病人的心理和行为进行评估，并通过心理咨询和心理治疗等途径调整和解决个体的心理问题。

3. 咨询心理学

咨询心理学是研究心理咨询的过程、原则、技巧和方法的心理学分支，研究对象主要是正常人，而不是患者。它为解决人们在学习、工作、生活、保健和防治疾病方面出现的心理问题提供有关的理论指导和实践依据，目的在于促进身心健康。

4. 工业心理学

工业心理学主要研究工作中人的行为规律及其心理学基础，其内容包括劳动心理学、工程心理学、人事心理学、消费者心理学等。除研究人际关系、人机关系、人与工作环境关系外，工业心理学还研究劳动作业的内容、方式、方法与人的工作效能的关系问题。

5. 管理心理学

管理心理学主要研究组织中的管理人员及其与下属之间交互作用的问题，重点在于对有着共同经营管理目标的人的系统的研究，以提高效率，在一定的成本控制条件下，最大限度地调动人们的积极性和创造性。

6. 法律心理学

法律心理学又叫法制心理学，是研究与法有关的各种人的心理活动规律的学科。该学科运用心理学原理和方法探讨人们在法制活动中的心理学问题，探究司法程序中犯罪动机、犯罪证据的信效度，以提高司法的公正性。

7. 广告心理学

广告心理学作为应用心理学在广告学方面的一个分支，研究广告对于消费者和潜在消费者的购买决策的动机的影响。它常被视为研究广告效果提升的市场调研的一个分支领域。

8. 环境心理学

环境心理学是研究环境与人的心理和行为之间关系的学科，又称生态心理学。环境心理学之所以成为心理学的一个应用研究领域，是因为心理学研究社会环境中的人的行为，而从系统论的观点看，自然环境和社会环境是统一的，二者都会对行为产生重要影响。

四、作为一门职业的心理学

一说到心理学，人们首先就会想到心理医生、心理咨询。其实，作为一门职业，心理学远不止这些，现实中，心理学工作者的职业范围非常广泛，从学校的心理健康工作到企业的人力资源管理；从私人的心理咨询诊所到政府部门的形象设计顾问……我们只需在互联网上搜索一下，就可以找到大量类似的信息。今天，心理学越来越多地得到人们的认可和重视。这是因为在经济高度发展和科技异常发达的时代，人们越来越想了解自身，越来越关注完善自我。随着社会竞争日益激烈，人们承受的压力会越来越大，为了更好地缓解压力和适应社会，必须找到有效缓解压力的策略，因此普通大众也越来越需要心理学的知识。

以下是三种心理学工作者的职位设置：

职位一

岗位：小型文科学院讲师

职责：教授本科生课程，包括心理学入门、认知心理学专题、感觉、学习等。

要求：有信心高质量地完成教学任务，同时还需要胜任科学研究工作。

职位二

岗位：跨国企业管理咨询心理学家

职责：协助上级管理者开展工作，发现组织及员工中存在的问题，寻找创新可行的解决办法。

要求：具有企业工作经验，了解企业管理的基本知识。

职位三

岗位：心理诊所临床心理学家

职责：与多学科团队合作，为个体和团体提供心理治疗服务；同时还要进行心理测验、通过电话（互联网）进行危机干预及研发治疗方案。

要求：具有博士学位，具备临床经验，拥有执业执照。

从以上职位设置可以看出，心理学工作者的工作范围很广泛。在我国，很多获得博士学位的心理学工作者在科研机构（如大学）从事研究工作或在各级各类学校从事教学工作。此外，还有很多人受雇于私人企业或培训机构，而在医院、诊所、心理健康中心、咨询中心、学校及政府人力资源部门工作的也很常见（如图1－1所示）。

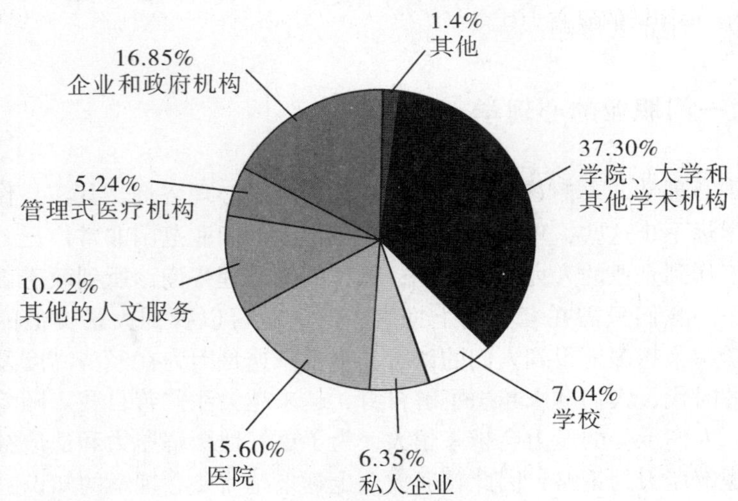

图1－1　心理学工作者的职业（APA，2007）

第二节　行为的生物学基础

一、行为遗传学研究

（一）行为和基因

行为是指生物体对内外环境中的变化或信号刺激所做出的一种生理反应。行为可分为本能和学习两类。本能是先天的记忆或遗传的记忆，学习则是后天的记忆或获得的记忆。行为遗传学（behavioral genetics）是研究支配生物的向光、摄食、求偶、育儿、攻击、逃避以及学习和记忆等行为的基因和基因表达的时间、场所及作用途径等的遗传学分支学科。它是在遗传学、医学、心理学等学科基础上形成的一门交叉学科，结合微观的分子遗传学水平和宏观的社会行为水平的研究，探究在基因和环境的动态交互过程中人类复杂行为的形成机制。简言之，行为遗传学是研究遗传对行为影响的学科。研究表明，人类的认知能力、人格特征、性取向和心理障碍在某种程度上都由遗传因素决定（Reif & Lesch，2003）。

行为遗传学研究关注个体差异的根源，即遗传基因中哪些因素有助于解释我们思考和行为的方式。关于自然选择的力量如何影响人类及其他物种的行为，有两个领域对这一问题的研究提供了更广的视角，这对人类行为遗传学是一种补充：社会生物学（sociobiology）领域的研究为社会行为以及人类和其他动物的社会系统提供了进化论的解释；进化心理学（evolutionary psychology）关注我们从祖先那里继承的基因是怎样影响我们的行为的，无论这些行为是什么，它们的最终目的都是帮助人类更好地生存和繁衍。

（二）行为遗传学的研究方法

1. 选择性繁殖

选择性繁殖是对动物特性遗传的一种研究方法，即让具有某种高水平特性的动物和低水平特性的动物分栏交配以考察行为特性遗传的情况。例如，在汤普森（Thompson，1954）的一个经典实验中，让走迷宫快的老鼠和走迷宫慢的老鼠分栏交配繁殖了六代，两组的学习能力随着选择性繁殖的代数增加，差异越来越大；到第六代时，走迷宫慢的愚笨鼠要比走迷宫快的聪明鼠多犯一倍的错误。科学家们已采用选择性繁殖技术证明了大量行为特征的遗传性。

2. 双生子研究

双生子研究是通过比较同卵双生子和异卵双生子在心理发展特征上的相似性，来探究遗传和环境因素对该心理发展特征的影响程度。同卵双生子由同一个受精卵发育而成，因此在遗传结构上完全相同，而异卵双生子之间只有50%的相同遗传结构，与一般兄弟姐妹之间的遗传相似度一样。由于理论上双生子有着最为接近的后天环境，因此同卵双生子和异卵双生子在行为相似性上的差异可以证明行为的遗传性。

一项来自113 942对儿童、青少年和成人的智商（IQ）家庭研究的元分析表明，在一起抚养的同卵双生子，其IQ测试成绩的平均相关为0.86，而在一起抚养的异卵双生子之间的平均相关为0.60，即便将同卵双生子分开抚养，他们之间的平均相关仍然有0.72，可见遗传对IQ的影响之大（Bouchard & Mcgue，1981）。图1－2是来自8个国家不同血缘关系的家庭成员的IQ测试成绩的平均相关系数。此外，遗传对人格特征、行为障碍及精神疾病也有不同程度的影响。

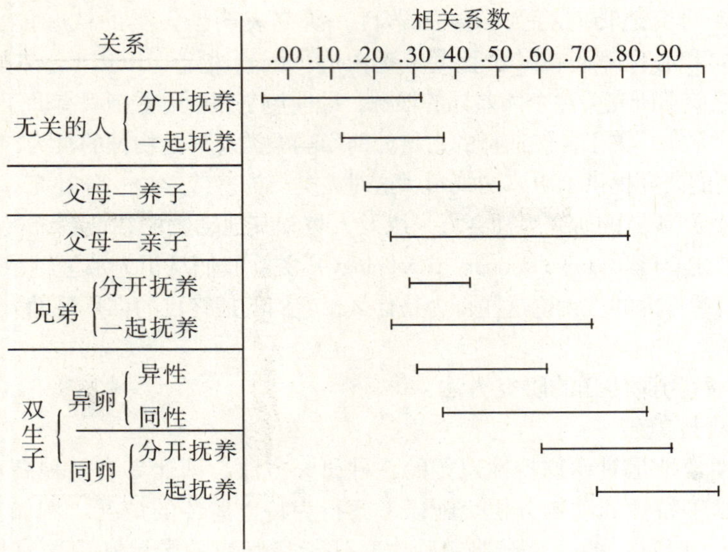

图 1-2　来自 8 个国家家庭成员的 IQ 测试成绩平均相关系数

二、人脑的结构与功能

行为受制于遗传（基因）、心理受制于大脑已是不争的事实。心理学家一致认为，心理是大脑的机制，脑是心理的器官。

（一）脑的结构与功能

脑是神经系统的核心部位，位于颅腔内，人脑的重量占全部中枢神经系统重量的98%，平均重量为1 400 克。女性脑重略轻于男性。从绝对质量看，大象的脑比人类的脑重3 倍，但从相对质量（脑重与体重的比值）看，人脑比大象脑重得多。从个体发展过程来看，新生儿脑重390 克，9 个月脑重660 克，2.5 ~3 岁脑重900 ~1 000 克，7 岁脑重1 280 克，12 岁接近成人。由此可见，脑重量与心理发展息息相关。

人脑由脑干、小脑、间脑及大脑组成。其中脑干包括延髓和脑桥，间脑包括丘脑和下丘脑，如图 1-3 所示。一般来说，处于有机体部位越高的部分，其机能也越高级；处于有机体部位越低的部分，其机能也越简单。大脑部位最高，其机能级别最高；脊髓的部位最低，其机能最简单。

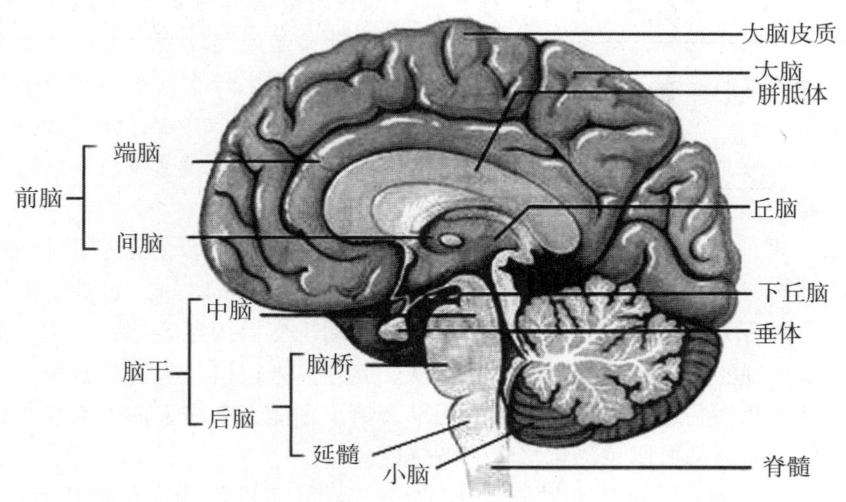

图 1－3　中枢神经系统结构示意图

1. 脑干、间脑和小脑

延髓：在脑干最下端，后下方接脊髓，背侧为小脑所覆盖。它是心跳、呼吸、血管运动、咀嚼、吞咽、胃肠运动、排泄等活动的中枢，对维持生命有极为重要的作用，所以，延髓又称为“生命中枢”。

脑桥：位于延髓与间脑之间，连接小脑两半球。主要机能是调节肌肉紧张和某些内脏活动。

间脑：位于大脑半球下部，大部分为大脑半球所覆盖，并与两半球紧密连接。间脑包括丘脑和下丘脑。其中，丘脑呈椭圆形，除嗅觉外，一切感觉纤维束到达大脑皮质前，都在丘脑有突触接替，丘脑是中枢神经系统的重要“传入转换站”，是皮质下的感觉中枢。下丘脑位于丘脑下方、视交叉后面，它调节内脏的活动和体内物质代谢，保持体内环境的恒定，与情绪反应有密切关系。

小脑：位于大脑后下方，脑干背面，分为左右两个半球，其表面是小脑皮质。来自全身的信息，特别是来自躯干和四肢以及内脏的信息都到达小脑皮质。小脑的主要机能是协调骨骼肌肉的活动、保持身体平衡。一些研究表明，在学习和执行身体运动序列上，小脑也有重要作用（Seidler et al.，2002）。

2. 边缘系统

边缘系统与动机、情绪状态和记忆过程相关，由三部分组成：

（1）海马。是边缘系统中最大的脑结构，在学习和记忆中扮演重要角色。很多临床证据支持这种观点，其中，病人 H. M. 就是最典型的案例：

H. M. 在27岁时进行了脑外科手术，试图缓解其频繁的严重癫痫发作。手术将一部分海马切除，结果 H. M. 只能回忆起非常遥远的过去，失去了把新信息存入长时记忆的能力。他在手术后多年，仍坚信自己生活在做手术时的1953年。

H. M. 是一个亲切友善的人，担任了50年的研究被试。在他的海马受损后，虽然他总认为自己生活在1953年，但还是能够形成其他类型的新记忆，例如，他仍然能掌握新的技能，可惜记不住学过。

（2）杏仁核。在情绪控制和情绪记忆形成中起作用。由于它的控制功能，杏仁核损伤可能对精神特别活跃的个体产生镇静效应。例如，如果损伤了与恐惧、攻击性有关的杏仁核，就会使原本温驯的动物变得凶猛残暴；反之，原本狂野、难以控制的动物则会变得温顺和服从。此外，杏仁核一些区域的损伤也会损害传达诸如悲伤和恐惧等负面情绪的面部表情识别能力。当人们提取自传体信息时，杏仁核的活动可以预测记忆情绪的强度。

（3）下丘脑。是脑内最小的结构之一，调节动机行为，包括进食、饮水、体温调节和性唤醒。当身体能量储存降低时，下丘脑维持兴奋并激发机体寻找食物和进食。当体温降低时，下丘脑引起血管收缩并产生瞬间的非自主运动，这就是通常所说的“寒战”。

（二）大脑的结构与功能

1. 大脑的结构

大脑位于脑干和小脑之上，是脑和整个神经系统的最高部位。大脑表面被平均2.5毫米厚的灰质覆盖着，这层灰质被称为大脑皮质。大脑皮质按照神经细胞的形状、大小、排列方式不同分成6层。大脑皮质的展开面积为2 200～2 600平方厘米，纵横折叠成球形窝在颅腔内，使皮质表面凹凸不平，凸起的部分称为“回”，凹陷的部分称为“沟”或“裂”。以主要的沟（中央沟、顶枕裂、外侧裂）为界，大脑皮质可分成4个“脑叶”：额叶、顶叶、枕叶、颞叶。

（1）额叶。位于外侧裂之上与中央沟之前，负责思维、计划与调控，与需求和情感相关，具有控制运动和进行认知活动的功能，因意外事故损伤了额叶就会损害一个人的行为能力，并引起其人格的改变（见相关链接1－2）。额叶还包括布洛卡区，即保罗·布洛卡在关于语言障碍病人的研究中所发现的脑区，这个区域受损会导致运动性失语症。

（2）顶叶。位于中央沟之后，负责疼痛、触摸、味觉、温度与压力的感觉，该区域也与数学和逻辑相关。

（3）枕叶。位于大脑半球后部，顶叶与颞叶之后，比其他脑叶小。其功能单纯，负责处理视觉信息。损害时会引起视野缺损或视力障碍。

（4）颞叶。位于外侧裂下部，即每个大脑半球的侧面，有言语感觉区（对语言的理解)，是控制言语感觉的皮质中枢，负责处理听觉信息，也与记忆和情感有关。颞叶中包括一个被称为维尔尼克区的脑区。1874 年，卡尔·维尔尼克发现这个脑区受到损伤的病人，其言语虽是流畅的但是毫无意义，可见其语言理解能力受到损害。

相关链接 1－2

因脑损伤导致的人格巨变

菲里尼斯·盖奇在严重的脑损伤后奇迹般地存活了13年，成为世界上最著名的脑损伤患者之一。而更为引人注目的是，盖奇在经历了脑损伤以后，脾气、秉性、为人处世的风格等发生了巨大的转变，与从前判若两人。

25 岁的盖奇在美国佛蒙特州铁路建设工地上工作，他负责爆破岩石。1848 年 9 月 13 日，正当盖奇用一根铁锹把甘油炸药填塞到孔中的时候，一颗火星意外地点燃了炸药。当时他的头正歪向一边，提前引爆的甘油炸药使他手中的铁锹从他的左颧骨下方穿入头部，然后从眉骨上方出去，在空中飞行100 多英尺后落在他身后20 几米远的地方。这根铁锹长约 1. 1 米，重 5. 04 千克，一端直径为 3. 18 厘米，另一端的直径为 0. 64 厘米。当他被铁锹击倒后，尽管颅骨的左前部几乎完全被损毁了，但他并未失去知觉。在一位年轻的外科医生哈罗的精心治疗下，盖奇在10 周后出院了。此后，他的体力逐渐恢复，又可以工作了。工友发现他虽然头上有个洞，但话语如常，思维清晰，而且没有疼痛的感觉。他活下来了，但行为和人格发生了巨大改变。

盖奇的幸存是一个奇迹，他仍然可以说话、走路，严重的脑损伤似乎对他没有什么影响。但不久以后，人们发现盖奇的脾气与从前大不相同了。他本是一个非常有能力、有效率的领班，思维机敏、灵活，对人和气、彬彬有礼。但这次事故以后，他变得粗俗无礼，对事情缺乏耐心，既顽固、任性，又反复无常、优柔寡断。他似乎总是无法计划和安排自己将要做的事情。正如他的朋友们所说，“他不再是盖奇了”。

出院后的盖奇已无法胜任领班的工作。他后来在一家出租马车行工作，负责赶马车和管理马匹。几年以后，他的健康状况开始恶化，1860 年 2 月癫痫发作，同年 5 月 21 日去世。

(资料来源：陈少华. 人格发展与教育：让你的孩子更有个性. 广州：暨南大学出版社，2015：124－125.)

2. 大脑两半球的分工

人类的大脑由大脑纵裂分成左、右两个大脑半球，两半球经胼胝体，即连接两半球的横向神经纤维相连。大脑的奇妙之处在于两半球分工不同。美国生理学家罗杰·斯佩里（Roger Sperry，1913—1994）教授通过割裂脑实验，证实了大脑不对称性的“左右脑分工理论”，并因此荣获 1981 年度的诺贝尔医学生理学奖。

第二次世界大战中，美国士兵约翰因头部受伤而成为严重的癫痫病人，医生无可奈何地为他切断了连接大脑半球的胼胝体，结果，他的病不再发作，但精神

失常了，吃饭时，他一只手把碗推开，另一只手又把碗拉回来。美国加州理工学院的生理学教授斯佩里博士闻讯后，给约翰做了一系列实验。他将一张年轻女人照片的左半部和一张小孩照片的右半部，拼成一张照片，采用特殊方法，使照片的左半部置于约翰的左半视野，右半部置于其右半视野。斯佩里要约翰指出他看见了什么。结果，约翰手指年轻女人，口中却果断地说："一个小孩！"斯佩里的研究证明了约翰的大脑两半球隔离开来后，他的思维发生了分裂，在一个人身上出现了完全不同的两种思想、两个精神。"裂脑人"的左右半球信息不相通，行动不配合。一个半球得到的信息，另一个半球却接收不到。左半球获得的信息，"裂脑人"能用语言表达出来，而右半球得到的信息，却有口说不出。这是因为右半球的信息传不到左半球，而右半球本身没有言语功能。

按照这一理论，人的左脑支配右半身的神经和器官，是理解语言的中枢，主要完成语言、分析、逻辑、代数的思考、认识和行为，即左脑进行的是有条不紊的逻辑思维。与此不同，右脑支配左半身的神经和器官，是一个没有语言中枢的"哑脑"。但右脑具有接收音乐的中枢，负责可视的、综合的、几何的、绘画的思考和行为。观赏绘画、欣赏音乐、凭直觉观察事物、纵览全局等都是右脑的功能（如图1－4所示）。左右脑的分工，使左脑抽象思维的功能较发达，而右脑形象思维的功能较发达，右脑在大脑思维中起着独特的作用。左右脑分工的特点决定了人的创新能力与右脑思维密切相关。

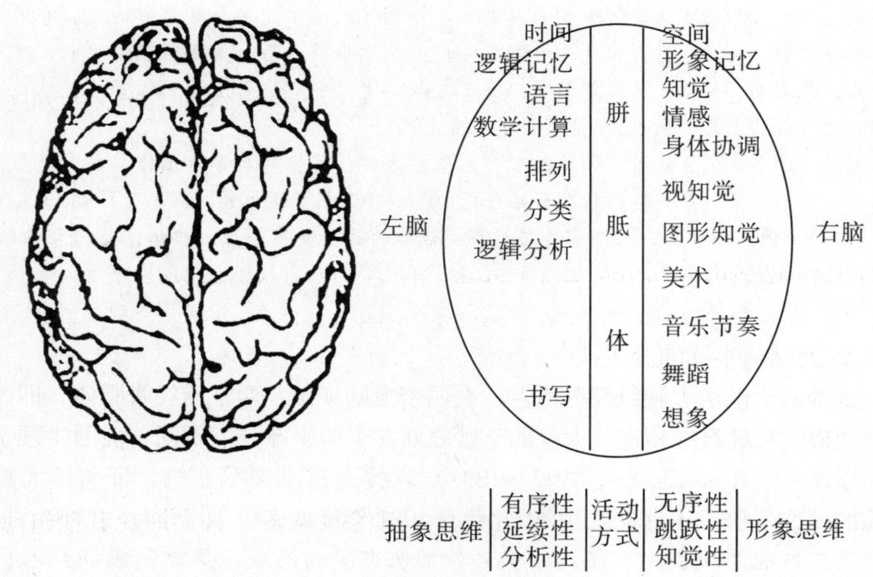

图1－4　大脑左右半球功能的单侧优势

三、脑与个体差异心理

（一）脑与性别差异

男女天生就有差异。神经心理学家发现，女性大脑皮质的功能组织不像男性那么侧化，女性的语言中枢在左右半球的分布更趋于平均。因此，在临床上女性脑卒中病人出现失语症的比例较低。男性则相反，一旦脑卒中发生在左脑，男性患失语症的比例会较高。另有解释认为，女性大脑两侧的平均化，还可能导致了其两侧半球功能的专门化程度不如男性。因此，女性在从事抽象思维、空间思维等活动时逊色于男性。当然，男女大脑的差异不止于此。有研究发现，男性大脑中负责问题处理与决策的大脑额叶部分，以及负责调节情绪的边缘皮质比女性的要更大一些。此外，男性负责空间感受的顶叶皮质与负责调节性行为与社会行为的杏仁核也更大。

科学研究表明，男女大脑在胎儿期就开始分化，但男女的大脑差异不大。事实上，无论从大脑的结构，还是其功能或使用大脑的方式上，目前学界有着不同的研究结果和理解。例如，在语言测试中，有研究人员通过磁共振扫描发现，两性启动语言的模式都偏向大脑左半球。也就是说，仅就大脑的语言功能来看，两性大脑神经组织并没有明显的性别差异。英国心理学家、墨尔本大学心理系高级研究员科迪莉亚·法恩则认为，结构或功能性影像技术还不能提供比较多的信息来研究两性思维层面的差异。

（二）脑与智力差异

最近一篇关于大脑与智力的研究发表在《自然》杂志上，作者菲利普·肖（Philip Shaw）及其团队发现了聪明程度与大脑皮质发育的关系。早期的一些研究者认为智力差异和大脑的大小有关，但是肖指出：“实际上并非头脑好的儿童就具有较多或较少的灰质，智商的内涵其实包含在大脑发展的轨道里。”

肖及其团队的研究主要是针对儿童至青少年时期大脑皮质的发展。研究人员找了307名处在从儿童到青少年发育时期（在6岁至19岁之间）的儿童及青少年作为研究对象。他们进行了一系列的认知测试：IQ测试、口语与非口语测试，以及每间隔两年以磁共振成像（MRI）进行脑大小以及脑结构的扫描。其中一半以上的儿童做过两次扫描，而大约1/3的儿童做过三次以上的扫描。

然后，研究人员依据最初的IQ测试分数将孩子们分为三组，他们在IQ分数最高的那组发现了一个有趣的现象：大脑皮质的厚度在一开始时比其他组薄，但是慢慢反复增加厚度，最后比其他正常青少年前期时的皮质还厚。而三组儿童到19岁时候的皮质厚度是一样的，这在控制思考及计划的前额叶皮质可以明显

看到。

研究者最后得出的结论是：聪明的孩子在任何一个年龄都不会因为有更多或更少大脑灰质而变得更聪明。相反，智力与大脑皮质厚度的变化轨迹有关，而不是皮质厚度本身。聪明的孩子大脑皮质弹性特别好，皮质增加有一个最初的加速和延长阶段，而在青少年早期又有一个同样充满活力的皮质变薄过程。

（三）大脑与人格差异

人格心理学家关心的是，对于不同的人（如内向—外向），大脑的不同区域是否表现出不同的活动性。英国著名心理学家汉斯·艾森克（Hans Eysenck，1916—1997）的唤醒理论认为，外向和内向的人在无外界刺激、处于休息状态时，其大脑皮质唤醒水平不同。他指出外向的人皮质唤醒水平通常比内向的人低一些。听起来这似乎是说反了。在休息状态下，由于外向者的皮质唤醒水平比他们要求的低，所以他们会寻求高唤醒的社会行为。从某种意义上说，极端外向的人只是在努力避免讨厌的无聊。相反，典型的内向者所处的皮质唤醒水平比其最佳水平高。这些人会选择僻静的、无刺激的环境，以保证他们已经很高的皮质唤醒水平不会变得更高。大量证据表明，内向者比外向者对刺激更敏感，当处于外部刺激中时，内向者的唤醒更迅速也更强烈。当置身于嘈杂的音乐声或活跃的社交活动刺激中时，内向者更容易被唤醒。当给予化学刺激，如咖啡或尼古丁时，内向者比外向者更易产生反应。

21 世纪以来，脑成像技术也逐渐用于人格研究。在坎利等人（Canli et al.，2001）的一项研究中，他们给被试呈现 20 张能激发负性情绪的图片（如蜘蛛、哭泣的人）和 20 张能激发正性情绪的图片（如快乐的夫妻、可爱的小狗），并通过 fMRI（功能性磁共振成像）记录脑活动。他们发现在看不同的情绪图片时，大脑特定的区域有所变化，人格与对正性、负性情绪图片产生反应时脑区的激活程度有关。神经质者看负性情绪图片时，前额叶活性增强；外向者看正性情绪图片时，前额叶活性增强。研究者还发现人格与其他脑结构相关，这和人格与大脑对情绪刺激的反应性存在相关的结论是一致的。

第三节　心理学的研究方法

一、心理学的研究步骤

“物以类聚，人以群分”与“异性相吸”这两种说法哪一种更准确？如果我们依靠常识去理解行为，就会遇到这样的困惑，很多常识是自相矛盾的。这就对心理学家提出了挑战，即如何提出适当的问题并用科学方法回答这些问题。

（一）选择课题

即对将要研究的问题进行界定。心理学研究的问题不是简单的是或否的问题，而是要考察多个变量之间的关系，能回答“是什么”或“为什么”的问题。课题可以来源于日常生活、工作实践、理论学习，包括当前的热点和难点问题。在“基蒂·吉诺维斯”案中（见相关链接1-3），38个人眼见他人受害却无一人出来制止，有人认为这是“人性”弱点所致。在还没有专门的研究之前，这个问题让心理学家感到困惑，社会上不乏见义勇为者，为什么偏偏在人多的时候反而不能伸出援助之手呢？

（二）提出理论和假设

选择课题以后，要对为什么会出现这样的问题给出一种解释，并由该解释推导出某种可以被验证的推论，即建构关于该问题的理论。对于“吉诺维斯”现象，拉坦恩和达利（Latane & Darley，1970）提出了责任分散的理论。根据该理论，在一个需要他人提供帮助的紧急事件中，旁观者数量越多，提供帮助的责任就会在越大的范围里被分配，个人感受到的责任也就越小，因此挺身而出的可能性也就越小。

理论仅仅是人们对于心理或行为现象的猜测，正确与否还必须加以验证，因此还得根据该理论推导出假设，通过它才能将理论证实或证伪。对于责任分散理论，研究者提出了一个“紧急情境中的旁观者越多，他们向受害者提供帮助的可能性就会越小”的假设，并在随后的研究中对其进行验证。

（三）设计研究方案

即选择一定的方法来验证理论和假设的过程，如采用实验设计、问卷调查或个案分析等方法。对于同样的理论和假设，可以通过不同的方法和途径进行验证。为了客观准确地测量和记录，研究者首先要对假设下操作性定义，使假设转化为一种可以量化的程序。例如，可以将“害怕”定义为“呼吸频率加快，心跳加快，手心冒冷汗”。然后，确定如何测定假设中的自变量和因变量，选择怎样的被试作为研究对象，最后再根据研究题目和目的计划研究程序。

（四）搜集并整理资料

即搜集与研究有关的信息并将其分门别类。调查法和测量法多以问卷或量表的形式搜集资料，个案法可以选择研究日记或书信等，相关法和实验法则通常是收集各种数据并加以统计分析。在拉坦恩和达利针对“吉诺维斯”案的实验研究中，研究者详尽记录了被试在实验中的具体表现，如被试听到声音时的表情、做出反应的时间、提供帮助的人数等。资料收集好以后，还需要对它们进行整理分析，如哪些结果是支持研究假设的，哪些是与假设相悖的，以及出现这种相悖现象的原因是什么，等等。

（五）验证假设

在对研究结果进行整理和分析之后，就应当将其与已知的事实或先前的理论联系起来加以解释，说明该结果对于研究初始提出假设的证实与否。如果假设得到了证实，就说明假设所依据的理论是正确的。如果研究结果不能或只能部分证实假设，那么研究者就必须重新回到先前的研究阶段，对研究过程和所搜集的资料进行认真分析。在拉坦恩和达利的实验中，结果正如他们所料，群体的规模对个体的助人行为有很大的影响：在场的人越多，站出来提供帮助的人就会越少。

相关链接 1－3

“基蒂·吉诺维斯”案

1964 年的一天，基蒂·吉诺维斯（Kitty Genovese）在她所经营的曼哈顿酒吧营业结束后返回公寓，她的公寓在皇后大街的一个安静的、中产阶层居住区内。当她下车朝公寓方向走去的时候，她遭到了一个持刀男人的恶意袭击。

男人刺了她很多刀，她大声喊救命。一个邻居在窗后大声警告那男人：“放开这个女孩”，歹徒正欲逃跑，但后来他发现没有一个人出来干预，于是他又从车里走出返回，将基蒂·吉诺维斯击倒在地，又开始用刀刺她。女孩继续呼救直到最后有人报警。警察接到报警后两分钟便赶到了现场，但基蒂·吉诺维斯当时已经死亡，袭击者也不知去向。袭击行为持续了 35 分钟。

警察在调查这一事件时发现，公寓周围共有 38 个人目睹了这一袭击事件，但最终只有一个人报了警。一对夫妇（他们说他们以为已经有人报了警）把两把椅子移到窗前，为的是观看这一暴力事件。而杀人犯也一直逍遥法外。

为什么在整个事件过程中，没有一个人向基蒂·吉诺维斯伸出援手？皇后大街的居民们难道真的感情冷漠，缺乏爱心吗？拉坦恩和达利分析了“吉诺维斯”事件中旁观者的反应后，得出的结论是：由于观看事件的目击证人太多而降低了个体提供帮助的意愿，他们称之为责任扩散（diffusion of responsibility）现象。也就是说，在突发事件中，旁观者越多，人们心里越会萌生一种想法：“有人会去帮助他的，我就不必去了”，引发帮助行为的压力也越小。

（资料来源：http：//baike. baidu. com. ）

二、描述性的方法

（一）观察法

观察法是科学研究中应用最广泛的方法，是指在自然或实验情境中对人的心理现象与行为表现进行有系统、有计划的观察记录，经过分析以获得其心理活动产生和发展规律的方法。

1. 自然观察法

自然观察法是指研究者不改变或不干预自然环境，以观察自然情境下发生的行为现象的方法。例如，如果有人想要知道青少年与异性同伴在社会环境中如何交往，那么研究者可能会在周末的夜晚去娱乐场所或购物中心对他们进行观察。人类的一些行为只有通过自然观察才能进行研究，因为在非自然条件下研究是不道德的或不切实际的。例如，研究生命早期的严重剥夺对儿童后期发展影响的实验就是不道德的。尽管自然观察比较简单、易行，但现实中仍然会遇到一些困难：

（1）如果试图在自然状态下观察人的行为，就必须确保被观察者没有觉察到研究者在观察他。试想，当你意识到有人正在观察你时，你绝对不会做那些你曾在私密空间里做过的行为。

（2）可能会产生观察者偏差。观察者偏差是指观察者自己的动机、期望和先前经验等因素妨碍了观察的客观性。例如，有人假设男孩比女孩更具语言攻击性，如果一位研究者预先就知道要研究这个假设，那就很难保持观察的客观性。

（3）在观察时想要观察到的心理与行为未必会发生。例如，想要观察真实生活中人们的服从行为，服从行为在一些情境中是比较容易发生的，但是如果特意设计某种情境以产生服从行为，那就不是自然观察了。

虽然自然观察法存在上述问题，但对于一些心理学课题，采用这种方法仍然是最合适的。例如，心理学家想要揭示黑猩猩在自然居住地的社会性行为，想要了解婴儿的语言发展情况，采用自然观察法就最为合适；如果能借助录音机、摄像机等电子设备加以记录，那就可以更有效地在自然状态下进行观察。

2. 实验室观察

实验室观察是指在实验室或预先设置好的情境中对有机体的行为进行观察。观察者有时候没办法在自然环境中观察动物或者人的行为。例如，研究者想观察婴儿对镜子中的自己有什么样的反应，他们会在单向玻璃背后安装摄像机来记录婴儿的反应。在自然环境下，安装摄像机是很困难的，而在实验室观察中，研究者会将婴儿带到实验室的设备旁，同时控制婴儿的数量、年龄和在实验室中发生的每一件事。

由于实验室的环境具有人为性，而人工操纵的环境有可能会导致不自然的行为，动物和人在实验室中的表现与他们在真实世界中的表现通常是不同的。因此，实验室观察的结果不一定能推广到现实情境中。

（二）自我报告法

自我报告法是一种通过书面或口头语言回答研究者提出问题的方法。在实际研究中，研究者经常会对那些无法直接观察到的经验数据感兴趣。有时这些经验是内部的心理状态，如信仰、态度、感受等；有时这些经验是外部行为，但不适合心理学家现场观察，如性行为或犯罪活动。这时研究者就要依赖自我报告。

自我报告法包括问卷法和访谈法。问卷或调查包括一系列书面的问题，既有事实问题（“你是一名211高校的大学生吗?”），也有关于过去或当前行为的问题（“你每天花多少时间上网?”），还有态度和情感问题（“你对当前的工作满意吗?”）。开放式问题有自由回答的问题，还有一些问题有固定的备选答案，如是、否、不确定等。

访谈是指研究者为了获得详细信息与个体进行对话。不像问卷完全地标准化，访谈是互动式的。访谈者可以根据回答的内容变换问题。好的访谈者除对显现的信息敏感，对社会互动的过程也应是敏感的。受过训练的访谈者能够与回答者建立友善的、积极的社会关系，鼓励回答者信任访谈者，并与访谈者分享个人信息。

尽管自我报告法被研究者广泛使用，但也有其局限性。许多形式的自我报告不适用于前语言期儿童、成人中的文盲者、说其他语言的人、一些心理障碍者以及非人类动物。即使自我报告可以使用，它们也可能是不可信或不可靠的。参与者可能不太理解问题或不能清楚地回忆他们当时的经历。此外，自我报告可能受社会期望的影响，为了产生良好的印象，人们可能给出虚假的或误导性的答案。如果回答者意识到问卷或访谈的目的，为了达成目标，他们可能会说谎或捏造事实。

（三）测验法

测验法即心理测验法，就是采用标准化的心理测验量表或精密的测验仪器来测量被试有关心理品质的方法。例如，智力测验常常用来了解一个人能力或智力水平的高低。这种方法的最大特点是对被测试者的心理现象或心理品质进行定量分析，具有很强的科学性，而且随着计算机技术的发展和广泛应用，心理测验领域已出现了明显的计算机化的趋势，如在电脑上施测、自动计分、测试结果分析和解释等。

使用测验法必须具备两个基本要求：信度和效度。在心理测验中，信度是指测量结果的可靠性和一致性。因为心理测验通常测量人的行为，行为会因时、因事、因地而发生变动，这些因素有些是偶然的，有些是固有的，人在完成心理测验时的行为也会受上述因素的影响，从而使测验结果与真实结果不完全一致，所以我们要用信度来衡量测验的可靠性和一致性。效度是指测验的有效程度或正确性程度，即测量工具在多大程度上反映了我们想要测量的概念的真实含义，效度越高，即表示测量结果越能显示出所要测量的对象的真正特征。

（四）个案法

个案法是收集单个被试各方面的资料以分析其心理特征的方法。通常收集的资料包括个人的生活史、家庭关系、生活环境和人际关系等资料。根据需要，也常对被试做智力和人格测验，从熟悉被试的亲戚朋友那里了解情况，或从被试的书信、日记、自传或他人为被试写的资料（如传记、病历）进行采集和分析。

深入的个案研究可以使我们获得许多有益的启示。瑞士著名心理学家让·皮亚杰（Jean Piaget，1896—1980）在对自己孩子的个案研究的基础上提出了儿童认知发展理论，为当代儿童认知发展研究奠定了坚实的基石，而西格蒙德·弗洛伊德（Sigmund Freud，1856—1939）的个案研究则奠定了整个精神分析的基础。但是，个案研究可能会产生误导，因为个案可能是非典型的。个案法所收集到的资料往往缺乏可靠性，其研究结果也可能只适合于个别情况。

三、相关研究的方法

智商与学业成绩有关吗？一个人的性格和他选择的职业有关吗？学过心理学的人比没学心理学的人心理更健康吗？诸如此类的问题我们不能通过简单的描述来回答，而是要采用相关的方法进行研究。相关研究是一种探讨两个或两个以上变量之间相互联系的性质与紧密程度的研究，相关的大小一般用相关系数来表示。

（一）相关的性质与强度

相关系数的符号正（+）或负（-），表示两个变量联系的性质。如果一个变量值的增加（减小）伴随着另一个变量值的增加（减小），则这个关系称为正相关，亦即一种正相关是两个变量在同一方向上变化的相关。例如，学习时间和学业成绩呈正相关，在其他变量保持恒定不变的前提下，学习时间越长，学业成绩越高。与之相反，如果一个变量值的增加伴随着的是另一个变量值的下降，则这种关系称为负相关。例如，娱乐时间与学业成绩呈负相关，在其他变量保持恒定不变的前提下，娱乐时间增多，学业成绩就下降；娱乐时间减少，学业成绩就提高。

两列变量的相关性越强，相关系数的数值就越接近于 +1.00 或 -1.00；两列变量的相关性越弱，其相关系数的数值就越接近于0。一个接近于0的相关系数意味着两列变量之间只存在微弱的联系或不存在联系；当相关系数越来越大，直至接近于最大值 ±1.00 的时候，根据一个变量的信息来预测另一个变量就变得越来越精确。

（二）相关关系与因果关系

虽然相关研究有助于我们进行预测，并避免那些容易犯错误的直觉，但是相

关关系不是因果关系。从相关系数上我们只能由一个变量的变化推测出另一个变量的变化趋势，却不能说某一变量的变化导致了另一变量的变化。例如，观看暴力性质的电视和儿童攻击行为存在正相关，但我们不能认为观看暴力电视是导致攻击行为的原因。不论相关的强度有多大，都不能证明有因果关系。

为了说明两个变量之间仅仅存在相关，并不能保证一个变量的改变会导致另一个变量的改变，下面以观看暴力影视和攻击行为的相关为例。研究表明，观看暴力影视可能会引发攻击行为，有攻击行为的人也可能去观看暴力影视，此外还有其他因素如令人不快的事件或遗传倾向也可能导致观看暴力影视和引发攻击行为（黄希庭，2008）。相关关系并不意味着因果关系，下面这个例子很有趣：

20 世纪 70 年代在台湾曾做过一个大规模的调查，研究哪些因素与人们是否使用避孕方法有关。调查收集到的数据表明，人们是否使用避孕方法和一个变量——家中拥有家用电器（如烤面包机、风扇等）的数量的相关最高。很明显，这两个变量之间的高相关，并不意味着它们存在着因果关系。因为使用避孕方法和拥有家电数量之间的联系，可能是这两个变量同时与第三个变量都有关联所产生的结果。受教育水平就是这样一个中介变量。一个人的受教育水平与其是否使用避孕方法及社会经济地位都有关联，而社会经济地位高的家庭又倾向于拥有比较多的家用电器。因此，无论家电数量和使用避孕方法有多大的相关，它们之间不存在因果关系（Stanovich，2005）。

四、实验研究的方法

相关研究只能探讨两个或几个变量之间有没有关系以及有多大关系，但并不能考察它们之间是否存在因果关系。若要探讨变量之间的因果关系，则只能借助于实验研究的方法。实验研究一般是从某种理论或假设出发，在控制情境下系统地操纵某种变量的变化，以研究该变量的变化对其他变量所产生的影响。

为了理解心理学实验的特点，下面举一个例子加以说明。假如我们在文献中看到“咖啡因能兴奋大脑，提高大脑的功能”，那么很可能会提出一个假设：咖啡因会提高数学能力。对于这个假设，可以设计一个实验来检验（见图 1－5）。

在实验过程中，由研究者操纵变化的变量称为自变量，由自变量引起的某种特定反应叫因变量。在检验咖啡因是否会提高数学能力的实验中，自变量是咖啡因的使用，因变量则是单位时间内做对数学题的成绩。每个实验至少有一个自变量和一个因变量。当并非实验者有意引入到实验情境中的一些因素确实影响了被试的行为，并混淆了数据的解释时，我们称这些因素为混淆变量。为了避免混淆变量产生干扰，实验时应当注意以下几点：

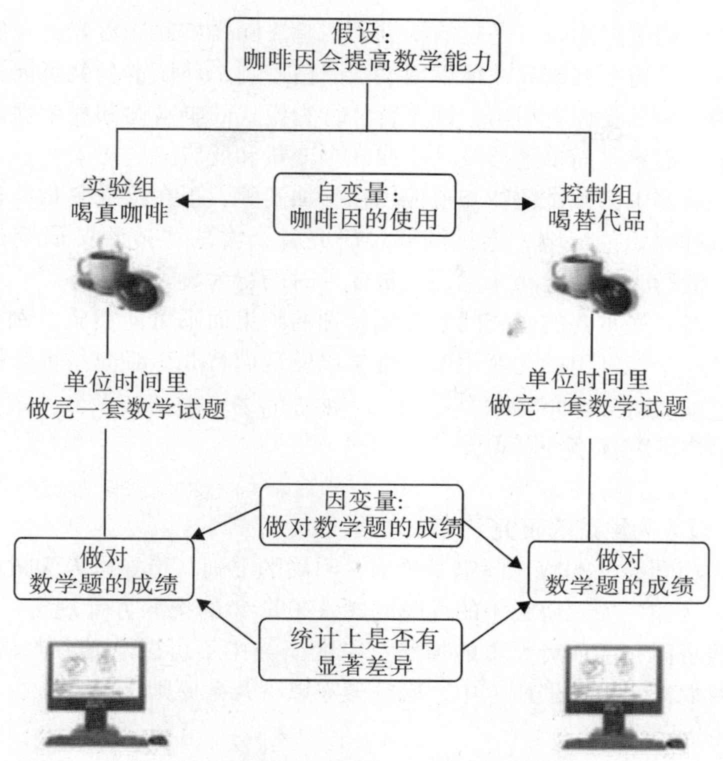

图 1-5　检验咖啡因是否会提高数学能力的实验（黄希庭，2008）

（1）要对环境加以控制，使可能影响实验结果的任何环境因素保持不变或加以消除。例如，被试在做数学题时室内应当保持安静，光照适宜。如果在计算机上做数学题，计算机的性能应良好；如果做纸质试题，则试题印刷要清晰等。

（2）要对机体变量加以控制，用随机分配法或配对法将被试分到一个实验组和一个控制组。接受实验处理的组叫实验组，不接受任何处理的组叫控制组。这样研究者可以排除实验操纵以外的因素对实验结果的影响。

（3）研究者操纵自变量，给被试一种实验处理。在本例中给实验组喝咖啡，而让控制组喝无咖啡因的替代品。这种替代品与真咖啡在色、香、味上完全相同，但不含咖啡因，具有安慰剂效应。然后，让被试在单位时间（如 30 分钟）内去解答数学题。在这种情况下，如果实验组被试做对的题数明显比控制组要多，那么就可以得出结论：可能是咖啡因提高了解数学题的能力。

实验研究以其可控制性、可操作性、可重复性等特点而成为心理学研究中最常用、最重要的研究方法，是揭示心理现象的本质、规律及其因果关系的强有力的手段。从某种意义上讲，心理学能真正成为一门科学，关键就在于实验的方法。

一种方法的优点同时也是它的缺点，实验法同样如此。首先，在实验中，行为经常在人为环境中被研究，情境因素被严格控制，环境本身就可能歪曲原本可自然发生的行为。批评者指出，许多自然行为模式的丰富性和复杂性都在控制实验中丢失了，而只是简单地涉及一个或几个变量和反应。

其次，研究中的被试往往知道他们在参加实验，正在接受测量和检验。他们可能会受这种意识的影响，会试图取悦研究者，尝试“猜测”研究的目的，或者改变他们的行为，使之与未意识到被监控时的行为显著不同。

最后，有一些重要的研究问题受到伦理的约束而不可能实施。例如，我们不能通过设置一个控制组的儿童不被虐待，以发现虐待儿童倾向是否会代际传递。

五、心理学研究的伦理问题

（一）以人为被试的研究

美国心理学会（APA）制定了严格、明确的准则，指导以人为被试的心理学实验研究。例如，关于研究中的欺骗问题，2002 年的指导方针规定：“心理学家在可能导致身体疼痛或者严重的情绪焦虑的研究中不可以欺骗参与者。”针对这些准则，在以人为被试的研究中，必须遵守以下几条原则：

1. 知情同意

研究者必须事先告知被试实验的目的和程序，以便让被试能够做出是否参加实验的决定。如果某人同意参加实验，这就称为知情同意。在心理学研究中，有时实验的目的不能事先告诉被试，否则将会使被试的行为发生变化并“污染”实验结果。在这种情况下，研究者就要隐瞒实验目的。即便如此，研究者仍然要尽量给被试足够的信息，做到“知情同意”。

2. 风险/收益的评估

大多数心理学实验不会给被试带来风险，特别是那些只要求被试完成常规任务的实验。然而，有些实验研究人类本性中的隐私面，如情绪反应、自我形象、从众性、压力或攻击性等，这些可能令人苦恼或造成心理烦扰。因此，无论研究者如何进行这类研究，务必把风险降至最低程度，必须把这些风险告知被试，并且必须采取适当的防范措施来应对过激反应。

3. 免受伤害与告知真相

在实验过程中，实验人员有义务保护被试免遭实验程序带来的身心伤害。绝大多数心理学研究在进行时或完成后对被试没有任何伤害。然而，即使看起来无害的实验程序有时也可能使被试产生沮丧、尴尬、担心等负面情绪。防止这种情况的常用措施是询问被试执行任务的情况。在被试完成一个实验后，特别是那些含有任何形式的欺骗的实验，被试应当被告知真相。在此过程中，实验人员应该向他们说明实验的真实目的和目标，并且被试有权对有关问题进行询问。

4. 保密

除非得到了被试同意，否则所有的实验数据都应保密。虽然这并不意味着结果不能公布或发表，但是其前提条件是必须隐匿任何与被试个人身份有关的数据信息。通常，研究者甚至根本不采集有关被试身份的信息，而将所有被试的数据合并，计算其群体的平均差异。

（二）以动物为被试的研究

几乎所有的科学家都认为，在科学研究中有限制地、人道地使用动物是必需的和有益的。许多挽救生命的药物和医疗技术都是以动物为被试发展起来的。在心理学研究中，常用动物来研究抑郁、大脑的发展和学习过程等问题。其主要原因在于让人完成动物实验的相同任务是不道德的。例如，你想知道玩具多样、活动丰富的环境与玩具单一、活动贫乏的环境对婴儿大脑发展和智力的影响，便把人类婴儿安排在这两种条件下实验，这种做法显然是不可行的。然而，大多数人会同意用老鼠来进行研究，所得结果对人类发展具有重要意义，同时避免了道德问题。

美国心理学会除制定了以人为被试的研究所应遵循的原则外，还制定了严格的规则来规范以动物为被试的研究。这些规则包括让研究者为动物提供适当的居住空间、合理的喂养、清洁的环境和健康保护，禁止对动物施加所有不必要的痛苦，“心理学家应该尽力使动物的不安、疾病和痛苦降到最低限度。只有当无法找出其他更好的方法，且改变实验程序对预期的科研目标、教育目标或应用价值来说不合适时，可以使用让动物痛苦、紧张或对其进行剥夺的程序”。（APA，1981）

第四节　现代心理学的发展

一、科学心理学的创立

1879 年，德国生理学家、心理学家威廉·冯特（Wilhelm Wundt，1832—1920）在莱比锡大学建立了世界上第一个心理实验室，试图通过类似于化学研究中的元素分析与合成的方法探究人的心理实质，分析人的心理结构。冯特认为，思维由想法、经验、情感以及其他基本元素构成。学生需要学会客观思考他们的想法以审查这些非物理的元素，因为读出别人的想法几乎是不可能的。冯特将这个过程称为客观的内省。例如，冯特会在学生手中放置一样东西（如石头），然后让学生汇报手中的石头给他带来的全部感受。这是人类历史上第一次真正意义上尝试将客观性与测量融入心理学的概念中。冯特关注客观性，并建立了世界上第一个心理学实验室，因此被世人尊称为“心理学之父”。

图1－6　威廉·冯特

二、心理学的过去

（一）构造主义心理学

心理学的构造主义观点最初由冯特提出，后来被英籍美国心理学家爱德华·铁钦纳（Edward Titchener，1867—1927）发扬光大。铁钦纳生于英国奇切斯特，1885年进入牛津大学学习古典文学和哲学，1890年到德国师从冯特学习心理学。1892年到美国康奈尔大学教授心理学。他继承和发展了冯特的实验心理学，于1898年正式创立构造主义心理学。

铁钦纳认为，心理学的任务就是分析和说明心理过程的构成元素以及它们互相结合的方式和规律。因此，心理学首先要把意识经验分析为最基本的元素，然后寻求这些元素结合的规律，同时用与心理过程相对应的神经过程来解释这个心理过程。例如，铁钦纳会让他的学生想象蓝色的东西，随后他会询问学生对蓝色物体的感受。这样的练习可能会出现如下一些问答：“什么是蓝色?”“有些物体是蓝色的，如天空或者某种鸟的羽毛。蓝色是冷酷的、平静的，蓝色是安详的……”

（二）机能主义心理学

机能主义心理学的创始人是美国著名心理学家威廉·詹姆斯（William James，1842—1910），该理论主要活跃于19世纪90年代到20世纪30年代，与构造主义心理学展开了激烈的学派之争。两者都主张研究意识，争论的焦点是心理学应该研究意识的结构还是研究意识的功能。机能主义认为，心理学应当研究意识的功能而不是结构。詹姆斯认为，心理学的研究工作不应局限在实验室内，还要考虑人是如何调整行为以适应环境不断提出的要求。为此，后来他的一些追随者们走向了心理测量、儿童发展、教育实践的有效性等应用心理学领域。

图1－7　威廉·詹姆斯

詹姆斯主要研究在真实世界中人是如何工作、如何玩耍、如何适应周围环境的。他的思想受达尔文自然选择观点的强烈影响，按照这种观点，那些能够帮助动物适应环境继而生存下来的生物特质将被传递到下一代，进而成为该物种的特质。因此，那些能够帮助动物和人类的行为特质也能够经由教育或者遗传上的机制被传递到下一代。例如，某种行为（如在电梯里躲避别人的目光）可以被看作保护私人空间，也可被看作一种领土保护。这种行为也许起源于原始社会。原始人需要保护家、食物和水，需要防止入侵者的掠夺，这种行为也可以被用来避免对别人的挑衅。

（三）格式塔心理学

格式塔心理学又叫完形心理学，1912 年产生于德国，后来在美国得到进一步发展。“格式塔”是德文 Gestalt 的音译，其含义是“一个有组织的整体或完形”。格式塔心理学反对心理学中的元素主义，认为心理元素分析并不能使我们了解整体的心理现象，主张以整体的观点来描述意识与行为，认为心理学应研究直接经验和行为，强调经验和行为的整体性，认为整体大于部分之和，主张以整体的动力结构观来研究心理现象。该学派的创始人是马克斯·韦特海默（Max Wetheimer，1880—1943），代表人物还有苛勒（W. Kohler，1887—1967）和考夫卡（K. Koffka，1886—1941）。

格式塔心理学家认为冯特的方法是“砖瓦灰泥”的心理学，也就是说，元素（砖）通过联想（灰泥）而组合到一起。他们认为，当我们从窗户向外看去，我们真正看到的是树木和天空，而不是看到以某种方式联合起来的感觉元素，如亮度、色调等。又例如，我们看到的是书，而不是其形状和颜色。换言之，知觉大于视觉，我们的知觉超越了感觉元素。

相关链接 1－4

作为先驱研究者的女性心理学家

美国心理学会在创立之初，允许女性心理学家成为学会的成员，但是铁钦纳的实验心理学家协会却把女性心理学家排除在外。尽管铁钦纳不允许女性参加他的实验心理学家协会的会议，但他实际上并不是对女性抱有什么偏见。以铁钦纳的学生为例，在他培养的 56 位博士中，有 1/3 以上是女性。1894 年，铁钦纳在康奈尔大学的一名学生因成为第一位心理学女博士而闻名天下，她叫玛格丽特·沃士波恩（Margaret Washburn，1871—1939）。

有趣的是，詹姆斯的学生玛丽·卡尔金斯（Mary Whiton Calkins，1863—1930）虽然修完了所有规定的课程，但由于她是一名女性，所以她的博士学位申请遭到了哈佛大学拒绝，她仅能以代课老师的身份授课。卡尔金斯同时在威尔士利学院组建了一个心理学实验室。她的工作主要是在人类记忆和自我心理学领域进行一些早期的研究。1905 年，她成为美国心理学会第一位女主席。和铁钦纳的女学生沃士波恩不同，尽管卡尔金斯作为教授和研究者有着杰出的职业成就，但是她从未获得博士学位。

海伦·伍利（Helen Thompson Wooley，1874—1947）最早完成了考察性别差异的一些研究。1900 年，作为她在芝加哥大学的博士研究，伍利比较了 25 名男性和 25 名女性在一整套

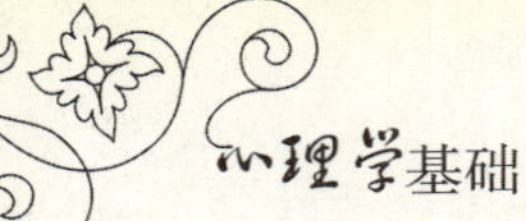

测验中的表现，包括智力和情绪测验。她从该研究中得出结论，性别差异不是来源于先天能力，而是男性和女性毕生社会经验的差别所致。

丽塔·霍林活斯（Leta Stetter Hollingworth，1886—1939）受到伍利的启发，利用研究数据挑战关于性别差异的主张，尤其攻击了女性的创造力和智力水平在遗传上劣于男性的主张。她还最早开展了测试儿童极端智力的研究，既包括智力发展迟滞儿童，也包括天才儿童，还创建了一项帮助培养天才儿童能力的课程。

安娜·弗洛伊德（Anna Freud，1895—1982）是著名的女性精神分析学家，西格蒙德·弗洛伊德和玛莎的第6个，也是最年幼的孩子。她1895年出生在奥匈帝国首都维也纳，追随父亲，在新开辟的心理分析领域做出了贡献。与她父亲相比，安娜·弗洛伊德的工作强调自我的重要性，其能力可以通过社会的训练得到提高。

（资料来源：理查德·格里格，菲利普·津巴多．心理学与生活：第19版．王垒，等译．北京：人民邮电出版社，2014：9－10.）

三、心理学的现在

（一）心理动力学取向

心理动力学又称精神分析学，由奥地利维也纳精神病医生西格蒙德·弗洛伊德在19世纪末发展起来，认为行为是由强大的内部力量驱使或激发的。弗洛伊德的思想是从精神病人临床工作中得出来的，但是他相信他观察到的这些原则能同时应用于正常行为和变态行为上。弗洛伊德认为，人是由内部和外部力量组成的一个复杂网络所推动的。其理论模型第一次承认人的本性并不总是理性的，行为有可能是被意识觉知之外的动机所驱使。弗洛伊德之后的许多心理学家都采用了心理动力学模型，而他自己则强调儿童早期经历是人格形成的关键因素。

图1－8　西格蒙德·弗洛伊德

根据弗洛伊德的观点，人之为人，首先在于其是一个生物体，既然人首先是生物体，那么人的一切活动的根本动力必然是生物性的本能冲动，本能冲动中最核心的冲动为生存本能即性本能的冲动，在社会法律、道德、舆论的压制下，人被迫将性本能压抑进潜意识中，使之无法进入人的意识层面上，从而以社会允许的形式发泄出来，如进行文学、艺术的创作。后期弗洛伊德又提出了与生存本能对应的死亡本能学说，认为人除了有维护自身生命生长发展的能量之外，还有着将自身生物肌体带入到无机状态，即死亡状态下的能量，即死亡本能。死亡本能在战争、仇视、杀害、自残中表现得非常明显。

（二）行为主义取向

图 1-9　约翰·华生

行为主义是 20 世纪初在美国兴起的一个心理学流派，也是对西方心理学影响最大的流派之一，其创始人是美国心理学家约翰·华生（John Watson，1878—1958）。该流派主张以客观的方法研究行为，从而预测和控制有机体的行为。古典行为主义的代表人物以华生为首，新行为主义则以伯尔赫斯·斯金纳（Burrhus Skinner，1904—1990）为代表。

华生指出，心理学要成为真正的自然科学，就不能以意识为研究对象。自然科学以直接经验材料为基础，不能观察的东西如意识，不能成为科学研究的对象。人和动物可观察的活动是行为，因而心理学的研究对象只能是行为。在行为主义看来，心理学是行为科学，行为研究包括刺激和反应两个方面。华生否认本能的存在，他认为心理学中的本能概念是非科学的，必须彻底铲除。华生在其《行为主义》一书中写道："给我一打健康的婴儿，一个由我支配的特殊的环境，让我在这个环境里养育他们，我可担保，任意选择一个，不论他父母的才干、倾向、爱好如何，他父母的职业及种族如何，我都可以按照我的意愿把他们训练成为任何一种人物……医生、律师、艺术家、大商人，甚至乞丐或强盗。"

新行为主义代表斯金纳认为，行为的科学研究必须在自然科学的范围内进行，其任务就是建立实验者控制的刺激情境与有机体反应之间的函数关系。斯金纳坚持行为主义的宗旨，明确指出任何有机体当前的行为结果改变了未来的行为。例如，当一个学生在课堂上积极举手发言，获得了老师的当众表扬，他以后积极举手发言的行为会越来越多。这一原理不仅适用于动物训练，也适用于人类的各种行为，包括社会行为的塑造和矫正。

（三）人本主义取向

人本主义兴起于二十世纪五六十年代的美国，由亚伯拉罕·马斯洛（Abraham Maslow，1908—1970）创立，被称为除行为主义和精神分析以外，心理学的"第三势力"。人本主义和其他学派最大的不同在于强调人的正面本质和价值，而并非集中研究人的问题行为，并强调人的成长和发展，称为自我实现。

人本主义反对那种认为心理学应该全部合乎科学的观点，它将人看作不可分割的整体。任何试图把人还原为习惯、认知结构或刺激—反应联结的做法都会导致对人性的曲解。受整体心理学的影响，人本主义者强调，心理现象是对事物整体的反映，而非单纯决定于个别刺激物的总和。人的行为也不是决定于个别刺激物的性质，而是决定于对事物整体属性的反映。

人本主义者反对以预测及控制人的行为作为心理学的目标，而是要将人从外部控制中解放出来，并使他更少受到观察者的预测，使他更自由、更有创造力、更由内部决定，即使他更会受到自己预测的影响。此外，人不只是客观物体，因此物理学的研究方法与人的研究没有关系。同样地，精神分析关注对有心理障碍个体的研究，创造出一种“伤残的”心理学。马斯洛认为，杰出人物的生活不能简单地理解为没有心理障碍。为了理解人性所能达到的境界，心理学必须直接研究杰出人物。

（四）认知心理学取向

认知心理学是20世纪50年代中期兴起的一种心理学思潮，20世纪70年代开始成为西方心理学的一个主要研究方向。它研究人的高级心理过程，主要是认知过程，如注意、知觉、表象、记忆、思维和言语等。与行为主义心理学家相反，认知心理学家研究那些不能观察的内部机制和过程，如记忆的加工、存储、提取和问题解决过程。

以信息加工观点研究认知过程是现代认知心理学的主流，它将人看作一个信息加工的系统，认为认知就是信息加工，包括感觉输入的编码、贮存和提取的全过程。按照这一观点，认知可以分解为一系列阶段，每个阶段是一个对输入的信息进行某些特定操作的单元，而反应则是这一系列阶段和操作的产物。信息加工系统的各个组成部分之间都以某种方式相互联系着。

认知心理学家关心的是作为人类行为基础的心理机制，其核心是输入和输出之间发生的内部心理过程。但是人们不能直接观察内部心理过程，只能通过观察输入和输出的东西来加以推测。所以，认知心理学家所用的方法就是从可观察到的现象来推测观察不到的心理过程。认知心理学研究通常需要实验、认知神经科学、认知神经心理学和计算机模拟等多方面的证据的共同支持，而这种多方位的研究也越来越受到青睐。

四、心理学的未来

（一）基础研究将更加深入

在科学心理学诞生之初，心理学主要研究一些基础领域，如感觉、知觉、记忆等；主要探讨一些基本问题，如心理的本质、天性与教养等问题。近年来，随着心理学研究领域的扩大，临床神经心理学和进化心理学从生理机制、遗传的角度来研究天性与教养问题，而文化心理学则从文化环境的角度来探讨该问题。

1. 临床神经心理学

临床神经心理学是生物心理学和临床心理学的综合，主要探讨心理障碍最初的生物因素，试图对导致心理障碍的脑结构及其神经递质做探究，寻找治疗心理障碍的新方法，即用药物来控制人的行为。

2. 进化心理学

进化心理学是在进化论影响下发展起来的一个学科，主要探讨个体行为怎样受遗传基因的影响。这类研究认为，身体细胞中的化学信息编码不仅决定了人们的种族、头发颜色等特征，也决定了祖先们在其生存和繁衍过程中表现出各种行为，并用进化论的概念来解释不同文化中的行为相似性。

3. 文化心理学

文化心理学是以各个文化地区的文化传统及特征为基础，来考察、分析和推断该文化环境中的人的心理和行为特点。有一项历时多年的研究考察了东亚人（如日本、中国、韩国）的认知加工过程的差异，并将之与西欧人、北美人的认知加工过程进行比较，结果发现，东亚人加工信息通常较全面，更多考虑情境因素，而西欧人、北美人加工信息时较多进行解释（Norenzayan，2002）。这表明特定文化会影响人们的信息加工过程。

（二）应用研究将更加多元化

在未来的发展中，心理学将会在人类生活的各个领域发挥更加积极的作用。教育心理学、管理心理学、创造心理学、健康心理学、积极心理学、咨询心理学等心理学分支学科对于国家、社会、组织及个人的发展会产生越来越重要的影响。未来的心理学会是什么样子？尽管我们无法预计科学发展的过程，但可以预测一些趋势：

随着知识的不断积累，未来的心理学将更加专门化，新的取向还将不断涌现。例如，随着我们对大脑和神经系统理解的增多，以及基因和基因治疗技术的发展，未来或许可以实现心理障碍的成功预防，而不像现在只能在事后进行治疗。

不断成熟的神经科学取向心理学其他分支的影响日益增大。例如，社会心理学家开始使用脑扫描技术来研究像“说服”一类的社会行为，社会神经科学这一分支领域正在蓬勃发展。

心理学对公共利益的影响力将不断扩大。当今社会的主要问题，如暴力、恐怖主义、种族和民族歧视、贫穷、环境问题和科技灾难等，都与心理学息息相关。

最后，随着我们的社会越来越多元化，心理学在提供服务和做研究时也将更多考虑到种族、民族、语言及文化等因素的差异。心理学将以其广博的视角，更为深刻地理解人类行为。

复习思考题

1. 什么是心理学？它与常识有何不同？

2. 举例说明心理学研究的主要目标。应如何达成这些目标？

3. 心理学领域的主要分支有哪些？你所了解的心理学职业有哪些？

4. 什么是行为遗传学？如何看待行为遗传学的研究方法？

5. 人脑由哪些部分组成？各自有什么功能？大脑半球是如何分工合作的？

6. 简述智力差异与人格差异的生物学基础。

7. 心理学家如何用科学的方法来回答他们感兴趣的问题？

8. 选择一个自己感兴趣的问题，用一种或多种心理学研究方法进行考察。

9. 科学心理学是怎么产生的？现代心理学有哪些取向？简述各自的主要观点。

10. 你对心理学的未来发展有何期望？请和你的同学或朋友交流你的想法。

主要参考书目

[1] 黄希庭．心理学导论．2 版．北京：人民教育出版社，2007.

[2] 全国十二所重点师范大学．心理学基础．2 版．北京：教育科学出版社，2008.

[3] 戴维·迈尔斯．迈尔斯心理学．黄希庭，等译．北京：人民邮电出版社，2011.

[4] 费尔德曼，黄希庭．心理学与我们．黄希庭，等译．北京：人民邮电出版社，2008.

[5] 兰迪·拉森，戴维·巴斯．人格心理学——人性的科学探讨：2 版．郭永玉，等译．北京：人民邮电出版社，2011.

[6] 理查德·格里格，菲利普·津巴多．心理学与生活：第 19 版．王垒，等译．北京：人民邮电出版社，2014.

[7] 麦格劳—希尔编写组．妙趣横生的心理学：第 2 版．王芳，等译．北京：人民邮电出版社，2013.

[8] 桑德拉·切卡莱丽，诺兰·怀特．心理学最佳入门：原书第2 版．周仁来，等译．北京：中国人民大学出版社，2014.

[9] 朱莉娅·贝里曼，等．心理学与你．武跃国，等译．北京：北京大学出版社，2000.

[10] 库恩，等．心理学之旅：第 5 版．郑钢，等译．北京：中国轻工业出版社，2015.

（陈少华　撰写）

第章

感觉与知觉

引　言

1954 年，加拿大心理学家赫布（D. O. Hebb）和贝克斯顿（W. H. Bexton）首次进行了感觉剥夺实验。为了营造出极端的感觉剥夺状态，实验者把被测学生关在有隔音装置的小房间里，让他们蒙上眼睛以尽量减少视觉刺激。接着，又让他们戴上木棉手套，并在其袖口处套了一个长长的圆筒。除了进餐和排泄以外的其他时间，实验者都要求被测学生躺在床上。总之，来自外界的刺激几乎都被“剥夺”了。实验前，大多数被测学生以为能利用这个机会好好睡一觉，最初的 8 个小时还能撑住，但后来他们报告说，对任何事情都不能进行清晰的思考，不能集中注意力，思维活动似乎是“跳来跳去”的。实验持续数日后，人会产生一些幻觉，其中大多数是视幻觉，如光的闪烁，没有形状。也有被测学生有听幻觉或触幻觉。当实验进行到第 4 天时，被测学生出现了双手发抖、不能笔直走路、应答速度迟缓以及对疼痛敏感等症状。感觉剥夺实验停止后，这种影响仍在持续。实验说明，来自外界的丰富刺激对维持人的正常生存是十分重要的。

内容提要

※感觉是认识世界的开始，感觉对人类生活具有重要的意义。

※适宜的刺激才能产生感觉，绝对感觉阈限是感觉微弱刺激的能力。

※韦伯定律解释了中等强度的刺激下差别感觉的规律。

※颜色混合有两种：色光混合和颜料混合。

※感觉适应是刺激对感受器的持续作用而使感受性发生变化的现象。视觉适应包括明适应和暗适应。

※声波有三种属性：频率、振幅和波形。听觉有三个特性：音高、响度和音色。

※听觉机制的两种理论：频率说和位置说。

※知觉及知觉特性：知觉的选择性、知觉的整体性、知觉的理解性、知觉的

恒常性。

※知觉的整体性是指个体倾向于把客观事物的个别属性知觉为一个整体。对整体的知觉优于对构成整体的部分的知觉。

※深度知觉是感知事物距离我们远近的知觉，多种因素影响我们的深度知觉。

第一节　感觉概述

一、什么是感觉

感觉是大脑对直接作用于感觉器官的客观事物的个别属性的反映，是人类认识世界的第一步。例如，当一个苹果放在我们面前的时候，我们只能依靠自己的各个感觉器官去感受苹果的各个特点：我们用视觉看到苹果是红红的、圆圆的；我们用触觉感觉到苹果的重量、温度；当咬上一口时，我们用味觉尝到甜甜的、酸酸的味道。正是有了感觉，我们的生活才多姿多彩。

科学实验表明，人体除了有视觉、听觉、嗅觉、味觉和触觉这五种基本感觉外，还具有“第六感觉”，它指人们对内脏器官的感觉，是由于机体内部进行的各种代谢活动，使内感受器受到刺激而产生的感觉。例如，人们对饥饿、口渴、平衡等的感觉，都不是通过五个基本感觉器官所感知的，而是通过“第六感觉”而感知的。内脏器官的感受一般都不像机体表面的感觉那样清晰，而是带有模糊的性质，而且缺乏准确的定位。比如，当腹部出现疼痛的时候，患者往往分不清楚到底是胃痛还是肚子痛，所以，生理学家把人体的“第六感觉”称为“机体模糊知觉”。在正常情况下，人们一般无法清楚地感觉到胃肠的蠕动、消化液的分泌、心脏的跳动等。生理学家的实验表明，当内部感受器受到特别强烈的刺激或者持续不断的刺激时，人体的“第六感觉”就会给出警示。“第六感觉”的发现对人类了解自身的活动规律和防治疾病都是有益的。此外，国外把人的意念力或精神感应称为人的第六感觉，又称超感觉力（英文简写成 ESP）。超感觉力是指通过不同于正常人类感官而获得有关外部世界、其他人或未来的信息的可能性。研究超感觉力的科学称为“异常心理学”。对超感觉力的研究至今没有统一的结论，还有待于进一步的科学证明。

感觉根据它获取信息的来源不同，可以分为远距离感觉、近距离感觉和内部感觉。远距离感觉包括视觉、听觉，它们提供位于身体以外一定距离处的事物的信息；近距离感觉提供位于身体表面或接近身体的事物的有关信息，包括味觉、嗅觉和肤觉；内部感觉的信息来自身体内部，如平衡觉由位于内耳的感受器官传达关于身体平衡和旋转的信息。

感觉虽然是一种简单的心理活动，但很重要，在人的生活和工作中具有重要的意义：

（1）感觉提供了生活中的内外环境的信息，是习得经验的起点。通过感觉，人们认识外界物体的各种属性，如颜色、明度、气味、软硬等。通过感觉，我们认识到自己机体的各种状态，如饥饿、寒冷、疼痛等，因而实现自我调节。人没有了感觉提供的信息，就不能根据自己身体的状态来调节自己的行为。

（2）感觉保证了有机体与外界环境的信息平衡，保证了人类正常的心理活动。人们从周围环境获得必要的信息，是保持机体正常生活所必需的。如果信息超载或不足，都会破坏信息的平衡，给机体带来严重的不良影响。例如感觉剥夺，造成信息不足，使人无法忍受由此产生的不安和痛苦。没有感觉提供外界信息，人就不能正常生存。

（3）感觉是高级、复杂的心理活动的基础。感觉提供了所有的原始材料，让个体感知到了色彩、温度等，这些是人全部心理现象的基础，也是人记忆、思维、想象等一系列复杂的心理活动的基础。人的情感体验，也必须依靠人对环境和身体内部状态的感觉。没有感觉，一切较高级、较复杂的心理活动就无从产生。

相关链接 2－1

测测你的“超感觉力”

“超感觉力”是一种神秘的感觉，不同的人会有程度不同的感知性。

想知道你是否有“超感觉力”吗？请用“是”或“否”来回答下列问题：

1. 曾经做过的梦在现实中果然发生了；
2. 到一个从未去过的新的地方，却发现非常熟悉那里的景物；
3. 在别人尚未开口时，已知道他将说什么；
4. 常有正确的预感；
5. 身体有时会有莫名其妙的感觉，如蚁爬感、短暂的刺痛感；
6. 能预知电话铃响；
7. 预见会碰到某人，果然如此；
8. 在灾祸到来之前有不适的生理反应，如窒息感、乏力等；
9. 常做色彩缤纷的梦；
10. 会不时听见无法解释的声音。

如果你有3个肯定的回答，那么你具有“超感觉力”；有5个肯定的回答，那么你的“超感觉力”比较活跃；超过7个肯定的回答，则表示你非常敏感了。

二、感受性及其规律

感觉是由刺激物直接作用于感官所引起的，但要产生感觉，除了感官要接受适宜的刺激外，还需要这种刺激处于一定的强度范围。这种强度范围的水平反映了一个人对适应刺激的灵敏程度，即感觉能力，我们称之为感受性。感受性指感觉器官对适宜刺激的感觉能力。感受性的高低用感觉阈限来度量。感觉阈限指能引起感觉的持续一定时间的刺激量或刺激强度。感受性越强，感觉阈限越小；感受性越弱，感觉阈限越大。感受性与感觉阈限成反比关系。

（一）绝对感受性与绝对感觉阈限

客观世界的刺激非常丰富，但人类并不能对所有的刺激产生感觉。要想对刺激有所感觉，刺激必须达到一定的强度。绝对感受性指能觉察出最小刺激强度的能力。绝对感觉阈限指能引起感觉的最小的刺激强度。绝对感受性可以用绝对感觉阈限来衡量。绝对感觉阈限越低，绝对感受性越高；绝对感觉阈限越高，则绝对感受性越低。可以用公式表示：

$E=1/R$（其中 E 表示绝对感受性，R 表示绝对感觉阈限）

不同的感觉通道其绝对阈限是不同的，表 2－1 列出了五种主要感觉的绝对阈限。

表 2－1　五种主要感觉的绝对阈限

感觉种类	绝对阈限
视觉	看到晴朗夜空中 48 千米以外的一支烛光
听觉	安静环境下听到 6 米处手表的嘀嗒声
味觉	可尝出 7.5 升水中加入 1 茶匙糖的甜味
嗅觉	闻到散布于 6 个房间中一滴香水的气味
触觉	感觉到从 1 厘米高处落到脸颊上的蜜蜂翅膀

（二）差别感受性与差别阈限

差别感受性指觉察到两个同类刺激物之间最小差异量的能力。差别感受性的高低用差别感觉阈限来度量。差别感觉阈限又称最小可觉差，指刚刚能够引起差别感觉的同类刺激物之间的最小变异量。差别感受性与差别感觉阈限成反比关系。

1830 年，德国生理学家韦伯（E. H. Weber）研究差别阈限时发现，在中等刺激强度的范围内，对刺激的差别感觉不取决于刺激物增加的绝对重量，而主要取决于刺激物增加量与标准刺激量的比值。例如，对于 50 克的重物，如果其差别阈限为 2 克，那么该重物必须增加到 52 克我们才能觉察出稍重一些；对于 100 克的重物，则必须增加到 104 克我们才能觉察出稍重一些。用公式表示：

$K=\Delta I/I$（其中 I 为原刺激强度，ΔI 为此强度范围内的差别阈限，K 为常数）

这个公式也称为韦伯定律。不同感觉的韦伯分数是不一样的，在中等刺激强度的范围内，视觉的韦伯分数是 1/100，重量感觉的韦伯分数是 1/30。根据韦伯分数的大小，可以判断某种感觉的敏锐程度：韦伯分数越小，感觉越敏锐。虽然韦伯分数揭示了感觉的某些规律，但它只适用于中等强度的刺激。只有在中等强度的刺激下，韦伯分数才是一个常数。刺激过强或过弱，比值都会发生改变。

（三）在实践中提高感受性

人的各种感受性有着高度发展的可能性，特别是在生活实践的长期锻炼中，人的感受性可以大大提高和完善起来。不同职业的需要和锻炼，可以使人的相应的感受性获得大的发展。例如，画家有高度精确的色觉，音乐家有高度精确的听觉，调味师有高度精确的嗅觉和味觉，医师有高度精确的“心音”听觉和脉搏的触摸觉，钢琴家有高度精确的演奏动觉等。由于人的感受性在生活条件和教育的影响下，有很大的发展可能性，因而即使某一分析器受到损坏，也可以发展其他分析器的感受性来“补偿”。例如盲人的触觉、听觉的感受性就有特殊的发展；聋而盲者，嗅觉就有特殊的发展等。

然而，实际上人们的各种感觉往往远落后于其发展的潜在可能性，而且人与人之间在各种感觉的发展水平方面往往表现出很大的差异。其原因就是由于人们的实践彼此不同。不同的实践对各种感觉所提出的要求也不同，所以人们的各种感觉的发展水平也就存在差异。

要提高感受性，就要多实践，在实践中多练习和锻炼。实践活动是感受性获得发展的途径。感觉的发展依赖于人的生活、实践、活动所提出的要求。我们应该随时通过各种有关的实践活动发展我们的各种感觉。比如，我们可抽空参加各种艺术活动：写生、绘画以及其他类似的艺术活动，它们都可以促进我们的视觉技能全面发展。雕刻活动不但可以发展我们的视觉，而且可以发展我们的触觉；音乐的学习可以使我们的音乐听觉得到精细的发展；诗歌、戏剧等艺术活动可以把我们的语言听觉提高到更高的水平。

积极锻炼身体，保持健康的体魄，对感受性的发展也很重要。感受性的发展，依赖于它的物质机构——感受器的健全，加强感受器的卫生保健，也是发展感受能力的重要条件。同时，人体是一个有机的整体，健全的感受器离不开健康的身体，所以，积极锻炼身体才能提高自己的感受性。

调整自己的情感和意志，如一个热情学习的人和一个对学习毫无兴趣的人，

其学习效果的差异，就与他们的感受性高低有关。意志坚定、注意力集中会使感觉更精确。

尽量避免过于疲劳。人体疲劳时，大脑皮质的兴奋性降低，从而使感受性普遍降低，以致不能清晰地感知客观事物，动作也变得不协调。操作中的许多事故，都是在这种情况下发生的。同时，改掉某些不良嗜好，可提高感觉性，如吸烟者的嗅觉感受性就远比不吸烟的人低。

利用感觉的相互作用规律。在不同感觉的相互作用下，感受性可以提高。如吃一定数量的糖（味觉）能提高视分析器的感受能力；有节奏的声音能使肌肉运动感受能力增强；举重时听轻音乐会感觉到轻些。在运用这个规律时，要注意不能喧宾夺主，如果运动时使音乐成为很强烈的刺激，反而会降低运动分析器的感受性。因为感觉器官的相互作用有一种趋势，即对一个感受器的微弱刺激，能提高其他感觉器官的感受性；而强烈的刺激则会降低其他感觉器官的感受性。

第二节　几种常见的感觉

一、视觉

在人的各种感觉中，视觉起主导作用，是人类最重要的一种感觉。视觉是人获得信息的主要通道，人所感受的外界信息 80% 以上来自视觉。视觉是人的高级感觉，它能获得外部事物的精细映像。视觉的产生离不开光，光是视觉产生的外部条件；光是电磁波，人们可以见到的光只是整个电磁波谱中很少的一部分，人眼可见光的波长分布范围在 380nm ~ 780nm。X 光射线和紫外线等波长较低的电磁辐射与红外线、雷达射线等波长较高的电磁辐射都是人的眼睛看不见的。

宇宙中能够产生光的物体叫光源，在我们生活的环境中，太阳是主要的光源，此外还有各种人造光源（电灯、蜡烛等）。日光通过三棱镜的折射，可产生由红到紫的不同光谱。除光源外，大部分物体不能自行发光，只能反射太阳光或者其他光源的光线。因此人眼所接收的光主要来自日光及其他物体上反射出来的光。

光波有三种基本的物理属性：波长、强度和纯度。与物理属性相对应，人对光波的视觉也有三种基本特性：色调、明度和饱和度。红色或者绿色等色调是由混合光中起主导作用的波长所决定，而白、灰、黑等混合光中，由于没有起主导作用的波长，一般认为它们不具色调。饱和度与光的强度有关，在一个颜色中，起主导作用的波长越强，表现出来的色调越纯，即该颜色的饱和度越高。明度指构成该颜色的全部光波的总强度。白色亮度最大，当其亮度减弱时，表现为一系列灰色，最终达到全部黑暗时，视觉消失。

（一）视觉的生理及传导机制

人的视觉器官包括眼睛、视神经、皮下中枢和皮质枕叶区。视觉的生理机制包括折光机制、感光机制、传导机制和中枢机制。眼睛的大部分，如瞳孔、晶状体等实际是折光系统（见图 2－1）。

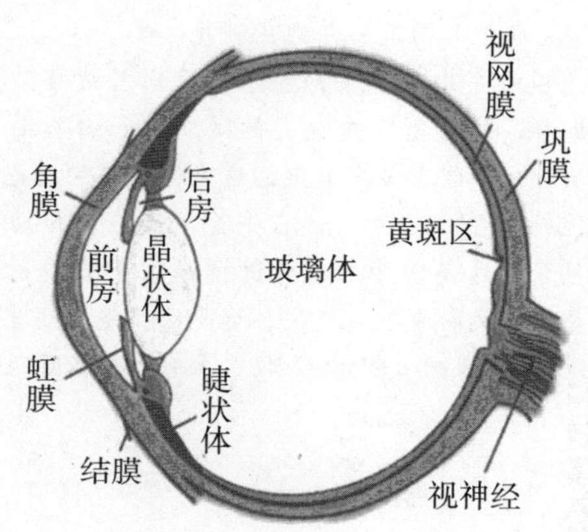

图 2－1　眼睛的结构

光线透过角膜和瞳孔经晶状体折射而聚集在视网膜上。视网膜是入射光的“最后归宿”，视觉的感光机制依靠的是视网膜上的感光细胞。视网膜中央有一块不大的区域，称为中央窝。在偏离中央窝 15°左右的区域，有一块区域是无视觉区，由于神经节细胞在此处聚集成束，形成视神经而传递进入大脑，这个区域为盲点。视网膜分为三层：最外层是感光细胞，它们离光源最远；第二层是双极细胞等；第三层是神经节细胞。感光细胞有两种：一是锥体细胞，一是棒体细胞。锥体细胞分布于视网膜中央，主要特点是清晰地分辨物体的细节，感受明度和颜色；棒体细胞分布于视网膜的周边，对光具有较大的感受性，只感受明度，含有夜视觉所必需的视紫红质。研究表明，某些日间活动的动物，如大多数鸟类，眼睛中的感光细胞几乎全是锥体细胞，很少或没有棒体细胞，这些动物在白天视力很好，晚上就很差。我们称夜晚视力差的人为“雀目眼”，就是这个缘故。而夜间活动的动物，如老鼠，其感光细胞以棒体细胞为主，所以老鼠白天的视力很差。

视网膜的感光机制是光线经过折射系统到达视网膜，使视网膜上的锥体细胞或棒体细胞产生变化，从而引起视觉神经的冲动并传入中枢。

相关链接 2－2

盲点测试实验

一、实验目的：了解盲点的存在。

二、实验材料：铅笔（或钢笔）两支。

三、实验程序：

(1) 主试（老师）要被试（全班学生）每人左右手各拿一支铅笔，向胸前水平方向伸直，两支笔与地面垂直，笔尖朝上，两笔尖并列在一起。

(2) 闭上右眼，左眼注视右手中的笔尖，左手持笔向左边移动，移到两笔尖相距约 9.5 厘米时，左手中的笔尖不见了，这是因为左笔尖的网膜像正好投射在左眼视网膜的盲点处；当左手中的笔继续往左移动时，又能看见左笔尖，这是因为笔尖超出了盲点的范围。

(3) 闭上左眼，右眼注视左手中的笔尖，右手持笔向右边移动，移到两笔尖相距约 9.5 厘米时，右手中的笔尖不见了，这是因为右笔尖的网膜像正好投射在右眼视网膜的盲点处；当右手中的笔继续往右移动时，又能看见右笔尖，这是因为笔尖超出了盲点的范围。

（资料来源：沈德立，阴国恩．基础心理学．2 版．上海：华东师范大学出版社，2010：42.）

（二）视觉现象

1. 颜色视觉

我们生活在多彩的世界里，蔚蓝的天空、青青的小草、多彩的广告时时刻刻冲击我们的视觉。而对颜色的感觉使我们能够欣赏和认识这个世界。色彩不仅能引起我们的注意，也为我们提供了丰富的信息，促进了我们觉察与区分客体。对颜色的感觉是光波作用于人眼所引起的视觉经验。下面我们来看几种基本的颜色现象。

2. 颜色混合

颜色混合主要有如下三条规律：①互补律：每种颜色都有另一种同它相混合而产生白色或灰色的颜色。这两种颜色称为互补色，如红色与浅绿色、黄色与蓝色等。②间色律：混合两种非互补色，会产生一种新的介于它们之间的中间色。如红色与蓝色混合产生紫色，红色与黄色混合产生橙色。③代替律：相混合的两种颜色，都可以由不同颜色混合后产生的相同颜色来代替。代替律说明，不管颜色的原来成分如何，只要感觉上相似，就可以互相替代，产生同样的视觉效果。

颜色混合分为色光混合和颜料混合。色光混合是将具有不同波长的光混合在一起，它是一种加法的过程。颜料混合是颜料在调色板上的混合，是一种减法的过程，某些波长的光在混合的时候被吸收了。例如黄色与蓝色的颜料相混合，黄色颜色反射的黄光被蓝色颜料所吸收，蓝色颜料反射的蓝光又被黄色颜料所吸收，结果只剩下绿色部分的光波被反射回来，使混合后的颜料看上去是绿色的。

3. 视觉适应

适应是由于刺激对感受器的持续作用而使感受性发生变化的现象。视觉适应有明适应和暗适应两种。

（1）明适应。明适应指照明开始或由暗处转入亮处时人的视觉感受性下降的过程。从电影院走出来，在明媚的阳光下，你会觉得阳光眩目，睁不开眼，过一会儿才能看清周围景物。明适应的过程大约在5分钟内即可完成。在低照明的环境下已经适应的眼睛，若在极短时间内暴露在极亮的光线下，闪光照射后再回到低照明环境，视觉功能就会大大降低，并可短暂丧失。这种由于高强度闪光引起的暂时性光感受性下降，称为闪光盲。国外根据眼睛的这一特点，研制出一种闪光弹，专门用于对付犯罪分子。这种闪光弹亮度远比闪光灯强，在短暂的极强光线刺激下，犯罪分子眼前一片漆黑，只能束手就擒。

（2）暗适应。暗适应指照明停止或由亮处转入暗处时视觉感受性提高的过程。例如，我们从阳光照射的室外进入电影院，或在夜晚由明亮的室内走到室外，都发生暗适应过程。开始觉得一片漆黑，什么也看不见，经过一段时间，眼睛才开始看清黑暗中的物体，说明视觉感受性提高了。与明适应不同，暗适应需时较长，整个过程需要30～40分钟才能完成。

4. 视觉后像

刺激物停止作用后，感觉现象并不立即停止，它还能保留一段短暂的时间，这种现象叫做后像。后像可分为两种：正后像和负后像。前者是指后像的品质与刺激物相同，后者指后像的品质与刺激物相反。例如，在注视电灯光之后，闭上眼睛，眼前会出现灯的光亮形象，位于黑色背景之上，就是正后像；在注视电灯引起正后像以后，还可能看到一个黑色的形象出现在光亮的背景之上，就是负后像。

颜色视觉也有后像，一般为负后像。如果用眼睛注视图中一朵绿花，时长约一分钟，然后将视线转向身边的白墙，那么在白墙上将看到一朵红花。较长时间注视一种颜色后，再看其他物体，就会发现其他物体都会带有这种颜色的互补色。

5. 闪光融合

断续的闪光由于频率增加，人们会得到融合的感觉，这种现象叫闪光融合。例如，日光灯光线每秒闪动100次，但人们看不出它在闪动；高速转动的电风扇，人们也看不清每扇叶子的形状，都是由于闪光融合的结果。刚刚能够引起融合感觉的刺激的最小频率，叫闪光融合临界频率或闪烁临界频率，它表明了视觉系统分辨时间能力的极限。

可见，不同的感受器在不同刺激条件下，对刺激时间的感受性不同。

6. 视觉对比

视觉对比是由光刺激在空间上的不同分布引起的视觉经验，可分为明暗对比和颜色对比两种。明暗对比由光强在空间上的不同分布造成。例如，从同一张灰纸上剪下两个小方形，分别放在一张白色和一张黑色背景纸上。此时，人们会看到，白色背景上的小方形比黑色背景上的小方形暗得多（图 2－2）。由于背景的灰度不同，对比的效果也不同。可见，物体的明度受物体所在环境的明度影响，这种现象叫明度的对比效应。

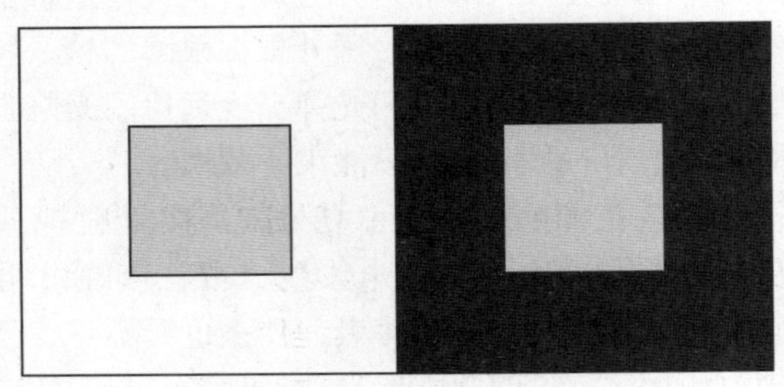

图 2－2　明暗对比

颜色也有对比效应，即物体的颜色也会受周围物体颜色的影响而发生色调变化。例如将一个灰色方形放在红色背景上，方形略显绿色；将其放在绿色背景上，方形略带红色。总之，对比使物体的色调向背景颜色的互补色方向变化。

研究视觉对比有重要的实践意义。18 世纪初，法国巴黎一家毛毯厂曾发生过这样的事：工人抱怨织进毛毯的黑色毛线的颜色，怀疑是由黑色染料造成的。经过研究发现，问题是由黑色毛线周围的颜色对比引起的，与黑色染料的质量无关。

7. 视敏度

视敏度是指眼睛分辨物体细节的能力，医学上称之为视力。视敏度用视角大小表示，视角即物体通过眼睛节点所形成的夹角。视角大小取决于物体大小及物体离眼睛的距离。当你能够看清一个物体时，所对应的视角越大，视力越差；视角越小，视力越好。

通常用“C”形（图2－3d）或“E”形（图2－3e）视标测定视敏度。最小视角为 1 分（即 1/60°）时，视力测定为 1.0，这是正常眼的视敏度。人的视敏度受许多因素影响，如视网膜受刺激的部位、背景照明、物体与背景的对比、眼睛的适应状态等。当眼睛正视物体时，光线落在中央窝处，此处锥体细胞密集并且直径很小，所以视角最小，视敏度最高；光线落在周围部分，则视敏度大减。

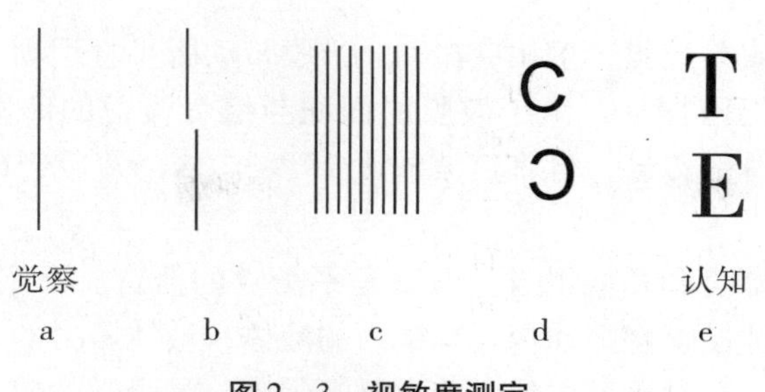

图 2－3　视敏度测定

二、听觉

（一）听觉刺激

听觉，是人的另一种重要的感觉，是对一定频率范围内声音刺激的感觉。听觉在人的各种实践活动中有十分重要的作用。人的安全离不开敏锐的听觉，言语交流、言语听觉对人而言也较为重要。声音是听觉的适宜刺激，由物体的振动产生。物体的振动对周围的空气产生压力，产生疏密相间的运动，即声波。声波通过空气传给人耳，从而产生听觉。

声波有三种物理属性：频率、振幅和波形，对应听觉的三个基本特性：音高、响度和音色。频率指发声体每秒振动的次数，单位是赫兹（Hz）。不同的声音，其频率也不同。人耳能接收的频率范围为20Hz～20 000Hz。女子和小孩语音的频率高，听起来尖声细气；成年男子语音的频率低，听起来瓮声瓮气。低于 20 Hz 的声波叫次声波，简称次声；高于 20 000 Hz 的声波叫超声波，超声波在工业生产和医疗中有广泛应用。振幅指振动物体偏离平衡位置的大小。发声体的振幅大小不一样，它们对空气的压力大小也不一样。响度是人对声音大小强弱的主观感受，与声波的振幅密切联系。振幅大，压力大，听到的声音就强；振幅小，压力小，听到的声音就弱。声波最简单的形式是正弦波。由正弦波产生的声音为纯音。日常生活中人们听到的大部分声音都不是纯音，而是复合音，它们由不同频率和振幅的正弦波叠加而成。音色是对声音品质的主观感受，与声波的波形密切相关。不同的发音体发出的声波都有自己的特异性。例如各式乐器发出的声音各不相同，造成音色的差异，汇总在一起构成美妙的音乐。

（二）听觉的机制

耳朵是人的听觉器官，由外耳、中耳和内耳组成（图 2－4）。

外耳包括耳郭和外耳道，主要作用是收集声波。动物的耳郭可自由转动，其作用就是对来自不同方向的声音进行定向。声音被耳郭收集后进入外耳道。

中耳由鼓膜、听小骨（锤骨、砧骨和镫骨）、卵圆窗和正圆窗构成。声波从外耳道进入，首先是鼓膜产生相应振动。鼓膜带动听小骨运动，把声波传至卵圆窗，引起内耳淋巴液振动。由于鼓膜的面积与镫骨覆盖的卵圆窗的面积相差较大，声音经过中耳的传导，可将声波放大 20～30 倍，然后经由正圆窗将振动传入内耳。

内耳由前庭器官和耳蜗组成。前庭是平衡觉的器官。耳蜗是一螺旋状组织，内部充满液体。卵圆窗将振动传入耳蜗内的液体，液体压力的变化引起基底膜的移动。基底膜上的柯蒂氏器中包含着大量毛细胞，是听觉的感受器。声音传至卵圆窗，其振动引起耳蜗液振动，由此带动基底膜运动，并使毛细胞兴奋，产生动作电位，机械振动便转化为神经冲动。

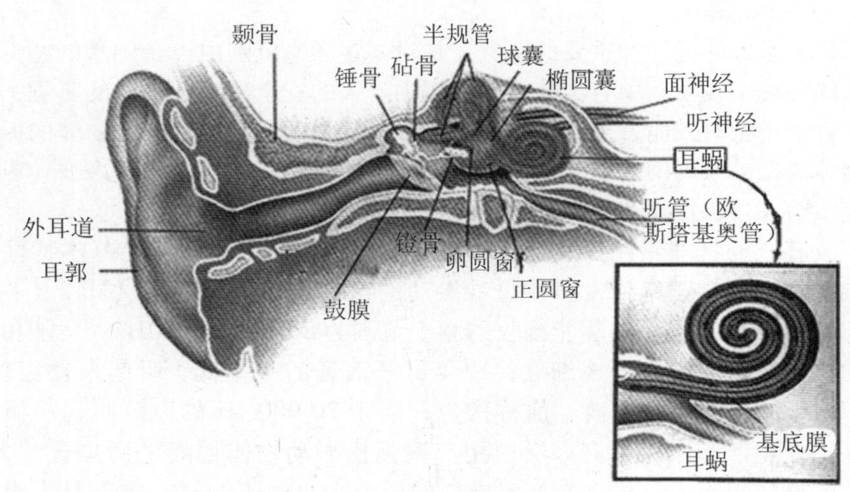

图 2－4　人耳的构造

（三）听觉理论

目前主要有两种理论：频率说和位置说。

1. 频率说

物理学家罗·费尔德（Rutherford）认为，内耳的基底膜和镫骨按相同的频率振动，振动频率与声音的原有频率相对应。如果听到的是频率低的声音，对应的卵圆窗连接的镫骨振动次数少，反之亦然，类似于电话送话机和收话机的关系。所以，这种理论也叫电话理论。根据这种理论，假如人要听到一个频率为 1 000Hz 的声音，那么听神经细胞就必须每秒发放 1 000 个神经冲动，但是人耳的基底膜不能做到每秒 1 000 次以上的快速运动，因此，这种理论与人耳能接受 1 000Hz 以上的声音的事实不符。

韦弗（Wever，1949）提出了神经齐射理论。当声音低于400Hz以下时，单个听觉神经元的神经冲动发放频率与声音频率相对应。当声音频率升高时，单个神经纤维无法单独对它做出反应。此时，神经元之间就联合“齐射”，就可以反映频率高的声音。韦弗认为，齐射原则适合于频率为5 000Hz以下的声音。

2. 位置说

该理论的假设是，基底膜上的不同位置感受不同频率的声音。位置说又分共鸣说和行波说。赫尔姆赫兹（Helmholtz，1863）认为，基底膜的横纤维的长短不同，基底膜上约有24 000条横纤维，靠近耳蜗底部处较窄，靠近蜗顶处较宽，因而就像竖琴的琴弦一样，能对不同频率的声音产生共鸣：短纤维对高音发生共鸣，长纤维对低音发生共鸣，一条纤维只对一种声音频率发生共鸣。基底膜的振动引起听觉细胞的兴奋，传到听觉中枢便产生不同音调的听觉。而行波说认为，基底膜对不同步定率的声音的分析，取决于最大振幅所在的位置。

（四）听觉适应与听觉疲劳

1. 听觉适应

听觉适应需要的时间极短，恢复很快。听觉适应具有选择性，仅对作用于耳朵的固定频率的声音发生适应，其他未作用的声音不发生适应现象。

2. 听觉疲劳

听觉疲劳是指声音长时间持续作用，造成听觉感受性显著降低的现象。如果这种疲劳经常发生，则会造成听力减退甚至耳聋。

3. 声音的混合与掩蔽

如果两个声音同时到达耳朵，则产生声音的混合，由于两个声音的频率、振幅不同，混合的结果也不同。声音强度相当，频率相差较大，产生混合音；强度相差不大，频率也接近，会听到声音起伏的现象，称为拍音。

如果两个声音强度相差较大，另一个声音由于受到干扰而使听觉感受性下降，称为声音掩蔽。声音掩蔽的效果取决于声音的频率关系、掩蔽音的强度、掩蔽音与被掩蔽音的时间间隔等。如果都为纯音，声音频率越接近，掩蔽作用越大；频率相差越远，掩蔽作用越小；当掩蔽音强度很小时，掩蔽作用覆盖的频率范围也小；掩蔽音强度增加，掩蔽作用覆盖的频率范围也增加。

三、其他感觉

（一）皮肤感觉

皮肤感觉又称为肤觉，是由刺激作用于皮肤表面而引起的感觉。肤觉在皮肤上呈点状分布，身体部位不同，各种点的分布及数目也不同。人的指尖、唇、鼻和舌尖部的触觉最为敏感，手掌的触觉比手背敏感，背腹部和足底的感受性很低。在触觉敏感部位，触点的密度大，触觉阈限小。肤觉在人类的生活和工作中具有重要意义，对维持有机体与环境的平衡有重要作用。如果人丧失了痛觉，就不知道躲避危险；如果没有温觉和冷觉，就不能实现对体温的调节。皮肤感觉在人的爱情生活和性生活中也有十分重要的作用。触觉是刺激物接触到皮肤表面时的感觉。物体接触皮肤表面，使皮肤轻微变形，产生触觉；使皮肤明显变形，产生压觉。

（二）温度觉

温度觉包括冷觉与热觉。皮肤表面的温度称为生理零度。高于生理零度的温度刺激，引起温觉；低于生理零度的温度刺激，引起冷觉；刺激温度等于生理零度，不产生温度觉。温度觉的适宜刺激是皮肤表面的温度变化。一种温度刺激引起的感觉，不仅取决于刺激本身的温度，更取决于刺激温度和皮肤温度之间的关系。

由于身体不同部位的生理零度不同，对温度的敏感度也不同。身体裸露部位的生理零度为28℃，前额为35℃，衣服内部位为37℃。所以洗澡时，用手试水温，觉得不凉，等身体入水后，就觉得凉。如果将左手一个手指放入40℃的水中，而将整只右手放入37℃的水中，会觉得右手更热些。

（三）痛觉

痛觉是对伤害有机体的刺激所产生的感觉。引起痛觉的刺激很多，包括机械的、物理的、化学的、温度的以及电的刺激。痛觉的经验虽不讨人喜欢，但有重要的适应意义。痛觉对有机体具有保护作用。痛觉是一种警示信号，它告诉人们身体的某些部位正在受到伤害，必须给予足够重视和适当处理。痛觉既可以是外部感觉，也可以是内部感觉。痛觉比较模糊，经常不能精确定位。例如，人们很难用语言向医生描绘他的头痛。痛觉常伴有生理变化和情绪反应。影响痛觉的因素很多，可以通过药物、电刺激、按摩、催眠、分散注意等方法减轻痛觉。

相关链接2-3

没有痛觉的孩子

9岁的金晨是个聪明可爱的小姑娘，她是足月出生，身体和智力发育均正常。表面看来，金晨与其他孩子没有什么两样。可是，在金晨刚刚六个月时，其父母发现她从不怕痛。打针的时候，别的孩子总是痛得大哭大叫，可是金晨从来不哭，也不像别的孩子那样激烈反抗；她常常咬破自己的手指和舌头，弄得鲜血淋漓，但毫无痛苦；有时候，她会将滚烫的热水喝下，舌头上烫起了皮，别人吓一大跳，而她自己却若无其事地把皮撕下。有一次，姐姐正端着一碗热稀饭，她突然去抢夺，结果稀饭撒在她的脸上，她顺手一抹连皮也抹下来了。她能爬树，也敢从高处往下跳，因而常常弄得皮破血流。给她在伤口上擦碘酒，她也感觉不到药水的刺激痛，只有“凉凉的感受”。《祝你健康》杂志记者曾采访过她，当记者用针刺她的“合谷”等敏感部位时，她笑嘻嘻地看着记者下针，丝毫也不害怕。记者在她不注意的时候掐她脊背的皮肤，她大概由于正在专心与记者聊天，似乎没有感觉到。记者又更使劲地掐她的手臂，她才笑着说：“你在掐我。”记者问：“掐得痛吗?”她竟天真地反问：“什么叫痛?”

痛觉，从生理学意义上来说，是机体内部的警报系统，它可以防止机体继续受损害以确保机体的健康。没有痛觉，机体对有害刺激的回避性反应就会减少。金晨的父母时时防止她发生意外，但意外总是难以避免。有一次，他们发现金晨的右脚畸形，拍片后才知道原来她的脚曾经骨折过，已经自然愈合了。她的右肘处骨头曾不慎跌断，她自己拆掉敷好的石膏，继续挥舞右臂，以致骨头错位而畸形。她不知道疼痛，也不懂得过量的活动将带来什么后果。从这个例子，我们可以看出，一个先天性无痛患者，必须学会如何防止烫伤、碰撞等。由此可见，痛觉具有何等重要的生理学意义。

（资料来源：叶奕乾，杨治良，等. 图解心理学. 南昌：江西人民出版社，1982：165－166.）

（四）味觉

味觉指辨别事物味道的感觉，其适宜刺激是被溶于水的化学物质刺激。如果用吸水纸将舌面擦干，将糖或盐撒在舌面上，这时你并没有味觉，当唾液将糖或盐溶化后，才产生味觉。味觉的感受器是味蕾。味觉基本上可分为甜、酸、苦、咸四类。舌的各部位对各种味觉刺激的感受性不同。用蔗糖、稀盐酸、奎宁和食糖溶液，对舌上不同部位的测试得知，舌尖对甜味敏感，舌根对苦味敏感，舌边对酸味敏感，而舌尖、舌中乃至整个舌部都对咸味较敏感。味蕾的再生能力很强，即使因为吃热的食物烫伤了舌头，也不会对味觉有太大的影响。随着年龄的增长，味蕾的数量会减少，人的味觉敏感性会逐渐降低。味觉的感受性明显受温度影响。当温度从17℃逐步上升时，对甜味的感觉阈限逐渐下降，温度超过36℃，感觉阈限又开始回升。在37℃时，对甜味最易觉察。对苦味的感觉阈限在17℃，以后随温度升高迅速提高。食物在20℃～30℃时，味觉敏感性最高。机体状态也会影响味觉的敏感性，饥饿的人对甜、咸较敏感，对酸、苦不敏感。

（五）嗅觉

嗅觉是由有气味的气体引起的，其适宜刺激是挥发性的物质分子，其感受器为鼻腔上鼻道内棕色嗅膜中的嗅细胞。嗅觉感受性受许多因素的影响。首先，对不同性质的刺激物有不同的感受性。乙醚的嗅觉阈限为5.833毫克/升空气，人造麝香的嗅觉阈限为0.000 04毫克/升空气。其次，它和环境因素、机体状态有关。例如，温度太高、太低，空气中湿度的大小，鼻炎、感冒等疾病都会影响嗅觉的感受性。最后，适应会使嗅觉感受性明显下降。“入芝兰之室，久而不闻其

香；入鲍鱼之肆，久而不闻其臭”，就是由于刺激物的持续作用而引起的嗅觉感受性的下降。

四、内部感觉

内部感觉主要反映机体内部的状态和变化的感觉，包括动觉、平衡觉和内脏感觉。

（一）动觉

动觉又称运动感觉。动觉反映身体各部分的位置、运动以及肌肉的紧张程度，是内部感觉的一种重要形态。动觉的感受器存在于肌肉、肌腱、韧带和关节中，分别名为肌梭、腱梭和关节小体。在身体活动时，肌肉和肌腱的扩张和收缩以及关节之间的压迫产生刺激，引起动觉感受器兴奋，产生神经冲动，传入大脑皮质，产生动觉。

动觉在认识客观世界时具有重要意义。动觉与触觉结合，产生触摸觉，使人认识事物的形状、大小、弹性、软硬、滑涩、轻重等属性。动觉还是随意运动的基础。人在做出活动时，由动觉产生的反馈信号对行为的调节和控制具有重要作用。如果没有动觉，人就不能正常地走路，动觉受损的病人走路时眼睛必须盯着脚尖。动觉还与人的言语活动有着密切的关系。没有声带、舌头、嘴唇的精确运动，就不可能有人类的言语活动。

（二）平衡觉

平衡觉又叫静觉。它是人体做加速或减速的旋转运动时所产生的感觉。平衡觉的感受器是位于内耳的前庭器官，其中半规管是反映身体旋转运动的器官。半规管内充满液体，液体内浮有丛生的毛状细胞。当人的身体做加速或减速的旋转运动时，管内的液体也随之摇动，刺激毛状细胞产生兴奋，产生神经冲动，传入小脑，小脑是中枢神经系统中控制身体平衡的器官。前庭内也充满液体，前庭内具有纤毛的感觉细胞上，有一种极小的晶体，叫耳石。当人体做直线的加速或减速运动时，耳石便改变与感觉细胞纤毛的位置，因而引起兴奋，兴奋也传入小脑。

平衡觉与视觉、内脏感觉都有联系。当前庭器官兴奋时，视野中的景物会发生晃动，人的消化系统也会出现恶心、呕吐等现象。人的晕车、晕船等现象，就是由于前庭器官受刺激引起的。平衡觉对于汽车、轮船、飞机的驾驶员和体育运动员具有非常重要的意义。不同的人的平衡觉存在明显的个体差异。平衡觉的稳定性可以经过训练而得到改进。

（三）内脏感觉

内脏感觉也叫机体觉。它是由内脏活动作用于脏壁上的感受器而产生的，主要包括饥渴、饱胀、惬意、恶心、疲乏、疼痛等感觉。

内脏感觉的一个重要特点是性质极不确定，也缺乏准确的定位，分辨力差，所以又称“黑暗感觉”。当人的内部器官工作正常时，各种感觉便汇合成为人的一般感觉。在通常的情况下，内部感觉的信号被外部感觉的信号掩蔽了。只有在内脏感觉十分强烈时，它们才可能成为鲜明的、占优势的感觉，才能为人所意识到。

第三节　知觉及其特性

一、知觉

任何一种感觉反映的都是事物的个别属性，但是在日常生活中，我们总是把事物多个属性综合起来加以认识，依据自己的经验解释事物，这就是知觉。知觉是指人脑对直接作用于感觉器官的客观事物的整体反映。当我们感觉到西瓜的大小、形状、纹路、颜色等，把这些属性综合起来，借助于过去的经验，就构成了我们对“西瓜”的整体反映，这就是知觉。

曾经有过这样一个故事：在苏格兰某地的一个交通事故多发地段，一年内连续发生 14 起严重交通事故，起因只有一个——司机在该路段的拐弯处没有减速，导致车辆与护栏相撞。心理学家对这个问题进行了深入研究，发现只要在护栏上画上白色标志，问题就可以得到解决。经过这个路段的司机在看到护栏上的这些标志时，会觉得车子在不断加速，因此，就会自觉地将车速减缓下来。这一事件，存在着感觉现象，即司机通过眼睛对护栏上的标志进行感觉，并通过神经系统将信息传入大脑进行分析。但是，真正解决问题的是人的知觉。

感觉和知觉既有区别，又有联系。其区别在于二者是不同的心理过程，感觉反映事物的个别属性，各个部分的反映，依赖个别感官；而知觉反映事物的整体属性，是对事物的结构和关系的反映，依赖多种感官。感觉是介于心理和生理的活动，而知觉是纯粹的心理活动。二者的相同点为：都是对直接作用于感官的客观事物的反映，属于对事物感性认识的范畴，是人类认识世界的初级形式。感觉是知觉的基础，知觉需要各种感觉的联合活动。知觉不是个别感觉信息的简单相加，而是感觉的综合和深入。知觉比单个的感觉相加要复杂得多。

二、知觉的特性

人对客观事物的知觉，受主客观条件的影响，有其特殊的活动规律。知觉过程的心理规律，可以归纳为知觉的四个基本特性：

（一）知觉的选择性

知觉的选择性指的是人总是有选择地把少数事物作为知觉对象，而把其他事物作为背景。人们周围的事物多种多样，时时刻刻在影响着我们的感觉器官，但由于人的信息通道的局限性，只有少数事物能成为人的知觉对象。人们总是有选择地以少数对自己有重要意义的刺激物作为知觉的对象。知觉对象在背景中突出出来，人对它的知觉更清晰。背景处于陪衬地位，也能被知觉到，却较模糊。例如，在课堂上，教师讲课的声音和板书成为学生的知觉对象，学生看得明白，听得清楚，而此时教室内外的其他景物与声音，就成为知觉的背景，它们形象模糊。在街上同一位好朋友讲话，朋友的说话声是我们知觉的对象，我们听得清楚，街上其他声音则是这种谈话声的背景，听不清楚。

知觉的对象从背景中分离，与选择性注意有关。当注意指向某种事物时，该事物就成为知觉的对象，而其他事物就成为背景。当注意从一事物转移到另一事物上时，原来的知觉对象就成为背景，原来的背景就成为知觉对象。所以，知觉对象和背景是相对的，是可互相转换的。双关图形很好地说明了这一特性。在图2－5中，你看见了什么？你看见的左图是两个人头侧面，还是一个花瓶？右图是一个少女，还是一个老妇？

图2－5　对象和背景可以相互转换的图形

影响知觉选择性的因素主要有主观因素和客观因素两个方面。从客因素观而言有以下几点：

1. 对象和背景的差别性

对象和背景之间差别越大，越容易优先选择。例如，“万绿丛中一点红”，红就容易被区分出来。教师板书，白色粉笔字迹最清楚；教师批改作业用红笔，是为了突出评语和分数。相反，军事上的伪装、昆虫的保护色，则使对象和背景差别小，不易被发现。

2. 刺激物的强度特性

在刺激阈限范围内，一般较强烈的刺激易引起人们的知觉。如说话时语气的加强、语音的提高、物体的照明亮度增强、字体的线条加粗等都有利于引起人的知觉。

3. 知觉对象的活动性

活动的对象与静止的对象相比较，更容易被人所知觉。例如各种仪表上的指针，街上行驶的车辆，夜空中的流星，闪动的霓虹灯广告，电影、幻灯片等活动教具，都易被人们优先知觉。

4. 刺激物的新颖性

例如，教师抑扬顿挫的语言、新颖的教学内容和教学方式、突然的停顿与语气变化，也容易引起学生的注意与优先知觉。

5. 刺激物的重复性

重复与持续出现的刺激，可能因新颖性下降而降低知觉的选择性，也可能因增加强度与幅度而增加知觉的选择性。如连续的广告往往会引起人们的关注与知觉。

从主观因素来看，以下心理条件对知觉选择有重要的影响：

1. 知觉的目的性

通常目的任务越明确越具体，知觉的选择性越强；没有具体的目标，知觉的选择性就差一些。

2. 已有知识经验的丰富程度

例如，外语水平高的人，在外文阅读与听力时很容易发现问题与掌握知识要点。

3. 个人的需要和兴趣、爱好、价值观倾向

一般人们迫切需要与感兴趣和喜爱的对象，容易被选择与吸引人，对这类对象的知觉选择性也与个人价值观倾向有密切关系。例如，在沙漠中长途跋涉的人，对绿洲、甘泉的知觉甚为敏感；“樵夫进山只见柴草，猎人进山只见禽兽”，都说明了主体的需求状态对知觉选择性的影响。

4. 心理定势

心理定势即受以往经验影响而产生的心理活动的一种状态。如“13”放在

数字系统被选择知觉为“13”，如果在英文字母系统就会被选择知觉为“B”。

5. 情绪状态

高兴与悲伤、平静与激情等都会有利于或阻碍人们对知觉对象的选择。一个人处于良好的情绪状态时，更容易知觉到美好的事物；人的情绪不好，更易为不如意的事情烦心。

（二）知觉的整体性

知觉的整体性是指当客观事物的个别属性作用于人的感官时，人能够依据知识经验把它知觉为一个整体。例如，当我们听到某些熟人的声音时，立刻能知觉到这位熟人的整体形象。学生听课，并不能把老师讲的每一个字音都毫无遗漏地知觉出来，而是听取老师讲的完整句子和完整的意思。人们很少有面对面地把人的两个耳朵同时完全看清楚的时候，但人们从来没有因此而产生缺一个耳朵的人的形象。

在知觉过程中，人之所以能把具有不同属性的事物组成一个整体，是由于事物的属性或部分本来就是结合在一起的，是一个复合刺激物。由于人在知觉时有过去经验的参与，大脑对来自各感官的信息进行加工时，就会利用已有经验对缺失部分加以整合补充，将事物知觉为一个整体。

在整体性知觉中，物体的各部分起的作用是不同的。一般来说，强的部分起作用大，弱的部分起作用小；强的成分往往会掩蔽弱的成分。虽然事物的整体在知觉中具有优势地位，但部分（特别是比较强的、突出的部分）有时也能对整体知觉产生重要影响，从而决定知觉的整体性质。社会知觉中的刻板印象和晕轮效应就是对这一现象的很好说明。所以在教学过程中，我们既要突出主要成分，也不要忽视次要成分。

在知觉活动中，人对整体的知觉还可能优于对构成整体的部分的知觉。纳温（Navon，1977）用实验证明，给被试短暂地呈现由许多小字母组成的一个大字母，如由小字母“H”和“S”组成大字母“H”或“S”（图2－6），被试的反应有两种：局部反应和整体反应。在局部反应中，要求被试识别小字母；在整体反应中，要求被试识别大字母。结果发现，当识别小字母时，如果小字母与大字母不一致（如小字母为“S”，大字母为“H”），被试的反应时间将有所延长；而当被试识别大字母时，被试的反应时长将不受组成字母的影响。纳温称这种现象为“整体优先性”（global precedence），即整体特征的知觉优于对局部特征的知觉，当人们有意识地去注意整体特征时，知觉加工不受局部特征的影响。这一结果表明了整体特征是先于局部特征被知觉的。

```
H       H       S       S
H       H       S       S
H       H       S       S
H H H H H       S S S S S
H       H       S       S
H       H       S       S
H       H       S       S

  H H H          S S S
H       H       S       S
H               S
H H H H H       S S S S S
        H               S
H       H       S       S
  H H H          S S S
```

图 2－6　整体优先性的实验证据

知觉的整体性也反映了事物的部分对于整体的依赖关系。人对事物部分的知觉依赖于对事物整体的知觉，部分在整体中才有确定的含义。如图 2－7 所示，中间的图形如果处在数字的序列中，我们就把它知觉成“13”；如果处在字母的序列中，我们就把它知觉成“B”。一位心理学家让被试描绘一个人的照片。告诉一组被试说，照片上的人是一位科学家；告诉另一组被试说，照片上的人是一个罪犯。结果，前一组被试描述说：“深邃的目光象征着他思想的深刻，高耸的额头代表了他在科学的道路上无坚不摧的意志。”后一组被试则描述说：“深邃的目光代表了他的阴险狡诈，高耸的额头代表了他死不悔改的决心。”可见，对人的整体印象不同，对人的部分的知觉也不同。

12

A　　13　　C

14

图 2－7　部分对整体的依赖关系

（三）知觉的理解性

知觉的理解性指的是人在知觉某一客观对象时，总是利用已有的知识经验去认识它。人在知觉过程中并不仅停留在对新事物的照相式的反映，而是还有过去经验参与。人对于隐匿图形的知觉就是知觉理解性的好例子。

当你第一次看到图2－8时，你不是消极地感知这些斑点，而是力求认识这些斑点的意义，对它做出合理解释。你会问自己："这是什么?""这是一片雪地吗?""这里有一只动物。它是一条狗吗?""是的，它是一条狗。"当人们非常熟悉知觉对象时，就倾向于给它命名，将它归入一定范畴。如"这是一只茶杯""这是一棵柳树"等。

图2－8　隐匿图形

对事物的理解是产生正确知觉的必要条件。影响知觉的理解性的条件概括起来有以下几个方面：

1. 言语的指导作用

人的知觉是在两种信号系统的协同活动中实现的，词有助于对知觉对象的理解，使知觉更迅速、更完整。在环境复杂、对象特征不明显的情况下，言语可以唤起人的经验，帮助人理解。例如，在旅游时，一些自然景物一旦被赋予某些名称，你就会觉得越看越像。又如，天空中漂浮着的云彩、自然界中的各种奇景，在感知它们时附加词和言语的指导，会使人更快地知觉。

2. 个人的知识经验

知识经验不同，对同一事物的知觉也不同。例如，同是一棵松树，诗人、植物学家和木匠的知觉可能就很不相同：诗人看到了松树的"高风亮节"，植物学家将它称为“常绿乔木”，木匠则将它视为一种“木材”。

3. 社会文化

人们对事物的知觉受社会文化影响。例如，阿拉伯国家的人喜欢绿色，因为他们地处沙漠，而绿色代表绿洲，代表生命；而中国人民则喜欢红色，用红色代表喜庆，代表革命。在中国和日本，“4”与“死”谐音，所以人们不喜欢；而在基督教国家里，13 是个忌讳的数字。

4. 活动任务的明确性

当有明确的活动任务时，知觉将有助于当前的活动任务，这时所知觉的对象就比较清晰和深刻。

5. 对知觉对象的态度

如果对知觉对象持有消极态度，则不能深刻地感知客观事物。只有对知觉对象产生兴趣，持有积极的态度才能加深对它的理解。

知觉的理解性与知觉的选择性、整体性有着密切的关系：

（1）知觉的理解性有助于知觉的选择性，即理解帮助知觉对象从背景中分离出来。

（2）知觉的理解性有助于知觉的整体性，人们对于自己熟悉的东西，容易将其视为一个整体来感知，但在面对不熟悉的东西时，知觉的整体性常常是受到破坏的。正是由于理解的存在，人们才能把缺失部分补全。

（四）知觉的恒常性

知觉的恒常性是指当知觉的条件在一定范围内发生改变时，知觉的映像仍然保持相对不变。例如，强光照射煤块的亮度远远大于黄昏时粉笔的亮度，但我们仍然把强光下的煤块知觉为黑色，把黄昏时的粉笔知觉为白色。视知觉的恒常性最明显，一般有大小、形状、明度和颜色等恒常性。

1. 大小恒常性

大小恒常性是指在一定范围内，个体对物体大小的知觉并不随距离变化而变化，也不会随着视网膜上的视像大小的变化而变化，其知觉映像仍按物体的实际大小加以知觉的特征。例如，看一个人个子高矮，远近距离不同时，投射到视网膜上的视像大小相差很大，但我们仍能按实际大小来知觉。

视网膜成像按几何投影的规律变化，随对象的距离按比例增大或缩小。距离大，在视网膜上成像较小；距离小，在视网膜上成像较大。但实际的大小没有变化，因此知觉的结果是一致的。

2. 形状恒常性

形状恒常性是指当从不同角度观察同一物体时，物体在视网膜上投射的形状是不断变化的，但人仍能把它知觉成同一形状。图 2－9 是一扇从关闭到开着的门，虽然它在视网膜上的投影发生了很大变化，但人们总把它知觉成是长方形的。

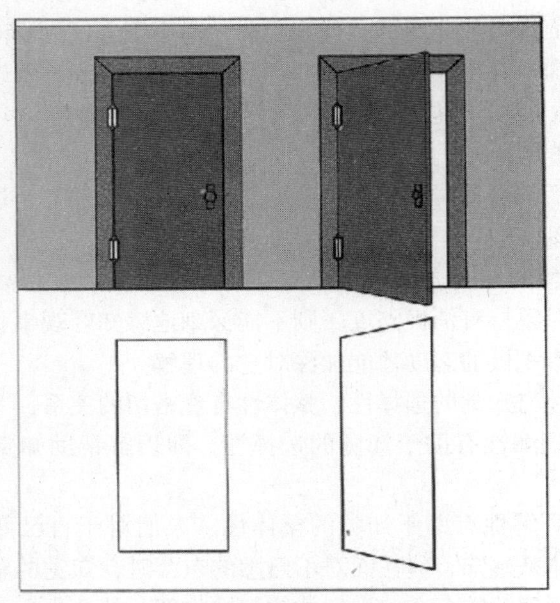

图 2－9　形状恒常性

3. 明度恒常性

明度恒常性是指当照明条件改变时，个体对物体相对明度或视亮度的知觉保持相对不变。例如，白纸在日光下与在月光下反射的光亮相差 80 万倍，但人们总把它知觉成白色的。

4. 颜色恒常性

颜色恒常性是指个体对熟悉的物体，当其颜色由于照明等条件的变化而改变时，颜色知觉不会因为色光的改变而改变，而是趋向于保持相对不变的知觉特征。例如，室内的家具在不同色光的照明下，人们对其颜色的知觉仍保持相对不变。从物理特性和生理角度来看，当色光照射到物体表面时，由于色光混合原理的作用，其色调会发生变化，但由于人对物体颜色的知觉不受照射到物体表面色光的影响，因此，仍然把物体颜色知觉为其固有的颜色。

知觉的恒常性在我们日常生活、工作和学习中有很重要的意义。它有利于人们正确地认识和精确地适应环境，知觉的恒常性消失，人对事物的认识就会失真，工作与学习就会遇到严重困难。

知觉恒常性受各种因素的影响，其中视觉线索有重要的作用。所谓视觉线索是指环境中的各种参照物给人们提供的物体距离、方位和照明条件的信息。这说明了人的知识经验对知觉的恒常性有重要的影响。人们在实际生活中，建立了大小和距离、形状与观察角度、明度与物体表面反射系数的联系。当观察条件改变时，人们利用生活中已经建立的这种联系，就能保持对客观世界较稳定的知觉。比方说，在知觉物体大小时，环境中的一些因素给你提供物体距离的线索，当一个物体在视网膜上的视像变小时，如果你从视觉线索中知道物体的距离变大了，那么视像大小的变化会从距离远近的变化中得到补偿，它们的相互作用维持了大小恒常性。

第四节　几种常见的知觉

一、空间知觉

空间知觉是人脑对客观世界物体的空间关系的认识。物体在空间存在的形式有形状、大小、远近、深度和方位等。因此，空间知觉又可分为形状知觉、大小知觉、距离知觉、深度知觉和方位知觉等。空间知觉对人与环境的相互作用具有重要意义。如果人不能认识物体的形状、大小、距离和方位，就不能正常生存。

（一）形状知觉

形状是物体所有属性中最重要的属性，而形状知觉是人类和动物共同具有的能力。形状知觉是指物体的形状特征在人脑中的反映。形状知觉的产生是人借助于视觉、触摸觉和动觉的协同活动的结果。通过视觉，人们得到了物体在视网膜上的投影形状；通过触觉和动觉，人们探索着物体的外形。这些连续的动觉刺激会向大脑发送物体的形状信号，经过大脑分析、综合，就产生了对物体形状的知觉。

1. 轮廓与图形

在形状知觉中，视觉具有极其重要的作用，对知觉对象的轮廓具有重要意义。轮廓的作用可用图 2 – 10 来说明。图 2 – 10 画的是一只大象，它由若干线条组成，线条的内外明度相同。但是由于组成边界的线段产生了明度的突然变化，因而使画面从白纸上分离出来。相反，如果将轮廓破坏，如照相或放映时，没有对好焦距，使边界模糊，或将一个图形镶嵌在另一些更复杂的图形中，使前者轮廓消失，这样就会破坏对物体形状的知觉（图 2 – 11）。

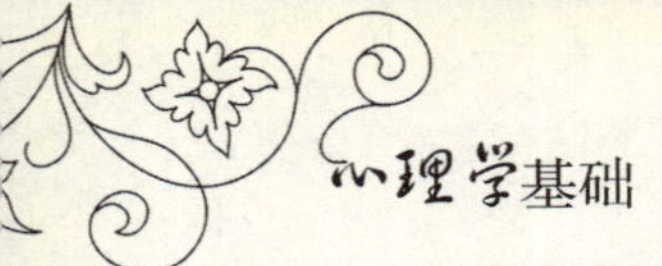

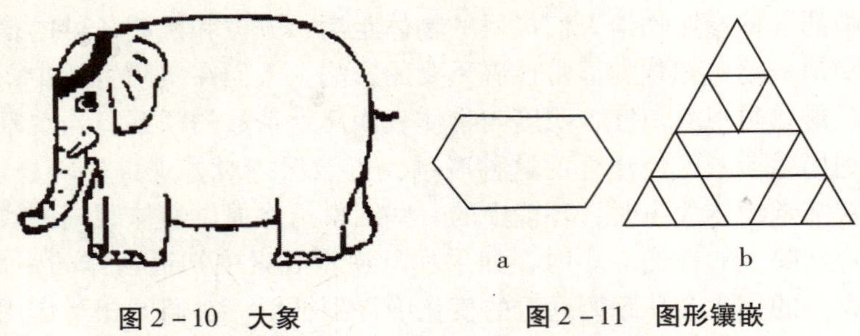

图 2－10　大象　　　　图 2－11　图形镶嵌

图形是事物在视野中的一个面积，而轮廓是图形面积与周围背景的一个封闭的分界线。只要抓住事物的主要轮廓，就能提供物体形状的足够信息。有时即使某些物体的轮廓不明显，人们也能正确知觉物体的形状，这种现象称为主观轮廓。

人们不仅可以从背景中把一个个的物体或图形分离出来，而且还可以看到物体或图形的独特群组。视野中的哪些成分容易结合成为图形？格式塔学派的心理学家对这一问题进行了大量研究，提出了一些图形的组织原则。

（1）接近性原则。在其他条件相同时，空间上彼此接近的部分，容易组成图形。如在图 2－12a 中，左边五个圆形之间距离较近，而右边圆形与它们之间距离较远。因此，我们容易将右边的圆看作是孤立个体，而将左边五个圆看作一个整体。

（2）相似性原则。视野中相似的成分容易被知觉为图形。在图 2－12b 中，我们看到的是三列“×”形和三列“○”形，而不是三排形状不同的图形。

（3）封闭性原则。并不是所有的图形都是连续的，如图 2－12d 所示，图中的图形由一些不连续的线段组成，但人们还是将这些不连续的线段知觉为图形。

（4）连续性原则。如在图 2－12c 中，有些图案具有连续性，而另外一些则不然，人们容易将连续的部分看成图形。在图 2－12c 中的 c1，右边的方形与圆形之间具有较好的连续性，因此更容易被人们知觉为一个整体，而左边的不连续的圆形就被知觉为孤立的了。在某些情况下，对于连续的整体，人们也会根据习惯将它们分成不同的图形。如在图 2－12c 中的 c2，左边的图形更容易被知觉为直线和曲线的结合（上面的等式），而非两条曲线的组合（下面的等式）。

（5）对称性原则。在视野中，对称的部分容易组成图形（图 2－12e）。

（6）共同命运原则。如图 2－12f 所示，人们习惯于将以相同速度向相同方向移动的物体知觉为同一整体。因此，一群正在飞翔的小鸟以及在体育场制造“人浪”的人们都会被知觉为一个整体。

（7）方向性原则。有些刺激以方向作为基本特征，人们习惯于将那些方向相同的刺激知觉为同一个整体。如图 2－12g 所示，人们会将竖线知觉为一个整体，将斜线知觉为另一个整体。

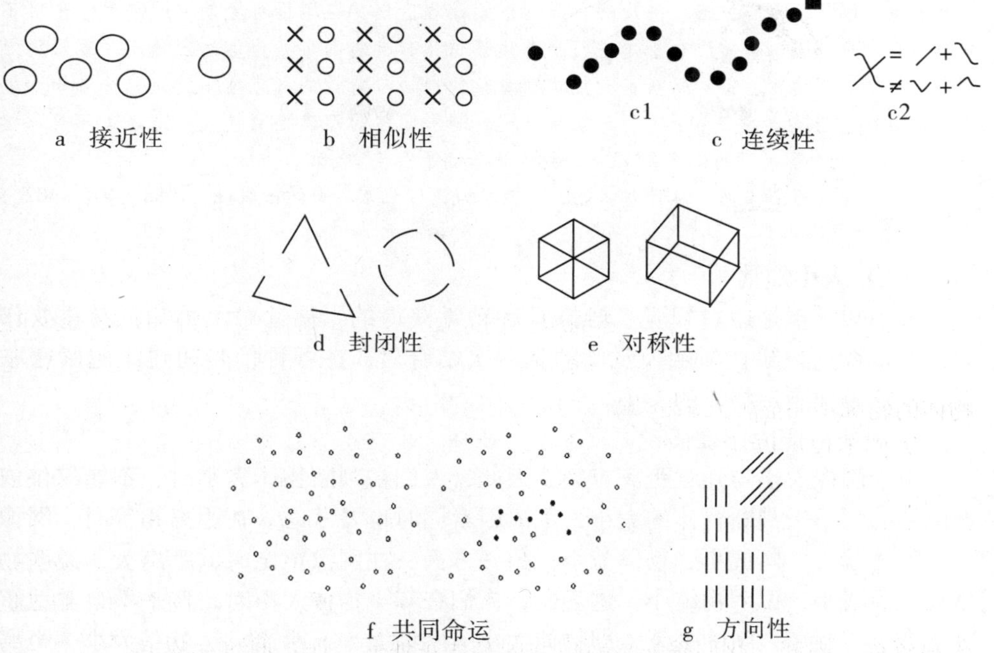

图 2-12 图形的组织原则

2. 眼动与形状知觉

在形状知觉中，眼动具有重要意义。有两类不同的眼动：

（1）微小的、不随意的眼动，如微跳、漂移、生理震颤等。这类眼动对维持视觉映像清晰，避免视网膜因注视产生适应有重要作用。如用稳定网像技术使物体投影始终落在视网膜的固定位置，排除微动，那么，人们看到的图形最初很清晰，以后逐渐模糊，最后趋于消失。可见，微动有助于形状知觉的稳定。

（2）眼的跳动和追踪。跳动是指眼睛从一个注视点到另一个注视点的运动。当用眼睛搜索要观察的物体，或者由注视一个物体（或部分）转向注视另一个物体（或部分），或者当刺激落在视野边缘要使它回到视野中央时，跳动就会发生。研究发现，眼跳中的注视与信息提取有关。

相关链接 2-4

形状知觉与道路标志

道路标志设计的基本原则是使驾驶者迅速而又清楚地获得准确信息。有研究表明，采用几何图形作编码时，最大使用数量为15个，建议最好使用5个。采用实物图形作编码时，最大使用数量为30个，建议最好使用10个。几何图形中，圆形、矩形、十字形和三角形在视觉

上是容易区别的，而正方形、多边形和椭圆形则最难区别，应尽量避免使用。印度学者对不同形状和颜色编码的道路警告标志进行道路现场试验，标志的形状为等边三角形、菱形和矩形上加一个小三角形，每种形状都有红边白背景或白边红背景的颜色编码，标志符号均为黑色。试验在一条笔直的公路上进行。结果表明，菱形标志的可读距离最大，比等边三角形标志大 16%，比矩形加三角形大 34.3%；红色背景优于白色背景。

（资料来源：林仲贤，等．心理学概论．北京：科学出版社，1988：401－402.）

（二）大小知觉

大小知觉也是通过视觉、触摸觉和动觉获得的。视觉对大小知觉有重要作用，但是视觉必须在与触摸觉、动觉多次结合后，在各种信号间建立起紧密联系，才能单独判定物体的大小。

1. 大小—距离不变假设

由于网像大小与知觉距离有关，因此，人们在判断物体大小时，不能仅仅依据网像的大小来判断物体的大小，距离因素同时也要考虑。在距离相等时，网像大，物体就大；网像小，物体就小。另一方面，在网像恒定时，距离大，说明物体大；距离小，说明物体小。这表明，人们在知觉物体大小时，似乎不自觉地解决了大小与距离之间的关系，即物体大小＝网像大小×距离。这就是大小—距离不变假设。

2. 物体熟悉性对大小知觉的影响

大小知觉在很大程度上依赖于人的知识经验。熟悉的环境或事物对大小知觉可以起参照作用。日常生活中，人们熟悉许多物体的大小。如一支铅笔的长度为 14～18 厘米，某个同学的身高约为 1.75 米。当物体距离改变时，视网膜影像的大小随之改变，但对物体大小的熟悉程度使人们能较清楚地知觉到物体的实际大小。实验表明，当排除了熟悉环境的参照作用时，大小知觉就会遇到困难。

3. 邻近物体的大小对比

两个实际大小相同的物体，当一个物体处在细小物体包围中，而另一个处在较大物体的包围中时，我们知觉到的物体的大小是不同的。被大的物体包围的物体显小，而被小的物体包围的物体显大。在图 2－13 中，看起来 b 图中的中心圆形更大些。但实际上，两图中心的圆形同样大。在中心圆形的周围物体大小有差异，所以造成中心圆形大小不一样的错觉。

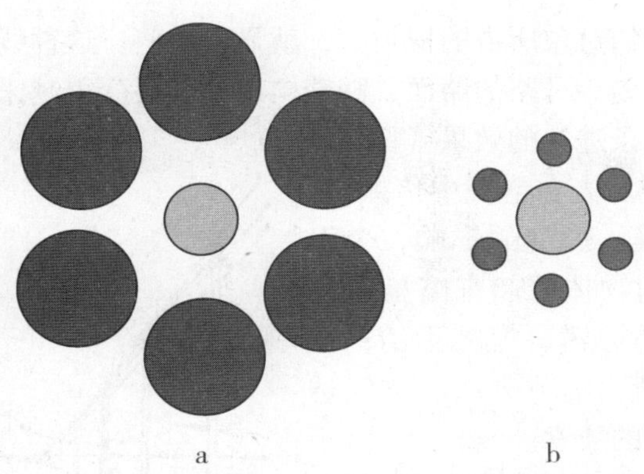

图 2－13　物体对比与大小恒常错觉

4. 体态变化与大小知觉

人类通常以直立姿势感知外部世界。身体姿势和环境的正常关系是维持大小恒常性的重要条件。当观察者身体姿势发生变化时，大小知觉常性就受到影响。结果显示，当观察者直坐时，在 50～150 米距离上，大小知觉常性保持得很好，但是在 200～250 米处，大小知觉常性被破坏。当观察者仰视和俯视时，知觉大小都缩小了（荆其诚等，1987）。

（三）深度知觉

深度知觉是指客观事物在三维空间中提供的信息，使人脑能够知觉物体的厚度和物体与我们的距离。深度知觉包括立体知觉和距离知觉。立体知觉是对三维空间的知觉，距离知觉是对物体离我们远近的知觉。深度知觉以视知觉为主，它依赖许多主客观条件，称为深度线索，有单眼线索和双眼线索。

1. 单眼线索

单眼线索指用一只眼睛就能感受的深度线索。这些线索包括：

（1）对象重叠。物体相互遮挡是判断物体远近的重要线索。如果一个物体部分地遮住了另一个物体，那么前面的物体就被知觉得近些，被遮挡的物体就被知觉得远些（图 2－14）。

图 2－14　遮挡（资料来源：华图良等，1988）

（2）线条透视。两个或两列线条状的物体，由近处向远处伸展，近处的对象所占的视角大，

就显得大些；远处的对象所占的视角小，就显得小些。这种线条透视的效果能帮助人知觉对象的距离。马路的路面，随着向远处伸展变得越来越窄，两旁的树高依次降低，正是线条透视的效果（图2－15）。

（3）空气透视。光在空气中传播时，由于空气中的尘埃、烟气的影响，会引起散射，使远处的物体看起来略呈蓝色或灰色，细节不易分辨，模糊不清；而近处物体则很清晰，细节分明。空气透视可作为判断距离的线索。

图2－15　线条透视

（4）相对高度。在其他条件相同时，视野中两个物体相对位置较高的一个，显得远些。看一张风景照片，照片上位置较高的景物，常给人距离远的感觉。

（5）纹理梯度。纹理梯度指视野中的物体在视网膜上的投影大小和投影密度发生有层次的变化，使得近处的物体在视网膜上的投影大，但投影密度较小；远处的物体在视网膜上的投影小，但投影密度大。这种纹理梯度形成了距离线索。

（6）运动视差与运动透视。运动的物体，由于距我们远近不同，引起的视角变化有所不同，从而表现出运动速度的差异，称为运动视差。距离近的物体视角变化大，显得运动速度快；距离远的物体视角变化小，显得运动速度慢。近处的汽车飞快驶过，远处的汽车简直像甲虫一样爬行。当观察者自身运动时，远近不同的物体不仅运动速度有差异，方向也不同。近处的物体的运动方向与观察者的相反，远处的物体的运动方向与观察者的相同。当我们乘坐火车或汽车，从车窗望出去，就会看到这种相对运动，它提供了物体远近的线索。简言之，之所以产生运动视差，是由于在同一时间内距离不同的物体在视网膜上的运动范围不同。近处的物体所占视角大，在视网膜上的运动范围大；远处的物体所占视角小，在视网膜上的运动范围小，因而产生了不同的速度印象。

运动透视是指当观察者向前方运动时，视野中的物体也会连续活动。近处的物体运动的速度大，远处的物体的运动速度小。当飞机在机场降落时，就会观察到这种现象，从而提供了距离信息。

（7）眼睛的调节。在知觉不同距离的对象时，为了获得清晰的视觉，睫状肌会调节眼球晶状体的曲度：看近物时晶状体变厚，看远物时晶状体变薄。调节时，会有动觉产生，为人提供了距离信息，但它只在几米内有效。

2. 双眼线索

双眼线索主要指由双眼所提供的深度与距离的信息。精确的深度知觉的产生，主要是双眼视觉的作用。双眼线索主要包括视轴辐合和双眼视差。

（1）视轴辐合。在注视某一物体时，两眼视轴向注视对象靠拢。看近处物体时，视轴趋于集中；看远处物体时，视轴趋于分散；当物体渐远时，视轴逐渐趋于平行。不过，视轴辐合提供的距离线索也只在几十米内有效；物体太远，视轴趋于平行，感知距离就需要其他线索。

（2）双眼视差。这是深度知觉的主要线索，指人们知觉物体的距离与深度，主要依赖于两只眼睛所提供的线索。双眼视差所获得的深度知觉能力，受距离影响。距离不同，能觉察的相对距离也随之变化。实验证明，距离观察者 1 米远的两个物体，其相对距离达到 0. 37 毫米，就能分辨出远近。若距离观察者 10 米，两个物体间距离需要达到 3. 8 厘米，才能知觉到深度。距离在 500 米以外，借助双眼视差知觉深度的能力就很有限了。1 300 米以上的距离，两眼视轴接近平行，双眼视差就不起作用。这时必须依靠其他条件来知觉距离和深度。

（四）方位知觉

方位知觉即方位定向，是指对物体的空间关系、位置和对机体自身所在空间位置的知觉，如对东南西北、前后左右、上下等的知觉。方位知觉是靠视觉、听觉、动觉、平衡觉、触摸觉等实现的。用眼睛观察客观事物，用耳朵辨别声音方向，用触觉、动觉、平衡觉去感知自己身体与客体之间的空间关系，甚至嗅觉在方位确定上也起着辅助作用。许多分析器的协同配合，相互补充，提高了空间定向的能力。

1. 视觉方位定向

人的视觉方位定向必须借助各种主客观参照物。例如，东西是以太阳出没的位置为参照系，南北是以地球磁场为参照系，上下则是以天地为参照系，而前后左右则是以观察者自身为参照系。离开参照系往往无法辨别方位。飞行在广阔太空中的宇宙飞船，失去了地球上地面与天空的参考标志，就无法判断上与下。

视觉方位定向不是天生的，而是后天习得的。在视觉方位定向中，视觉、触觉、动觉和平衡觉的联合作用有重要意义。由于生活习惯的影响，不同国家、不同地区的人的定向指标也可能不同。例如，我国南方人习惯用自己的身体定向，当你问路时，他们总是回答说向左、向右；北方人则习惯用太阳作为定向指标，因此回答时总是说向东、向西、往南、往北等。

2. 听觉方位定向

听觉方位定向指用耳朵确定声源的方位。耳朵不仅能接收声音，还能判断声音的方位和远近。人能准确地判断声源的远近和方向，主要源于声波刺激的强度差、时间差及动觉和视觉的作用。

（1）强度差。声音的强度随传播远近而改变，即越远越弱。由于声音到达两耳距离不同，又受到头的阻挡，所以两耳接收的声音强度必然有差异。声源同侧的声音较强，对侧的声音较弱，所以可以根据感受声音的强弱，判断出声源方向。所以两耳强度差是分辨声音方向的重要信号。

（2）时间差。声波到达两耳的时间也不同，靠近声源一侧的耳朵先听到声音，对侧的耳朵后听到声音。接受刺激的时间差使人能分辨出声源所在。

（3）运动与视觉的作用。在探测声源方向时，头部朝向声源的方向，这是动觉的作用；在听东西时，人们同时也注视着它，这是视觉的作用。在礼堂听报告时，我们看着报告人，声源似乎来自前方；闭上眼睛，就知道声音是直接从旁边的扩音器出来的。

进行听觉的方向定位时，人经常转动身体和头部的位置，使两耳的距离差不断变化，以便精确地判断声音的方向。这样，即使只有一只耳朵，借助头部和身体转动的线索也能够确定声音的方位。

相关链接 2－5

听觉与方位辨认：蛀蟊在哪里？

亲爱的朋友们，你们当中有谁不曾有过试图捕捉正在叫的蛀蟊却没有捉到的经验？你悄悄地走近它，但是又听到它在另一个地方。

事实并不完全是那样。蛀蟊并不曾挪动地方，而是你没有正确地判断出其声的方向。如果你采取使蛀蟊声听起来不在前面而是在侧面的站法，然后不转动你的头向其声的方向走去，那你就会很容易捉住它。

但是，你并不总是有现成的蛀蟊可捉，所以，我要求你做下述的实验来证实我的观点。

要求你的一位朋友闭上他的眼睛，然后从离他的头的不同距离，用两个物体敲击，比方说，用两块石头，但总是在前面或背后与他的头轴成一平面，换句话说，总是在同左右两耳距离相等的地方。我敢打赌，不论是你的朋友或是其他任何人，都不可能正确地确定声音的方向，声音显得像蛀蟊那样在跳跃。但是，假设你从头的一边敲击石头，那就不会有错误，任何人都会容易地说出声音来自何方。

正因为这样，所以当倾听的时候，我们会自然而然地转动我们的头，以使声音从一边传来。

（资料来源：柯·柯·普拉图诺夫．趣味心理学．张德，等译．长春：吉林人民出版社，1984：124－125.）

二、时间知觉

时间知觉是人对客观事物的延续性和顺序性的反映。客观事物是延续的。任何事物都有自己的过去、现在和将来，都有其发生、发展和终结的过程。例如，一粒种子从播种、发芽、开花到结果这几个过程，都是连续变化的。

（一）时间知觉的形式

1. 对时间的分辨

即能按照时间顺序区分各种活动。如早晨起床后，读了半个小时外语，然后吃早饭，然后又上了两节课，等等。

2. 对时间的确认

如知道今天是几号，去年是何年等。

3. 对持续时间的估计

如这节课已经进行了半小时，这个报告听了两个小时等。

4. 对时间的预测

如再过一个月就要期末考试了，离论文答辩只有三天了。

（二）时间知觉的依据

知觉时间必须通过各种媒介间接地进行，包括自然界的周期现象，例如日出日落、昼夜交替、四季变化、月亮圆缺等周期性出现的自然现象。

1. 有机体的生理节律

人体的生理活动，许多是具有周期性和节律性的。例如，人在正常情况下的呼吸频率是每分钟 17 次，心跳为每分钟 60 ~ 70 次；妇女月经的周期约为 28 天；从进食到饥饿，经过 4 ~ 6 小时；觉醒与睡眠，每周期 24 小时。人们依据身体的这些节律性活动，能估计事件持续的时间。有机体的这些节律性活动，称为生物钟，它给人们提供了时间信息。

研究表明，动物和人都具有很高的测量时间的能力，能够准确地与外界的周期性过程如潮汐涨落、昼夜交替、四季变换保持同步。例如，候鸟的迁徙活动，需要精确的时间估计；在没有钟表的时代，农民都以鸡叫来判断一天的时辰。

2. 借助计时工具

人们自古时就设计了计时工具来知觉时间，从点香、水或沙的滴漏等到现在的日历、时钟、手表等。借助这些计时工具，人们不仅可以准确地估计世纪、年、月这样较长的时间，也可以精确地记录短暂的时间。

3. 周期性的社会活动

人类的许多活动也具有周期性。如城市闹市区的活动规律是晨起、午闹、夜稀；工人每天工作 8 小时；基督徒每星期去教堂做一次礼拜；中国人每年正月初一欢度春节。儿童从小耳闻目睹这些现象，从而发展出时间知觉。另外，对节奏性刺激，人还常用身体的节拍性运动来估计时间，此时产生的动觉刺激是知觉时间的信号。当运动分析器出现障碍时，节奏知觉就会发生困难。对某些要求精确

知觉时间的活动，人们借助口头数数来提高估计时间的准确性。

时间知觉不仅受上述客观参照物的影响，而且还受人自身主观因素的影响。这些主观因素具体如下：

（1）时间间隔的长短。一般来讲，人对 1 秒钟左右的时间估计得最准确，对短于 1 秒钟的时间间隔，人倾向于高估；而对于长于 1 秒钟的时间间隔，人倾向于低估。

（2）刺激的物理性质。例如，对较弱的刺激比较强的刺激时间估计得更短些；对熟悉性刺激的呈现时间比不熟悉性刺激的呈现时间估计得更短些。

（3）一段时间内事件的数量和性质。在一段时间内，事件发生的数量多，性质复杂，人倾向将时间估计得短些；反之，人倾向将时间估计得较长。内容丰富的活动，使人主观上感到时间过得快；活动内容单调贫乏，让人觉得时间过得很慢。

回忆时，对时间的估计与知觉时正好相反。同样长的一段时间，内容越充实有趣，觉得时间越长；内容越单调乏味，觉得时间越短。另外，一段时间过去得越久，它就显得越短。这是因为时间过去久了，可回忆的事件也少了。

（4）感觉通道的性质。在判断时间的精确性方面，听觉最好，触觉其次，视觉较差。例如，当两个声音相隔 1/100 秒时，人耳就能分辨；而触觉分辨两个刺激物之间的最小时距为 1/40 秒，视觉为 1/10～1/20 秒。

（5）兴趣、态度和情绪。对于感兴趣的事情，感觉时间似乎飞驰而过；对于不感兴趣的事情，感觉时间似乎无比冗长。引人入胜的表演总会使人忘却时间流逝，而冗长乏味的报告却让人感到时长难耐。俄罗斯有句谚语：“幸福腿长，痛苦脚短。”热切期待的事，总会使人感到姗姗来迟；而为人所厌烦的事情，又常不期而至。欢乐时，觉得时间过得快；痛苦时，觉得时间过得慢。

（6）个人的知识经验。由于每个人的知识经验不同，因此在时间的估计和知觉上，有明显的个体差异。对时间的估计也是在实践中发展起来的。随着年龄的增长、实践活动的增加，个体会逐渐减少误差，接近准确。成年人在时间估计的准确性和精确性上远优于儿童。

三、运动知觉

运动是物质的根本属性。运动知觉是人脑对物体的运动特性的反映。运动知觉对于人和动物的适应具有重要意义，在人类生活中也有重要意义。机场工作人员要能正确估计飞机的运动方向和速度，篮球运动员要能正确估计篮球运动的方向和速度。就是行人过马路，也要对来往车辆的距离和行驶速度有准确估计。

运动知觉的产生依赖一些主客观条件，主要包括：①物体的运动速度。②主体与运动物体的距离，即在速度一定的前提下，运动物体距离主体近，会感觉速度很快；距离主体远，会感觉速度很慢。③主体自身处在静止状态还是运动状态，这也涉及运动物体的参照系统。

运动知觉的种类主要有：

1. 真动知觉

真动知觉是对物体在空间上的位移和移动速度的知觉。运动知觉直接依赖于物体运动速度。物体运动速度太慢，单位时间内位移太小，人知觉不到运动。如人眼不能觉察出钟表时针的运动，不能感知花朵开放的过程。荆其诚（1957）对中国人的测定发现，在两米距离时，运动知觉的下阈为 0.66 毫米/秒，上阈为 605.2 米/秒。影响运动知觉阈限的因素有目标物的视网膜定位、刺激物的照明和持续时间、视野中有无参照点的存在、目标离观察者的距离、知觉者的职业特点等。

2. 似动

似动是指在一定时间和空间条件下，人把客观上静止的物体看成是运动的，或者把客观上不连续的位移看成是连续运动的现象。似动的主要形式有以下三种：

（1）动景运动。当两个刺激物按一定空间距离和时间间隔相继呈现时，我们会看到从一个刺激物向另一刺激物的连续运动。例如，给被试先后呈现两条线段 a 和 b，一条水平，一条垂直，或两条互相平行。当间隔时间短时（小于 30 毫秒），会看到两条直线同时出现；间隔时间过长（超过 200 毫秒），会看到两条直线相继出现；当时距为 60 毫秒时，人们就会看到一条直线向另一条直线运动。这种静止的刺激按一定的时间距离相继出现而使人产生运动知觉的现象，叫动景运动。

（2）诱发运动。由于一个物体运动而使相邻的静止物体看上去似乎在运动的现象，叫诱发运动。例如，夜空中月亮相对静止，而流云在动，但看上去仿佛流云静止，月亮在动。这是由于诱发运动时视野中细小的对象看上去在动，而大的背景则处于静止状态。

（3）自主运动。在暗室里，注视一个光点一段时间，会发现这个光点在动，而实际上光点是静止的，这种现象叫自主运动。

3. 运动后效

在注视往一个方向运动的物体后，再去看静止的物体，会觉得静止的物体似乎朝相反的方向运动。如在注视飞速开过的火车之后，会觉得附近的树木向相反的方向运动。注视向下飞泻的瀑布一会儿，再看周围静止的田野，会觉得田野在向上飞升。

复习思考题

1. 什么是感觉？感觉在人类生活和工作中有什么意义？

2. 试分析感觉阈限与感受性的相互关系。

3. 说明暗适应与明适应的特点及机制，了解视觉适应在生活中有什么重要意义。

4. 矿井里被拯救出来的人员为什么要把眼睛蒙住？试用所学理论分析这一做法的用意。

5. 什么是知觉？知觉的对象与背景的关系怎么样？

6. 什么是知觉恒常性？知觉恒常性受哪些因素的影响？

7. 利用一只眼睛，我们如何确定事物距离我们的远近？

8. 人的听觉定向有哪些规律与特点？

9. 你觉得时间过得快吗？影响时间知觉的因素有哪些？

10. 什么叫似动？它是在什么情况下发生的？

主要参考书目

[1] 张积家．普通心理学．广州：广东高等教育出版社，2004.

[2] 彭聃龄．普通心理学．4 版．北京：北京师范大学出版社，2012.

[3] 李建新，杜高明．心理学概论．北京：北京师范大学出版社，2011.

[4] 沈德立，阴国恩．基础心理学．2 版．上海：华东师范大学出版社，2010.

[5] 张朝，李天思，孙宏伟．心理学导论．北京：清华大学出版社，2008.

[6] 黄希庭．心理学与人生．广州：暨南大学出版社，2005.

[7] 张厚粲．大学心理学．北京：北京师范大学出版社，2001.

[8] 赵守盈，潘运．心理学．广州：暨南大学出版社，2012.

[9] 蔡笑岳．心理学．北京：高等教育出版社，2008.

[10] 戴维·迈尔斯．心理学精要．黄希庭，等译．北京：人民邮电出版社，2009.

[11] 理查德·格里格，菲利普·津巴多．心理学与生活：第 19 版．王垒，等译．北京：人民邮电出版社，2014.

[12] 卡斯乔．妙趣横生的心理学．田毅松，等译．北京：中国人民大学出版社，2012.

[13] 柯·柯·普拉图诺夫．趣味心理学．张德，等译．长春：吉林人民出版社，1984.

（刘海涛　撰写）

第三章

记忆与遗忘

引　言

19 世纪，苏格兰的一位哲学家曾经说过：“如果你将一把小圆球向地上扔去，你就会发现你很难立即看清 7 个以上。”1871 年英国经济学家和逻辑学家威廉·杰沃斯说，往盆里掷豆子时，如果掷上 3 个或 4 个，他从来没有数错过；如果是 5 个，就可能出错；如果是 10 个，判断的准确率为一半；如果豆子数达到 15 个，他几乎每次都数错。

这个有趣的现象就是神奇的 7±2 效应。这个规律最早是在 19 世纪中叶由爱尔兰哲学家威廉·汉密尔顿观察到的。他发现，如果将一把弹子撒在地板上，人们很难一下子看到超过 7 颗弹子。1887 年，M. H. 雅各布斯通过实验发现，对于无序的数字，被试能够回忆出数字的最大数量约为 7 个。而发现遗忘曲线的艾宾浩斯也发现，人在阅读一次后，可记住约 7 个字母。这个神奇的“7”引起许多心理学家的研究兴趣。从 20 世纪 50 年代开始，心理学家用字母、音节、字词等各种不同材料进行过类似的实验，所得结果都约是 7，即我们头脑能同时加工约 7 个单位的信息，也就是说短时记忆的容量约为 7。1956 年，美国心理学家米勒教授发表了一篇重要的论文《神奇的数字 7±2：我们加工信息能力的某些限制》，明确提出短时记忆的容量为 7±2，即一般为 7，并在 5~9 之间波动。这就是神奇的“7±2 效应”。

内容提要

※记忆是人脑对经历过的事物的反映，是在头脑中积累和保存个体经验的心理过程。

※记忆的过程包括识记、保持与再现。

※记忆的结构分为感觉记忆、短时记忆和长时记忆。

※感觉记忆是客观刺激停止作用后，感觉信息在一个极短的时间内保存下来的记忆。感觉记忆的编码主要有图像记忆和声像记忆。

※短时记忆的编码主要有听觉编码、视觉编码与语义编码。

※短时记忆存储的有效方法是复述。复述分两种：机械复述；精细复述。

※长时记忆储存信息的特点：内容的简略和概括；内容变得更完整；内容变得更加具体，或更为夸张和突出。

※掌握科学的复习方法。

※艾宾浩斯在研究遗忘的过程中发现遗忘速度“先快后慢”，这就是著名的艾宾浩斯曲线。

※前摄抑制是先学习的材料对识记和回忆后学习的材料的干扰作用；后学习的材料对识记和回忆先学习的材料的干扰作用，称为倒摄抑制。

第一节　记忆概述

在我们的生活和工作中，记忆发挥着非常重要的作用。我们从事任何一种活动，无论是做作业、听讲座，还是打牌、下棋，都离不开记忆。记忆是我们学习、行动和生存的基础。没有了记忆，世界的一切对我们来说都是不可想象的。在正常情况下，我们的记忆系统运行得相当自如，我们会记住很多的人名、地名、电话号码、理论公式，还有更多的笑话和奇闻轶事。看起来我们的记忆容量大得惊人，但让你在看过 20 个毫无联系的单词后立刻按照原来的顺序背诵时，你会发现记忆容量又小得可怜。

一、记忆及过程

（一）记忆

记忆是人脑对经历过的事物的反映，是在头脑中积累和保存个体经验的心理过程。从信息加工的观点看，记忆就是人脑对外界输入的信息进行编码、存储和提取的过程。人们在生活中感知过的事物、思考过的问题、体验过的情绪、经历过的事件、做过的动作、学习过的知识，都会在头脑中留下不同程度的印象，其中有一部分作为经验能够保留相当长的时间，在一定条件下还能恢复，这就是记忆。

记忆与感觉、知觉一样，是人脑对外界客观事物的反映，属于人的认知过程。但它又和感觉、知觉不同：感觉和知觉是人对当前直接作用于感官的事物的认知，相当于信息的输入，而记忆是对过去经历过的事物的认知，相当于信息的编码、存储和提取。例如，分别多年的朋友不在我们眼前，但我们仍能想起他的音容笑貌、言谈举止，再见到他时还能认出来。

记忆是一种积极能动的活动。人对外界输入的信息能主动地进行编码，使其成为人脑可以接受的形式。只有经过编码的信息才能被记住。同时，人们对外界信息的接受是有选择的，只有那些对人们的生活具有意义、重要的事物，才会被有意识地记忆。再者，记忆还依赖于人们已有的知识结构，只有当输入的信息与人脑中已有的知识结构融合时，新的信息才能在头脑中巩固下来。信息提取与编码的程度、信息存储的组织结构有着密切的关系。编码越完善，组织得越好，提取就越容易，否则就困难。

记忆是保持个体经验的重要形式。个体经验包括两部分：直接经验和间接经验。直接经验是个体亲身经历后的结果，间接经验是人类在长期历史实践中形成的，有时又被叫做社会文化历史经验。亲口吃青梅知道青梅酸是直接经验，通过他人介绍或阅读知道青梅酸是间接经验。人类保存个体经验的形式多种多样，如通过书籍、雕塑、图画、建筑物、电脑光盘等也可以保存经验。但是，只有在人脑中保存经验的过程才叫记忆。

（二）记忆的结构及加工过程

按照现代信息加工的观点，记忆就是一个结构性的信息加工系统。记忆的结构由三个不同的子系统构成：感觉记忆、短时记忆和长时记忆。这些子系统虽然在信息的保持时间和容量方面存在差异，但它们处在记忆系统的不同加工阶段，因此相互之间有十分密切的联系。

此外，记忆又是一个过程，它是在一定的时间内进行的，可以区分为前后联系的一些阶段。识记、保持和再现是记忆的三个基本过程（图 3 – 1），所有的外界信息只有经过这些过程，才能成为个体可以保持和利用的经验。

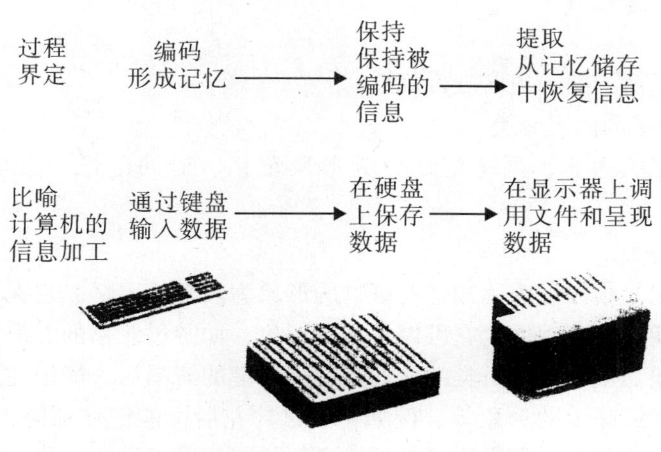

图 3 – 1　记忆的三个基本过程

识记是记忆过程的开始阶段。识记就是识别和记住的意思。识记具有选择性，环境中的各种刺激只有被个体注意才能被记住。从信息加工的观点看，识记就是信息的输入和编码过程。在整个记忆系统中，编码有不同的层次或水平，而且是以不同的形式存在着的。信息编码又是一个展开的过程，它包括对外界信息进行反复的感知、思考、体验和操作。新的信息必须与人原有的知识结构形成联系，汇入旧的知识结构中，才能获得意义，得到巩固。某些情况下，当事物与人们的需要、兴趣、情感密切联系时，尽管只有一次经历，人们也能牢记，甚至终生难忘。

保持是记忆过程的第二阶段。它指已获得的知识经验在人脑中的巩固过程。从信息加工观点看，保持就是信息的储存。在保持期间，信息在内容上和数量上都会发生某种变化。保持的质量与输入信息的性质有关，也与输入时的编码操作有关。有意义的、系统的、与个体已有经验有联系的信息容易被保持。从生理上看，保持就是巩固头脑中的暂时神经联系的过程。

再现是记忆的第三阶段。它是记忆的终末环节，也是记忆的目的。再现包括回忆、再认。从信息加工的观点看，再现就是信息的提取，也是从长时记忆中查找已有信息的过程。

记忆过程的三个基本环节相互依存，密切联系。没有识记就谈不上对经验的保持，没有识记和保持就不可能进行回忆和再认。因此，识记和保持是再认和回忆的前提，再认和回忆则是识记和保持的必然结果。没有记，也就不会有忆，这是一个十分浅显但引人深思的道理。

二、记忆分类

记忆可以从不同的角度进行分类。

（一）记忆的内容分类

根据记忆的内容，可将记忆分为形象记忆、语词记忆、情绪记忆和动作记忆。

1. 形象记忆

形象记忆是指以过去感知过的事物的形象为内容的记忆。它保持事物的感性特征，具有明显的直观性。它可以是视觉形象，如游过北京的北海公园后，能记住白塔的形象。也可以是听觉的，如听过周华健的演唱后，能记住他的歌声。还可以是触觉的或味觉的形象等，例如，嗅过桂花后，能记住那沁人心肺的清香；吃过荔枝后，能记住它那香甜可口的味道。这些都属于形象记忆。形象记忆一般以视觉形象和听觉形象为主。

2. 语词记忆

语词记忆是指以语词、概念、命题、推理为内容的记忆，具有概括性、理解性和逻辑性的特点。语词记忆是人类特有的记忆，也是个体保存经验最简便、最经济的形式。它是人类储存知识的最主要形式。学生学习科学知识，主要依靠语词记忆。

3. 情绪记忆

情绪记忆是指以个体经验过的情绪、情感为内容的记忆。例如，回忆起幸福的往事，人们沉浸在幸福之中；回忆起苦难的遭遇，人们会声泪俱下。生活中常有这样的情形：引起情绪的事件忘记了，但它的情绪效果仍保持在记忆中。人都有一些连自己也感到莫名其妙的恐惧，如害怕旷野、害怕登高、害怕某些动物等，都属于情绪记忆。

相关链接 3－1

不愉快的事情忘得更快

有一天，我们一群人去乘汽艇。划到离海滨很远的地方，哎呀，哪想到发动机出故障了，不得不划回来。天公不作美，又下起雨来，我们全都给淋湿了并且感冒了。大家都不高兴，有几个人甚至吵了起来。我们这次郊游完全失败了。

几个月过去了，我们每想到那次倒霉的乘船郊游时，总感到可乐而又可笑。

这个在生物学上有用处的遗忘法则是记忆选择性的表现形式之一。坏的和不愉快的东西比好的和愉快的东西忘得更快而又更完全。人们用视觉和听觉的记忆来识记他所感受到的东西，用运动的记忆来识记运动，用逻辑记忆来识记思想，用情绪的记忆来识记情感。是的，还有一种情绪的记忆。

K. S. 斯坦尼斯拉夫斯基曾说：“如果当你想起某种体验，你的脸色变得苍白或绯红；如果由于想起了很久以前的不幸事件，你的身体发抖，那么你就产生了情感或情绪的记忆。”

但是，正如我们已经指出的，愉快的和不愉快的事物并不是同样程度地被人们记住的。如果女人对怀孕和分娩时的痛苦比对做母亲的欢乐记得更清楚的话，那么就几乎不会有任何女人想要第二个孩子了。

如果人们在记忆中所保持的主要是不愉快的东西，那么他们在生活中就只能期待烦恼，他们就都会变成悲观主义者，然而人在本性上却是乐观主义者。

愉快的内容比不愉快的内容记得牢固，这个法则也有其消极的一面。在生活中老一代人常常指责青年说：“我们以往可不像你们；我们以往要比你们好。”这种说法也是记忆选择这一法则的一种表现。

（资料来源：柯·柯·普拉图诺夫．趣味心理学．张德，等译．长春：吉林人民出版社，1984：216－217.）

4. 动作记忆

动作记忆是指以过去经历过的动作为内容的记忆。它以过去的运动或操作动作所形成的动觉表现为前提，如对书写、游泳、驾驶汽车等技能的记忆。动作记忆在获得时较难，但一旦形成，则容易保持、恢复而不易忘记。

（二）记忆的目的性分类

根据记忆的目的性如何，可以将记忆分成无意记忆和有意记忆。

1. 无意记忆

无意记忆指没有预定的目的，不经过专门的学习，自然而然地发生的记忆。人们对于生活中轶闻趣事、电影、故事的记忆就属于无意记忆。人的大量的知识和生活经验乃至某些行为方式也都是通过无意记忆获得。“近朱者赤，近墨者黑”，生活环境对人的影响也通过无意记忆进行。无意记忆得来的经验，具有片面性、偶然性、不系统的特点。

2. 有意记忆

有意记忆指有明确的记忆目的，在意志努力的积极干预下进行的记忆。它具有目的性、系统性的特点。有意记忆是学生获得系统知识和积累个体经验的主要形式。学生上课学习，主要依靠有意记忆。

（三）记忆的时间分类

根据信息保持时间的长短，可以将记忆分为感觉记忆、短时记忆和长时记忆。

1. 感觉记忆

感觉记忆又称瞬时记忆，它指当客观刺激停止作用后，感觉信息在一个极短的时间内保存下来。它是整个记忆系统的开始阶段。感觉记忆的储存时间为0.25～2秒。例如，看电影时，虽然屏幕上呈现的是一幅幅静止的图像，但人却可以将这些图像看成是运动的，这就是由于感觉记忆存在而导致的结果。

2. 短时记忆

短时记忆是保持时间在一分钟以内的记忆，当刺激物停止作用后，没有经过重复刺激而短暂保留的痕迹。短时记忆是感觉记忆和长时记忆的中间阶段，在感觉记忆中经过编码的信息，进入短时记忆后经过进一步的加工，再进入长时记忆进行保存。打电话时，查一个电话号码，对电话号码的记忆就属于短时记忆。它包括两个成分：一是直接记忆，即输入的信息没有得到进一步加工。它的容量有限，大约为7±2个单位。编码方式以言语听觉编码形式为主，也存在视觉和语义的编码。另一个成分是工作记忆，即输入信息经过再编码，使其容量扩大。短时记忆是人的意识的工作场。它可以使当前信息与长时记忆中的信息发生意义上的联系，还能将长时记忆中的信息提取出来用于解决当前面临的问题。长时记忆中的信息只有进入短时记忆后，才能进入意识。

3. 长时记忆

长时记忆指信息经过充分的加工后，在头脑中保持时间很长的记忆。长时记忆中的信息可以保持一分钟以上甚至终生；它的容量几乎是无限的。长时记忆的编码以语义编码为主，其信息大部分来源于对短时记忆内容的加工，但也有由于印象深刻而一次性获得的。人在长时记忆中储存的是有组织的知识系统，这种有组织的知识系统对人的学习和决策有重要意义。它使人能够有效地对新信息进行编码，以便更好地识记，也能使人迅速有效地从头脑中提取有用的信息，解决当前的问题。

阿特金森和谢夫林（Atkinson & Shiffrin，1968）提出的三级记忆模型，很好地说明了三个记忆系统的关系。记忆由感觉记忆、短时记忆和长时记忆三个子系统构成。如图 3－2 所示，信息首先进入感觉记忆，其中那些引起个体注意的感觉信息才会进入到短时记忆，在短时记忆中存储的信息经过复述，存储到长时记忆中，而保存在长时记忆中的信息在需要时又会被提取出来，进入到短时记忆中。

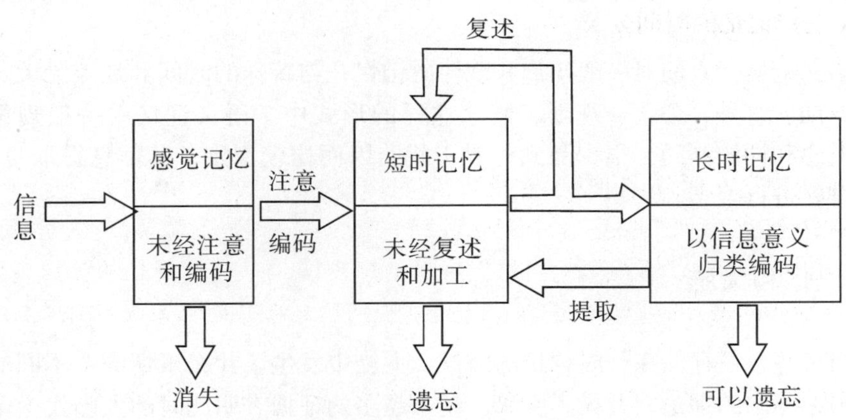

图 3－2　记忆三级加工模型图

（四）记忆的意识性分类

根据个体能否意识到自己的记忆，可将记忆分为外显记忆和内隐记忆。这一区分，是近二十年来记忆研究领域中最引人注目的成就之一。

1. 外显记忆

外显记忆指在意识的控制下，过去经验对当前作业产生的有意识影响，又叫受意识控制的记忆。使用回忆和再认法所测量的记忆就属于外显记忆。

2．内隐记忆

内隐记忆指个体在无法意识的情况下，过去经验对当前作业产生的无意识影响，又叫自动的无意识记忆。这种记忆形成后，人不能有意识地回忆或再认，但可以用其他方法来证明。例如，给遗忘症患者一些常用单词让他们学习，尽管在随后的回忆与再认测验中他们成绩很差，但若采用其他的测验方法，如给出先前学过单词的前几个字母，要求患者用首先想到的字母将它们补全成一个词，患者却表现出采用学过单词的字母来补全的倾向。这说明，患者虽然没有意识到自己拥有对所学词的记忆，但是在特定任务的操作上却表现出记忆效果。

（五）记忆的信息性质的分类

特尔文（Tulving，1972）根据长时记忆中储存的记忆信息的性质，将长时记忆分为两类：情景记忆和语义记忆。

1．情景记忆

情景记忆是指人们根据时空关系对某个事件的记忆。这种记忆与个人的亲身经历分不开，如"昨天晚上我去音乐厅听音乐了"，人对这一事件的记忆就是情景记忆。由于情景记忆受一定的时间和空间限制，所以信息储存容易受到各种因素干扰，因此记忆不够稳定，不够准确。

2．语义记忆

语义记忆指人们对一般知识和规律的记忆，与特殊的时间和地点无关。它表现在单词、符号、公式、规则、概念这样的形式中。语义记忆受一般规则、知识、概念和词的制约，很少受到外界干扰，因而比较稳定；其信息提取也较快，常不需要进行搜索。

三、记忆和大脑

当有些事情存储在长时记忆的时候，大脑中发生了什么事情呢？不同的研究者提出了不同的理论，并做了实验。越来越多的证据表明此时的大脑发生了心理学变化。

（一）记忆的脑学说

1．大脑整合论

美国心理学家拉什利（Karl Lashley，1950），一位在记忆的解剖学方面做了开创性工作的科学家，最早提出记忆的非定位理论。拉什利训练老鼠走迷宫，然后切除它们大脑的不同部分，接着再测验它们对迷宫的记忆。拉什利发现，由大脑损伤引起的记忆损害与切除组织的数量成正比。皮质损伤得越多，记忆损害就越严重。这种理论认为神经细胞间形成了一个庞大而复杂的神经通路系统，任何一个神经细胞都不能离开细胞群而单独地进行活动，一个神经细胞可以是某条通路上的一个环节，也可以是另一条通路的组成部分。记忆并不依靠某一固定的神经通路，它涉及成千上万甚至上百万的神经元的相互联系。

2. 大脑定位论

持与大脑整合论相反意见的研究者认为：大脑的机能是由大脑的一些特定区域负责的，记忆功能也是这样。通过研究他们发现，记忆和大脑的一些特定区域有关系。

潘菲尔德（Penfield，1963）在医治严重癫痫病人时，用电极刺激患者大脑皮质的右侧颞叶，结果显示患者对往事的回忆很鲜活。

科恩（Cohen，1968）给抑郁症患者脑的不同部位进行电击痉挛。被试分三组：一组电击右脑，另一组电击左脑，第三组电击脑两侧。在电击前所有患者都有言语记忆和形象记忆。电击治疗后几个小时，测验他们的记忆保持。结果发现，电击左脑损害言语记忆，但不损害形象记忆；电击右脑损害形象记忆，但不损害言语记忆；电击脑两侧，形象记忆和言语记忆都受到损害。因此，可以推论，言语记忆储存在大脑的左半球，形象记忆储存在大脑的右半球。

麦克高夫等人（McGaugh & Herz，1972）发现，让猴子注视实验者和两个容器，将食物放在一个容器之中，隔上一段时间以后，才允许猴子去取食物。那些已经破坏前额区的猴子，只要延缓时间超过几秒钟，就不能摄取食物。

与记忆相关的四个主要的大脑组织是：

（1）小脑，负责程序性记忆，这种记忆主要靠后天的重复以及经典条件作用获得。

（2）纹状体，是前脑的一个复杂结构，是习惯的形成和刺激—反应联系的基础。

（3）大脑皮质，负责感觉记忆以及感觉间的关联记忆。

（4）杏仁核与海马组织，负责事件、日期、名字等的表象记忆，也负责情绪记忆。

脑的其他部分，如丘脑、前脑叶基部和前额叶也都与不同种类的记忆有关。

（二）记忆的脑细胞机制

1. 反响回路

反响回路是指神经系统中皮质和皮质下组织之间存在的某种闭合的神经环路。这种神经回路往返于皮质的不同区域，也往返于皮质和皮质下结构之间。当外界刺激作用于神经环路的某一部分时，回路会产生神经冲动，当刺激停止，冲动并不会立刻停止，会持续一段短暂的时间。这个短暂的活动属于回路的反响。根据反响回路说，记忆由电冲动在脑闭合回路中反复循环引起。如果在闭合回路

内的突触及与此相联系的突触中，较短时间内有很多信号反复流过，闭合回路内的突触就比闭合回路外的突触更容易传递信息。现在一般认为，反响回路是短时记忆的生理基础。

杰威克和艾思曼（Jarvik & Essman，1960）把白鼠置于栅极地板上的一个小平台上。一开始白鼠几秒钟内便跳下小平台。它跳下后便受到栅极地板的电击，为了避免电击，白鼠很快又跳上高台，形成回避反应。但高台狭小，又使它想往下跳。经过一天训练后，它便不会跳下平台了，说明它“记住”了下面有电。但是，在受到电击之后立刻给予电痉挛休克，破坏它的记忆，当白鼠从电休克状态恢复正常后，再把它放在高台上，白鼠似乎“忘记了”电击疼痛，第二次仍会很快跳下平台。这说明电休克破坏了短暂保存的回避反应的反响回路，导致了“遗忘”。

2. 细胞突触结构

现在的神经生理学家普遍接受的一种观点是，人类长时记忆的神经基础包含着神经元突触的持久性改变，这种变化往往是由特异的神经冲动导致的（Lynch，1986）。这种突触变化一旦发生，记忆痕迹就会深刻地存储在大脑中。研究者注意到不同经验可导致神经元突触的不同变化。本纳特（Bennult，1972）将刚出生的白鼠分成两组，一组放在丰富环境里饲养，那里光线充足，玩具丰富，还有迷宫等；另一组放在贫乏环境里饲养，那里除了水和食物以外别无他物。一段时间后，解剖两组白鼠的脑，我们发现，生活在丰富环境中的白鼠由于接受了较多刺激，它们的皮质比生活在贫乏环境里的白鼠厚且重，实验者认为这是由于它们的神经元轴突和树突增加的结果。在另一个实验里，实验者将一组白鼠放在黑暗环境中饲养。25 天后，再将它们的皮质与生活在光亮环境中的白鼠比较。结果也发现，生活在黑暗环境中的白鼠的神经元的树突数量比生活在光亮环境中的白鼠的少。

研究表明，神经元和突触结构的改变是短时记忆向长时记忆过渡的生理机制。这种改变包括相邻神经元突触结构的变化、神经元胶质细胞的增加和神经元之间突触连接数量的增加。

（三）记忆的生物化学机制

1. 核糖核酸

神经元的电活动不仅会引起神经元突触结构的变化，还会导致神经元内部的生物化学变化。随着分子生物学的兴起，特别是在发现了遗传信息的传递机制——脱氧核糖核酸（DNA）借助于另一种核酸分子（RNA）来传递遗传密码后，科学家相信，记忆是由神经元内部的核糖核酸的分子结构来承担的。学习引起的神经活动，可以改变与之有关的那些神经元内部的核糖核酸的细微的化学结构。有研究者在训练小白鼠走钢丝后，发现鼠脑中有关神经细胞的 RNA 含量显著增加，其组成成分也有变化。海登（Hyden）等人把大分子看作信息的“存储所”，并认为 RNA 和 DNA 是记忆的化学分子载体。

2. 激素和记忆

研究发现，机体内部的一些激素分泌能够促进其记忆的保持。麦科夫（Mcgaugh，1983）发现，如果在动物学习时给予中等强度的刺激，往往会引起动物体内皮质类固醇、后叶加压素和肾上腺素的分泌，而这些激素对动物记忆的保持具有明显的增强作用。高德（Gold，1984）给学习后的动物注射小剂量的肾上腺素，发现动物刚进行过的学习得到了增强，但注射大剂量的肾上腺素却损害动物的记忆。另外，如果利用手术阻碍动物的肾上腺素的分泌，动物的近期记忆会受损害，经人工补充肾上腺素后，这种损害的情况会有好转。

研究者认为，激素能够影响记忆的保持，特别是在轻度唤醒状态下，某些激素能使大脑更好地注意当前的输入信息，从而加强了记忆的保持。

第二节　感觉记忆和短时记忆

一、感觉记忆

感觉记忆是指当客观刺激停止作用后，感觉信息在一个极短的时间内被保存下来的记忆，又称为瞬时记忆。它是记忆系统的开始阶段，以物理特性的编码和形象编码为主，存储时间是 0.25 ~ 2 秒，容量较大。

（一）感觉记忆的编码

感觉记忆是记忆系统的开始阶段，是一种原始的感觉形式，是记忆系统对外界信息进行进一步加工之前的暂时登记。感觉记忆中的信息未经任何加工，即按照刺激的物理特性编码，因而具有鲜明的形象性。感觉记忆主要表现为图像记忆和声像记忆。图像记忆指视觉刺激消失后，视像被登记并保留瞬间的记忆。图像记忆大约保持 1 秒。声像记忆是指声音消失后，声音的形象被保留瞬间的记忆。声像记忆的保持虽超过 1 秒，但也不会超过 4 秒。

（二）感觉记忆的存储

感觉记忆的保持时间十分短暂，一般只有几百毫秒到几秒。它是如何随时间而迅速变化的呢？斯伯林（Sperling，1960）用部分报告法，改变刺激项目与声音信号之间的时间间隔，实验结果发现，即时呈现声音信号的回忆率为 80%；当声音信号延迟到 150 毫秒时，回忆率下降到 75%；信号延迟到 300 毫秒后，回忆率下降到

55%；当延迟超过0.5秒，部分报告法的成绩与整体报告法的成绩相同。

达文等（Darwin et al.，1972）进一步改进了实验方法。他们通过双声道立体声耳机向被试呈现信息，结果表明，部分报告法优于整体报告法。同时还显示，声像记忆的容量小于图像记忆。在听觉的部分报告法实验中，即时回忆的数量仅为5个左右，而视觉记忆容量至少为8个项目。声像记忆的保持时间要比图像记忆长，可以达到4秒之久。

相关链接3－2

部分报告法实验

斯伯林用部分报告法证明了感觉记忆的容量是较大的。以往的记忆广度研究是用整体报告法测量感觉记忆容量。这种方法的特点是将字母或数字短暂地呈现给被试，要求被试尽可能多地报告出记住的内容。用这种方法测得的记忆广度通常为4～5个项目。但这是否就是记忆存储的容量呢？通过被试内省报告，我们发现，被试看到的或记住的项目多于报告的项目，有一部分项目在报告其他项目时被迅速遗忘了。斯伯林设计了部分报告法。他用上、中、下三行字母（每行4个字母，共12个字母）作为实验材料，用很短的时间呈现给被试看。呈现终止后，要被试回忆这12个字母。结果大多数被试只能回忆四五个。后来，他用速示器以50毫秒为时间间隔给被试呈现有三排字母的卡片，在视觉刺激终止时，马上向被试发出声音信号，这种信号分为高、中、低音三种，分别代表闪现的上、中、下三行字母。发出高音时，要求被试回忆上行的字母；发出中音时，要求被试回忆中行字母；发出低音时，要求被试回忆下行字母。结果表明，采用这种方法，被试能正确报告任何一行字母的75%。由于声音信号是在字母呈现终止后出现的，因此被试头脑中必须保持着全部三行字母。由此推算，被试脑中保持的字母数应该是12×75%＝9个字母，这比采用整体报告法提高约一倍。如果把闪现与回忆之间的时间间隔延长，回忆成绩明显下降。

斯伯林部分报告法实验程序

字母卡	字母呈现后立即发出音调	被试根据音调信号报告字母
J Q B L	高音调	第一行
M X R G	中音调	第二行
S Y C T	低音调	第三行

（资料来源：阴国恩，梁福成，白学军．普通心理学．天津：南开大学出版社，1998：135－136.）

（三）感觉记忆向短时记忆转换

当外界刺激输入之后，其能量首先被转换成各种感觉信息，然后这些感觉信息经过组织获得一定的意义，成为被识别的某种模式。研究表明，感觉记忆中只有能够引起个体注意并被及时识别的信息，才有机会进入短时记忆。相反，那些与长时记忆无关的或者没有受到注意的信息，由于没有转换到短时记忆，很快就消失了。

二、短时记忆

短时记忆是感觉记忆和长时记忆的中间阶段，是信息从感觉记忆通往长时记忆的过渡环节。短时记忆对信息的保持时间约为一分钟，短时记忆包括直接记忆和工作记忆。短时记忆容量为 7 ±2 个组块。短时记忆最大的特点是保持的容量有限，在没有复述的情况下，信息在短时记忆中保持的时间很短。在短时记忆中得到加工的信息，如果与长时记忆中的信息发生了意义联系，则进入长时记忆；必要时，来自长时记忆的信息可返回到短时记忆，并得到进一步加工。

（一）短时记忆的编码

短时记忆中的信息主要采用听觉编码和视觉编码的方式存储。

1. 听觉编码

康拉德（Conrad，1964）选用两组发音易混淆的字母 B、C、P、T、V 和 F、M、N、S、X 为实验材料，用速示器以每个 0.75 秒的速度随机地向被试呈现，每呈现完 6 个字母，要求被试凭回忆默写出来，如果记不清可以猜写。结果表明，尽管字母以视觉方式呈现，但回忆时写错的字母约 80% 发生在发音相近的字母间，如 B 和 P，S 和 X，很少发生在形状相似的字母间，如 F 和 E。这说明被试回忆结果的性质不为知觉性质决定，而是为字母的语音相似性决定（表 3 –1）。

表 3 –1 短时记忆中的语音混淆次数

		刺激字母	
		B、C、P、T、V	F、M、N、S、X
反应字母	B、C、P、T、V	198	42
	F、M、N、S、X	51	190

（资料来源：Conrad，1964.）

2. 视觉编码

短时记忆还存在视觉编码。波斯纳（Posner，1969）让被试判别两个字母是否是同一个字母。字母呈现方式为同时呈现和相继呈现。字母关系分两种：①两个字母音和形都一样（AA），称为同形关系；②两个字母音同形异（Aa），称为同音关系。结果发现，当两个字母同时呈现时，同形关系的字母反应更快；当两个字母先后间隔一两秒呈现时，同形和同音字母的反应时间无差异。研究者认为，同形关系的优势只有依靠视觉编码才会出现。由此可推断，在短时记忆的最

初阶段存在视觉编码，之后才逐渐向听觉编码过渡。

除了听觉编码与视觉编码，短时记忆还存在语义编码。一般而言，听觉编码占主导地位，同时短时记忆的编码具有一定的灵活性。莫雷（1986）提出，短时记忆的编码方式具有策略性，即随情境不同而不断改变。

（二）影响短时记忆编码的因素

短时记忆的编码的效果受到很多因素的影响，主要因素有以下几个：

1. 大脑皮质的觉醒状态

觉醒状态即大脑皮质的兴奋水平，它直接影响短时记忆的编码效果。艾宾浩斯通过实验发现，被试在11：00～12：00的学习效率最高，18：00～20：00效率最低。这可能与不同的觉醒状态有关。拉什里（1912）曾用咖啡碱和马钱子碱等兴奋剂提高大脑的兴奋水平，促进了动物的学习。威克尔格林（Wicklgren，1975）用酒精抑制动物的大脑，动物的学习情况比正常情况要差些。有一项研究对一天中记忆广度的变化进行考察，把一天时间分为8：00、10：30、13：00、15：30、21：00点共5个时间，对30名被试进行了数字广度测验。结果发现，人的记忆广度的高峰是上午10：30左右，整个下午都在下降，晚上效率最低。

2. 加工深度

认知加工深度也是影响短时记忆编码的因素。信息进入人的信息加工系统以后，就会受到一系列分析：从肤浅的感觉分析到更深层次、更复杂、更抽象的语义分析，而那些进行精心加工的深层分析，将导致持续时间更长、更强大的记忆痕迹。在一项研究中，主试让两组被试分别对一个词表进行特定字母检索和语义评定任务，实验前告诉每组中的一半被试在任务结束后会有一个回忆测验（提示组），对另一半被试则不告知有回忆测验（未提示组）。在任务结束后，要求两组被试进行回忆测验。结果发现，在特定字母检索任务组中，提示组要比未提示组有更好的回忆成绩，而在语义评定任务组中则没有差异。造成这一结果的原因是：语义评定任务组对字词的加工深度比较大，因此提示组和未提示组的被试都有很好的成绩；而特定字母检索任务组在加工水平上比较低，因此只显示出提示组的优势。

3. 组块

组块是指在编码过程中，将几种水平的代码归并成一个高水平的单一代码的过程。以这种方式形成的信息单位叫做块。短时记忆的容量虽然有限，但可利用已有的知识经验，通过扩大组块的信息容量来增加短时记忆的容量。默多克（Murdock，1961）用听觉方式给被试呈现三组不同的材料：第一组是由三个辅音字母组成的字母串，如PTK；第二组是由三个字母组成的单词，如HAT（帽子）；第三组是三个单词，如EAR—MAN—BED（耳朵—男人—床），然后让他们回忆。结果表明，三个字母组合的回忆与对三个单词的回忆成绩差不多，而回忆三字母单词的成绩比回忆三字母组合的成绩好得多。这说明，一个单词是一个熟悉的单位——块。通过组块，被试能大大地增加对一系列字母的记忆数量。

相关链接 3－3

记忆广度的实验

一、实验目的：测定短时记忆的广度

二、实验材料：三组3～12位数的阿拉伯数字表

972

1406

39418

067285

3516927

58391204

764580129

2164089573

45382170369

870932614280

641

2730

85943

706294

1538796

29081357

042865129

4790386215

39428107536

541962836702

183

3750

79625

523647

3865214

27593869

831652749

0846271903

82954716230

163749251803

三、实验程序

(1) 实验个别进行，由主试（老师）向被试（全班同学）口述数字表上的每一组数字，每个数字呈现出来的时间间隔为1秒钟，一般可以从4位数做起，年幼者可以从3位数做起，年长者可以从5位数做起，逐步用较长的数字表。例如：5位数的数字表被试通过后，就用6位数的数字表进行测验，当被测者对某一长度的数字表不能通过时，再试下两个长度的数字表。如：被测者对6位数的数字表没有通过，再用7位数和8位数的数字表向被测者测试。做的次序是一组数字表做到不通过之后，再做另一组数字表。所谓通过或不通过是指实验者每读完一组数字，随机要被试按顺序复述这一组数字，每组数字复述无误就算通过，然后在记录表上相应处写上“√”号。

(2) 指导语：“某同学，今天请你来做个实验，叫做‘数字跟读’，等一下我读一组数字，你要注意听，当我读完停下来后，你把听到的数字读出来。现在先练习一下，2、5、6、8，请跟读。这样要求明白吗？我们开始。”

(3) 评分。被试每通过一个数字表给予$\frac{1}{3}$分数，如果被测定对5位数和5位数以下的数字表全部通过，就给予5分作为基础分。如果被试对于6位数字的数字表只成功一次，并且以后各次（即7位和8位数）数字表的测验也没有通过，那么这个被试的总成绩就是$5\frac{1}{3}$。

为了便于进行结果处理和运算，我们把每得$\frac{1}{3}$分当成1分来计算，如成绩是$5\frac{1}{3}$即为16分。

数字跟读三次实验结果的综合统计表

顺序号	数字表长度	再现试验次数			再现数字表的数量	再现数字表的百分率
		1	2	3		
1	4					
2	5					
3	6					
4	7					
5	8					
6	9					
7	10					
8	11					
9	12					

（资料来源：洪德厚.1998：142－143.）

（三）短时记忆的信息存储和遗忘

1. 复述

短时记忆存储的有效方法是复述。复述可防止短时记忆中的信息受无关刺激干扰而遗忘。复述分为两种：①机械复述，即不断重复短时记忆中的信息；②精细复述，即对短时记忆的信息进行深层次分析，使它与个体的已有经验建立起联系。精细复述是短时记忆保持的重要条件。

2. 短时记忆的遗忘

短时记忆容量有限，存储时间也很短。如果信息得不到复述，它的保持时间为15~30秒。皮特森等（Peterson & Peterson，1959）在实验中要求被试记住以听觉形式呈现的3个字母，为防止被试复述，字母呈现后马上要求被试对一个数字进行连续减3的运算，直到主试发出信号，被试再回忆刚才呈现的3个字母。结果发现，被试回忆的正确率随字母呈现到开始回忆之间的时间间隔的延长而降低。当时间间隔为3秒时，被试的回忆准确率达到80%；当时间间隔延长到6秒时，准确率迅速下降到55%；延长到18秒时，准确率就只有10%了。这个实验表明，短时记忆的信息存储时间很短，如果得不到复述，就会很快遗忘。

3. 短时记忆的信息提取

由于短时记忆容量有限，提取任务容易完成，因此使人感觉其提取过程很简单。那么人们是怎样从短时记忆中提取信息的？斯腾伯格研究表明，短时记忆的提取过程相当复杂。

斯腾伯格给被试展现1个到6个不等的数字系列，如5、2、9、4、6，接着呈现一个探测数字，要求被试判断这个探测数字刚才是否在数字序列中出现过。例如，如果探测数字是9，被试就做肯定反应；如果探测数字是8，被试就要做否定反应。以反应时长作为衡量指标。被试在做出反应前，必须将探测数字与记忆中的数字序列进行比较。这种提取可能有三种方式：

（1）平行扫描：同时对短时记忆中的所有项目进行检索。如果是这样，那么无论短时记忆中保存项目有多少，检索时间都应相同。

（2）自动停止系列扫描：对项目逐个进行提取，一旦找到目标就停止检索。如果是这样，短时记忆中保存的项目越多，反应时间就越长。同时，由于找到目标项目的搜索（肯定反应）不需要对剩余项目进行检索，所以其反应时间就比找不到目标项目的搜索（否定反应）的时间要长。因为要做否定反应时需要扫描所有项目。

（3）完全系列扫描：对全部项目进行完全的检索，然后再做出判断。在这种提取方式下，反应时间仍是项目长度的函数。但由于肯定判断和否定判断都要对全部项目进行搜索，因此它们应该具有同样的反应时长。

实验结果说明短时记忆中信息的提取以完全系列扫描的方式进行。

第三节　长时记忆

长时记忆是信息经过充分的加工以后，在头脑中保持很长时间的记忆。长时记忆像一个巨大的图书馆，它保存着我们将来可以运用的各种事实、经验和知识。长时记忆的容量是无限的，长时记忆中的信息可能保存至永远。自 19 世纪 80 年代，德国心理学家艾宾浩斯首先系统地研究记忆以来，长时记忆就一直是心理学家们关注的焦点。

一、长时记忆的信息编码

长时记忆的信息编码就是把新的信息纳入已有的知识框架内，或把一些分散的信息单元组合成一个新的知识框架，对材料进行组织可以使输入信息有效地进入长时记忆。长时记忆的编码形式主要有以下几种：

1. 语义类别的编码

这是长时记忆最常见的编码形式。在识记一系列语义的材料时，人们倾向于把它们按语义关系归类，将记忆材料组成一定的系统。例如，鲍斯菲尔德（Bousfild，1972）让被试学习一系列单词，如长颈鹿、小萝卜、斑马、潜水员、拜伦、顾客、菠菜、面包师、土拨鼠、舞蹈演员、黄鼠狼、阿莫斯、南瓜、打字员等 60 个单词，当被试按语义关系将这些单词分别纳入动物、植物、人名、职业 4 个类别时，识记效果就会明显提高。在学习中，人们将材料进行归类，并形成一定的系统，就是利用了长时记忆的这一特点。

2. 以语言的特点为中介的编码

即利用语言的字形、发音和语义等，对信息进行编码。例如，利用语言的音韵、节律等特点，对记忆材料进行编码，将记忆内容编成一些歌诀，能起到好的记忆效果。又如，将二十四节气编成歌诀："春雨惊春清谷天，夏满芒夏暑相连，秋处白秋寒霜降，冬雪雪冬小大寒。"

3. 主观组织

在学习无关联的材料时，如果既不能分类，也没有联想意义上的联系，人们倾向于采取主观组织对材料进行编码。在一个实验（Tulving，1962）中，以很短的时间向被试呈现 16 个无关联的单词（如帽子、照片、羊、祖父等），让他们自由回忆，然后，让他们再次学习相同的词表并再次回忆，如此反复多次。结果发现，随着重复次数的增加，成绩逐渐上升。同时还发现，被试在连续各次实验中有以相同顺序回忆单词的倾向。这种以相同顺序回忆单词的倾向就是被试在头脑中对词表中的单词进行主观组织的结果。

二、长时记忆的信息储存

（一）长时记忆信息储存的性质

长时记忆的容量大，保持时间长，一般认为是无限的。很多人能够清楚地记得自己童年时生活的地方；无论间隔多少年，回到家乡都能清晰回忆当年的情景。但长时记忆中的信息储存其实是一个动态变化过程。

长时记忆中的信息在存储阶段，由于人的知识经验不同，加工、组织经验的方式不同，保存的经验会发生变化。有以下几种形式的变化：①内容的简略和概括，不重要的细节趋于消失；②内容变得更完整、更加合理和有意义；③内容变得更加具体，或更为夸张和突出。

巴特莱特（Bartlett，1932）的实验也证实了这些变化。他给第一个被试看一张枭鸟的象征图，要他根据自己的记忆将图画下来；再让第二个人看第一个人画出的图，也让其根据自己的记忆画下来。这样依次进行下去，一直到第18个被试，一只迎面站立的枭鸟变成了一只背面蹲立的猫，如图3－3所示：

图3－3 记忆过程中图形的变化

（二）信息存储的条件

1. 组织有效的复习

与遗忘做斗争的首要条件就是组织识记后的复习。复习在保持中有很大的作用，刺激物的重复出现是短时记忆向长时记忆转化的条件，没有复述的信息不可能进入长时记忆。科学的复习注意以下几点：

(1）及时复习。学习之后要“趁热打铁”，及时复习。心理学的实验证明了及时复习对巩固知识的重要作用：给两组被试学习一段课文，甲组在学习后进行一次复习，乙组没有复习，一天后甲组保持98%，乙组保持58%，一周后甲组保持85%，乙组只保持33%。

(2）分配复习。复习时间上的正确分配对识记效果有很重要的影响。连续进行的复习称为集中复习，间隔一定时间进行的复习称为分散复习。很多实验证明，分散复习的效果比集中复习好。

(3）阅读与尝试回忆相结合。复习时不要单纯地一遍遍地反复阅读，最好在材料还没有完全记住以前就结合阅读，尝试回忆。当回忆不起来时，便再次进行阅读，这样容易记住，保持的时间也长。

(4）复习方法多样化。复习忌单调重复，学生会感到枯燥无味，产生厌倦和疲劳，使大脑皮质处于抑制状态，影响复习效果。采用多样化的复习方法，每次都从新的角度重现旧材料，学生会感到新颖、有趣，从而有助于调动学习积极性，提高其复习效果。

(5）多种感官参与复习活动。多种感官参与复习使复习过程变成听、说、读、写、想的综合活动，信息可以通过多种感觉通道到达大脑皮质，形成广泛的神经联系，有利于知识巩固。

(6）利用外部记忆手段。人们可以采用一些外部记忆手段，如记笔记、写备忘录、编写提纲、在计算机上存入需要保持的信息等方式来帮助更好地保持记忆内容。

2. 记忆与学习成绩

学生在读了有关记忆研究的内容之后，询问最多的问题是：“我怎样能马上用上这些？这项研究怎样帮助我准备下一次考试?”让我们来看从研究结论中可以得出哪些建议：

(1）编码特异性。编码特异性原则表明提取的背景应该匹配编码的背景。在学校的环境里，“背景”通常是指“其他信息的背景”。如果你总是在相同的背景下学习材料，你可能会发现在一个不同的背景下提取它很困难。所以，如果一位教授以一种稍微不寻常的方式来谈论一个话题，你可能会感到困惑。作为补救的办法，即使在学习的时候你也应该变换背景，重新组织你的笔记顺序，问自己一些混在一起的不同课程的问题，构造你自己的新异组合。但是，如果你在参加一次考试时遇到障碍的话，试着找出尽可能多的提取线索来帮助恢复最初的背景：“让我们想一想，我们是在学习短时记忆的那一讲中听到这个内容的……”

(2）系列位置。你从系列位置曲线得知，在非常广泛的情景下，呈现在“中间”的信息记忆最差。事实上，大学生对关于一讲内容的中间部分材料的测验题目比关于开始或结尾部分的测验题目遗忘更多。在听课的时候，你应该提醒自己要特别注意中间那段时间。学习的时候，你应该投入更多的时间和努力在要学习的材料上，以确保每次不是以相同的顺序学习这一材料。

（3）精细复述和记忆术。当你学习以准备考试的时候，你会感觉像在设法获得“无组织的信息”。例如，你可能被要求记住大脑不同部分的功能。这种情况，你需要自己设法提供结构。设法以创造性的方式使用概念形成视觉表象，构造句子或故事。

（4）元记忆。关于元记忆的研究认为人们通常对自己知道什么和不知道什么有很好的直觉。如果你处在一个有时间限制的考试情景下，就应该让直觉来指导你分配时间。例如，你可以快速地把所有的考试题读一遍，看看哪些题目给你最强的知道感。如果你正在参加一个考试，在这个考试中你会因为答错而被扣分，你应该特别注意你的元记忆直觉，这样就可以避免回答那些你感觉很可能错的问题。

（三）记忆错觉

在一种情况下再认是非常重要的，那就是在法庭上。当一个目击证人指着法庭上的某个人说“他就是做这件事的那个人”时，对于法官和陪审团来说这是非常可信的。

伊丽莎白·洛夫特斯（Elizabeth Loftus，1974）表明，即使事后证明目击证人的视力并不是很好，甚至他从他所处的位置无法看清楚抢劫者的长相，陪审团也会受他的证词所影响。律师引用了很多目击证人作伪证的例子，他们的证词后来被证明是不准确的。

一个人对一件事的记忆在回忆的过程中可能会被扭曲。令人震惊的事件，比如那些具有暴力性的事件，可能会破坏我们形成深刻记忆的能力。没有对事件深刻的、清晰的记忆，目击证人就可能把事后的信息整合进他的回忆之中。陪审员应该记住，人的眼睛不是照相机，而回忆也不是录像带。

记忆错觉是指人们对过去事件的报告与事实严重偏离（Roediger，1996）。弗洛伊德从19世纪末便开始研究记忆错觉。他认为记忆错觉在一定程度上暗示了个体无意识之中的欲望，这种被潜抑的欲望通过记忆错觉表现出来。格式塔心理学也比较重视记忆错觉研究。他们认为，记忆随时间变化，时间越长越与格式塔的组织原则吻合。对记忆错觉的实验研究是巴特莱特在20世纪30年代开始的。他让大学生阅读印第安民间故事《幽灵之战》，隔一段时间后，要求学生根据记忆复述。他发现：随时间增加，故事内容往往被略去一些，一些玄妙的内容被舍弃了，故事也变得越来越短。被试还增加一些新材料，使故事变得更自然合理，有时甚至加入一些伦理内容。巴特莱特的研究发表后，很长时间没有得到应有的关注。直到20世纪60年代末，人们才发现记忆错觉是一个非常重要的领域。人

们试图从记忆错觉的研究中寻找记忆的本质。记忆错觉研究在教学、心理咨询与治疗和司法领域中也有广泛应用。记忆错觉形式多种多样，常见的有以下几种：

1．关联效应

研究表明，如果测验时呈现的句子和段落与先前学习的材料意义相近，人们可能会错认它们曾经呈现过。以单词为材料进行研究，也发现类似现象。安德伍德（Underwood，1965）在一个再认测验中，要求被试确定单词是否在先前的学习词表里出现过，当测试词能够由先前学习过的词通过联想获得，则容易出现虚报，即确认该词为曾经学习过，而事实上没有学习过；而当测试词与学习词无关联时，则不易出现虚报。他认为，关联效应由编码时的内隐联系反应造成。如学习“桌子”时，关联词“椅子”能被有效激活，导致后来的记忆错觉。罗迪格（Roediger，1995）也发现，呈现关联词表能导致错误回忆率增加。

2．误导信息效应

洛夫塔斯给被试看一段撞车事故的录像。发给被试的问卷中有这样的问题：“当两辆汽车________时，汽车的时速约是多少?”对于不同测试组，下划线处的动词不同，分别为“碰撞”和“撞毁”。结果表明，当动词为“碰撞”时，被试估计车速为34英里/时；而当动词为“撞毁”时，被试估计车速为41英里/时。更为有趣的是，当被试后来被问及是否看到现场有打碎的玻璃时，“碰撞”组有14%做了肯定回答；“撞毁”组有32%做了肯定回答。而事实上，录像中根本没有碎玻璃。实验者认为，动词“撞毁”使被试对撞车事故的记忆编码和组织方式发生改变，使他们后来更可能“记得”并不存在的碎玻璃。

3．词语遮蔽效应

一般情况下，对外部刺激事件的语词编码有助于记忆。然而，当事件难以用语言来描述时，语词编码反而会有损记忆，导致记忆错觉。斯库勒等人（Schooler et al.，1990）发现，当被试观看面部图形并描述它们时，对面部图形的记忆差于未描述的被试。在另外一项研究里（Melcher et al.，1996），未经训练的品酒者初次品酒时，如果借助语言描述白酒味道，则对白酒的再认差于那些品酒时无须描述的人。之所以如此，是因为语词描述使人记忆的是关于事件的描述，而不是事件本身。

4．记忆中的错觉结合

安德伍德等人（1973）给被试呈现由两个单音节合成的词（如handstand、shotgun）。在再认测验中，呈现词中插入与先前所呈现单词有一个音节相同的词（如handmaid）、两个音节相同的词（如handgun）和无关的控制词。结果表明，被试对两个音节与所呈现单词相同的词有更高的虚报率。在使用面部图形为材料的实验中（Reinitz et al.，1994），也表现出同样效应。对于记忆中的错觉结合的解释是，学习对象（如合成词）的各部分特征并没有紧密地结合起来成为一个整体，各部分特征在一定程度上自由漂浮，当来自不同单元的两个特征组合在一起时，容易导致错误再认。

记忆错觉的产生与许多因素有关。例如，有研究（Garry，Manning & Loftus，1996）表明，对未发生过的事件的想象能增加虚报率。实验者认为，想象使人们对虚假事件更熟悉，这种熟悉使被试混淆了事件的来源。生活中人们也发现，儿童经常混淆想象中的事件与亲身经历的事件。引导和暗示也是产生记忆错觉的重要原因。儿童由于成人的引导会发生虚假的回忆和再认（Loftus & Coan，1995），某些证人在法庭上也会在检察官、律师甚至被告的暗示下做出虚假的证言。

三、长时记忆的信息提取

长时记忆的信息提取有两种基本形式，即再认和回忆。

（一）再认

1. 再认

曾经感知过的事物再度呈现时仍能被认知的心理过程叫再认。再认与回忆没有本质区别，但一般来说，再认比回忆简单和容易。考试中的是非题与选择题，就是通过再认的方式来检查学生掌握知识的情况。

2. 影响再认的因素

再认的速度和准确性受许多因素影响，主要有以下几种：

（1）材料的性质和数量。相似的材料，再认时就容易发生混淆。材料的数量对再认速度也有影响。有研究表明，再认英语单词时，每增加一个单词，再认时间就增加 38 毫秒。

（2）学习与再认的时间间隔。再认效果随学习与再认的时间间隔变化而变化，间隔越长，效果越差。

（3）思维活动的积极性。对不熟悉的材料进行再认时，积极的思维活动（比较、推论等）可提高再认效果。

（4）个体期待和情绪状态。期待可以促进再认，也可以造成再认错误。再认依赖于主体的经验、定势和期待等。

（5）人格特征。人分为场依存型和场独立型。场独立型的人不易受周围环境影响，场依存型的人易受环境影响。一般而言，场独立型的人比场依存型的人成绩更好。

相关链接3-4

你身边的心理学——记住你的同班同学

我们没有几个人能够忘记高中时期的日子，但是在毕业10年、20年、30年甚至40年之后，我们当中又有几个人能够记住我们高中时期同学的名字呢？一项研究发现，实际的人数比我们能够回忆起的人的数目要多得多。

这就关乎长时记忆能够持续多长时间的问题。研究人员表明，年龄从17~74岁的近400个高中毕业生能够描绘出他们的高中年鉴。下面是一些让人吃惊的结果：

在毕业35年之后，人们仍能认出他们同班同学中9~10个人的长相。高中在人们心目中的样子从他们的反应中看不出有多大差别。

毕业15年后，参与者能够回忆起他们班90%以上人的名字。

在其人生的最后30年里，他们对高中同学名字的遗忘程度达到70%~80%。

对于记忆人的名字和长相，女性的记忆通常比男性要好一些。

心理学家首先通过考察我们收集信息的方式来解释这种令人惊讶的结果。我们关于名字和长相的记忆库是建立在我们高中时期的经历之上的，而且不断的重复有助于巩固这些知识，使之在记忆中保持很多年（Bahrick，Bahrick & Wittinger，1974；Kolata，1993）。

（资料来源：卡斯乔．妙趣横生的心理学．田毅松，等译．北京：中国人民大学出版社，2012：203.）

（二）回忆

1．回忆

过去经验过的事物不在面前时仍在头脑中重新出现的过程叫回忆。例如，考试时，人们根据考题回忆学习过的知识；节日情景使人们想起远方的亲人。

回忆的种类很多，根据回忆的目的是否明确，可以把回忆分为有意回忆和无意回忆。有意回忆有明确的目的和任务，是自觉进行的回忆；无意回忆没有明确的目的和任务，是自然而然地产生的回忆。根据回忆是否依靠中介，也可将回忆分为直接回忆和间接回忆。由当前事物直接唤起旧经验是直接回忆，借助于中介性的联想回忆起旧经验是间接回忆。

2．回忆的条件和策略

在回忆过程中，人们所采取的策略，也会直接影响回忆进程和效果。回忆的策略主要有：

（1）联想策略。人脑中的知识经验彼此有一定联系，这种联系是客观事物相互联系的反映。人们在回忆某一事物时，就会想起与它有关的事物。

（2）情境策略。研究表明，呈现与回忆内容有关的情境线索，将有助于记忆的恢复。呈现的情境与事件或学习发生的情境越相似，恢复就越容易。

（3）提取方式。在回忆过程中，寻找关键支点是回忆的重要策略，借助表象和词语的双重线索，可以提高回忆的完整性和准确性。

（4）与干扰做斗争。在回忆过程中，经常会发生提取信息困难，这可能是由于干扰所引起的。例如，考试时有人明知考题的答案，但是由于当时情绪紧张，一时想不起来，这种明明知道而当时无法回忆起来的现象叫“舌尖现象”，即话到嘴边又说不出来。克服这种现象的简便方法是先停止回忆，经过一段时间后再进行回忆，要回忆的事物便可能自然而然地出现。

第四节　遗　忘

信息在记忆中能保持多长时间呢？有些事情转眼即忘，如开学时教室里刚刚自我介绍过的同学的姓名，转眼间就怎么也记不起来；有些信息我们终生不忘，有些琐碎的事情甚至长期记忆犹新。我们总是希望自己的记忆容量更大一些，记忆保持得再长久一些。但是遗忘总是伴随着我们。遗忘一方面带给我们烦恼，但另一方面又给我们带来好处。正是因为存在遗忘，我们才不会被世界上充斥的繁杂刺激所困扰，无关紧要的信息被忘掉，我们才有足够的精力、脑力、记忆空间去适应环境。如果我们像计算机那样机械地把一切信息都完整地保存下来，就会导致许多不相干的记忆阻碍我们正常思考，后果是难以想象的。

一、遗忘的概念

遗忘是指记忆的内容不能保持或提取时发生错误的现象。它是一种非常普遍的现象，每个人在生活中都经历过遗忘。例如，学过的知识不能回忆起来，一个熟人的名字叫不出来等。遗忘有不同种类：能再认不能回忆叫部分遗忘，不能再认也不能回忆叫完全遗忘；一时不能再认或回忆叫临时性遗忘，永远不能回忆或再认叫永久性遗忘。

二、遗忘的进程

德国心理学家艾宾浩斯最早对遗忘的过程进行了研究。他以自己为被试，以无意义音节为材料，以再学时的时间节省率为保持量的指标。他先将无意义音节表学习到能够无误背诵的程度，然后在不同的时间间隔后再学习该材料，求出各个时间间隔后的再学时间节省率（表3-2）。艾宾浩斯发现，遗忘的过程是不均衡的，学习后最初一段时间遗忘得最快，之后逐渐变慢，最后几乎不再遗忘，即遗忘速度“先快后慢”。

艾宾浩斯将实验结果绘成一条曲线，这就是著名的艾宾浩斯曲线（图 3－4）。

表 3－2 遗忘的进程

次序	时距（小时）	保持的百分数	遗忘的百分数
1	0.33	58.2	41.8
2	1	44.2	55.8
3	8.8	35.8	64.2
4	24	33.7	66.3
5	48	27.8	72.2
6	144	25.4	74.6
7	744	21.1	78.9

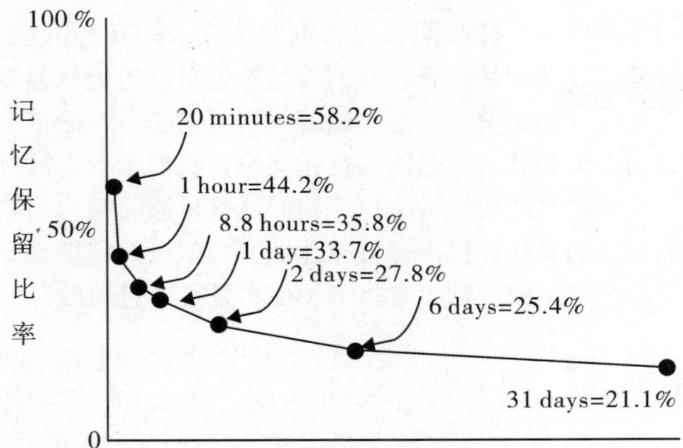

图 3－4 艾宾浩斯遗忘曲线

相关链接 3－5

艾宾浩斯——记忆的创纪元研究者

赫尔曼·艾宾浩斯（Hermann Ebbinghaus，1850—1909），德国心理学家。1850 年 1 月 24 日生于波恩附近的巴门，1909 年 2 月 26 日卒于哈雷。1873 年获哲学博士学位。1880—1909 年间相继在柏林大学、布雷斯劳大学及哈雷大学任教。

图 3－5 赫尔曼·艾宾浩斯

1876 年，艾宾浩斯在巴黎一家书摊上买了一本旧的费希纳的《心理物理学纲要》，这一偶然的事情对他产生了深刻的影响。费希纳研究心理现象的数学方法使年轻的艾宾浩斯茅塞顿开，他决心要像费希纳研究心理物理学那样，通过严格的系统的测量来研究记忆。他的研究成果载入《记忆》(1885) 一书。此书记载了在学习、保持和回忆的整个领域中一系列创纪元的实验研究。他为了选用难度相等的记忆材料并避开过去可能已经形成的联系，特意编制了2 000多个无意义音节供记忆实验之用。他接受英国联想主义心理学的观点，以重复学习为构成联想的条件。他用一次完全回忆所需要的重复学习次数来计算实验分数，称作完全记忆法。另一计分方法称作节省法，就是在一次完全回忆之后隔了一段时间已发生遗忘，此时再来学习原先的材料，看能节省多少时间或节省多少重复次数，从而推知保持的数量。他比较了学习有意义材料和无意义材料的不同速度，比较了学习材料的不同长度对学习速度的影响，考察了过度学习、集中学习和分散学习的效应。最著名的保持曲线，即表明遗忘的发生规律呈现出一条先快后慢的曲线，永远和他的名字联系在一起。他连续五年(1879—1884) 用自己做被试，并严格控制自己的日常生活，使之不影响其实验的结果。

(资料来源：中国大百科全书总编辑委员会，《心理学》编辑委员会，中国大百科全书出版社编辑部. 中国大百科全书·心理学. 北京：中国大百科全书出版社，1991：2.)

三、影响遗忘的因素

遗忘的进程不仅受时间因素的影响，还受其他多种因素的影响，主要有以下几个方面：

1. 识记材料的性质和数量

一般来说，熟练的动作和形象的材料遗忘得慢，有意义的材料比无意义的材料保持得更好。在学习程度相等的情况下，识记的材料越多，忘得越快；材料少，则忘得较慢。所以，学习时要根据材料的性质来确定学习材料的数量，不要贪多求快。

2. 学习的程度

一般来说，一种学习材料如果学习到能无误背诵的标准，我们就称之为低度学习；如果在正确背诵之后还继续学习一段时间，就称为过度学习。低度学习的材料易于遗忘，过度学习的材料比恰能背诵的材料，保持效果要好一些。但过度学习也不是越多越好，过度学习超过恰能背诵程度的50%为最佳，此后再进行过度学习会造成精力和时间的浪费。

3. 识记材料的系列位置

人们发现在回忆系列材料时，材料的顺序对记忆效果有重要影响。在自由回忆实验中，按顺序给被试呈现一系列无关联的单词，然后要求他们不按顺序尽可能多地回忆出来。结果发现，单词回忆率与单词在词表中的位置有关：最先呈现的材料较易回忆，遗忘较少的现象，叫首因效应；最后呈现的材料回忆率也较高，这被称为近因效应；材料中间部分的内容回忆率最低。这种现象叫系列位置效应。

4. 识记者态度

识记者对识记材料的需要、兴趣等，对遗忘的快慢也有一定的影响。研究表明，在人们的生活中不占重要地位的、不引起人们兴趣的、不符合一个人需要的事物，容易被遗忘。

四、遗忘的理论

1. 衰退说

这一理论认为，遗忘是记忆痕迹随着时间的推移而逐渐消退的结果。这种看法接近常识，易于为人们接受。因为一些机械的、物理的和化学的痕迹的确有随时间而衰退甚至消失的现象。另外，在感觉记忆和短时记忆中，也的确存在着信息由于未被注意或复述而遗忘的现象。但衰退说很难用实验证实。因为无法排除学习后其他心理活动对记忆痕迹的干扰。有些实验已经证明，即使在短时记忆的情况下，干扰也是遗忘的重要原因。

2. 干扰说

这种理论认为，遗忘是因为在学习和回忆之间，受到其他刺激的干扰所致。干扰，是遗忘的主要原因。一旦干扰解除，记忆就可以恢复。这种理论得到较多的实验证据支持。干扰说可以用倒摄抑制和前摄抑制来证实。

前摄抑制是先学习的材料对识记和回忆后学习的材料的干扰作用。这种现象被安德伍德的实验所证实。实验者要求两组被试学习字表：第一组被试在学习前进行了大量的类似学习和练习，第二组被试没有进行这种练习。结果表明，第一组被试只记住了字表的25%，而第二组记住了70%。结果表明，前摄抑制随先行学习材料数量的增加而增加，也随保持时间的增加而增加。

后学习的材料对识记和回忆先学习材料的干扰作用，称为倒摄抑制。缪勒和皮尔扎克首先发现这种现象。他们让被试识记无意义音节后，休息5分钟，再进行回忆，结果回忆率为56%。如果被试在识记后和回忆间从事了其他活动，回忆率只有26%。这说明后面从事的活动对前面的学习起了干扰作用，因而使成绩下降。实验证明，倒摄抑制受前后两种学习材料的类似程度、难度、时间安排以及识记的巩固程度等条件的影响。如果前后学习的材料完全相同，后学习即是复习，不产生倒摄抑制。在学习材料由完全相同向完全不同逐步变化时，倒摄抑制开始逐渐增加，材料的相似性达到一定程度，抑制作用最大，以后抑制作用又逐渐减弱，到了先后识记的材料完全不同时，抑制作用最小。

3. 压抑说

压抑理论认为，遗忘是由于情绪或动机的压抑作用引起的，如果这种压抑被解除了，记忆也就能恢复。弗洛伊德认为，任何遗忘都有动机，我们记不起是因为我们不想记，于是便把信息压抑到潜意识中去。他在给神经症病人施行催眠术时，许多人能回忆起平时回忆不起来的事情，这些事情大多与罪恶感和羞耻感相联系，因为不能被自我接受，所以被压抑在潜意识里。当情绪联想减弱、压抑解除后，被遗忘的材料又重新被回忆起来。在日常生活中，由于情绪紧张而引起遗忘的情况也是常有的。例如，考试时，由于情绪过分紧张致使一些学过的内容怎么也想不起来。压抑说考虑到个体的需要、欲望、动机、情绪等在记忆中的作用，这是前面两种理论所没有涉及的。但该理论缺乏实验证据支持。

4. 提取失败说

这种理论认为，遗忘不是由于记忆痕迹的衰退，而是失去了提取线索或线索错误所致。就好像忘记了将物品放在什么地方，怎么也找不到一样。一旦有了提取线索，信息就可以被提取出来。这种理论认为，所有的学习都发生在一定的情境中，人们根据当时的知觉环境对信息进行编码。遗忘是由于提取线索不能匹配记忆中编码的性质，而不是信息遗失。生活中的“舌尖现象”就是这种理论的一个好例。提取失败的现象提示我们，从长时记忆中提取信息是一个复杂的过程，而不是一个简单的“有或无”的问题。如果没有关于某一件事的记忆，即使给我们很多的提取线索我们也想不起来。同样，如果没有恰当的提取线索，我们也无法想起曾经记住的信息。就像在一个图书馆中找一本书，我们不知道书名、作者和检索编号，虽然书就放在书库中，我们也很难找到它。因此，在记忆一个一个的单词的同时，尽量记住该词的其他线索，如词性、词音、词组和语境等，这会帮助我们更容易记住单词。

提取失败理论在生活实践中有着广泛应用。在司法实践中，将当事人或证人带到事件发生的情境中有助于他们记忆的恢复。在不同的情境下学习，特别是在测验情境下学习（如学生的模拟考试、戏剧的彩排、军队的实战演习等），都有利于记忆的提取。

复习思考题

1. 什么是记忆？记忆的种类及各自的特点有哪些？
2. 什么是感觉记忆？部分报告法说明了什么？
3. 简述记忆的三级加工模型。
4. 记忆的基本过程包含哪些？
5. 影响识记的因素有哪些？
6. 短时记忆容量为多少？通过什么方式可提高短时记忆容量？
7. 简述感觉记忆、短时记忆、长时记忆之间的关系与区别。

8. 科学的复习方法有哪些？对你的学习是否有帮助？

9. 信息提取受到哪些因素的影响？

10. 遗忘的影响因素有哪些？根据遗忘的理论，如何克服遗忘现象？请简述主要观点。

主要参考书目

[1] 张积家．普通心理学．广州：广东高等教育出版社，2004.

[2] 彭聃龄．普通心理学．4 版．北京：北京师范大学出版社，2012.

[3] 李建新，杜高明．心理学概论．北京：北京师范大学出版社，2011.

[4] 沈德立，阴国恩．基础心理学．2 版．上海：华东师范大学出版社，2010.

[5] 张朝，李天思，孙宏伟．心理学导论．北京：清华大学出版社，2008.

[6] 黄希庭．心理学与人生．广州：暨南大学出版社，2005.

[7] 张厚粲．大学心理学．北京：北京师范大学出版社，2001.

[8] 赵守盈，潘运．心理学．广州：暨南大学出版社，2012.

[9] 蔡笑岳．心理学．北京：高等教育出版社，2008.

[10] 戴维·迈尔斯．心理学精要．黄希庭，等译．北京：人民邮电出版社，2009.

[11] 理查德·格里格，菲利普·津巴多．心理学与生活：第 19 版．王垒，等译．北京：人民邮电出版社，2014.

[12] 卡斯乔．妙趣横生的心理学．田毅松，等译．北京：中国人民大学出版社，2012.

[13] 柯·柯·普拉图诺夫．趣味心理学．张德，等译．长春：吉林人民出版社，1984.

（刘海涛　撰写）

第四章

思维与问题解决

引　言

在20世纪40年代，有一天中午，一位穿戴整齐的犹太老太太走进了纽约市中心一家大银行的贷款部。她将手中价值不菲的包放在柜台上，向工作人员表示自己想借些钱。

接待她的是贷款部经理斯蒂芬，他表明只要老太太可以提供相应的担保，借多少都是可以的。

“我可以提供相应的担保，但只借1美元可以吗？”

“当然可以！不过……”

斯蒂芬话还没说完，老太太就利索地打开皮包，拿出了一大沓票据，“这些是担保。您计算一下，50万美元，够了吧？”

“当然，当然！不过，您真的只借1美元吗？”斯蒂芬问道。

老太太表示她真的只想借1美元，同时表示她希望可以提前还贷。

“没问题。这是1美元，年息6%，为期一年，可以提前归还。归还时，我们将这些票据还给您，这是合同。”斯蒂芬虽有疑惑，但人家的票据的确是真的，并且这显然没有违反规定，因此他还是熟练地按规定办好手续。

“谢谢！”犹太老太太在合同上签字后，接过1美元，转身就走。

“等等，请等一等！”

“还有什么事吗？”

“我实在不明白，您担保的票据值那么多钱，为什么只借1美元呢？如果您要借三四十万美元，我们也是很乐意的。”斯蒂芬还是忍不住道出了他的疑惑。

“哦，是这样的。我必须找个保险的地方存放这些票据，而租个保险箱又得花不少费用。放在你们这儿既安全，又能随时取用，一年只要6美分，实在是划算得很。”犹太老太太微笑道。

在这个故事里面，犹太老太太运用一种求异思维，通过借贷的方式存放票据，将自己的利益最大化。她不合常规的思考方法，使得一些不可思议的事情变得自然而然。

人之所以有无尽的智慧，是因为人有一个善于思考的大脑，正如尼采所说：“不会思考的人是白痴。”

内容提要

※思维是人脑借助言语、表象或动作实现的对客观事物的本质属性和内部规律性的间接和概括的反映。

※思维所运用的心智操作（或称思维过程）主要包括分析和综合、比较和分类、抽象和概括以及具体化和系统化。

※语言具有创造性、结构性、意义性、任意指代性、社会性与个体性这几个特征。

※思维和语言的关系错综复杂。总的来说，思维和语言之间既有联系，又有区别。

※推理是从一个或几个已知的判断出发推出另一个新的判断的思维形式。

※推理主要分为演绎推理和归纳推理两种形式。

※问题解决是由一定的问题情境引起，经过一系列具有目标指向性的认知操作，使问题得以解决的过程。

※四阶段论认为问题解决的思维过程包括四个阶段：提出问题、分析问题、提出假设、验证假设。

第一节　思维的种类与过程

一、思维的含义

（一）什么是思维

早晨起来，推开窗户，看见屋顶跟地面都湿了，于是便推断："昨晚下雨了。"这时，人并没有直接感知到下雨，也没有在脑海中重现昨晚下雨的情形，而是通过以其他事物为媒介（屋顶潮湿），用间接的方法推断出来的。

思维是人脑借助言语、表象或动作实现的对客观事物的本质属性和内部规律性的间接和概括的反映。思维是一种高级的认知活动。虽然思维跟感觉、知觉类似，是人脑对客观事物的认识活动，但是思维与感觉、知觉之间存在着明显的差异。

首先，思维与感觉、知觉反映的内容存在根本的区别。感觉和知觉反映的是客观事物的个别属性、整体特征、表面现象及外部联系，而思维反映的是客观事物共同的、本质的属性及内在联系。

其次，思维与感觉、知觉反映的形式也明显不同。感觉和知觉都属于感性认识，都是人脑对客观事物外部特征的直接反映；而思维属于理性认识，是对客观事物必然联系的间接反映。

总之，感觉和知觉是人脑直接接受外界刺激的输入，并且对这些信息进行简单的初级加工；而思维则是对输入的信息进行更深层次的加工。举个简单的例子，通过感觉、知觉，我们只能感知到春夏秋冬四个季节温度的不同。但是通过思维，我们则能揭示这种现象的规律性是由于地球自转而产生的结果。因此，概括地说，思维能够反映事物的本质，能够反映事物之间的本质联系和规律。通过思维，人才可能对感觉和知觉到的信息进行选择，并进行深层次的加工，从而实现由感性认识到理性认识的飞跃，达到对客观事物深刻、准确、全面的认识。

（二）思维的基本特征

思维具有间接性和概括性两个特征。

所谓思维的间接性，是指思维并非直接感知，而是在已有经验的基础上，借助一定的媒介来认识事物。因为在现实世界中，受某些因素的影响，我们无法直接感知某些事物或者现象。但是，我们可以通过思维，根据已有的知识经验，借助一些媒介，经过头脑的加工，间接地去了解事物的本质或现象的规律。例如，受时间因素的影响，我们无法得知远古时期人类生活的情景是怎样的，但是我们通过远古人类的化石及他们的生活遗址，通过思维就大致知道他们生活的场景；又如，受空间因素的影响，如果我们不在某个地方，我们就无法得知该处的场景，但如果我们曾亲身到过该处，或者曾在电视或者图片上看到过该地的风景，我们就很容易在头脑中浮现该地的人文风光。这些都可以体现思维的间接性。

所谓思维的概括性，就是指人们通过大量的感性材料，找出事物的本质特征，把握事物发展的本质和规律。思维的概括性主要体现在以下两个方面：一是概括同一类事物的共同特征，例如，番茄、白菜、土豆等都是可以烹饪成为菜肴的植物，所以人们将它们归为“蔬菜”。二是通过概括多次感知到的事物之间的联系，得出事物间本质的联系和规律。例如，多次看到出现“月晕”就“刮风”、地砖“潮湿”就“下雨”等现象，得出“月晕而风”“砖润而雨”的结论。

思维的这两个特征是相互联系、相互影响的。思维的间接性是以人对事物概括性的认识为前提的。同时，思维的间接性可以使人们摆脱具体事物或现象的限制，概括地认识和把握事物之间的联系和规律，使人们的认识更加深化和无限扩展，以增强人们对客观环境的适应、控制与改造能力。

二、思维的种类

根据不同的标准，从不同的角度可以把思维分为不同的思维类别。

（一）根据思维的发展水平或思维活动的凭借物不同

根据思维的发展水平或思维活动的凭借物不同，可把思维分为直观动作思维、形象思维和抽象思维。

1. 直观动作思维

直观动作思维又称操作思维或具体动作思维，是通过实际行动来解决直观、具体问题的思维方式，是思维发展的最初形式，具有直观性和动作性这两个特点。直观动作思维与动作密不可分，离开了具体动作就不能进行思维。直观动作思维主要出现在3岁以前的儿童期。3岁前儿童的思维活动离不开触摸、摆弄事物的活动。例如，儿童只有在摆弄某件玩具的时候，他们才会进行相关的思维活动，一旦他们停止了动作，他们的思维就会停下来或者转移到别的地方去。成人有时也进行动作思维。例如，当耳机听不到声音时，人们会拔出耳机听听电脑是否发出声音，通过确定电脑的音响是否损坏来判断耳机是否出现问题。成人的动作思维与没有完全掌握语言的儿童的动作思维不同，成人的直观动作思维水平比儿童的高，他们主要是借助具体的动作来帮助思维，但这并不等同于直观动作思维。动作思维是人与高等动物共同具有的一种思维形式，但是人的动作思维与动物的动作思维具有本质上的区别。

2. 形象思维

形象思维又称具体形象思维，是凭借事物的直观形象或表象来解决问题的思维方式。例如，当阅读一篇描写景点的文章时，虽然没有去过那个地方，但是也可以想象出来。形象思维在3～7岁的学龄前儿童身上表现得比较明显，这一阶段是形象思维阶段。例如，学龄前儿童在学习加减法运算时，通常通过脑中的表象进行。正常成人虽然以概念思维为主要形式，但有时也依赖于形象思维，特别是在解决比较复杂的问题时，鲜明生动的形象或表象有助于思维过程的顺利进行。

相关链接 4－1

爱因斯坦的思维

世界著名物理学家爱因斯坦（A. Einstein，1879—1955）在高度抽象的理论物理领域中有许多杰出的创造性成果，其中广义相对论至今只有极少数人能够理解。他的思维活动的一个重要特点也在于：与大多数人用词语来思维（thinking in words）的情况相反，他自己承认，他大多是运用形象思维来进行研究的。他经常是用图形来思维的（thinking in pictures）："我思考问题时，不是用语言进行思考，而是用活动的、跳跃的形象进行思考，当这种思考完成之后，我要花很大力气把它们转换成语言。"据说，对爱因斯坦大脑的解剖也发现，他用以形象思维的右脑相对左脑而言，其比例比一般人要大得多。

（资料来源：卢家楣．心理学．上海：上海人民出版社，2004.）

3. 抽象思维

抽象思维又称逻辑思维，是人类所特有的一种思维形式，是运用概念、判断和推理等形式来解决问题的思维形式。例如，学生运用数学符号和概念进行数学运算或推导；科学工作者根据实验材料进行某种推理、判断等。这种思维往往是借助于词语、符号来进行的，因而也被称为语言逻辑思维。人类 7 岁以后抽象思维得到了迅速发展，为抽象思维阶段。

（二）根据思维探索目标的方向

根据思维探索目标的方向，可把思维区分为聚合思维和发散思维。

1. 聚合思维

聚合思维又称求同思维、集中思维、辐合思维，是指把问题所提供的各种信息聚合起来，得出一个正确答案或最佳解决方案的思维方式。其主要特点是求同。这种思维是利用已有的知识经验或传统方法来解决问题的一种有方向、有范围、有组织、有条理的思维方式。只有当问题存在着一个正确答案或一个最好的解决方案时，才会出现聚合思维。例如，“请用最简单的方法算出下列算式的答案”，看到这个问题时，学生必须要专心致志，把题目提供的各种信息加以组织，搜索出最佳的解题方法来解决问题。

2. 发散思维

发散思维又称求异思维、分散思维、辐射思维，是指从一个目标出发，沿着各种不同的方向去思考，寻求问题的各种可能的答案的思维方式。例如，“怎样进行自我介绍才能给人留下深刻的印象”，这样的问题没有固定的答案，也没有固定的方向，答题者可以根据自己的喜好与经验去思考答案。这种思维的主要特点是求异与创新。这种思维是一种无一定方向和范围，不墨守成规，不拘泥于传统方法的思维。一般通过思维的流畅性、灵活性和独特性来衡量发散思维。所谓思维的流畅性，也叫思维的丰富性，是指在规定时间内，个体想出的解决问题方式的数量的多少。思维的灵活性是指个体能够摒弃惯性思维，开创不同角度去思考问题的能力。思维的独特性是指个体所想的解决方案能够产生不寻常的反应的能力。曾经有这样一个关于用发散思维救命的故事：

一位商人向一位放高利贷的老家伙借钱，但因经营不善，商人还不上这笔钱。放高利贷的老家伙给了商人一个不用还钱的机会，还承诺不会送他进监狱，但有个前提是商人的女儿必须要做出选择——他在口袋里放一块黑色和一块白色的鹅卵石，女孩必须要从里面拿出一个来，如果拿到黑色，就必须要嫁给老家伙，如果拿到白色，她则可以自由，但如果她拒绝选择，那她的父亲也要坐牢。他们站在一条到处散落着鹅卵石的小路上，在这里，那个放高利贷的老家伙迅速地拿了两块黑色鹅卵石放进口袋里面，而这一过程也被女孩看在了眼里。当女孩把手伸到袋子里拿那一块决定她命运的鹅卵石时，她把它取出来后迅速扔掉，这时候袋子里剩下的就是另一块鹅卵石了。她说："好吧，你可以看一下剩下的那块鹅卵石，然后你就会知道我扔掉的是哪块鹅卵石了。"就这样，这个女孩用发散思维救了她父亲和她自己。

虽然在功能上，发散思维和聚合思维是对立的、完全相反的，但在日常生活中，它们是紧密联系在一起，共同参与到解决问题的整个思维过程中。当我们要解决某一具体问题时，我们往往会开启发散思维，尽可能多地想出解决的方法，然后再利用聚合思维，通过详细的分析与检查，逐一排除不合适的方法，最后找到最佳的解决方案。

相关链接 4－2

小测试：你会逆向思维吗？

【计分方法】选 a 得 1 分，选 b 得 3 分，选 c 得 5 分。

【测试开始】

1. 有时候你会反过来思考问题吗？

a. 会　　b. 说不准，偶尔　　c. 从不

2. 你总是反驳别人的观点吗？

a. 经常　　b. 说不准，偶尔　　c. 从不

3. 你的反驳意见能被他人接受吗？

a. 能　　b. 说不准　　c. 不能

4. 与人争论过后，你会站在对方角度想一下谁对谁错吗？

a. 会　　b. 说不准　　c. 不会

5. 有时你会提出与讨论的问题相反的问题吗？

a. 会　　b. 说不准　　c. 不会

6. 看小说时，你会直接翻到最后先看结局，然后再决定是否仔细看完整本书吗？

a. 总是这样　　b. 偶尔这样　　c. 从不这样

7. 经受挫折时，你能意识到它带给你的帮助吗？

a. 能　　b. 说不准　　c. 不能

8. 你了解守恒原理吗？

a. 了解　　b. 知道点　　c. 不了解

9. 你了解辩证法的基本原理吗？

a. 了解　　b. 知道点　　c. 不了解

10. 你理解并赞同坏事可以变成好事的说法吗？

a. 完全理解和赞同　　b. 有些理解　　c. 不理解或不赞同

【心理评析】

15 分及以下：你有很强的逆向思维能力。你善于从相反方向考虑问题，找到解决问题的

最优思路。

16~28分：你的逆向思维能力一般，你有时会用逆向思维，开创性地思考问题，有时候却习惯墨守成规，你应该让自己的思想再开放一点。

29分及以上：你习惯于用固定的思维方式思考问题，哪怕前边没有路，你也要自己铺一条路出来，不撞南墙不回头说的就是你这种人，转换一下思路吧，往北走也挺好的。

（资料来源：童小茜．大脑短路心理学——向脑子进水宣战．南宁：广西人民出版社，2009.）

（三）根据思维是否有明确清晰的思维过程

根据思维是否有明确清晰的思维过程，思维可分为直觉思维和分析思维。

1. 直觉思维

直觉思维又称直觉，是一种非逻辑思维，指的是人脑对突然出现的新问题、新事物和新现象，不经过严密的逻辑推理便能迅速理解并迅速做出判断的思维方式。例如，警察在嘈杂的人群中，凭直觉迅速找出犯罪嫌疑人；医生通过“望闻问切”马上做出某种疾病的判断，这些都是直觉思维的结果。需要注意的是，直觉思维由于没有经过严格的逻辑顺序和明显的推理步骤，因此具有一定的模糊整体性和偶然性，为此还需要经过对客观事物的具体分析才能明确其内涵和结构。但是，在熟练运用逻辑推理思维后，人们会压缩、简化思维活动过程，此时就会省略许多中间环节而将之转化为直觉思维。有一个比较著名的关于直觉思维的故事：

一百多年前，达尔文观察到植物幼苗的顶端向太阳照射的方向弯曲，就直觉地猜想幼苗的顶端含有某种在光照下跑向背光的一侧的物质。但是在当时，他的这种假设没有办法得到证明，后来经过许多科学家反复实践和研究，终于在1933年找到了这种物质——植物生长素。

2. 分析思维

分析思维也就是逻辑思维，它是严格遵循逻辑规律，通过一系列的分析、综合、比较、抽象、概括、具体化和系统化的思维过程，最后得出合乎逻辑的正确答案或做出合理的结论。例如：学生通过多步的推理和论证解决数学难题；教师为了帮助学生掌握概念，引导学生进行分析、推导的思维过程，都属于分析思维。

直觉思维和分析思维是相辅相成的。人们利用直觉思维，根据以往的知识经验，对某种现象或者事物迅速做出判断，并得出结论。但是在这之后，人们还需要运用分析思维，通过一系列严密的逻辑推理、分析综合去验证结论是否正确。

（四）根据思维的创新程度

根据思维的创新程度，思维可分为再创性思维和创造性思维。

1. 再创性思维

再创性思维又称常规性思维，是指人们运用已获得的知识经验，按现成的方案和程序，用习惯的方法、固定的模式来解决问题的思维方式。例如，上课时老师讲解了某道例题，然后学生运用同样的方法去解决同一类型问题；工人按照设计好的图纸建造楼房等。这种思维往往缺乏新颖性和独创性，创造性水平低，不需要对原有的知识进行明显的改组，也不会创造出新的思维成果。

2. 创造性思维

创造性思维是指运用新颖的、独创的方法来创造性地解决问题，产生新思想、新假设、新原理的思维。例如，新的工具软件的开发、新的科学理论的提出都需要创造性思维。它要解决的是人们从来没有解决过的新问题，或解决的问题是一样的，但是采取的方法是前人从未用过的。其最大的特点是独创性。

创造性思维往往与创造性活动联系在一起，它是人类高级的思维活动过程，也可与直觉思维、分析思维相结合，产生“灵感”现象。创造性思维是一种连续的而不是“有或无”的思维品质，每个正常人都有创造性思维，只是每个人的程度不同而已。

（五）根据思维时依据的是日常经验还是科学知识

根据思维时依据的是日常经验还是科学知识，思维可分为经验思维和理论思维。

1. 经验思维

经验思维指的是个体凭借日常生活经验进行的思维。例如，学龄前儿童根据他们的经验，认为“鱼是生活在水里的”“水果是可以吃的”等，这些都属于经验思维。但由于知识经验不足，这种思维容易产生片面性，甚至有可能会得出错误的结论。

2. 理论思维

理论思维是根据科学的概念和论断进行的思维。例如，我们常说“心理是客观现实在人脑中的主观映像”，就是理论思维的结果。这种思维往往能够抓住事物的本质，因此对事物的判断也常是正确的。

三、思维的过程

思维所运用的心智操作（或称思维过程）主要包括分析和综合、比较和归类、抽象和概括以及具体化和系统化。

（一）分析和综合

分析和综合是最基本的心智操作方式，也是其他心智操作的基础。

分析是在头脑中将事物由整体分解为部分，将复杂的事物分解为简单的要素，分别加以考虑的心智操作。例如，学生把复杂的英语复合句分解成若干个简单句来理解，这个过程是分析。分析包括过滤式分析和综合式分析两种形式。过滤式分析是对问题的条件和要求进行初步分析和尝试性的问题解决，逐步减少各种无效试探。综合式分析是把问题的条件和要求综合起来进行深入探讨，发现事物之间的内在联系，并找出解决问题的方法。分析是在人的知识经验指导下有意识进行的，知识经验越丰富，一个人的分析能力就越强。

综合与分析刚好相反，它是指在头脑中把对象的各部分和各种因素联合起来进行考虑的心智操作。例如，学生在理解每个简单句意思的基础上，把几个简单句联合起来，从整体上理解句子的意思，这过程就是综合。综合包括联想性综合和创造性综合两种形式。联想性综合一般是以联想为基础，把客观事物的各个组成部分和个别特征结合在一起。创造性综合则是在客观事物的各种属性之间建立新的联系。

分析和综合是一对辩证统一的心智操作，是同一思维不可分割的两个方面。只有综合没有分析，那么对事物的认识就不能深入，对客观事物的理解也只是表面的、肤浅的，可以说对整体的理解是笼统的；但如果只有分析没有综合，人只能片段式地去认识客观事物，对事物的认识就会支离破碎，无法掌握事物的整体。面对某个新事物，一开始只是初步的、大体的感性认识，经过分析，了解到事物各个部分的特征和内在关系，最后再将这些部分综合起来考虑，就会形成对客观事物整体的、深刻的认知。

（二）比较和归类

比较是在头脑中对对象之间的异同点进行分析的心智操作，是高级的分析与综合。如果事物之间不存在联系，那么是无法进行比较的，只有同类的或不同类但具有相互关系的事物才能进行比较。因此，比较的客观基础是事物之间存在一定的同一性和差异性。比较以分析为前提，将对象分解成部分，才能对事物进行比较。同时比较也需要综合，将部分综合起来才能确定事物间的联系。比较必须确定一个标准，否则就无法进行比较。根据指向的对象不同，可以将比较分成两类：一类是对同类事物进行的比较，通过这类比较可以区分出事物的本质与非本质特征，从而形成概念；另一类是对不同类事物进行的比较，通过这种比较来把握事物之间的差异性以及相互的联系，从而避免学习过程中知识的混淆或者割裂。

归类是在头脑中根据事物的异同点将它们区分为不同种类的心智操作。例如，根据无限的小数是否循环，将其分为无理数和有理数，这就是一种归类。归类也必须要有一定的标准，但更重要的是按事物的本质和内在联系进行归类，这样才更具科学性。归类的过程就是在收集到的信息资料的基础上，寻找事物之间的共同特征以及事物之间的相互关系，在对特征或属性以及相互关系的分析比较过程中得出一般结论的过程。

比较是归类的基础，通过比较找出客观事物之间的异同点，根据这些异同点可以把客观事物归纳为不同种类。

（三）抽象和概括

抽象是在头脑中将各种对象或现象之间的共同属性抽取出来，并将这些共同属性与其他属性分离开来的心智操作。例如，有钢笔、毛笔、铅笔等多种笔，抽取它们共同的、本质的属性即“是用来书写的工具”，舍弃它们非本质的属性如大小、形状、颜色、材质等，这就是抽象。如果把抽象出来的一类事物的本质特征加以适当概括，就形成了这类事物的概念。

概括是在头脑中把抽象出来的各种对象或观念之间的共同属性结合起来，并推广到同类事物中去的心智操作。还是以笔为例，把关于笔的属性结合起来，便可以认识到“笔是人制造出来的书写工具”，这就是概括。概括分为初级概括和高级概括两种水平。初级概括是指根据个体的知识经验将客观事物之间的共同属性或者事物间的相互联系抽取出来，进而总结出某类事物的共同特征或共同属性。但这类概括会受到个体经验的限制和影响，因此一般难以揭示客观事物的本质特征。高级概括是指在把握了客观事物的本质特征的基础上进行的概括，一般都必须要经过严密的逻辑推理。所有的科学概念、数学公式、几何定理等都是人的高级概括的结果。

抽象和概括是相互联系的。概括是在抽象的基础上进行的，只有将客观事物之间的共同特性抽取出来，才能将这些共同属性结合起来，形成一个概括的认识。

（四）具体化和系统化

具体化是指把经抽象和概括形成的对事物的一般认识应用于具体事物上去，并深化对该事物的认知的心智操作。例如，老师讲授一个新概念时往往都要举例，举例就是一个具体化过程。利用理论原理解决实际问题的过程均属于具体化。具体化能够使抽象的概括的知识与直观的具体的事物联系起来，从而使个体更容易理解客观事物的本质特征。

系统化是指人脑把具有相同的一般特征和本质特征的事物归纳到一定类别系统中去的过程。例如，把动物分成无脊椎动物和脊椎动物，又把无脊椎动物分成原生动物、腔肠动物、环节动物、节肢动物等，脊椎动物又分为鱼类、两栖类、爬行类、鸟类、哺乳类，这样就把动物的知识要素系统化了。系统化是在分析与综合、比较与归类、抽象与概括的基础上进行的。系统化有助于自觉深入、牢固地掌握科学知识体系，有利于全方位把握事物的整体。

在思维过程中，分析与综合、比较与归类、抽象与概括、具体化与系统化是紧密联系、相互作用的，并且在实际的解决问题的过程中结合起来使用。合理地组织和运用思维活动的具体过程，是个体顺利完成各项任务的基本保证。

第二节　思维与语言

一、语言的概述

（一）语言的含义

语言是以词为基本单位，以语法构造规则的符号系统。运用这种符号系统来交流思想的行为称为语言活动或言语。语言的基本单位是词，具有音、形、义三个特征。音和形是词的外在形式，而词的意义则是词的内容，即为抽象、概括的客观事物。语言既是人们表达思想、感情和进行交际的重要工具，也是人类进行思维活动的工具。

语言是一种社会现象，是人类通过高度结构化的声音组合，或通过书写符号、手势等构成的一种符号系统，同时又是运用这种符号系统来交流思想的一种行为。

语言是人类拥有的一种非常神奇的能力。它让人们能够进行交流，抒发情感，传递思想；同时也能够使历史知识和经验保存起来，传承下去；此外，语言极大地降低了学习成本，使学习变得简单，让人可以共享丰富多彩的人类科学文化知识，进而创造出前所未有的物质文明和精神文明。

我们一般所说的语言，指的是用于交际的所有语言，既包括各种具体语言，也包括这些语言的变体。比方说，汉语是一种具体语言，而普通话、广东话、四川话等都是它的变体。

（二）语言的特征

语言具有创造性、结构性、意义性、任意指代性、社会性与个体性这几个特征。

1. 创造性

语言的创造性体现在两个方面：一是人们可以用有限的声音和词汇产生无限的语言信息，这些语言信息可能是个体之前从未听过或从未看过的。语言的创造性在儿童身上表现得最为明显。儿童的语言习得发生在出生后很短的时间内，如

果仅仅是靠模仿他人说话是无法习得那么多语言的。另外，儿童还经常会“语出惊人”，说出一些他从未听过或从未看过的话，这些都表明语言具有创造性。二是同样的观点或思想可以用多种不同的语言来表达。比如，想要表达“我很高兴”这个意思，人们可能会说“哎呀，这可把我乐坏了”，也可能会说“我真的感觉太好了”，甚至也有可能说“这么好的事情居然发生在我身上，我该不会是在做梦吧”等。

此外，语言的创造性还说明了语言能力是人类所特有的一种能力。尽管经过训练之后，猩猩等灵长类动物能够习得一些语言来表达一定的意思，但是它们无法适应环境、根据环境相应地创造一些语言符号来表达。

2. 结构性

语言的结构性是指语言符号不是离散、孤立地存在的，而是按照一定规则（包括语言规则、句法规则等）组织起来的有结构的整体。这表明语言是受到一定的规则约束的。而也只有符合一定规则的语言才能为人们所接受，这样人们才能够进行有效的交流。比如，“我睡觉”是符合汉语语法规则的，能够表达一个确定的意义，而“睡觉我”“觉睡我”这些都是不符合汉语语法规则的，因而只是一些没有意义的词汇组合。

3. 意义性

语言中的每个词、每句话都是有一定意义的，这些意义使得人们能够相互理解、相互交流。不能够传达意义的语言都不属于正常的语言。正常的语言都具有一定的意义，能实现某种目的。人使用语言就是为了达到某种目的，满足某种交际的需要。比如，老师在上课的时候提醒学生不要在下面窃窃私语，就是为了让学生专心听课；男生在追求自己心仪的女生的时候许下的山盟海誓，是为了表达忠诚，希望能够打动对方。人说话的目的主要有以下五种：描述、命令、承诺、表达、宣告。

4. 任意指代性

语言的各种成分都指代一定的事物或抽象的概念。比如，可以指代一种客观存在的物体（如树木、花朵）、一个动作（如跑、跳）、一种性质（如好、强），或者一个抽象的概念（如勇敢、梦想）。正是由于语言具有指代性，人们才能够理解抽象语言符号所代表的意义。而语言符号与其所代表的意义之间没有必然的、逻辑的联系。例如，汉语用“高兴”来表示“某人心情愉悦”，而英语用“happy”来表示，这完全是使用同一种语言的人们之间约定俗成的结果。

5. 社会性与个体性

因为语言是运用约定俗成的符号进行交际的活动，因此语言具有社会性。人们只能使用社会上已经形成的语言。用词来表达意义也是约定俗成的。只有这样，交流才是有效的，别人才能够听懂你所说的话，理解你想要表达的意思。另外，语言交流发生在人与人之间，个体说话的内容及方式很容易受他人的影响。这些都表明语言具有社会性。

但又因为语言是个体的活动，因而又带有个人色彩。比如有些人说话慢吞吞，不紧不慢，慢条斯理的；但有些人却说话很急，像机关枪一样。语言的个体性不仅表现为每个人都有自己独特的言语风格，还表现为同一个人在不同场合、不同心境下，其表达的方式也不尽相同。比如在正式的场合，个体说话会拘谨严肃一点，说话之前会斟酌清楚，说的时候一字一句慢慢地说，生怕出错；但在私下的场合则会轻松许多，活跃许多。

二、语言的分类

按照言语活动分类，可以把语言分为外部语言和内部语言。

（一）外部语言

外部语言是指人们用来与他人进行交流的语言，是一种外显的、别人可以听到或者看到的语音或者文字符号。为了达到交际的目的，外部语言的结构比较严谨和连贯，特别关键的是要正确地传达信息，准确地表达意义，有效地实现自己与交际对方的思想和感情的交流。因此，外部语言需要做到前后连贯、意思完整，同时还必须遵循语法规则，准确地使用词汇。外部语言包括口头语言和书面语言。

1. 口头语言

口头语言是个体凭借自己的发音器官发出语音，表达思想感情的语言。在人们的日常生活中，在与他人交往的过程中，口头语言发挥着极其重要的作用。口头语言具有以下几个特点：

（1）词和句的发音必须在一定的时间里进行。如果句子中发音的间歇或迟滞不恰当，会使他人在识别和理解方面感到困难。比如，老师问：“这本书放在这里很久了，是不是没人要的呀?”这时，你回答“不，是我的”跟你回答“不是我的”完全是两个意思。

（2）说出整个句子前，必须对全句的结构进行综合，选出恰当的词连贯地加以表达。口头语言跟书面语言不一样，口头语言一般都是说完一句话再停顿，如果你中间停顿下来，会让对方对理解你的话感到困难，所以在说出句子之前，我们要先在头脑中想好整个句子。

（3）句与句之间的联系也要在较短时间内进行预先考虑，使语言沟通能够连贯流畅地进行。

(4) 语言的听觉反馈对口头语言的进行起着重要的作用。如果听觉反馈受阻或者有意加以延迟，就引起口吃、说话不清楚等现象。

(5) 口头语言比较灵活，可以根据交际对方的反应随时调整自己的言语内容和表达形式。

根据对话的对象不同，口头语言可以分为对话语言和独白语言。其中对话语言是与他人交际的语言，独白语言是自己跟自己交流的语言。

相关链接 4－3

对话语言与独白语言

(1) 对话语言

对话语言是指两个或几个人直接交际时的语言活动，比如聊天、讨论、辩论等。对话语言是人类最基本的语言活动形式，由于人们交际的需要，以及知识经验的交流，人们在劳动中产生并发展了对话语言，在此基础上才进一步发展出其他形式的口语和书面语言。

对话语言有以下四个特点：

①对话语言是一种情境性的语言。对话总是在一定的情境中进行的，情境对对话的影响很大。例如，小明昨天生病了没来上学，今天回来上课，小红问："你感觉如何?"这里的"感觉如何"自然是指小明的病怎样了；但如果是小红把自己刚完成的手工拿给小明看，问："你感觉如何?"这里的"感觉如何"又是另外一个意思，是征求小明的意见。同样的一句话，在不同的情境下代表着不同的意思。

②对话语言是一种简略的语言。在对话中，人们往往使用简单句，甚至是单个词来表达自己的意思和情感态度。这是因为在对话中，还会有眼神、手势、语气语调、情境等加以辅助，使得对方很容易就能够理解你的意思。

③对话语言是由对话双方互相支持的语言。对话必须要对话双方互相支持和理解，并且在此基础上做出相应的反应，才能够继续顺利进行。如果只有一方在说，另一方完全不给予反应，这样对话是不能够持续下去的。

④对话语言常常是一种反应性语言。在对话中，所有对话的话题及内容都是不可预见的，无法事先进行控制和安排，对话的双方都必须临场根据对话内容进行反应。因此，对话语言往往是由具体情境和氛围引发的。

(2) 独白语言

独白语言是个体独自进行的、与叙述思想情感相联系的、较长而连贯的语言，比如授课、做报告、演讲等。独白语言是在对话语言的基础上发展起来的，它对于系统地表达自己的思想具有重要的意义。

独白语言具有以下三个特点：

①独白语言是说话者独自进行的言语活动。说话者可以自由地表达自己的思想，不需要回应他人，也没有他人来应答支持。

②独白语言是一种展开性的语言。独白语言要求连贯，前后呼应，语法结构严谨、完整，

具有逻辑性，这样才能系统、准确地表达自己的思想和感情。

③独白语言是有准备、有计划进行的语言。事先要有所准备，这样才能连贯、有逻辑地表达出自己的思想。

2. 书面语言

书面语言是指一个人借助文字符号来表达自己的思想或借助阅读来接受别人语言的影响。从人类的发展史来看，书面语言是在口头语言的基础上发展起来的。一个人的书面语言是经过专门的训练逐渐掌握的，一般是从小学阶段开始，儿童对书面语言的学习和掌握主要包括识字、阅读、写作等方面。

书面语言具有以下几个特征：

（1）随意性。在口头语言中，语言稍纵即逝，说出去的话就如同泼出去的水，因此必须要谨慎使用语言。但是当人们在写作时，他们可以字斟句酌，使表达的意思更准确些；在阅读时，为了更好地理解作者的意思，可以多次地看，反复琢磨。因此，在书面语言中，人们可以随意加以控制和调节语言。

（2）展开性。书面语言由于无法借助表情和身体语言加以辅助表达意思，因此除了需要借助语言本身的丰富内涵外，还需要以充分展开的形式和适当的修辞加以表达，读者则根据上下文来体会作者的思想和感情。

（3）计划性。书面语言的计划性是指在述说某些思想或者表达某种情感时，在脑中进行酝酿和计划，这常体现在提纲或腹稿等形式上。

（二）内部语言

内部语言是一种对自己发出的语言，是伴随着个体思考活动和感情产生的不出声的非交际言语。内部语言是与逻辑思维、独立思考、自觉行动等密切联系的高级语言活动，具有非交际性、隐蔽性、语法不规范、表达简练、不连贯等特点。

内部语言具有两大特征：第一，隐蔽性。内部语言的最显著特征就是不出声，因此隐蔽性是内部语言的一大特征。人们在思考问题、打腹稿时用的就是内部语言。例如，在回答问题前，个体会先在脑中思考答案。虽然个体在进行内部语言活动时，他人无法知晓，但是通过实验，记录个体在进行内部语言活动时的发音器官的活动，发现个体在进行内部语言活动时，发音器官仍在起作用。这表明内部语言实际上仍然是一种语言活动，需要发音器官的参与。第二，简约性。与外部语言用完整的语句来表达思想、进行交流不同，内部语言不是用来交际的，它只是个体自己说给自己听的话，因此它很少有修饰或解释的成分。内部语言表达的思想，往往可以压缩成一个简单的词或短语，以替代一系列完整的句子。

内部语言是在外部语言的基础上形成和发展的。内部语言不是在童年时期就

可以完善的，它渗透在个体的一生发展的各个时期当中，乃至终生。人的一生都在不断地发展和完善内部语言，但是儿童期对于内部语言的发展来说至关重要。

内部语言和外部语言在一定条件下可以相互转化。外部语言向内部语言的转化，即内化。而人在讲话时，是把内心想说的话说了出来，是内部语言向外部语言的转化，即外化。外化需要有一个学习和训练的过程。婴儿阶段还没有内部语言。到了幼儿阶段，开始出现内部语言的萌芽，但最多只是一种自言自语的过渡状态。进入小学之后，儿童的主要任务就是学习语言，在完成学习任务的时候，他们需要独立思考、先想后说、先想后写、先想后做等等，这就促进了儿童内部语言的发展。随着后来独立思考和逻辑思维能力的迅速发展，内部语言开始进入了无声语言占主导地位阶段，标志着个体内部语言的形成。

三、关于思维与语言关系的争论

思维与语言相互之间的关系错综复杂。思维与语言的关系是国内外学术界长期争论的一个问题，争论的焦点主要集中于谁决定谁和谁先在个体身上产生等方面。如果要问答是先有思维还是先有语言，就如同回答是先有鸡还是先有蛋这个问题一样难。

（一）语言思维等同论

苏格拉底曾说过："思维者，自言自语也。"华生也持同样的观点，他认为语言就是大声的思维，思维就是无声的谈话。斯金纳也强调思维是无声的或隐蔽的或微弱的言语行为。他们认为语言和思维是等同的，语言就是思维。

但这种语言思维等同论遭到比较多质疑。福多尔（1975）曾在理论上对这种观点提出质疑。首先他提出，如果思维是一种内部语言，那么未掌握语言的儿童就不能进行思维了，而这与事实相悖。另外，他还提到一点，很多思维是难以用语言表达的，就像我们常说的"只可意会不可言传"。所以综合这两点，他认为语言思维等同论是错误的。

此外，史密斯在1947年曾做过一个危险的实验，证明这种观点是错误的：内部语言产生时语言器官的肌肉是会活动的。他将自己的全身涂上一种毒药，使自己全身的肌肉麻痹，但他发现自己还能够思维。这表明语言跟思维并非是等同的。

另外，临床医学上也有证据表明语言思维等同论似乎是错误的。威廉综合征是一种遗传异常，每20 000个新生儿中就会有一个患这种病。这种综合征最明显的特征是具有表现力的口头表达技能、极低的IQ与有限的空间及运动控制的独特结合。除了是一种有意思的遗传异常以外，威廉综合征为我们提供了对人类思维、言语以及智力的正常发展的一种思考。在我们的社会中，良好的口头表达能力通常与高智商联系在一起。但是威廉综合征却提出了另一种可能，就是良好的口头表达能力与高智商可能并不是联系得这么紧密的。

（二）语言决定论

语言学家杰本明·李·沃夫坚持认为，语言决定了我们的思维方式。根据沃夫的语言决定论中提出的假设，各种不同的语言会对现实中不同的概念各施影响："语言本身就能使一个人的基本观点成形。"沃夫指出，霍比族的语言中动词没有过去时；因此，他坚持认为，对霍比族人来说，思考和追忆往事不是件容易的事。

沃夫的假设可能不会发生在那些只讲一种语言，并把语言只当作传播思想的媒介工具的人身上。但是，对于那些讲两种完全不同语言的人来说（比如英语和日语），显然他们就会用不同的语言来进行不同的思维了。英语中有丰富的词汇来表达那些自我中心的情感，如"anger"等，这一点日语就不同于英语；日语中有许多表示人与人之间情感关系的词语，如"同情"等。许多会讲双语的人报告说，在使用不同的语言时，他们甚至还会产生不同的自我意识。许多人从亚洲移居到北美后会讲两种语言；当用这两种语言和同一套人格测试题对他们进行测试时，他们甚至还反映出了不同的人格来。

说语言能决定我们的思维方式似乎有点过头。在巴布亚新几内亚人的语言中，就没有表述形状和颜色的词。然而，他们也和我们一样能感知到各种各样的颜色和形状。但是，我们使用的词语会影响我们的思维内容。例如，如果你的母语只有"黄色"这一词去形容两种深浅不一的黄色，那么你看到它们时只会觉得它们很相似；但如果你的母语中存在区分这两种颜色的词语，那么你可以更好地区分这两种颜色。

（三）思维决定论

亚里士多德提出思维范畴决定语言范畴，不少现代西方心理学家也采取这种观点，认为思维决定语言，皮亚杰就是其中一个。他认为语言的发展要以动作逻辑的发展作为基础，思维是语言发展的前提条件。皮亚杰在对儿童认知发展的研究中发现，语言虽然是很重要的，是人们交往时运用的工具，但它本身并不会使思维的逻辑性有所提高。在前运算阶段（2～7岁），儿童已经学会运用语言，但他们的思考仍然是无系统、不合逻辑的。儿童的逻辑由动作产生，即在与外界的相互作用中产生，有了逻辑以后，语言才具有逻辑性，所以是思维决定语言。

四、思维和语言的关系

不同观点的争论，表明思维和语言的关系比较复杂，它对我们正确理解这两

者的辩证关系有一定的借鉴意义。总的来说，思维和语言之间既有联系，又有区别。

（一）思维和语言的联系

思维是人脑对客观事物的间接概括的反映。之所以能进行这种反映，主要是因为语言本身具有概括性、间接性和社会性等功能，没有语言就不可能有人的抽象逻辑思维，语言是思维的工具；同样，没有思维也就不需要作为承担工具的语言。当然，语言并不是思维的唯一工具，人还可利用其他符号系统和表象进行非语言的思维，如形状、颜色、声音、手势等。从思维的个体发展来看，研究表明，儿童掌握语言的过程也是抽象思维发展的过程。5 个月的婴儿能够根据颜色和形状区别物体，能对物体进行较低级的概括，处于直观的动作思维和具体形象思维水平。只有在两岁左右，儿童掌握语言之后，抽象思维才渐渐产生，通过语言水平的提高实现思维水平的提高。从思维的内容和结果来看，思维主要以语言为刺激物，特别是当具体刺激物不在眼前时，思维则借助语言来实现，“语言是思维的直接显示”。语言经过听、读被内化为思维，思维的结果通过说、写，用语言表达出来，两者密切联系，相互促进。语言离不开思维，语言依靠思维的内容和结果不断充实和发展，语言凝结着思维，表征着思维。

（二）思维和语言的区别

思维和语言是两个不同的概念和现象。思维不是语言，语言也不是思维，它们是两种相对独立的现象。

1. 思维和语言的本质特征不同

思维是一种包含物质内容的精神、心理现象；语言是由一定的物质形式与内容所构成的信息符号系统，是一种包含精神内容的物质现象。思维是精神，语言是物质，两者是不能画等号的。

2. 思维和语言的生理机制不同

思维活动和语言活动都体现着大脑和感官的整合效应，但思维器官主要是大脑，语言器官主要是眼、耳、喉、舌、口腔等感觉器官。语言器官的损伤或先天发育不良会使人丧失语言能力，但不会使人丧失思维能力。比如，盲人、聋哑人的语言能力受到极大限制，但他们的思维能力仍比较好。

3. 思维和语言与客观事物的关系不同

思维与客观事物是反映和被反映的关系，其间有必然的内在联系；语言与客观事物是标志和被标志的关系，其间没有直接的必然联系。

4. 思维和语言的构成要素不同

思维的基本要素是概念，语言的基本要素是词。词和概念是不同的，同一个词可以表达不同的思维内容（思想），而同一思维内容也可用不同的词来表达。

5. 思维的规律与语言的规则不同

思维的规律具有全人类性，任何民族的思维规律都是由感性认识发展到理性认识，再以理性认识指导人的实践活动；而语法规则则因民族而异，具有很强的民族性与个性。

第三节　思维与推理

一、推理及其种类

（一）什么是推理

推理是从一个或几个已知的判断出发推出另一个新的判断的思维形式。在推理过程中，把已知的判断称为前提，把由这些已知判断推出的新判断称为结论。例如，以“果实是植物中有种子的部分（已知判断）”与“杏中有种子（已知判断）”这两个判断为前提，推出“杏是果实（新判断）”的结论，这就是推理。

正确的推理必须具备以下两个条件：①前提是真实的，即前提应该是人在推理过程中正确反映客观事物实际的真实判断；②推理过程要符合逻辑规则，即推理的前提与它的结论之间具有必然的联系，结论是经过推理得到的新判断。

（二）推理的种类

推理主要分为演绎推理和归纳推理两种形式。

1. 演绎推理

演绎推理，是从一般性知识的前提到特殊性结论的推理。例如，从“所有金属都能导电”与“铜是金属”这两个一般原理，可以推断出“铜能导电”。一般来说，只要前提是真实的，推理过程符合逻辑规则，那么演绎推理的前提与结论之间含有必然的联系，也就是演绎推理的结论也必须是真实的。

演绎推理的重要形式有三段论推理和条件推理。

(1) 三段论推理

三段论推理指的是由两个判断作为前提而推出一个新判断的推理形式。它包含着大前提、小前提和结论，它就是从前提中经过推理得出结论的过程。例如：

所有的金属都能导电（大前提）

铜能导电（小前提）

所以铜是金属（结论）

三段论推理的形式很多，以下是其中四种常见形式（见图4－1）。

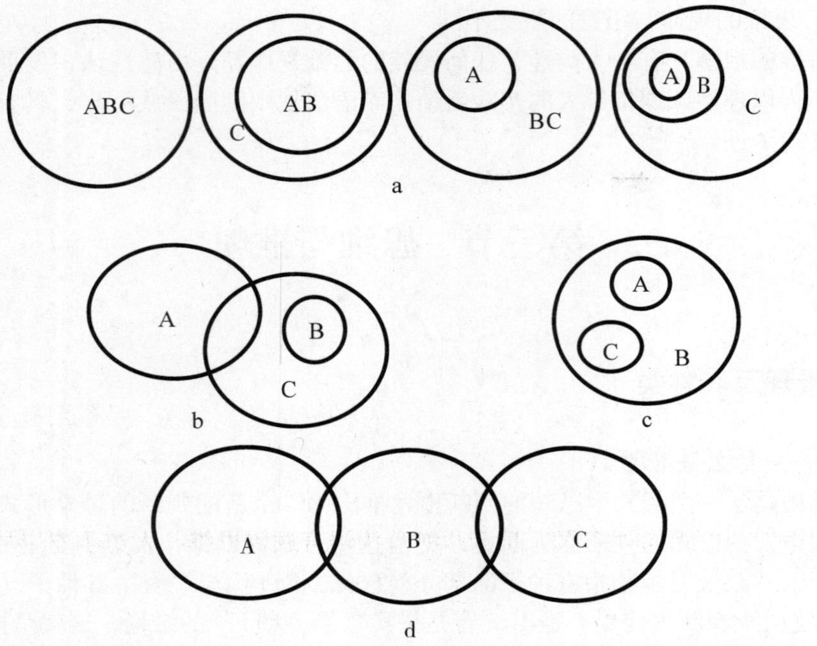

图 4-1　三段论推理的四种常见形式

①所有的 A 都是 B，所有的 B 都是 C，因此所有的 A 都是 C。这在各种情况下都是正确的。

②所有的 A 都不是 B，所有的 B 都是 C，因此所有的 A 都不是 C，这是错误的。

③所有的 A 都是 B，所有的 C 都是 B，因此所有的 A 都是 C，这是错误的。

④有些 A 是 B，有些 B 是 C，因此有些 A 是 C，这是错误的。

三段论推理包括有全称肯定前提、特称肯定前提、全称否定前提和特称否定前提。在以上四种三段论推理的论断中，只有第一个推论是正确的，其他三个都是错误的。但在实际生活中，许多人都会认为，从直觉上讲，以上四个结论都是正确的，这说明人们的推理并不总是遵循严格的逻辑规则的。

（2）条件推理

条件推理是利用前提条件进行推断并得出新结论的过程。在条件推理中，前提的“真”或“假”都是以逻辑为准的，而不是以个体具有的相关现实世界知识为基础的。例如：

如果明天天气好，那么就去郊游。（前提）

明天天气好（条件）

所以去郊游。（结论）

条件推理是从蕴含的条件陈述导出结论的过程，而从前提到结论的导出是建立在一系列规则之上的。条件推理的规则是：当前提为“真”时，能够得出某结论为“真”的判断。另外，如果说某个推理有效，实际上是该推理过程运用了正确的推理规则。条件推理有两条重要的推理规则：取式和拒取式。取式是指通过肯定前提从而肯定结论的假设推理过程。拒取式是指通过否定结论来否定前提的否定推理形式。例如以下的这个例子：

①如果 明天是星期三，

那么 我要上英语课。

②如果 要上英语课，

那么 我就要先预习。

③明天是星期三。

根据取式，从①、③可以推论出：④那么 我要上英语课。

或从②、④可以推论出：⑤那么 我要先预习。

从以上例子可见，条件推理中的取式规则，是当给了 A 蕴含 B 的命题，以及肯定 A 为“真”时，推出 B 是“真”的过程。如果是下面的陈述：

⑥我不用预习。

根据拒取式，从②、⑥中可以推论出：⑦那么　明天不是星期三。

个体在条件推理过程中会发生许多错误，在否定结论和肯定结论推理中所犯的错误，表明很多人的思维和推理活动有时是不符合逻辑的，个体甚至经常会拒绝有效结论而去接受错误的，甚至是荒谬的结论。

2. 归纳推理

归纳推理，是以特殊性知识为前提推出一般性结论的推理。例如，以“铜能导电”“铁能导电”“铝能导电”……为前提，推出“一切金属都能导电”这个结论。归纳的前提是关于个别的事实、复杂的具体事件、自然界的部分规律性的判断，而结论则是对反映在前提中的一般的、通常是本质特征的概括。需要注意的是，归纳推理的前提和结论之间的关系是或然的，即使前提是正确的，但结论未必真实，这也许是因为某个特定的样本不能完全代表它的总体样本。比如，人们往往通过看到鸽子、乌鸦、麻雀都会飞等具体事例，归纳出“所有的鸟都会飞”这个错误结论。

归纳推理分为完全归纳推理和不完全归纳推理两种形式。完全归纳推理指的是通过考察在前提中该类别的所有对象，进而得出一般性的归纳推理。不完全归纳推理指的是只是通过考察在前提中该类别的部分对象，进而得出一般性的归纳推理。

归纳推理有三个核心特征：

第一，归纳推理过程产生了能够增加知识的网络。因此，可以把归纳推理看作概念形成的过程。例如，通过“铁能导电”“铜能导电”“铝能导电”推导出“所有的金属都能导电”这个新命题，它的潜在意义是代表个体的知识的明显增长。如果结论是正确的，那么就可以在某种意义上排除了其他选择的可能性，例如个体不会再认为金属不会导电。这样在个体的头脑中就会形成一个能够吸纳新知识的网络。

第二，归纳推理在某种意义上具有冒险性。就像前面提到的，在归纳推理中，即使前提是真的，结论也有可能是错误的。例如“燕子会飞”“麻雀会飞”“鸽子会飞”，但是并不是“所有的鸟类都会飞”。归纳推理对于个体产生新知识非常有用，但是潜在的代价是结论有可能是错误的。

第三，要产生合理的结论，必须严格限制归纳推理过程。事实上，个体的知识经验必定会限制其归纳推理。因此，要产生合理的推论，个体的知识经验必须要丰富，同时整个逻辑推理过程必须小心谨慎。

二、影响推理的因素

（一）推理材料的性质

一般来说，如果材料是具体的，推理比较容易；如果材料是抽象的，推理则比较困难。举个例子：

1. 要翻转哪些卡片，才能判断下面命题是否正确：“如果一张卡片的一面是元音，另一面则为偶数”？

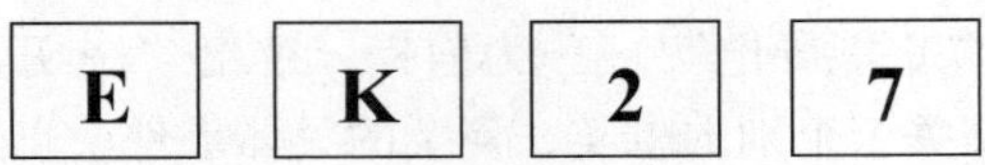

2. 要翻转哪些卡片，才能判断下面命题是否正确：“如果一个人在喝啤酒，他必定已超过19岁”？

啤酒	可乐	22	16

问题1的答案：选择E和7

问题2的答案：选择啤酒和16

大家可以多找一些人来做一下上面这两道题，每个人只能选择其中一道题来做，看看结果怎么样。问题2的正确率一定会高于问题1的正确率。这是因为问题2的材料比较具体，推理起来比较简单；而问题1的材料相对比较抽象，推理起来困难一点。

（二）前提气氛效应

两个全称前提，使人倾向于得出全称结论；两个特殊前提，使人倾向于得出特殊结论。比如，当前提是“所有A都是B”和“所有C都是B”时，受前提气氛效应的影响，人们倾向于得出“所有A都是C”这个错误的结论；而当前提是“有些A是B”和“有些C是B”时，人们也更倾向于得出“有些A是C”这个错误的结论。

同样，两个肯定前提使人倾向于得出肯定的结论，两个否定前提使人倾向于得出否定的结论。

（三）赌徒谬误

当同一事件连续出现时，人们对它的概率估计偏低，只凭经验进行概率推理。比如，当被问到“抛硬币游戏中，已经连续出现五次正面朝上，那么第六次抛硬币，哪面朝上的可能性大?”时，人们往往会不假思索地回答“反面”，而事实上正反两面的概率都是一样的。

（四）题外知识的介入

个体在受到诸如信念、情绪、偏见、感觉等因素影响时，会高估自己的反应、技巧、判断的精确性。例如，请你判断以下这一结论是否正确：

前提1：民主党人支持言论自由。

前提2：独裁者不是民主党人。

结论：独裁者不支持言论自由。

如果你认为这一结论是合乎逻辑的，那么，你正在经历信念偏差——用我们的信念去歪曲逻辑的一种倾向。（前提1并不排斥这种可能性：其他人，甚至独裁者，也可能支持言论自由）请思考另一组具有相同形式和逻辑的表达，你会发现要驳斥它的结论有多么容易：

前提1：燕子有羽毛。

前提2：鸡不是燕子。

结论：鸡没有羽毛。

从上面的例子可知，我们更容易看到与自己信念相反的不合逻辑的结论，而不易看到与自己信念一致的不合逻辑的结论。因此，信念、情绪、偏见等确实会影响我们进行推理判断。

（五）可得性启发

人们倾向于根据一个客体或事件在知觉或记忆中的可得到程度来评估其相对

频率，容易知觉到的或回想起的常被判定为更常出现。例如，请你对下面的问题做出判断：

字母 K 在英文单词中常出现在第一个字母的位置还是第三个字母的位置？

大部分人认为出现在第一个字母位置的多，但实际上是出现在第三个字母位置的多。出现这个结果是因为我们回忆单词时都是从单词的第一个字母位置开始的。

根据可得性启发，你可能做出精确的判断，但也可能使你产生判断和决策的偏差。

（六）代表性启发

人们倾向于根据样本对总体的代表性来判断其出现的概率，样本越具有代表性，其被判断出现的概率越高。例如，请你根据下面的情景进行推理：

研究者对 100 名工程师和律师进行了访谈和人格测验，其中，30 人是工程师，70 人是律师。现从中随机抽取一人的描述，请你推断他是工程师还是律师：

约翰，男，45 岁，已婚，育有子女。他比较保守、谨慎、有进取心，对政治、社会问题没有兴趣，会花大部分休闲时间在他喜欢的事情上，包括家庭、艺术和猜字谜游戏。

或者你的选择跟大多数人一样，都推断“约翰是一名工程师”。但是根据上文的阐述，约翰更有可能是律师。因为 100 人的总体中有 70 名是律师。为什么多数人会认为约翰是工程师而不是律师？这是因为他们都受到了代表性启发的影响。

在这个例子中，约翰的个性特点跟工程师比较像，例如“保守、谨慎”“对政治、社会问题没有兴趣”等。因此，尽管在这个例子中，约翰是律师的概率比较高，但大家还是将他推理成工程师。

（七）锚定效应

锚定就是指人们常会以最初的信息为参照，对事件的估计做出调整，但是调整的幅度不大。这里最初的估计值相当于锚定，后面的调整都是在锚定的基础上进行的。

例如，将被试分为两组，将第一行数字呈现给 A 组，第二行数字呈现给 B 组，让他们在 5 秒钟内各自估计问题的答案：

$1\times2\times3\times4\times5\times6\times7\times8$

$8\times7\times6\times5\times4\times3\times2\times1$

结果会发现，尽管两行数字的运算结果都是一样的，但是短时间内人们估计第二行的答案要比第一行的大。在特斯基和卡尼曼（Tversky & Kahnemam，1974）等人的研究中，A 组被试对第一行数字的平均估计值是 512，而 B 组被试对第二行数字的平均估计值是 2 250。为什么会出现这种情况呢？因为在时间紧迫的前提下，多数被试往往都是先算前面几步，得出一个最初的锚定，然后再在这个基础上进行调整。因为第二行数字的前几位比第一行的大，所以被试估计第二行数字的结果会比第一行的大。但是这些估计值和数字乘积的实际值（40 320）比较起来相差很远，由此可知即使对初始值有所调整，但调整的幅度也不会很大。因此，根据锚定效应，最初的估计非常重要。

第四节 问题解决

一、问题解决的思维过程

问题解决是由一定的问题情境引起，经过一系列具有目标指向性的认知操作，使问题得以解决的过程。根据定义，问题解决包括三个主要方面：

（1）它是有目的的（如目标定向）。

（2）它涉及认知过程而非自动化过程。

（3）问题只在找不到解决问题所需的相关知识时才会出现。因此，大多数人所认为的问题（如数学计算），对某些具有相关专业知识的人（如一个数学家）来说，可能并不会成为一个问题。

心理学家们对问题解决过程进行了长期大量的研究，取得的成果主要有尝试错误说、顿悟说、四阶段论、三种状态观等。其中四阶段论的观点一直被普遍采用。四阶段论认为问题解决的思维过程包括四个阶段：

（一）提出问题

提出问题是问题解决的第一阶段。思维是从问题开始的。这个阶段的主要任务就是找出问题的本质，抓住问题的核心。爱因斯坦说：“提出一个问题比解决问题更重要，因为后者仅仅是方法和实验的过程，而提出问题则要找到问题的关键、要害。”发现问题和提出问题是思维发展水平的重要标志，但能否发现和提出问题取决于以下三个条件：

1. 依赖于主体的活动积极性

一般而言，主体活动量越大，接触面越广，思考和探究世界的积极性越高，就越能发现问题和提出问题。发现平常人所不注意的问题的人往往是那些从事研究、经常向未知世界探索的研究者。

2. 依赖于主体的求知欲

求知欲在发现问题和提出问题的过程中起着重要作用，它是人类探究某种现

象或弄清某个问题的内部动因。求知欲高的人能在别人发现不了问题或已有公认解释的地方提出问题。他们不满足于对事实的一般解释，而喜欢打破砂锅问到底，非把问题弄个水落石出不可。

3. 依赖于主体的知识水平

发现问题和明确地提出问题也和人的知识经验联系着。一个人知识不足，对任何事物都感动新奇，都要问个究竟，会促使个体提出许多问题。例如，四五岁的孩子特别好问，他们会向大人提出很多奇奇怪怪的问题。但是由于他们知识有所欠缺，不容易提出复杂的问题；由于不会抓住问题的主要矛盾，所以也不会提出深刻的问题。所以，钻研得越深入，了解得越多，提出的问题也越重要、越复杂、越深刻。屈原在《天问》中一口气提出了天文、地理、人类等各个方面的172个问题，发人深省。

（二）分析问题

问题解决的第二阶段是分析所提出问题的性质与条件。在分析问题时，要弄清问题的已知条件与要求之间的联系，找出问题的实质所在，以确定问题解决的方向。它需要搜集与问题有关的各种材料，需要运用图形和符号对问题进行结构上的分析与整理等。比如，马克思创作《资本论》时就研读了1 500本以上的各种著作。正确分析问题是提出正确假设的前提。

（三）提出假设

问题解决的关键是找出解决问题的方案——解决问题的原则、途径和方法。要做到这一点，先要提出假设。在科学发展中，提出假设几乎是必经之路。提出新的假设是顺利解决问题的关键，而假设的提出要依靠已有的知识经验，并且和前一阶段问题是否已经明确和正确理解相联系。明确了问题的性质，就有可能使思维过程有一定的方向，能把问题纳入一定的原则，按照这些原则来构思解决问题的办法。

（四）检验假设

问题解决的最后一步是检验假设。实践是检验真理的唯一标准。只有通过实践，才能把主观和客观联系起来。假设成立必须有科学实验的证明或社会实践的证明。如果经过证明假设是错误的，就需要寻找新的解决问题的方案，重新提出假设。正确的新假设的提出有赖于对以前失败的原因有充分的了解。分析假设失败的原因对找到新的正确的解决问题的方案有很大的帮助。

以上四个阶段在解决问题的过程中往往交错进行，表现出问题解决的复杂性。

二、问题解决中的策略

不同的问题解决策略可以影响问题解决的效率。好的策略有利于问题的解决，可以让人事半功倍。例如，4+7+2+1+3+6+9+8=？这个问题，如果采用按顺序进行计算的方法的话，人们也可以算出结果，但是这样比较费时，而且很有可能会出错。如果采用加法分配律以及加法结合律，将这些数凑成一个个10再加起来，这样就简单多了。

目前普遍认为，运用算法和启发法都是有效的问题解决策略。

（一）算法

算法即穷举法，指在头脑中随机搜索并应用所有可能解决问题的方法，直到找到一种可以有效解决问题的方法。简而言之，算法策略就是把我们所想到的可能解决问题的方法一一尝试，直到问题解决为止。我们在开密码箱的时候一般会用到这种策略。采用算法策略可以保证我们能够解决问题，但是需要注意的是，运用算法需要尝试各种可能解决办法，相当费时，效率很低。因此，它只适用于可能解决办法只有几个的时候，当可能的解决办法无穷无尽时则不适合用这种方法。

相关链接 4-4

你能解决这一密码算术题吗？

在下面这个加法算式中，有10个不同的字母，每个字母代表0~9中的一个数字，它们代表的数字不会重复。现在已知D=5，求其余字母所代表的数值。

```
  DONALD
+ GERALD
  ROBERT
```

答案：T=0，E=9，A=4，R=7，L=8，G=1，N=6，B=3，O=2

（二）启发法

启发法是人根据一定的经验，在问题空间内进行较少的搜索，以达到问题解决的一种方法。相对于算法策略来说，启发法比较省时省力，可是虽然它提出了对一个问题的解决办法，却不能确保这就是答案。举个例子，热衷于填字游戏的人就会知道，某些字母组合比其他一些组合更容易成功。比如，c_ nt_ _ ner这个字谜中，c与n之间更有可能需要一个元音字母，那其他像b、p这样的许多字母就没有用了。我们也知道，在t与n之间只有某几个特定的字母组合是符合要求的。然后我们就很容易想到“container”这个词。启发法帮助我们缩小可能的

解决办法的范围，然后或许就能够在里面找到问题解决的方法。

常用的启发性策略有以下两种：

1. 手段—目的分析

手段—目的分析就是个体根据已有的知识经验，将整个解决问题的过程分为几个可以分别实现的小目标，通过实现一个个小目标，最后将实现总目标。它的基本步骤是：①比较当前的状态跟目标状态，找到第一个子目标；②找到完成第一个子目标的方法或操作；③实现子目标；④提出新的子目标。循环上述过程，直到实现最终目标。下面以河内塔问题为例。

相关链接 4－5

河内塔问题

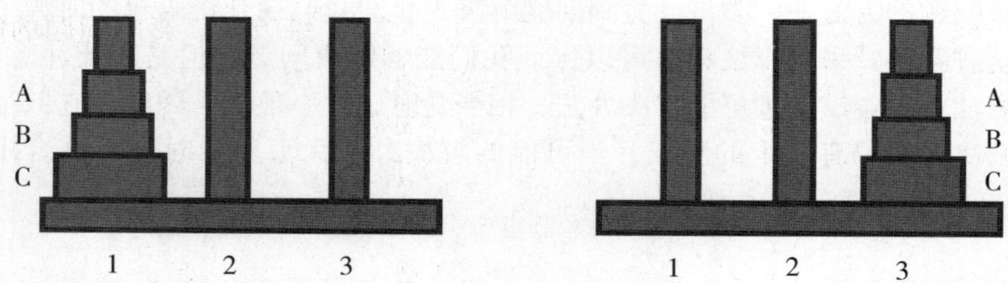

如上面左侧的图形，在柱 1 上有自上而下直径渐增的三个圆盘 A、B、C（小圆盘不能穿过大圆盘）。要求将圆盘移到柱 3 上，且保持圆盘原来的放置顺序（如上面右侧的图形）。移动的规则是每次只能移动一个圆盘，大圆盘不能放在小圆盘上。提示：可利用柱 2。

答案：

1. 把 A 盘移到柱 3 上，再把 B 盘移到柱 2 上；
2. 把 A 盘移到柱 2 的 B 盘上面，再把 C 盘移到柱 3 上；
3. 把 A 盘移到柱 1 上，再将 B 盘移到柱 3 上；
4. 把 A 盘移到柱 3 上，任务完成。

2. 逆向搜索

逆向搜索就是从问题的目标状态开始搜索，直到找到通往初始状态的通路或方法。例如，人们要去某个不熟悉的地方，往往会在地图或者导航上找到目的地，然后再查找从目的地退回到出发点的路线。

逆向搜索更适合于解决那些从初始状态到目标状态只有少数通路的问题，比如一些几何类型问题就比较适合采用这种策略去解决。例如，已知长方形 $ABCD$，求证对角线 $AC = BD$。运用逆向搜索解决这一问题的思路是：要证明 $AC = BD$，必须首先证明$\triangle ACD \cong \triangle BDC$；要证明两个三角形为全等三角形，必须证明$\angle ADC = \angle ABC$，$AD = BC$，$CD = CD$。由于已知四边形$ABCD$为长方形，这些条件满足，所以$AC = BD$。

三、影响问题解决的因素

影响问题顺利解决的因素很多。既有问题本身的因素，也有问题解决者的心理因素；各种因素既可以发挥积极作用，也会产生消极的影响。认真研究这些因素及其作用的规律，有利于发挥其积极作用，克服其消极影响，推动思维活动顺利进行，促进问题的解决。

（一）问题本身的因素

1. 问题的知觉特点

问题的呈现方式、知觉特点往往会影响人们的思维方式，影响问题的解决。一般来说，问题的知觉特点越接近个人的知识结构，个体就越容易选用恰当的知识与策略使问题得到解决。问题的呈现方式、知觉特点不同，会促进或阻碍问题的解决。例如，“已知正方形内切圆的半径是1厘米，求正方形的面积”这道题，我们用a、b两种不同的方式画出标示圆半径的辅助线，如图4－2所示。a图中很难看出圆的半径与正方形边长的关系，使问题比较难解决；而在b图中人们很容易看出圆的半径与正方形边长的关系，问题就变得容易解决了。

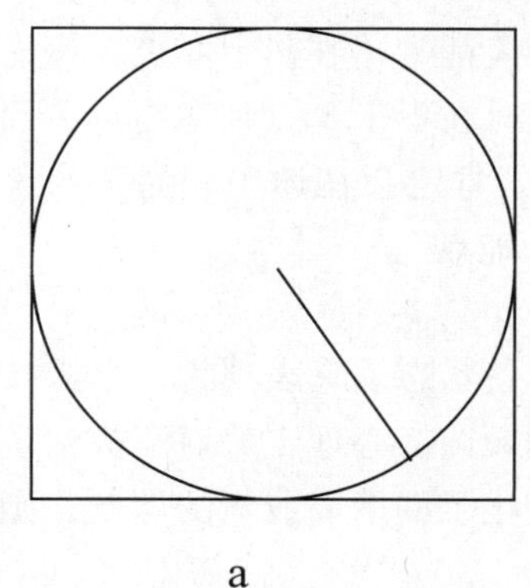

a

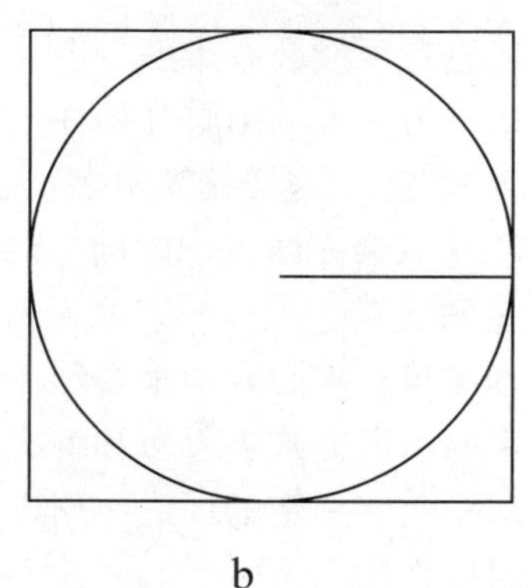

b

图4－2　正方形与内切圆半径图

2. 问题的信息量

问题情境中信息太多或太少都不利于问题解决。若信息量过少，不利于个体全面把握问题，难以解决问题；但若信息量过多，有些信息与要解决的问题是无关的，容易对个体产生影响，使其无法注意到核心的信息，从而阻碍问题的解决。例如，在“抽屉里有混在一起的黑白色袜子各10只。如果在黑暗中取袜，至少要拿几只，才能保证取得一对颜色相同的袜子？”这个问题中，黑白袜子的数量是多余的信息，呈现给个体，会使他们在上面花费过多时间思考，不利于问题的解决。如果问题只是呈现有黑白两种颜色的袜子这个信息，问题则显得相对容易些，很容易会想到至少需要取3只，才能保证取得一对颜色相同的袜子。因此，在解答问题之前，需要考虑哪些信息是与问题解决相关的，哪些信息是无关的。

3. 问题的具体性

问题本身是否具体，对问题解决有着直接的影响。一般来说，具体的问题更容易解决，抽象的问题则更难解决。这与推理相类似。例如，要判断下列说法是否正确，“有些A是B，有些C是B，因此有些A是C”“有些香蕉是绿色的，有些橘子是绿色的，因此有些香蕉是橘子”。显然，判断第二个说法会简单很多。判断第一个说法时我们需要进行逻辑推理才能判断对错，而判断第二个时则可以直接感知到正确与否。

（二）问题解决者的心理因素

1. 问题的表征

所谓问题表征，就是指用自己的话来表达问题的结构，从而形成解决问题的途径。例如，一人第一天早上8点上山，到下午5点到山顶，第二天早上8点开始下山，下午5点到山脚。问这人是否会在两天中的同一时刻经过同一个地点？这样直接思考可能会有难度。但是如果把问题表征为“在早上8点，一人开始从山顶下来，另一人从山脚开始往上爬，两人同时在下午5点到达终点，问两人在途中是否相遇”，这样就简单多了，很显然两人肯定会在途中相遇一次，那么也就是说“这人会在两天中的同一时刻经过同一地点”。

2. 心理定势

心理定势又称心向，是心理活动的一种准备状态。它表现为一个人按照某种比较固定的习惯方式去思考和解决问题的心理倾向。心理定势对解决情境类似或相同的课题，有一定的促进作用；但对解决变化了的情境或新的课题，则会产生消极的阻碍作用。

从心理学家卢钦斯所做的量水试验，可以看出心理定势的作用。实验中他要求两组被试用大小不同的容器量出一定量的水，解决两种不同类型的问题，如表4-1所示。第一种类型的问题可以用B-A-2C的公式解决，第二种类型的问题用A-C或A+C的公式就可以解决了。

表 4－1　卢钦斯的量水实验

问题序列		已知量杯容量/毫升			所求容量/毫升	第一组被试的习惯解决公式	第二组被试的习惯解决公式
		A	B	C			
第一种类型	1	21	127	3	100	B－A－2C	
	2	14	163	25	99	B－A－2C	
	3	18	43	10	5	B－A－2C	
	4	9	42	6	21	B－A－2C	
	5	20	59	4	31	B－A－2C	
第二种类型	6	23	49	3	20	B－A－2C	A－C
	7	15	39	3	18	B－A－2C	A＋C
	8	28	76	3	25	B－A－2C	A－C
	9	18	48	4	22	B－A－2C	A＋C
	10	14	36	8	6	B－A－2C	A－C

第一组被试先解决第一种类型的五个问题，接着再解决第二种类型的五个问题。第二组被试直接解决第二种类型的问题。实验结果发现，第一组被试在解决第一种类型问题时，形成了利用公式 B－A－2C 的心理定势。因此，在解决第二种类型问题时，仍采用这一公式。于是，这就影响了解决问题的速度，并且不能解决第八题。而第二组被试的绝大多数都运用简单公式 A－C 或 A＋C 去解决，不但加快了解决问题的速度，而且解决了全部问题。可见，一个人在遇到新问题时，常常受过去解决问题经验的影响而套用老办法。这种心理定势，有时能使问题得到解决，有时使思维活动受到限制，使思维僵化，缺乏灵活性，从而发现不了新的、更好的解决办法，使问题得不到解决。

相关链接 4－6

盲人如何买剪刀

阿西莫夫从小就聪明，年轻时多次参加“智商测试”，得分总在 160 分左右，属于“天赋极高者”，他一直为此洋洋得意。有一次，他遇到一位汽车修理工，是他的老朋友。

修理工对阿西莫夫说：“嗨，博士！我出一道思考题，来考考你的智力，看你能不能回答出来。”

阿西莫夫点头同意。修理工便开始说思考题：“有一位聋哑人，想买几个钉子，他来到五金商店，对售货员做了这样一个手势：左手两个指头立在柜台上，右手握着拳头做出敲击的样子。售货员见状，先给他拿来一把锤子。聋哑人摇摇头，指了指立着的那两根指头。于是售货员就明白了，聋哑人想买的是钉子。聋哑人买好钉子，刚走出商店，接着进来一位盲人。这位盲人想买一把剪刀，请问：盲人将会怎样做?”

阿西莫夫心想，这还不简单吗？便随口答道：“盲人肯定会这样——”他伸出食指和中指，做出剪刀的形状。

汽车修理工一听，开心地笑起来：“哈哈，你这笨蛋，答错了吧！盲人想买剪刀，只需要开口说我买剪刀就行了，他没必要做手势呀!”

智商很高的阿西莫夫，这时不得不承认自己确实是个“笨蛋”。而那位汽车修理工人却得理不饶人，用教训的口吻说：“在问你之前，我就料定你肯定要答错，因为，你所受的教育太多了，不可能很聪明。”

（资料来源：黄胜．拿来就用的心理学．北京：中国物资出版社，2010.）

3. 功能固着

功能固着是指在问题解决时将事物的功能固定化，只看到事物的通常功能而看不到其他方面的可能功能的现象。这是人们长期以来在日常生活中所形成的对某种事物的功能或用途的固定看法。例如，人们一般都会用勺子吃饭喝汤，但不会想到它还可以用来当刀切苹果、火腿肠等；一般认为砖头是建筑材料，很少有人意识到砖头磨碎了，也可以当颜料。这导致人们在解决问题时，只联想到物体的一般功能，而看不到其他可能的功能，这对问题的解决造成了阻碍。实验证明，人们对某种物体、某些事物的功能越熟悉，思想上认为它的某种作用越重要，则其所表现出来的功能固着程度就越大，也就越难看出它的其他功能。所以与成人相比，儿童会较少受到功能固着的影响，因为儿童有关物体的用途的知识比成人少。要克服功能固着的影响，人们就要加强思维灵活性和变通性的训练，减少和避免固有经验和思维定势的束缚，把现实事物的用途加以变通，从而促进解决问题新思路的产生。

4. 情绪与动机因素

情绪也会对问题解决产生影响，情绪能促进或阻碍问题的解决。乐观平静的积极情绪能激励人满怀信心地解决新问题，思维灵活，思路开阔，容易找到解决问题的新线索；反之，情绪过分紧张、惶恐、烦躁、压抑等，会使思路阻塞，不易发现解决问题的线索，使人陷于束手无策的境地，阻碍问题的解决。

人对问题解决的态度、社会责任感、认识的兴趣等，都可以成为解决问题的动机。在解决问题的过程中，激励人们解决问题的动机强弱和解决问题的效率高低有着密切的关系。实验研究证明，动机水平影响着人们解决问题的思维活动，进而影响解决问题的效率。一般情况下，在一定的范围内，随着动机水平的提升，对主体活动所产生的激励作用和推动力也随之增大，使解决问题的效率得以提高；但当动机水平超过一定的界限时，解决问题的效率反而呈递减的下降趋势。有人把动机强度与解决问题效率的关系描绘成一条倒“U”字形曲线，见第5章图5－1。从图中可以看出，动机强度过高或过低都不利于问题解决。并且在解决问题过程中，存在着一个最佳的动机水平，在这个水平下，个体解决问题的效率最高。并且这个最佳的动机水平跟任务的难度也存在关系，任务越难，最佳动机水平越低。

5. 酝酿效应

在反复探索问题的解决方案而无解时，将问题暂时搁置一段时间，这往往有利于将来对问题的解决，这种现象称为酝酿效应。请看以下这个故事：

国王给这个国家最好的匠人很多黄金，让他制造一顶精致的皇冠。一年后，匠人回来了，并带回来了一顶非常漂亮的皇冠。但是，国王却怀疑匠人可能偷工减料，换掉了他的黄金。但是由于皇冠的重量跟他给的黄金的重量一致，而且在那个年代没有什么办法可以确定皇冠的材料是否全部是金子。于是他叫来阿基米德，希望他能够帮忙解决这个问题。经过反复几次实验，几种可能的方法均失败之后，阿基米德决定先放弃努力去洗个澡。结果当他将整个身体都浸入浴缸之后，浴缸中的水慢慢溢出来，一个奇妙的想法突然出现在他脑海中。他突然意识到可以将皇冠放进一盆水中，那么由水位升高的高度就可以准确地测量出皇冠的体积了。阿基米德有准备的头脑促使他发现了解决难题的意想不到的方法。

其实在日常生活中，我们也经常有这样的感觉。比如我们常常会对一个难题束手无策，不知从何下手，这时思维就进入了“酝酿阶段”。直到有一天，我们放下当前的问题，去做别的事情的时候，之前百思不得其解的答案可能就突然出现在我们面前。这时，“酝酿效应”就绽开了“思维之花”，结出了“答案之果”。那么为什么会出现这种现象呢？答案就是，我们把难题暂时搁置之后，关注难题的思维就会得到一种暂时性的解放，心理紧张感随即消失，自然而然，好办法也就出来了。

6. 知识经验

大量有关专家和新手问题解决的研究表明，知识经验在问题解决中起着重要作用。所谓专家就是在某一领域中具有丰富知识的人，如数学家、医生、律师、象棋大师等，在解决专业领域上的问题方面，他们比新手要容易得多。研究表明，专家和新手在知识的数量和组织方式上均存在差别，而这可能就是造成两者问题解决效率如此悬殊的原因。

但知识经验也会对问题解决产生消极的影响，这就是所谓的思维惰性。请看下面这个问题：

有一天，正当一位警察在街上和一位老人谈话的时候，一个孩子气喘吁吁地

跑来对警察说："你还不快回家，你爸爸跟我爸爸吵起来了。"老人问警察："这个小孩是你什么人?"警察回答："他是我儿子。"问：家里的那两个人、警察、小孩之间是什么关系?

尽管答案已经存在于对话之中，但也许你不是那么容易就能看出来。答案就是"警察是小孩的妈妈"，你回答不出来的原因就是你一直认为警察应该是男的，所以警察是小孩的爸爸。这就是已有的知识经验对当前问题解决产生的消极影响。

7. 智力和人格特征

智力水平对问题解决有着十分重要的影响。一般来说，智商高的人解决问题的速度比智商相对较低的人要快，同时更准确。

良好的人格特征有利于问题的解决。研究证明，科学家、发明家、文学家、艺术家一般都具有积极乐观的人生态度、强烈的解决问题欲望、好动脑筋的习惯、积极的进取心和自信心，以及干什么事都坚持到底的意志力等人格特征，这些特征是解决问题的内部动因，是不可缺少的重要心理条件。

相关链接 4－7

有利于问题解决的10种方法

Ashcroft（1998）总结前人的研究成果，提出了有利于问题解决的10种方法：

（1）增加相关领域的知识。

（2）使问题解决中的一些成分自动化。

（3）制订比较系统的计划。

（4）做出推论。在解决问题之前，要根据问题中给定的条件做出适当的推论。这样既可避免使问题解决走入死胡同，又可消除对时间的错误表征。

（5）建立子目标。

（6）逆向工作。

（7）寻找矛盾点。在回答诸如"有可能……"或"有什么方法……"这类问题时，可采用寻找矛盾点的方法。

（8）寻找当前问题与过去相关问题的联系性。在解决问题时，要积极思考当前的问题与你曾经解决的问题或者你熟悉的问题有哪些相似性，然后利用类似的方法解决目前的问题。

（9）发现问题的多种表征。当问题解决遇到障碍时，回到问题的初始状态，重新形成问题的表征。

（10）多多练习。解决代数、物理和写作等课堂中遇到的问题，多练是一种良好的方法。

（资料来源：Ashcroft，1998.）

复习思考题

1. 解释下列概念：抽象思维，发散思维，直觉思维，创造性思维，推理，问题解决。

2. 简述思维的基本特征。

3. 简述思维的过程。

4. 简述语言的特征。

5. 掌握语言的分类。

6. 理解语言与思维的关系。

7. 影响推理的因素有哪些?

8. 问题解决的思维过程是什么?

9. 影响问题解决的因素有哪些?

主要参考书目

[1] 宿春君，杨英．听心理学大师讲故事．北京：新世界出版社，2008.

[2] 张明．走进多彩的心理世界——心理学入门．北京：科学出版社，2009.

[3] 张朝，李天思，孙宏伟．心理学导论．北京：清华大学出版社，2008.

[4] 戴维·迈尔斯．心理学精要．黄希庭，等译．北京：人民邮电出版社，2009.

[5] 王有智，欧阳论．心理学基础——原理与应用．北京：首都经济贸易大学出版社，2003.

[6] 理查德·怀斯曼．你发现黑猩猩了吗．刘伟荣，译．北京：中信出版社，2005.

[7] 彭聃龄．普通心理学．4 版．北京：北京师范大学出版社，2012.

[8] 梁宁建．心理学导论．上海：上海教育出版社，2011.

[9] 卡斯乔．趣味横生的心理学．田毅松，朱凌云，译．北京：中国人民大学出版社，2012.

[10] 黄胜．拿来就用的心理学．北京：中国物资出版社，2010.

[11] 桑特罗克．心理学和我们．吴思为，等译．上海：上海社会科学院出版社，2008.

[12] 童小茜．大脑短路心理学——向脑子进水宣战．南宁：广西人民出版社，2011.

[13] 黄希庭．心理学导论．2 版．北京：人民教育出版社，2007.

（邢　强　王家慰　撰写）

第五章

动 机

引 言

在笔者进行本书写作的期间（2016 年 10 月），一个不幸的消息传来：正在尝试单人驾驶帆船穿越太平洋、有着中国帆船运动第一人之称的帆船运动员郭川所驾驶的帆船在美国海岸被发现，但郭川没在船上。美国海岸警卫队开展了 10 余日的搜寻，但郭川一直下落不明……

在国人为郭川的遭遇而揪心、为郭川祈祷的同时，人们也不禁会思考这样的问题：到底是什么在驱使郭川要去完成单人驾驶帆船穿越太平洋这样一个艰巨的任务呢？我们每天在生活中也许不会有像郭川那样的壮举，但我们也会不断去追寻目标，努力学习、工作，在这些行为背后，都存在某种心理的驱动力——动机。

那么，什么是动机？动机是如何产生的？人类有哪些重要的动机？它们对我们的行为会有什么样的影响？如何才能让学生在学习上更有积极性？让我们一起走进动机的世界，一探究竟吧。

内容提要

※动机是驱动人行为的内部心理因素，具有对行为的激发、指向、维持与调节等功能。

※动机一般是在内部需要与外部诱因共同作用下产生的。

※动机与行为间存在着复杂的关系。动机强度与行为效率间呈倒 U 形曲线关系。

※进食动机和性驱力是人类重要的生理性动机。人类主要的社会性动机包括交往动机、成就动机和权力动机。

※需要层次理论认为追求不同优先程度的需要满足是人行为动机表现的主要基础。

※对目标的期待、对活动成败的归因、认知因素间的失调、自我能力的评估

等认知因素对动机的产生和发展有重要影响。

※认知的内驱力、自我提高的内驱力、附属的内驱力被认为是学习动机的主要内部结构。

※教育中可以用创设问题情境、设置适当目标、正确地自我评价、提供学习反馈、适当开展竞赛、善用表扬批评、引导学生合理归因等方法激发学生的学习动机。

第一节　动机概述

一、什么是动机

(一) 动机的定义

试想一下现在你正在运动场上，为了通过即将到来的长跑测验，正在进行练习。现在你已经到了极限，感到身体极度疲劳，但是你仍咬牙在坚持着。

你为什么会有这样的表现？你所做的这些是为了达到什么样的目标？你为什么会追寻这样的目标？到什么时候你才会感到满意？或者什么时候你会放弃？所有这些问题，都是关于动机的。

动机是指引起个体活动和维持个体的活动，并使该活动朝向某一目标进行的内在动力。在有特定目标的活动中，动机涉及活动的各种内在机制，包括能量的激活，使活动指向一定的目标，维持有组织的反应模式直至活动完成。动机在人的活动中非常重要，人各种行为，例如进食、交友、学习、工作，总是在某些动机的调节和支配下进行。

心理学十分重视动机的研究。因为只有清楚人们的行为动机，我们可以才能更准确地从个体的外在的行为表现推断其内心的状态，如一个在课堂上发出怪声的孩子是想把课堂秩序弄乱还是想引起教师的关注？才能更准确地评价个体行为的意义，例如一个孩子想帮家长做家务但是不小心打碎了十个碗，另一个孩子想偷吃橱柜里的糖不小心打碎了一个碗，谁的行为更应该被责备？清楚了人们的行为动机，我们也就容易理解为什么在相似的情境下人们的行为会千差万别，各不相同，如为什么在同一个班级中受教育，有的孩子很爱学习、积极地学，而有的孩子却不爱学。清楚了人们的行为动机，我们也容易对那些在逆境中表现出来的意志行动进行解释。总之，心理学家用动机对人们的行为进行解释和预测。不了解行为的动机，我们就没有真正了解这种行为。

动机是行为的内在动力，并不能被我们直接观察和测量，那心理学家是怎么对个体动机的性质和强度进行研究的呢？心理学家通常是根据个体几个方面的行为表现来推测其动机的：

（1）个体选择怎样的行为？如一个需要完成作业的学生是优先去完成作业，还是放弃做作业去看他喜欢的球队的比赛？从这样的行为选择中可以判断学生的学习动机。

（2）行为的启动是否迅速？假如我们能在确定目标后迅速启动行为，则动机较为强烈。如果我们迟迟不能有效启动我们预期的行为，动机水平往往是不足的。学习当中的“明日复明日”，归根到底还是动力不足的表现。

（3）行为中是否投入？如果我们能全身心投入到某种活动中，全神贯注，心无旁骛，说明我们的行为动机强度较高。

（4）行为是否能坚持？在强烈的动机作用下，我们即使遇到困难，往往也不会轻易放弃，能坚持不懈，锲而不舍。相反，那种活动中虎头蛇尾、容易放弃的人，行为的动力往往是不足的。生活中很多人在尝试戒烟、减肥时都半途而废，说到底还是相关的动机不够强烈。

（5）行为中的感受如何？个体有真正的内在动力去从事某种活动时，往往是伴随着积极的体验的，感到愉快兴奋。相反，当个体缺乏内在的行为动力，迫不得已从事某种活动时，一定是感到痛苦、厌烦的。

通过这几个方面的观察、分析，我们就能对人们动机的强度、性质进行认识。

（二）动机的功能

动机在人的行为中扮演了重要的角色，具有激发、指向、维持和调节等功能。

1. 激发功能

动机具有发动行为的作用，能激发个体产生活动，使个体由静止的、不活动的状态转向活动的状态。动机有可能被意识到，也有可能不被意识到，但如果没有动机，人就不会有行动。动机的性质和强度不同，对行为的激发力量也不一样。

2. 指向功能

动机使人的活动具有选择性，使个体行为指向一定的目标和对象，而放弃其他的方向。例如在学习动机的支配下，学生会进行学习而放弃某些娱乐活动；在交往动机的支配下，人们会去探望老朋友、结识新朋友而不是宅在家中。个体动机不同，行为指向的目标和对象往往就不同，动机较为强烈，目标指向也较为明确。

3. 维持和调节功能

在活动产生以后，人能否将这种活动进行下去，与动机的维持和调节功能有关。当活动指向我们追求的目标时，相应的活动动机得到强化，从而活动得以坚持；反之，当活动与追求的目标相反时，相应的活动动机被减弱，活动的积极性也下降，甚至完全消失。动机影响了活动延续的时间，高水平的动机是活动得以延续进行的动力。

二、动机产生的条件

人的动机是如何产生的呢？试想一个简单的例子，临近中午，你感到肚子饿得咕咕叫了，于是你来到学校的餐厅，要了一份丰盛的午餐——米饭、红烧肉、糖醋鱼、蔬菜外加一碗鸡汤。吃完了这份午餐，你感到自己撑得都快走不动了。但是当你路过餐厅的甜点柜台时，你发现正在售卖你最爱吃的甜点——芝士蛋糕，于是你又买了一块蛋糕并津津有味地吃起来。

我们为什么会去吃东西？或者说我们的进食动机是如何产生的？通过这个例子，我们看到，动机的产生有两个条件，一个是内在的条件即需要，一个是外在的条件即诱因。

所谓需要是指有机体内部的一种不平衡状态，它反映某种客观的要求和必要性。需要在主观上通常被体验为一种不满足感，并成为个人活动的积极性的源泉。具体来说需要有以下几层含义：

第一，需要是有机体内部的一种不平衡状态。这种不平衡状态既包括生理的不平衡，也包括心理的不平衡。当有不平衡状态出现时，需要就产生了；当需要得到满足后，这种不平衡状态也暂时消除了。

第二，需要是对某种客观要求的反映。个体为了生存和发展，必定要求一定的事物，这些要求可以是针对生理上的，也可以是针对社会环境的。当个体存在着需要的时候，就意味着缺乏一定的生活、发展的条件，存在着对一定的内部或外部条件的要求。

第三，需要是人活动的动力源泉。需要是人活动积极性的基本来源，与人的活动紧密联系，推动了人的各种活动。人的需要越强烈，由此而引起的活动也越有力。人的各种活动，从饥择食、渴择饮，到从事劳动生产、文艺创作、科学研究等，都是在需要的推动下进行的。

需要具有以下一些特点：

（1）对象性。需要总是针对一定的对象的。如进食的需要指向食物、性的需要指向异性等，具备一定的对象需要才能得到满足。

（2）紧张性。人在力求获得满足而未达到满足的过程中，常会体验到一种紧张感、不适感、不满足感，或恐其不能实现的忧虑感等。需要越强烈，心理的紧张度就越强。需要得到满足后，紧张就会减少、消失。

（3）动力性。需要一旦出现，就会成为一种支配人去寻求满足的力量，推动人去进行活动。

（4）周期性。人的很多需要特别是生理性需要的满足并不是一劳永逸的，这些需要会周而复始地循环出现，需要周期性地给予满足。

（5）发展性。人的需要不是孤立的、静止的。往往是旧的需要满足了，新的需要又产生了，或低级的需要实现了，高级的需要又形成了。人的需要是无止境的，人永远没有完全满足的一天。

需要是动机产生的内部条件，是动机产生的基础。当人们有某种需要时，这种需要就会推动人们去寻找能满足需要的对象（如饥饿时去寻找食物），从而使需要转化为行为动机。当需要增强时，行为动机往往也随之增强。

产生动机的另一个条件是诱因。所谓诱因是指能引起动机的外部刺激。诱因按性质可分为两类：凡是引起个体趋近或接受并由之获得满足的刺激（如食物），称为正诱因；凡是引起个体躲避或逃离，并因避离而感满足者（如噪音），称为负诱因。

诱因的强度在动机产生中也有很重要的作用。有些刺激的诱惑力很大（例如美食），即使在没有内部需要的情况下，也能引起行为。有些刺激的诱惑力很小，即使它能满足人的内在需要，也很难激发出行为。例如很多昆虫的营养价值很高，但是即使再饿，多数人也很难将其放入嘴里。大多数情况下，人的动机是由内在需要和外在诱因共同驱动的。

三、动机与行为

动机与行为有着密切的关系，同时动机与行为间的关系也是十分复杂的。同样的行为，其动机可能并不相同。例如同样是积极学习，有的孩子可能是为了获得父母老师的表扬，有的孩子则可能是因为对知识本身有浓厚的兴趣。同样的动机也可能引起不同的行为。如同样是为了能顺利通过期末考试，有的同学可能是认真备考，有的同学则可能是想要小聪明，走歪门邪道。一般来说，行为的动机与效果是一致的。但也有些时候，好的动机不一定就产生好的效果，所谓“好心办坏事”就是这样的情况。

动机与行为的关系的复杂性还表现在动机强度与行为效率之间的关系上。人的动机对行为有着重要影响，那是不是动机强度越大，行为效率也越高呢？心理学的研究表明，动机强度与行为效率之间并不是这样一种简单的正比或正相关关系，而是成倒 U 形曲线关系，即并不是动机越强活动效率越高，而是动机强度为中等时，活动效率最高。另外，动机强度和活动效率的关系还随任务难度的变化而变化。心理学家将动机强度与行为效率之间的关系总结为：

（1）各种活动都存在一个最佳的动机水平，动机不足或过分强烈，都会使活动效率下降。

（2）动机的最佳水平随任务性质的不同而不同。

（3）在比较容易的任务中，工作效率随动机的提高而上升；随着任务难度的增加，动机的最佳水平有逐渐下降的趋势，也就是说，在难度较大的任务中，较低的动机水平有利于任务的完成。以上规律，被称为耶基斯—多德森定律（如图 5－1 所示）。

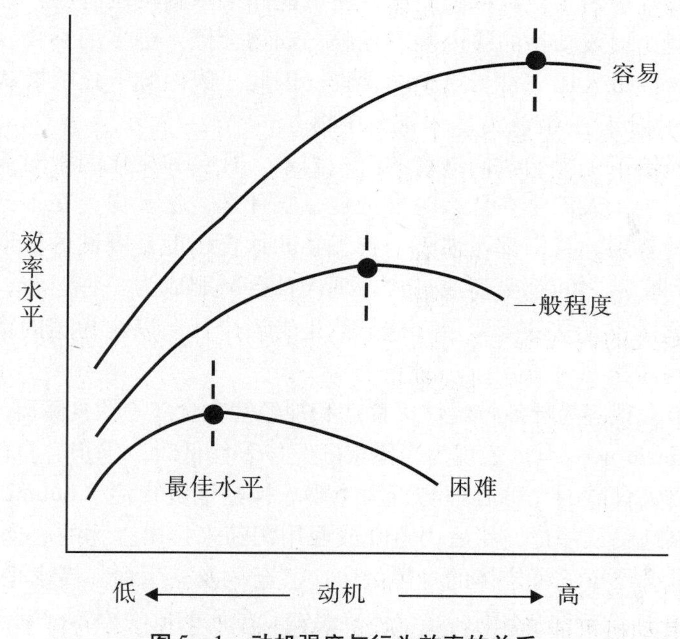

图 5－1　动机强度与行为效率的关系

四、动机的分类

人类的行为非常复杂，其间的动机表现也异常多样，对人的行为动机，从不同角度可以进行不同的分类。

（一）生理性动机和社会性动机

根据动机的产生基础，可以把动机分为生理性动机和社会性动机。

1. 生理性动机

生理性动机是以自然需要为基础的动机，其驱使的行为满足人的生理性需要，如进食动机、性驱力等动机。当个体的生理性需要得到满足时，生理性动机便趋于下降。

饥饿感是人产生进食行为的主要生理信号。饥饿感是由于有机体缺乏营养而引起的一种生理不平衡状态。当这种状态产生时，人会产生一定程度的紧张与不安，甚至感到折磨和痛苦。饥饿感的意义在于提示有机体产生进食行为，摄入食物，补充营养，维持生命。因此饥饿感是人产生进食行为的一种重要的生理信号。饥饿感的产生与胃排空后的胃壁收缩、血糖浓度降低、胰岛素分泌等有关。除了这些外周生理因素，饥饿感的产生还可能和某些脑机制有关。在动物实验中人们发现，假如损毁动物的腹内侧下丘脑，动物会摄入更多的食物；损毁腹外侧下丘脑，动物会摄入比平常量更少的食物。因此，腹内侧下丘脑被认为是“饥饿中枢”，腹外侧下丘脑被认为是“饱食中枢”。

饥饿感当然不是影响我们进食的唯一因素。社会和文化因素对人类的进食行为有很大的影响，人们会在什么时候进食，吃什么，吃多少，在不同的文化环境中都有巨大的差别。我们都习惯于一日三餐的饮食，但是虔诚的穆斯林在斋月中每天从日出到日落之间都要斋戒进食。现代社会减肥成为一种时髦，很多女孩的食物摄入量远低于正常的需要量，这显然是受当今社会以瘦为美的审美观影响的结果。

过度的节食很容易导致神经性厌食症和神经性贪食症等饮食障碍问题。神经性厌食症（anorexia nervosa）表现为当体重已经显著偏低时，仍担心自己过胖，过度节食并持续丧失食欲的一种心理与行为障碍。神经性贪食症（bulimia nersova）是一种毫无节制地暴饮暴食，然后用呕吐或服用泻药来排出食物的心理与行为障碍。饮食障碍问题会严重危害个体的身体健康，甚至危及其生命。高水平的形体不满，即对自己的体重、体形的不满，是个体罹患饮食障碍的危险因素。对很多饮食障碍患者来说，形体不满与他们的身体状况无关，而是与他们错误的身体感知有关。

在如图 5 - 2 所示的量表上让有进食障碍的女性患者选择她们的理想体形，结果这些患者选择的理想体形都远远瘦于她们心目中自己目前的体形（虽然许多女性都说希望比目前更瘦些，但程度上没有患有进食障碍的人那么深）。值得注意的是，有进食障碍的女性心目中的理想体形甚至比她们心目中认为的男人喜欢的体形还要瘦，这对于大部分女性来说是不正常的。研究发现，只有患有进食障碍的女性所选的理想体形比她们心目中男人喜欢的体形更瘦（Zeller，Hamer & Adler，1989）。

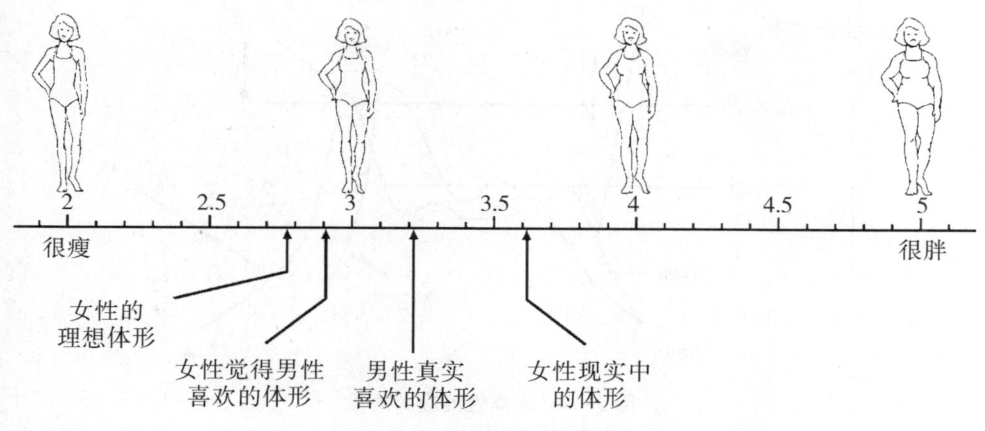

图 5－2　女性的形体意向

性驱力是人类另一种重要的生理性动机，它驱使人开展性行为，对保障人类繁衍、种族延续有重要作用。性激素刺激是性驱力产生的重要生理因素。当个体到达性成熟年龄后，脑垂体开始分泌促性腺激素，刺激男性的睾丸分泌雄激素，女性的卵巢分泌雌激素。

对人类性行为的研究一直是一个禁区，但在 20 世纪 60—70 年代马斯特和约翰逊（Masters & Johnson，1966，1970，1979）实施了一个著名的（或在某些人看来是臭名昭著的）关于人类性行为的研究。他们直接观察和测量了数千名男女志愿者的性行为。基于对数万次男性和女性性高潮的观察，马斯特和约翰逊得出了几个重要的结论：

（1）男性和女性有相似的性反应模式，都有四个阶段的性反应周期。第一阶段为兴奋期，这一阶段包括肌肉紧张，性器官充血，有时皮肤泛红；第二阶段为平台期，这一阶段包括唤起的最高水平、最高的心率、肌肉紧张、呼吸加快、血压快速增加；第三阶段为高潮期，在这一阶段，男性释放精液，女性阴道收缩；第四阶段为消退期，逐步恢复到正常心理和生理的功能水平（如图 5－3 所示）。

（2）两性有相似的性反应阶段顺序，但女性的变化更多，往往反应更慢，保持性唤醒的时间更长。

（3）许多女性能有多次的性高潮，而男性在相同时间内很少如此。

遗传生理因素并不是产生性驱力的唯一因素，越来越多的研究表明，进化种系越高的动物，性驱力也越多地受大脑皮质控制。学习在性行为表现中有重要的作用，人类的文化教给了个体性行为规则，即性价值观。性价值观规定了什么样的性行为是正常的，以及这些行为应该在什么样的情况下发生。

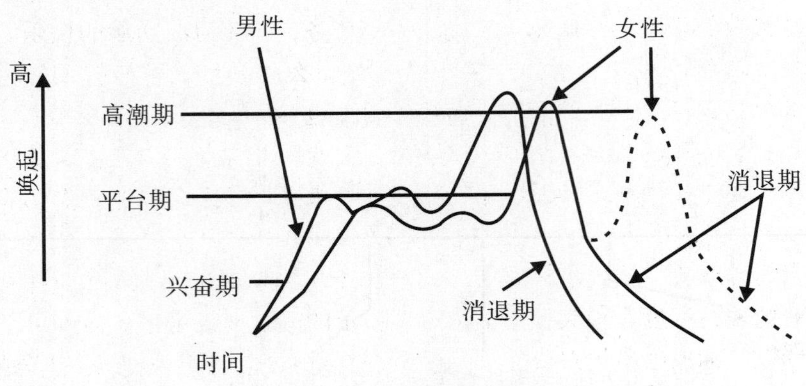

图5－3　人类性反应的阶段

2. 社会性动机

社会性动机是以社会文化的需要为基础，其驱使的行为满足人的社会性需要的动机。社会性动机在人类行为中占据着更为重要的地位。人存在着交往动机、成就动机、权力动机等多种重要的社会性动机。

（1）交往动机。这是一种个人在社会生活中与他人亲近、交流、往来以获得他人的关心、理解、合作的动机。这种动机促使人去结交朋友、追求爱情、参加社团活动等。这是一种极其重要的社会性动机。当它引发的交往行为得以顺利进行时，个人就感受到安全、温暖、自信；当交往行为受到挫折时，个人就感到孤独、无助、焦虑和恐惧。交往动机的强度与个人所处的情境有关。个人在焦虑恐惧的情境下，会产生较强的合群或亲近他人的动机。交往动机促进了人与人之间的交流合作，这是保证社会不至于解体的重要基础。

（2）成就动机。这是指个人在从事某种重要的活动时力求获得成功的内在动力。它使个人不断进取以追求新的目标；使人克服困难以实现既定的目标；使人对所从事的活动精益求精，力求达到完善的地步。成就动机使人在困难和挫折面前表现出极大的韧性与毅力，成就动机的水平对个人成长和社会发展都具有重要的影响。

美国心理学家阿特金森（Atkinson）认为，在成就动机的形成过程中有两种相对的心理作用，一是希望成功，一是害怕失败。这两种动机彼此抵消的结果，就形成个人的成就动机。如果希望成功的驱力大于害怕失败的驱力，个体就会表现出较强的成就动机，在活动中较为冒进，不怕失败，这种人被称为求成型的人。假如害怕失败的驱力大于希望成功的驱力，个体就表现出较低的成就动机，在活动中较为保守，力求避免失败，这种人被称为避败型的人。阿特金森认为从个体选择任务的难度中可以推测其成就动机水平的高低。求成型的人对成功的渴望大于对失败的恐惧，因此敢于选择较难的任务，以获得成功后的快乐。避败型的人对失败的恐惧大于对成功的渴望，因此要么选择十分容易的任务，力保成功；要么故意选择十分难的任务，即使失败了也会得到谅解，以避免失败后的痛苦。麦克里兰（Mccelelland，1955）发现，成就动机水平高的人喜欢从事有开创性的工作，在工作中敢于独立决策；成就动机水平低的人更愿意从事风险小、独立决策少的职业。

麦克里兰认为，成就动机在幼年时就已经开始形成。儿童所接触的文化和父母对成就的重视程度，很大程度上决定了孩子的成就动机水平。另外，个体的抱负水平和以往的成败经验对成就动机的发展有重要影响。个体抱负水平越高，成就动机也越强。个体在生活中多次体验到成功，会进一步激发其成就动机；反之，成就动机会越来越低。

（3）权力动机。权力动机是指个人所怀有的一种强烈地影响别人或支配别人的欲望。研究发现，凡是对社会事务有浓厚兴趣，而且极愿以其行为影响大众的人，其行为背后均存有强烈的权力动机。人们都有权力动机，只是程度不同而已。权力动机可分为两种：一种是个人化权力动机，另一种是社会化权力动机；前者之动因为己，后者之动因为人。个人化权力动机强的人，其行为表现的特点是：乐于参加社会活动，善于利用机会表现自己；热衷于权位追逐，甚至为达目的不惜手段；极其看重物质条件，并将其视为最高价值。社会化权力动机强的人，其行为表现有几种类型：一种是关心社会，但并不实际参与社会事务，而是凭借传播知识的方式用个人专长影响他人；第二种是关心社会，也实际参加社会事务，以自己的长处服务社会大众，从而影响他人、造福社会；第三种是以服务社会为目的的团体领袖，他们对社会公益和社会福祉有很深的使命感，热爱人类和社会，力图以其才能领导大众，以此达到影响他人、造福社会的目的。

（二）外在动机和内在动机

根据动机来源于个体内部还是外部环境，可以把动机分为外在动机与内在动机。外在动机指人在外界的压力与要求的作用下所产生的行为动机。如学生在学习中，为了得到家长的奖励而积极学习，这样的学习动机就是外在动机。内在动机是指由个体的内在需要引起的动机。如学生出于对知识的渴求，为了满足自己的好奇心和求知欲而积极学习，这样的动机就是内在动机。

在人们的活动中，外在动机往往更容易被操控、引发，对行为的发生往往具有初期的引发作用。而内在动机对行为的维持和推动作用往往更稳定持久，因此我们要更注重对行为的内在动机的培养。行为的内在动机和外在动机不是截然分离的，外在动机在一定的条件下可以转化为内在动机，将两者相结合，对行为会有最佳的推动作用。心理学家德西的研究也发现，如果在一项本由内在动机驱动的活动中引发外在动机，往往会对活动的进行有干扰，即外在动机会干扰内在动机，这被称为德西效应。认识内外动机间的这种关系，对我们的教育、管理等活动都具有重要的意义。

相关链接 5－1

德西效应的表现——奖励并不一定提高活动动机

人的行为常受多种动机所推动、指引和维持。例如，学生付出大量时间与精力用于学习、体育运动，既可能出于求知与机体运动的需要（内在动机），也可能是为了获得赞许或其他奖励如奖金、荣誉等（外在动机）。对后一种行为来说，表扬及其他的奖赏可以增强其动机；但对前一种行为来说，行为的动力由活动本身所提供，给予外在的奖赏可能会使这些活动的内在动机被外在动机所取代，如果在以后得不到进一步的外在奖赏，那么就会失去活动的动机，这就是所谓的德西效应。

Sidintop 和 Ramey 引证的一个老人用奖金而非惩罚的方法成功地驱赶了一群老在他家附近空地玩耍，吵得他不得安宁的孩子的事例，生动地说明了这一点。据载，那位老人想了许多办法让那群孩子到其他地方去玩，但都未能奏效。最后他想出了一条很有意思的新计策：他要给到他家附近来玩的孩子付钱！第一天，他给那群小孩承诺，要是他们第二天来玩，给每人付 25 美分。第二天，孩子们果然如期而至并领到了钱。这天，老人说，明天再来，每人还可得到 20 美分。到第三天孩子们再来玩并领到了钱后，老人说，明天再来时只付 15 美分，并说，在此之后，每天每人只能领到 5 美分。听到这个决定后，孩子们一片哗然，他们觉得 5 美分不足以补偿他们的付出，因此，告诉老人说，他们明天不再来了！

为什么刚开始 1 美分没有，孩子们也会来玩耍，到最后每天有 5 美分孩子们反而不来了？在没有人给予奖金之前，孩子们为取乐而玩，此时行为的动力由内在动机提供。但当老人给他们付钱后，他们就要计算得失了！如果行为的动力完全由外在动机所提供，一旦感到外在奖赏不足以补偿他们的付出，他们的活动就失去了动机。因此，在学校中，表扬不能无条件地、过于慷慨地给予学生。特别当学生的合于教育要求的行为受内在动机所推动时，就不需表扬，以免削弱其内在动机。

（资料来源：蔡笑岳．心理学．3 版．北京：高等教育出版社，2014.）

（三）远景性动机和近景性动机

根据动机起作用的时间长短，可以把动机分为远景性动机和近景性动机。远景性动机也称人格动机，是在较长时间内都能稳定地对行为产生推动、维持作用的动机。近景性动机也称情境动机，是在较短暂的时间内发挥作用，维持和推动行为的动机。例如在学生的学习活动中，有些学生在临近考试时非常积极学习，但是之前之后都没有表现出积极的学习状态，这种应付考试的学习动机就是近景性动机。反之，有些学生无论是在平时还是在面对考试时，都表现出了积极的学习状态，这就是以远景性动机在维持、推动学习活动。

（四）主导性动机和辅助性动机

根据动机作用的大小，可以把动机分为主导性动机和辅助性动机。人的行为是非常复杂的，很少活动是由单一的动机推动完成的。同一行为往往存在多种的行为动机，其中起比较重要作用的称为主导性动机，其余的称为辅助性动机。例如，为什么同学们会努力学习？驱动我们学习的因素可能包括了对知识的渴求，提升自己的竞争力以便于求职，希望学到本领报效国家、“为中华之崛起而读书”等诸多内容。我们学习最重要的动力来源就是所谓的主导性动机，其余的就是辅助性动机。当然，活动中人的主导性动机和辅助性动机并不是固定的，而是不断地发展变化的。认清人们行为中的主导性动机，有利于更正确地认识和评价其行为。

第二节　动机的理论解释

人的行为动机是如何产生的，受哪些因素的影响，这是人们在研究动机时经常要考虑的问题。对此，心理学家们从不同的角度给出了不同的回答，形成了不同的理论解释。

一、本能论的解释

本能论的观点认为，人的大部分行为是由本能控制的。本能是在进化过程中形成，由遗传固定下来，一种不学而能的行为模式，是人类行为的原动力。即用本能解释人的行为动机。例如美国机能主义心理学家詹姆斯（James，1890）认为，人的行为依赖于本能的指引，人除了具有与动物一样的生物本能外，还具有许多社会本能，如爱、社交、同情、诚实等。英国心理学家麦独孤（W. Mcdougall，1926）认为，人类的所有行为都是以本能为基础的；本能是人类一切思想和行为的基本源泉和动力；人有 18 种本能，包括好奇、逃跑、攻击、习得等。弗洛伊德也认为，本能是人的行为的真正动力，“本能意味着表现在精神生活上的身体的需要，它是一切精神活动的最根本的原因”。弗洛伊德将人的本能分为生的本能和死的本能两大类，生的本能维持生存和使个体繁衍，死的本能则促使个体通过疾病而最终死亡。弗洛伊德认为人能有意识地压抑自己的本能冲动，但无意识的本能冲动绝不能消除，会以各种方式表现出来。

本能论能描述人类的行为，但不能确切地解释行为的原因。到 20 世纪 20 年代，心理学家们编纂出了 10 000 多种人类的本能，几乎每种人类行为都找到了

其“本能”，这使得用本能来解释动机陷入了一种循环论证的怪圈中。而且许多本能论所列举的本能行为，实际上是在学习、经验、文化的影响下形成的，因此完全用本能来解释人的行为已经走入困境。但本能论解释也促成了一项共识，它让心理学家意识到一些人类行为是由遗传因素控制的。当今的心理学研究也一直保留着这种观点。

二、驱力降低的解释

驱力是指由机体的生理需要所唤起的一种紧张状态。坎农（W. B. Canon）指出，行为的动力是有机体内部失去平衡（如饥饿）后所产生的驱力，这种驱力使个体通过某种行为从而恢复到平衡状态。新行为主义心理学家赫尔（C. Hull）提出了驱力降低论，认为个体的行为起于驱力，驱力为随机活动提供能量，如果行为结果达到消除驱力紧张的目标时，就会导致驱力降低，有机体便停止随机活动。同样的驱力就会引起同样的行为反应，使驱力得以降低的刺激物与行为之间的多次联结就形成习惯，习惯又会成为一种驱力来影响行为。

驱力理论得到了许多行为主义者的认同，但是，这种理论只能解释简单的动机，而无法解释许多的人类行为，例如，为什么人在不饿时也会吃东西？为什么人可以通宵达旦地工作？为什么我们会喜欢看恐怖电影，做蹦极、跳伞等极限运动？在这些行为中，人的驱力不是减少了，而是增加了。

三、最佳唤醒的解释

驱力降低的解释认为人所有的行为都是为了消除紧张，但一些动机激发的人类行为实际上是增强了唤醒。例如几个月大的婴儿就已经表现出对未知世界的好奇，试图去探索房间的每个角落。冒险家们总想去征服自然界中的各种艰难险阻。世界上第一个登上珠穆朗玛峰的探险家乔治·马洛里（George Mallory）被问到为何想去攀登珠峰时，他回答说：“因为它在那里。”因此有心理学家认为，人类动机的目的并不是要消除唤醒，而是要寻找最佳唤醒水平。

心理学家赫布（Hebb，1949）和柏林（Berlyne，1960）提出的最佳唤醒理论认为，对最佳唤醒水平的偏好是决定个体行为的一个因素。每个人都有自己偏好的最佳唤醒水平，当唤醒高于这个水平时，个体会逃避刺激；当低于这个水平时，个体会寻求刺激。每个人所偏好的最佳唤醒水平是不一样的，因此同是放假休息，有些人只想在海边躺着，啥也不想，晒晒太阳；有些人则会选择去攀岩、飙车，追求刺激。一般来说，个体会偏好中等程度的刺激，因为它会引起最佳的唤醒水平。更有经验的个体会偏好更复杂的刺激，因为复杂刺激才能引起更高的唤醒水平。同样的事物，当它重复出现时，往往会使唤醒水平下降。总之，我们在不断寻求一种平衡，当刺激缺乏之时，我们会感到无聊，并且会寻找提高唤醒达到最佳水平的方法；然而刺激太多，压力也随之而来，我们又会寻找降低唤醒的方法。

四、来自人本主义的解释：需要层次理论

关于动机的驱力降低解释和最佳唤醒解释都涉及人的需要满足问题。动机无疑与需要有着密切的关系。在人类的众多需要中，是否某些需要更优先于其他的需要？不同的人类需要是如何影响着我们的各种行为动机，支配着我们的生活的？美国人本主义心理学家亚伯拉罕·马斯洛（Abraham Maslow，1970）提出了需要层次理论，系统地回答了这些问题。

马斯洛认为，人是一个一体化的整体，人类的基本需要是按优势出现的早晚或力量的强弱排列成等级的，即所谓的需要层次。人的需要由五个等级构成：

（1）生理需要。如对食物、水、性的需要等。这是人类需要中最基本、最重要、最有力、最迫切满足的需要。

（2）安全需要。表现为人们要求稳定、受保护、能免除焦虑和恐惧等。

（3）归属和爱的需要。表现为一个人渴望与他人建立感情上的联系，如向往爱情、寻找朋友、希望被一定的群体所接纳等。

（4）尊重的需要。包括自尊的需要和受到别人尊重的需要。自尊需要的满足会使人相信自己的价值与力量，受到别人尊重则会产生荣誉感和成就感。

（5）自我实现的需要。自我实现是最高层次的需要，它指一个人希望自己的潜能得以发挥，希望干适合自己干的事情，希望成为他能够成为的那种人。正如马斯洛所言：“一位作曲家必须作曲，一位画家必须绘画，一位诗人必须写诗，否则他无法安宁。”

马斯洛认为这些需要都是人的基本需要，是与生俱来的。它们构成了不同的等级和水平（如图 5－4 所示）。每一时刻最占优势的需要决定人的意识与行为。

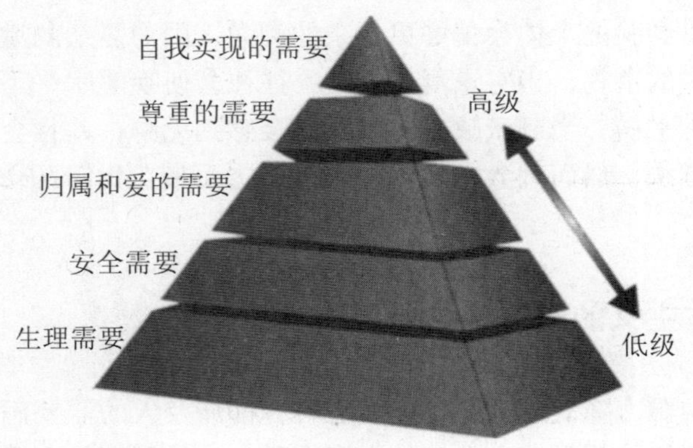

图 5－4　需要的层次结构

关于低级需要与高级需要的关系，马斯洛认为：需要层次越低，力量越强。一般只有在满足低级需要的基础上，才出现高级需要。在进化过程中，高级需要是出现得较晚的。高级需要与低级需要又不是绝对对立的，人的低级需要部分满足可产生高级需要，有些人甚至可以放弃低级需要而追求高级需要。

马斯洛的理论是关于人类动机的一种非常乐观的观点，其理论的核心就是人的成长以及发挥其最高潜力的需要。马斯洛的需要层次理论在心理学、管理学、教育学等领域都产生了重要影响，成为现代西方文化思潮中重要的内容。当然马斯洛的需要层次理论也有其局限性。首先，他只强调个人需要，没有考虑到社会实践对人的需要的制约以及人的需要的社会性；其次，马斯洛过于强调个人的内在需要，没有突破个人本位的束缚；再次，马斯洛强调人的需要是先天的、与生俱来的，模糊了人的生物性需要与社会性需要的区别。

五、对动机的认知解释

20 世纪 60 年代以后，随着认知心理学的兴起，认知心理学家侧重于从认知的角度对人类行为动机进行解释。这种观点认为认知因素在刺激和行为之间起中介作用，同样的刺激，由于认知因素的作用不同，可以引发不同的动机，产生不同的行为。人们对行为结果的期待、对过去成败经验的归因、对自身能力的估计、认知间的一致性等，都是可能影响动机的重要认知因素。

（一）期待论

期待理论认为，人类的动机行为是以一系列的预期、判断、选择并朝向目标的认知为基础的。期待论的早期代表人物托尔曼（Tolman，1932）认为，行为产生的原因是对目标的期待，当个体对某种特定目标有所期待时，就会行动。当事态发展与个体期待一致时，就会起强化作用，反之行为水平就会下降。例如，在动物实验中，当猴子得到的食物与它的预期不一致时，就会沮丧，操作水平也明显下降。朱丽安·罗特（Rotter，1954）的社会学习理论也认为，个体做出某一行为的可能性由他达到目标和期望以及该目标的个人价值所决定。期望与现实之间的差距能促使个体做出正确的行为。

（二）归因论

归因就是对他人或自己行为的原因给予解释的心理过程。对自己行为的归因会影响今后同类行为的动机。如一个学生某次考试成绩不佳，他可能会将其归因为运气不好，或归因为自我努力不够，这两种归因对该学生今后的学习动机可能会产生不同的影响。归因为运气不会提高其学习动机，归因为努力不够很可能会使其提高学习动机。所以归因是影响动机的一个重要的认知因素。

归因论创始人海德（F. Helder，1958）将人的归因倾向分为外归因与内归因两种。外归因是将行为原因归结为环境因素，如工作难易、运气好坏等；内归因是将行为原因归结为个人内部的因素，如能力高低、努力程度等。他发现人们常把自己的成功归因为内部因素，把别人的成功归因为外部因素；而把自己的失败归因为外部因素，把别人的失败归因为内部因素。

韦纳（B. Weiner，1972，1980）提出，一个人对自己行为成败进行归因时，通常从能力、努力、任务难度、运气、身心状况、别人反应等六个因素着手。他将这些原因归入三个维度：因素来源——个体认为成败因素是来源于个人条件还是外部环境；稳定性——个体认为影响成败的因素在性质上是否稳定；可控制性——个体认为影响成败的因素能否由自己的意愿决定。这三个维度与六个因素间的关系见表 5－1。

表 5－1　不同归因因素的维度划分

归因类别	稳定性		因素来源		可控制性	
	稳定	不稳定	内在	外在	能控制	不能控制
能力	√		√			√
努力		√	√		√	
任务难度	√			√		√
运气		√		√		√
身心状况		√	√			√
别人反应		√		√		√

韦纳通过一系列的研究发现，将成败归结为一些因素会引起个体相应的心理

变化，并进而影响下一步的行为：

个人将成功归因于能力等稳定的内部因素时，他会感到骄傲、满意、信心十足，并且今后可能更为努力，这种归因模式被称为积极的成功归因；

个人将成功归因于运气好等不稳定的因素时，产生的满意感会较少，今后更为努力的可能性较小，这种归因模式被称为消极的成功归因；

个人将失败归因于缺乏努力等可控的因素时，会产生羞愧和内疚的情绪，今后更加努力的可能性较大，这种归因模式被称为积极的失败归因；

个人将失败归因于缺乏能力等不可控的因素时，会产生沮丧的情绪，今后回避困难任务、放弃努力的可能性较大，这种模式被称为消极的失败归因。

由此可见，并不是活动成败本身影响了我们的行为动机，而是我们的归因模式影响了以后的行为动机。

（三）自我效能论

社会学习理论的创始人班杜拉（A. Bandura）于1982年提出自我效能论，用以解释动机的形成。该理论认为个人在目标追求过程中，面临一项具体工作时，对这一工作动机的强弱，取决于个人的自我效能感的高低。所谓自我效能感是指个人对某种活动有过一些成败经验后，对自己相应的能力所形成的一种评估。

班杜拉认为，自我效能感有以下的功能：

（1）决定对活动的选择。人更倾向于从事那些自己认为能胜任的工作，避开那些超出了自己能力的任务。

（2）决定人对活动的努力程度和坚持性。在活动中，自我效能感越强，人们付出的努力越多，坚持的时间会越长。

（3）影响人对困难的态度。自我效能感高的人，抱负水平更高，更愿意面对困难和接受挑战，在面对艰巨的任务时不容易焦虑，在活动中也较少气馁和焦虑。

（4）影响人的思维方式和情绪反应。在完成困难的任务时，自我效能感高的人更倾向于将失败归结为努力不足，能以乐观的态度面对困难。

人的自我效能感是如何形成的呢？班杜拉认为影响个人自我效能感形成的主要因素包括：①个人的成败经验。一般来说，成功的经验会提高自我效能的评估，失败的经验则会降低自我效能评估。②替代性经验。有些任务我们可能从未从事过，但是我们看到与自己类似的人（如自己的同学、伙伴）在相关任务上的成败，也会产生自我效能的评估。假如与我们类似的人获得了成功，我们的自我效能感会提高；与我们类似的人在该任务上付出巨大努力还是失败了，我们的自我效能评价会降低。③言语说服。积极的语言鼓励对自我效能感有提高作用。④情绪与生理状态。个体情绪高涨、身体状态良好、精力充沛时，自我效能感较高；情绪低落、疲劳等状态，往往会降低自我效能感。

相关链接 5－2

认知失调理论

认知失调理论的主要代表人物费斯廷格（L. Festinger）认为，每个人都有一个认知系统或认知结构，由知识、观念、观点、信念等组成。认知结构中的每一种具体的知识、观念、观点、信念都可以被看作认知元素。这些认知元素之间存在三种关系，即协调、不协调和不相关。当认知元素之间协调一致时，人就会保持平衡和谐状态，觉得心安理得，不去改变态度和行为。而当认知元素之间不和谐甚至相互矛盾时，人就感到紧张、焦虑和不安，此时个体就会设法消除矛盾以减轻或解除这种不平衡状态，使认知元素之间达成协调、统一。例如，假如你吸烟，而你又知道吸烟会导致癌症等严重的健康问题，那么这些认知就是失调的。失调会产生一种消极的、厌恶的动机状态，这个状态又会引发某些行为反应以减少失调。

我们会怎么去减少认知失调呢？一种办法是改变其中一种认知以减少失调。例如在上述关于吸烟的例子中，吸烟者也许会说“吸烟哪有那么大的危害，你看谁谁谁，一辈子吸烟，不也活到 80 多吗”，这样吸烟导致的失调就能减少。第二种减少失调的办法是改变行为，例如戒烟就是减少吸烟导致的失调的一个有效办法。第三种减少失调的办法是增加协调的认知。例如你吸烟并知道吸烟有害，但是你说“吸烟能让我更放松，工作更有效率”，或者“等我得癌症时，也许医学已经找到能治愈它的办法了”。通过增加这样的协调认知减少认知失调，这种做法类似于心理防御中的合理化。

人们不但会尽力去消除失调状态，也会尽力回避那些将会增加或产生不协调的情境。费斯廷格认为，认知元素之间的不协调强度越大，人们想要减轻或消除这种不协调关系的动机也就越强。认知不协调的强度取决于两个方面的因素：一是认知元素对于个体的相对重要性；二是不协调的认知元素的数量，不协调的认知元素数量越多，它与认知元素总量的比例就越大，那么失调程度就越高。

第三节　学习动机及其激发

一、什么是学习动机

学生的学习表现受诸多心理因素的影响，学生的智力水平影响了学生是否“能学”，学习的方法策略决定了学生是否“会学”。相对于这些因素，学生是否“愿学”，即学生的学习动机表现如何，往往在学生的学习表现中具有更广泛的、基础性的作用。

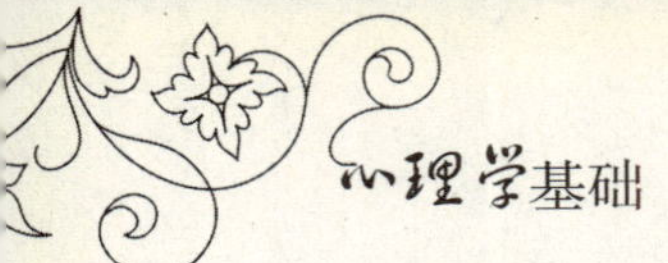

所谓学习动机，是指激发、维持个体进行学习活动，并使个体的学习活动朝向一定的学习目标的内部倾向与动力。正如人类的其他行为活动一样，学习活动也是在一定的动机驱动下进行的，这就是学习动机。学习动机在学习活动中的功能与动机在其他活动中的功能一致，都具有激发、指向、维持和调节作用。学习动机与学习之间是一种复杂的互动关系。学习动机驱动学习，而学习又能产生学习动机。因此，心理学家强调，学习不应该是在学生有了学习动机之后才开始，而应让学生在学习过程中产生并提高学习动机。同时，学习动机对于学习的影响不是直接的，而是间接的，它们之间往往以学习行为为中介，而学习行为又不单纯只受学习动机的影响，它还要受一系列主客观的因素，如知识基础、教师指导、学习方法、学习习惯、智力水平、个性特点等的制约。学习动机通过作用于学习行为而影响学习结果。

二、学习动机的内部构成

与一般的动机一样，学习动机的产生也需要内部与外部两个方面的条件。内部条件即学习的需要，又称学习的内驱力。外部条件即学习的诱因，又称学习期待。学习内驱力是一种“推”的力量，而学习诱因是一种“拉”的力量，二者相互作用的结果，是个体形成了某种特殊的具有动力作用的心理结构。在学校教育条件下，心理学家们更注重对学习动机产生的内部条件的分析，即到底学生是出于哪些需要而进行学习的。美国著名教育心理学家奥苏贝尔（Ausubel）认为，学生的学习动机主要由三个方面的内驱力构成，即认知内驱力、自我提高的内驱力和附属的内驱力。

1. 认知内驱力

认知内驱力是个体的一种要求了解和理解事物，要求掌握知识，以及系统地阐述问题并解决问题的需要。一般来说，认知内驱力多半是从好奇的倾向如探究、操作、领会以及应付环境等有关心理素质中派生出来的。也就是说，最初的好奇心等心理素质只是一种潜在的而非真实的动机，因为它还没有特定的内容和方向。通过个体在实践中不断取得成功，这些心理素质才能真正表现出来，才能具有特定的方向。因此，学生对某学科的认知内驱力或兴趣，不是天生的，而是习得的，它有赖于特定的学习经验。在有意义的学习中，认知内驱力是一种最重要、最稳定的动机。这种动机指向学习任务本身，满足这种动机的奖励是由学习本身提供的，因而也被称为内部动机。

2. 自我提高的内驱力

自我提高的内驱力是个体试图通过提高自己的胜任能力或工作能力而赢得相

应地位的需要。这种需要从儿童入学开始，日益显得重要，逐渐成为成就动机的主要组成部分。自我提高的内驱力与认知内驱力不同，它不是直接指向任务本身，而是把成就看成是赢得地位与自尊心的手段，显然是一种外部动机。这种动机既是学生在学习期间力图用学业成绩来取得名次的一种手段，也是他们在未来的学术生涯或职业生涯中谋求做出贡献和取得地位的一种动力。教育心理学家认为，这种动机在学习中的作用不能忽视，因为很少有人在系统的学习中把教材的掌握看作学习本身的目标，所以适当激发自我提高动机是十分必要的。但是，过分强调这种内驱力将导致功利主义倾向，使学习变成一种枯燥乏味的工具，一旦自我提高的目的达到，学生就会对学习失去兴趣。

3. 附属的内驱力

附属的内驱力指的是学生为了赢得长者（如家长、教师等）的赞许或认可而表现出来的把学习搞好的一种需要。引起这种内驱力，需要三个条件：第一，学生与长者在感情上具有依附性，长者是学生追随和效法的对象。第二，学生从长者那儿博得的赞许或认可中，可获得一种派生地位。所谓派生地位，指不是由他本身的成就水平决定的，而是从他不断追随和效法的某个人或某些人不断给予的赞许或认可中引申出来的地位或待遇。第三，享受这种派生地位乐趣的人，会有意识地使自己的行为符合长者的标准和期望，借以获得并保持长者的赞许，这种赞许往往会使一个人的派生地位更确定、更巩固。

奥苏贝尔认为，认知内驱力、自我提高的内驱力与附属的内驱力是学校情境中学生学习的主要动机。这三个动机通常因年龄、性别、社会地位以及人格结构等因素的不同，在个体身上表现出来的比重也有所不同。附属的内驱力在儿童期最为突出，这一时期，儿童主要通过寻求父母的赞许和认可得到派生地位，享受这种地位的乐趣。到了儿童后期和青年期，附属的内驱力不仅在强度方面有所减弱，而且开始从父母转向同龄伙伴。认知内驱力和自我提高的内驱力在学习动机中的作用则会逐渐加强。

三、学习动机的激发

（一）创设问题情境，激发学生的好奇心和求知欲

好奇心和求知欲是学生学习的内部动机中最为核心的成分，是激发学生学习动机的基础。在教育过程中，创设问题情境是激发学生的好奇心和求知欲的一种有效的办法。

所谓创设问题情境，就是在学习中提供给学生的学习材料、条件要能使学生产生疑问，学生使用现有经验不能解决当前的新问题，从而激发起强烈的好奇

心，渴望从事学习、探究活动，进而通过积极的探索去消除心理上的冲突状态。当学生面对一定的问题情境时，出现了类似于“认知失调”的状态，学生对学习内容似懂非懂，一知半解，由此产生了矛盾、疑惑的心理。学生为了解除这种矛盾、疑惑，往往会开展积极的探索，去改变这种失调，从而产生了学习的动力。

创设问题情境要将新的学习内容与学生已有的经验相联系。教师一方面要熟悉教材，掌握教材结构，了解新旧知识间的内在联系，另一方面还应该了解学生已有的知识结构状况，在此基础上创设适宜的疑难情境。问题过易或过难，都不利于激发学生的学习动机。一般认为，中等难度的问题情境较为适宜。

创设问题情境，可通过变更作业内容和形式以保持作业的新异性来实现，特别是内容的新异性比形式的新异性有更大的吸引力。

相关链接 5－3

一个创设问题情境的成功课例

美国哈佛大学教授迈克尔·桑德尔（Michael Sandel）主讲的网络公开课“公平：怎么做才最好”是哈佛大学历史上最受学生欢迎的课程之一。桑德尔教授在课程中运用大量的问题情境，引发学生对相关问题的反思和兴趣，将政治哲学这样一门看似很抽象、枯燥的课程讲得非常生动，学生的学习积极性也非常高。

在“公平：怎么做才最好”这门课程一开始，桑德尔教授就给学生提出了一个道德两难问题：

情境一：你是一名电车司机，电车失控了，正在快速冲向轨道的交叉口。轨道向左延伸有5个铁路工人，向右只有一个铁路工人。如果你什么都不做，电车会驶向左边轨道，这5个工人会毙命。解救这5个工人的唯一方法是把你操作盘上的开关扳到右边，右边轨道上的那个工人将会毙命而那5个工人会得救。面对这种情境，你会怎么选择？

情境二：一辆电车失控了，正沿着轨道快速向工人冲去，照这样的速度，轨道上的5个工人会毙命。现在你站在电车和工人之间的人行桥上，旁边有个陌生人也在人行桥上，他看上去很强壮。解救这5个工人的唯一方法就是把这个陌生人推下轨道，他强壮的身躯会阻挡电车的前进。如果你这么做了，这个陌生人会死，但是那5个工人会获救。面对这种情境，你会选择把这个陌生人推下轨道去救这5个工人吗？

面对这两个情境，你的选择是什么？

在这个问题情境中，学生很快会发现，同样是导致“牺牲一人救五人”的结果，但我们的选择却会大不相同。那原因何在呢？如果你也想知道答案，那就到网络上一起学习桑德尔教授的课程吧。

（二）设置适当的学习目标

学生的学习目标对其学习活动具有导向、引领的作用，给学生设置适当的学习目标，对其学习动机的激发具有重要作用。

在设置学习目标时，应该引导学生将长期目标与短期目标相结合。长期的、远大的目标是学生学习活动最终希望达到的状态，对学习具有重要的导向作用。没有长期目标，学生可能不知道我们到底为什么而学习。但长期目标的实现不是一朝一夕的，如果学生只有长期目标，缺乏学习过程中的及时强化，学习可能也很难持续。所以我们还引导学生设置较短期的目标，也就是能很快实现的目标。通过一个个短期目标的实现，给予学生学习上的激励。短期目标是长期目标在不同时间上的分解，通过一个个短期目标的实现，最终实现学生的长期目标。

心理学家德韦克（Dweck，1986）研究发现，学生的学习行为是由两种目标定向引起的，一种是掌握目标定向，一种是成就目标定向。掌握目标定向的学生把学习的目标看成是掌握所学的知识、获得某方面的能力，而成就目标定向的学生则把学习的目标基本上看成是为了获得对其能力的积极的评价或避免否定的评价。掌握目标定向的学生更倾向于选择困难的课程、寻找挑战，而成就目标定向的学生关注的是好的分数，因而，会选择容易的课程，回避有挑战性的情境。当遇到困难时，成就目标定向的学生很容易丧失信心，而掌握目标定向的学生则会不断地尝试，他们的学习动机会增强，成绩会提高。虽然两种目标定向的学生的智力在总体上没有什么差异，但其学业成绩却有相当大的差异。这个研究发现对教育工作有重要的意义，教师应让学生懂得学习的目标是掌握知识，而不是获得分数。教师应引导学生重视学习材料的价值和现实的意义，降低对分数的过分重视，这样学生在学习中容易表现出更强烈的学习动机。

（三）帮助学生正确认识自我，形成恰当的自我效能

前面关于自我效能的理论已经让我们看到自我效能感与动机水平的密切关系，自我效能感高时，活动动机较强。这在学习中也不例外。国外有不少研究表明，自我效能与学业成绩呈正相关。班杜拉 1981 年的研究发现，那些对数学毫无兴趣、数学成绩特别差的学生，经过一段时间的训练后，他们的成绩和自我效能感都显著地提高了，而且，觉察到的自我效能与对数学活动的内部兴趣呈明显的正相关。

在教育实践中，很多学生，尤其是学业成绩不佳的学生，正是由于对自己的学习能力持怀疑态度，表现出很低的自我效能水平，因而容易在学习中放弃尝试和应有的努力，进而影响学习成绩。帮助这些学生获得正确的自我认识，提高其自我效能感，是激发这些学生学习动机的重要办法。在教学中，教师应为学生选择难易适合的任务，让他们在学习中不断地获得成功体验，进而提高自我效能水平。此外，给学生树立适当的榜样，让学生看到那些与自己差不多的学生的成功，可以通过获得替代性经验和强化来提高他们的自我效能感，使他们确信自己

也有能力完成相应的学习任务，从而推动学习的进行。最后，教师还可以通过归因训练改变学生对自己学习能力的错误判断，形成正确的自我效能判断。

（四）给学生提供及时、具体的学习反馈

所谓学习反馈，就是给学生提供关于学习结果的信息。在学习中学生是否能及时了解自己的学习结果，对学习过程会产生不同的影响。学生知道自己的进度、成绩以及在实践中应用知识的成效等，可以激起进一步学好的愿望。同时，通过反馈又可及时看到自己的缺点和错误，及时采取纠正措施。

在给学生提供学习反馈时要注意以下两个重要的原则：

第一，学习结果的反馈要及时。只有这样，才能利用学生刚刚留下的鲜明的记忆印象，满足其进一步提高学习成绩的愿望，增强其学习信心。心理学家斯金纳曾批评传统的班级教学强化较少，而且强化不及时，他认为，对学生的学习结果进行及时反馈，能使他们获得最大的、积极的学习成效。如果周一完成的考试一直拖到下周五才得到反馈，那么反馈的信息价值和激励价值都会降低，如果学生出现错误，那么他在这周内还将延续这种类似的错误。而且，行为和行为结果反馈之间的间隔过长，学生难以将两者联系起来，对年幼的孩子来说这更为困难。

第二，学习结果的反馈要具体。反馈要具有针对性、启发性和教育性，使学生从中受到鼓舞和激励。越是具体明确的反馈信息，越能使学习者对自己的学习结果有更清晰、深刻的了解，使其清除模糊概念，增强对知识的辨别能力。例如在批改学生作业时，不能仅仅简单地写上“优、良、中”等这样的等级，更重要的是要具体指出作业中的正确与错误、优点及不足，同时用真诚的语言予以鼓励。这样学生在获得激励的同时，也明确了进一步学习提高的方向。

（五）适当开展竞赛

竞赛能激发人的好胜心，增强人们克服困难的努力和提高活动的积极性。因此，在学习中正确开展竞赛是激发学生学习动机的一种有效手段。学习竞赛以竞赛中的名次作诱因，能激发学习者自我提高的内驱力和附属的内驱力，达到激发学习动机的目的。查普曼（Chapman）等让两组学生进行为期10天的加法练习，竞赛组的成绩每天都公布并对有进步者和优胜者进行鼓励；无竞赛组的学生只做相同的练习。结果竞赛组的成绩优于无竞赛组的成绩。这表明竞赛在学习活动中有积极的作用。

竞赛有一定的积极作用，但也可能产生消极影响。竞赛可能的消极影响表现在：第一，竞赛可能不利于复杂困难的学习活动。前面谈到过，动机强度与活动效率是呈倒U形曲线关系的，且越困难的学习活动其最佳动机水平越低。在竞赛中，学生的动机水平处在较高水平上，往往只对较简单的学习活动有利，而对复杂的学习活动不利。第二，竞赛可能助长中差生的自卑感。竞赛中的成败经验对人的情绪、动机会产生不同的影响。成功、胜利带来的喜悦当然会增强学生自信，但在竞赛中的失败、落后往往会让学生自卑，容易导致学生放弃学习。而班上的所谓“中差生”，一般来说更容易成为竞赛的失败者。而这些学生其实是在激发学习动机时我们最需要关注的群体。第三，过于激烈的竞赛有可能造成学生的不和，集体观念淡薄，干扰了合作行为。所以，在学习中用竞赛的办法来激发学习动机，一定要妥善组织，注意其适当性。竞赛并不是越多越好，越激烈越好。

为使竞赛能更好地发挥其积极作用，减少其消极影响，我们要注意以下几点：①竞赛的内容要多样化，使每个学生都有成功的机会。②多用团体竞赛，少用个人竞赛。团体竞赛能激发学生的学习积极性，但假如在竞争中失败，由于责任分散的心理因素，对每个个体产生的消极心理影响相对较小。③多做自我竞赛。即竞赛中不是比较绝对的水平，而是比较相对的进步。鼓励学生以打破自己以前的纪录为目标，特别注意奖励那些有突出进步的学生。

（六）正确使用表扬与批评

在教学中，表扬对学生的适当行为具有强化功能，即能让学生保持巩固正确行为。批评则是对学生某些行为的负性评价，具有消除不正确行为的作用。从影响上看，表扬能引起学生愉快的情绪和成就感，进而提高其对学习活动、学科内容的兴趣。认知需要的加强提高了学习成绩，伴随着成绩的提高，学生可能得到更多的赞许，从而使其交往的需要、自我提高的需要得到更大程度的满足。这样，就形成了一种良性循环，使学生产生强有力的学习动力。在对学生的评价中，表扬、奖励一般比批评、惩罚更具有激励作用，对年龄小的学生和成绩差的学生更是如此。

美国心理学家赫洛克（E. B. Hurlock）曾进行过一个有名的关于表扬与批评效果的实验。他把 106 名四年级和五年级的小学生分成 4 组，各组条件相等，要求每组学生连续 5 天，每天练习 15 分钟难度相等的算术加法。第一组是控制组，对这一组的学生的成绩不给予任何信息，既不批评也不表扬，且这组学生是独处的，不与其他三组接触；第二组是受表扬的组，每次练习后，实验者逐个点名表扬；第三组是受批评的组，实验者从不表扬他们，而对他们练习中的错误大加指责；第四组是受忽视的组，每次练习后不表扬也不批评，但使他们都看到其他两组受表扬或挨批评。实验结果表明，受表扬的组每次都有进步；受批评学生的成绩不如受表扬的学生；成绩最差的学生是控制组的学生；受忽视的学生的成绩比控制组学生的成绩稍好，因为他们从观察其他两组被表扬或批评中得到了替代性的经验。这个实验结果表明，教育中表扬的效果优于批评的效果，批评又优于不

闻不问。因此，在教育中我们提倡以表扬奖励为主，批评为辅。表扬学生时宜公开进行，这样能让学生产生更强烈的荣耀感，并能对其他学生产生替代强化的作用。批评学生时则宜私下进行，以保护学生的自尊心，避免其产生过分自卑自弃的不良反应。另外，在表扬学生时，对其努力的表扬比对其成绩的表扬更重要。对努力的表扬会让学生更注重学习的过程，避免过分注重结果的成就目标定向的形成。

当然，教育中无论是表扬还是批评，其效果都不是一成不变的，由何人执行表扬或批评、表扬或批评次数的多少、学生的年龄特点和个性特征等都可能对表扬或批评的效果产生不同的影响。

在教育中，对学生的惩罚一定要谨慎。因为惩罚容易产生很多消极后果，对学生的发展不利。需要进行惩罚时，不仅应指出不恰当的行为，还应指出正确的行为，否则有可能使受惩罚者无所适从。一般认为，惩罚的作用在于引起学生对惩罚的恐惧而通过努力避免惩罚，而不是让学生真正体验惩罚。

相关链接 5 - 4

惩罚的消极影响及惩罚的原则

所谓惩罚就是呈现一些厌恶的刺激使某些反应概率减少的过程。惩罚对减少错误行为有一定的作用。但是在教育过程中，惩罚的使用一定要谨慎。因为惩罚的不当使用，可能会带来很多消极的结果。

惩罚可能造成的消极影响包括：

惩罚损害了学生的自尊心，增强其对教师的拒绝。

惩罚造成学生过度焦虑、抑郁，损害学生的心理健康。

惩罚特别是体罚为儿童的侵犯性行为提供了不好的示范。

经常的体罚往往会形成儿童不良的个性；或者摧残了儿童的意志，使其成为驯服、不会独立行动的人；或者形成反抗性格，使其变成对所有人都产生怨恨的人。

如果在教育中确实需要进行惩罚，应注意以下一些原则：

在实施惩罚之前，必须先让学生充分了解惩罚的行为标准。

惩罚只限于知过能改的行为。

使用惩罚时应考虑学生心理需求上的个别差异。

多使用剥夺式惩罚，少使用施予式惩罚。

不能将学习任务作为惩罚的内容。

（七）指导学生对学习结果正确归因

前面谈过，对活动成败的不同归因会引起不同的情绪反应，从而增强或减弱学习动机，所以，指导学生正确归因是激发学习动机的有效手段。

一般而言，当一个人把成功归因于稳定、内部、可控的因素时，会产生自豪感，从而提高动机；当把成功归因于不稳定、外部、不可控的因素时，则会产生侥幸心理，降低动机。如果将失败归因于内部、稳定、不可控的因素，则会产生羞愧、绝望情绪；归因于外部、不稳定的因素，则会产生怨气，这两种情况都不利于提高动机。将失败归因于可控因素时，则会继续努力；将失败归因于不可控因素时，会产生习得性无助感。在教育中，教师要引导学生多做合理的积极归因，减少不理性的消极归因，使学习动机得到更好的激发。

不同归因引起何种情绪反应，还受到个体不同特点的影响。研究表明，低成就动机者把失败归于外因时将减轻情绪上的不良反应，而且会提高以后的作业成绩；而高成就动机者对失败的外部归因则阻碍其积极性的发挥。因此，把握每个学生的特点，引导其既做到有利于提高或维持自尊心的归因，又能够客观准确地找出成败的真正原因，乃是激发学生学习动机的有效途径。

复习思考题

1. 什么是动机？动机有哪些主要功能？
2. 产生动机的条件是什么？
3. 动机强度与活动效率间是什么关系？
4. 名词解释：交往动机，成就动机，权力动机。并从生活中找出这三类动机表现的恰当例子。
5. 需要层次理论的主要观点是什么？
6. 什么是归因？韦纳认为归因有哪三个主要的维度？
7. 什么是认知失调？我们可以用哪些办法减少认知失调？
8. 什么是自我效能感？自我效能感主要受哪些因素影响？
9. 奥苏贝尔认为学习动机的构成有哪三个主要内部成分？
10. 激发学习动机的方法主要有哪些？

主要参考书目

[1] 理查德 · 格里格，菲利普 · 津巴多．心理学与生活：第 19 版．王垒，等译．北京：人民邮电出版社，2014.

[2] 戴维 · 迈尔斯．心理学：第 9 版．黄希庭，等译．北京：人民邮电出版社，2013.

[3] 库恩，等．心理学导论——思想与行为的认识之路：第 13 版．郑钢，等译．北京：中国轻工业出版社，2014.

[4] 桑德拉 · 切卡莱丽，诺兰 · 怀特．心理学最佳入门：原书第 2 版．周仁

来，等译．北京：中国人民大学出版社，2014.

［5］皮特里．动机心理学：第 5 版．郭本禹，等译．西安：陕西师范大学出版社，2005.

［6］迈克尔·埃森克．心理学国际视野．吕厚超，等译．北京：北京大学出版社，2010.

［7］彭聃龄．普通心理学．4 版．北京：北京师范大学出版社，2012.

［8］黄希庭，郑涌．心理学导论．3 版．北京：人民教育出版社，2015.

［9］张积家．普通心理学．广州：广东高等教育出版社，2004.

［10］蔡笑岳．心理学．3 版．北京：高等教育出版社，2014.

［11］蔡笑岳，刘百里．教师的心理学——心理学的教学应用．广州：广东人民出版社，2009.

［12］莫雷．教育心理学．广州：广东高等教育出版社，2005.

［13］陈琦，刘儒德．教育心理学．北京：高等教育出版社，2005.

［14］黄希庭．心理学基础．上海：华东师范大学出版社，2008.

（刘百里　撰写）

第六章

智力与创造力

引言

与其他物种不同，人类的成功更多地取决于智力和创造力，而不是速度和体力，这就是为什么我们被称为智人（意为聪明的人类）。智力让我们成为具有高度适应性的生物，我们可以面对各种纷繁的事物，居住在各种不同环境中，完成各种复杂的工作。

说到智力与创造力，人们往往会想到爱因斯坦、霍金等一系列如雷贯耳的名字。我们说这些人非常聪明或有智慧，这到底意味着什么呢？智力可以被测量吗？智力测验可以预测生活是否成功吗？一个高智力的人一定是高创造力的人吗？人们的智力差异到底是由什么决定的？这些关于智力的问题一直吸引着心理学家们的注意。让我们来看看，对于这些问题，心理学家们做出了怎样的回答。

内容提要

※心理学上对智力的认识存在着重大分歧。

※因素论是一种较传统的解释智力的理论。

※随着对智力认识的发展，出现了多元智力、成功智力、情绪智力等新的智力理论。

※智力测量必须用标准化测验实施。智商是现在表达智力测量结果的主要指标。

※人群中智商是呈正态分布的，智力超常和智力落后是两种极端的表现。

※智力的发展是遗传与环境沟通作用的结果。

※创造力是人们产生出新异和适合的产品的能力，受智力、人格、动机、思维技巧等因素的影响。

第一节　智力与智力理论

一、什么是智力

智力是一个在人们的日常生活中和心理学研究中都经常涉及的概念。例如人们经常说某某人聪明，某某人愚笨就是对智力的评价。就像心理学上很多重要概念一样，智力不能被直接观察，它没有质量，不占据空间，但人们肯定都感觉到它的存在。让我们比较两个孩子：

蓓蓓 14 个月就能写自己的名字，2 岁时自学阅读，5 岁时，她抱着一台平板电脑走进教室，在上面阅读百科全书，这让她的幼儿园老师大吃一惊。10 岁时她轻而易举地学完了整个高中的代数课程。

嘉嘉 10 岁时才能写自己的名字与数数，但是在做加减法练习时有困难，而且不会做乘法。她在学校两次留级，但仍不能完成那些 8 岁的同学认为容易的作业。

显然，我们都会认为蓓蓓是天才，而嘉嘉是学习困难者。心理学家们构想出了“智力”这样一个概念，用来解释像上面提到的两个孩子间的差异。

那到底什么是智力？智力的概念在心理学上被提出后，许多心理学家试图去回答这个问题。但是要对智力的内涵给出一个确切的、大家都能接受的描述是很困难的。有心理学家从理性哲学的观点出发，认为智力是指抽象思维能力。如法国心理学家比纳（A. Binet）和美国心理学家推孟（L. M. Terman）把智力理解为正确的判断能力、透彻的理解能力、适当的推理能力，指出人的智力和其抽象思维能力成正比。有人从教育学的观点出发，认为智力是学习能力，学习成绩的好坏代表了智力水平的高低。如心理学家迪尔伯恩（W. F. Dearborn）就认为，智力就是学习的潜能。还有人从生物学观点出发，认为智力是适应新环境的能力。如美国心理学家桑代克（E. L. Thordike）认为，智力是指个体有意识地以思维活动来适应新情境的一种潜力。美国《教育心理学》杂志在 20 世纪 20 年代和 80 年代曾两次邀请当时研究智力的著名心理学家对智力问题进行讨论，但都无法达成关于智力的统一认识。

除了专家的看法，一般人对智力也多少有所认识。美国心理学家斯腾伯格（Sternberg）在 1981 年曾对 140 位专门研究智力的心理学家和 476 位普通人进行问卷调查，了解他们对智力概念的认识。结果发现，专家对智力内涵的认识多集中在语文能力、解决问题能力和实践能力等方面。普通人对智力内涵的认识则集中在解决问题能力、语文能力和社会能力等方面。由此可见，普通人与专家的意见相当一致。

现在，我国的心理学家大多认为，智力（intelligence）就是个体顺利地完成某种活动所需要的各种认知能力的有机结合，是个人有目的地行动、合理地思考、有效地应付环境的一种综合能力。

相关链接 6－1

智力的大众观点——内隐智力

对智力本质的认识不仅要考察专家的观点，对一般大众的智力观点的考察也有利于我们理解智力。内隐智力是指在人们日常生活中形成的，并以某种形式存在于人们头脑中的关于智力的概念。1981 年，美国心理学家斯腾伯格等人开展了对美国公众的内隐智力研究。他们以面试或邮寄的方法向476 名普通人发放问卷，请他们列出“智力”“学业智力”“日常生活智力”和“非智力”的行为特征，并将收集到的这些“智力行为特征”的重要性或与理想中聪明人的符合程度进行评定，对评定的结果进行因素分析，结果获得了美国公众的3 个内隐智力结构：①实际问题解决能力，如清晰地演绎并带有逻辑性、认识到观点之间的联系、看到问题的各个方面等能力；②言语能力，如清晰正确地表达、阐述、交流的能力；③社会能力，如按其本来面目接受外界事物，勇于承认错误，向别人展示自己对世界的兴趣等。

我国心理学家张厚粲等（1994）通过对北京市居民的调查，发现公众对“高智力成人”的看法可聚合成三个特征群：①以逻辑思维为核心的思维开放性特征群；②与认知过程密切相关的特征群；③非认知特征群。

大众所持有的智力观念往往还受到职业活动、专业训练等的影响。Fry 通过对来自加拿大、美国城乡的250 名教师的调查，发现不同类型的教师所注重的智力因素是不同的。小学教师更侧重于诸如友善、遵守法纪、认同他人、接纳他人等社会能力因素，中学教师更强调语言流畅、生动等言语能力因素。大学教师则更重视推理、逻辑思维等问题解决能力的因素。刘百里（2008）的研究发现，中小学教师的内隐智力观念中主要包括知识学习和创新能力、社会适应能力、一般认知能力、自我控制和计划能力、求知能力、人际能力六种因素；中学教师与小学教师在内隐智力观念上存在较明显的差异，小学教师较注重认知因素，中学教师较注重社会适应能力。

二、与智力相关的几个概念

（一）能力

能力（ability）是直接影响活动效率，保证顺利地完成活动所必备的心理特征。能力总是和活动及活动的效率相联系的，是保证活动取得成功的基本条件，但不是唯一条件。人的能力多种多样，可以分为一般能力与特殊能力、模仿能力

与创造能力、优势能力与非优势能力等。

对于智力与能力之间的关系，心理学家们有着不同的看法。我国心理学界和苏联的心理学家，对两者之间的关系一般持的是“从属说”的观点，即认为智力是从属于能力的，是能力中的一种，或者说就是能力中的一般能力，即完成大多数活动所必须具备的能力。西方心理学界则对两者之间的关系多持“包含说”的观点，即认为在智力中包含着各种具体的能力，能力是智力的具体组成成分；也有心理学家对智力与能力的关系持“知行独立说”的观点，认为智力主要影响认知方面的表现，能力则主要影响操作方面的表现。

（二）知识

在日常生活中，智力与知识常常被混淆，很多时候人们会用知识的多寡来评价智力的高低。智力与知识实际上有着重要的区别。首先，两者属于不同范畴的概念。知识是人类社会实践经验的概括和总结，主要存在于社会系统中。智力是一种个性心理特征，是具体操作动作方式的内在心理因素。其次，知识和智力的概括水平不同。知识是对事物和现象的属性、联系和关系的抽象的、系统的概括。而智力是对调节人的认识活动和行为方式的心理活动功能的较高水平的概括。再次，智力和知识的发展是不同步的。智力发展较慢，知识掌握较快。知识可以随年龄的增长而不断增加，但智力不可能随年龄的增长不断增长。

智力与知识有区别，两者之间也存在密切的联系。智力是在掌握知识的过程中形成和发展起来的，学习知识是发展智力的重要途径。掌握知识又以一定的智力为前提，人能掌握什么样的知识，对知识的掌握达到什么样的深度，和个体的智力水平密切相关。

三、智力理论

所谓智力理论，是指心理学家对人类智力所做的理论性与系统性的解释。通过这些理论解释，对于深入理解智力的本质，设计出科学的智力测量手段，拟订科学的智力培养计划，都有重要的意义。正如对智力的定义存在诸多分歧，心理学家们对智力的构成也提出了不同的理论解释。

（一）智力的因素说

生活中我们很容易发现，有些人具有科学天赋，有些人擅长人文学科，还有些人在艺术、体育等领域表现出众。你也许认识一位很有艺术天赋的学生，但他在数学上表现不佳；或者你认识一位数学成绩优异的同学，但他并不擅长文学讨论。面对这些现象，我们也许会产生出这样的疑问：人的心理能力如此多样，用智力这样一个概念能否涵盖其全部？我们在智力测量中得到的一个简单数字能否对智力进行准确量化？

为了弄清楚是否存在一种贯穿于我们的多种心理能力之间的一般能力，心理学家们开始用因素分析的方法研究各种能力之间的关系。因素分析是一种统计技术，能够使研究者确定那些测量同一种能力的项目之间是否有关联。例如，在词汇项目上表现好的人通常在段落理解上表现也出色，这类项目就可以界定言语智力因素。

1. 双因素理论

英国心理学家斯皮尔曼（Spearman）较早地运用因素分析的方法进行智力研究，提出了二因素论的观点，这是最早对智力进行系统解释的理论之一。斯皮尔曼认为人的智力由两种因素构成：一般因素（G 因素）和特殊因素（S 因素）。人完成的任何一种作业都是由 G 和 S 两种因素决定的。一般因素是个人的基本能力，也是一切智力活动共同的基础。虽然人们都有这种能力，但每个人具有这种能力的大小是不同的。特殊因素是个人完成各种特殊活动所必须具备的能力。个人具有完成某种活动的特殊因素，不一定具备完成其他活动的特殊因素，换言之，各人的 S 因素既有大小的区别，也有有无的区别。不论个人有几种 S 因素，这些 S 因素之间，可能彼此互相独立，也可能彼此有些重叠，但是它们必定都含有一部分的 G 因素。斯皮尔曼还认为，G 因素是能力结构的基础和关键，它代表一般的心理能量，相当于生理能量，各种智力测验的目的就是通过广泛的取样来求得 G 因素。

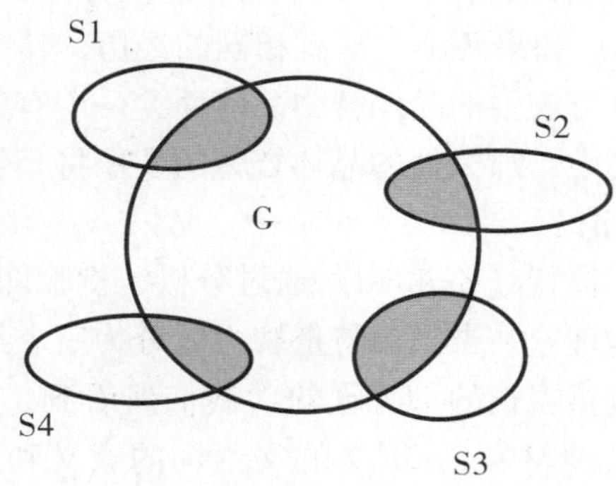

图 6－1　智力的二因素说模型

斯皮尔曼的理论简单明确，为智力测验技术提供了理论依据。近半个世纪以来智力测验的理论绝大多数是根据这个理论建立起来的。但是，这个理论也有局限性，它强调一般因素和特殊因素的区别，并将它们绝对对立起来。其实一般因素和特殊因素也是相互联系的，在一定条件下是可以相互转化的。

2. 群因素理论

通过单一智力分数来表示一般心理能力的想法在斯皮尔曼时代就是有争议的。反对者们提出群因素理论的观点，用以解释智力的构成。群因素理论认为智力可以被描述为一群数量不多而地位平等的因素。1938 年瑟斯顿（Thurstone）用由 56 个测验组成的一组测验对 218 名大学生进行测验，然后用因素分析法求得智力由 7 种因素构成，他把这 7 种因素称为 7 种基本心理能力，包括：①词的理解力：了解词的意义的能力；②语词运用能力：拼字正确迅速和词义联想敏捷的能力；③计算能力：正确而迅速地解答数学问题的能力；④空间知觉能力：运用感知经验正确判断空间方向及各种关系的能力；⑤记忆能力：对事物强记的能力；⑥知觉速度：迅速而正确地观察和辨别的能力；⑦推理能力：根据已知条件进行推断的能力。但是有研究者对瑟斯顿的研究结果进行分析时发现了一个趋势，那些在 7 个因素中某一个上表现优秀的人，在其他几个因素上的表现往往也同样出色。因此研究者认为这些证据仍然可以证实 G 因素的存在。

3. 液体智力与晶体智力

美国心理学家卡特尔（Cattell）采用更为先进的因素分析方法，将一般智力分为两个相对独立的成分，他将其称为液体智力和晶体智力。卡特尔认为，液体智力是一个人生来就能进行智力活动的能力，即学习和发现复杂关系、解决问题的能力，它依赖于先天的禀赋；而晶体智力则是一个人通过其液体智力所学到的并得到完善的能力，是通过学习语言和其他经验而发展起来的。液体智力能帮助人们处理新奇的、复杂的问题，晶体智力则帮助人们更好地应对自己的生活和具体问题。晶体智力依赖于液体智力。如果两个人具有相同的经历，其中一个有较强的液体智力，那么他将发展出具有较强的晶体智力。然而，一个有较高液体智力的人如果生活在贫乏的智力环境中，那么他的晶体智力的发展将是低下的或平平的。

（二）三维结构理论

美国心理学家吉尔福特（Guilford）通过分析、检验许多与智力有关的任务，提出了智力的三维结构理论。吉尔福特把智力区分为三个维度：内容、操作和产物。智力活动的内容包括视觉的，听觉的（我们所看到、听到的具体材料），符号的（字母、数字及其他符号），语义的（语词的意义和观念），行为的（本人和他人的行为）。它们是智力活动的对象和材料。智力操作指智力的加工活动，它根据所给予的信息内容进行加工，包括认知、记忆、发散式思维、聚合式思维和评价等形式。智力活动的产物是指智力加工所产生的结果。这些结果可以表现为单元、类别、关系、系统、转换和蕴含。这三个维度中每一种因素的独特结合，就构成了一种具体的能力，因此，人的智力中包含了 150 种（即 5 ×5 ×6）具体的能力。吉尔福特的智力三维结构模型同时考虑到了智力信息加工的内容、操作和产物，这不仅有助于智力测验研究工作的深入，也有助于发现优势能力和非优势能力，对因材施教也是有益的。

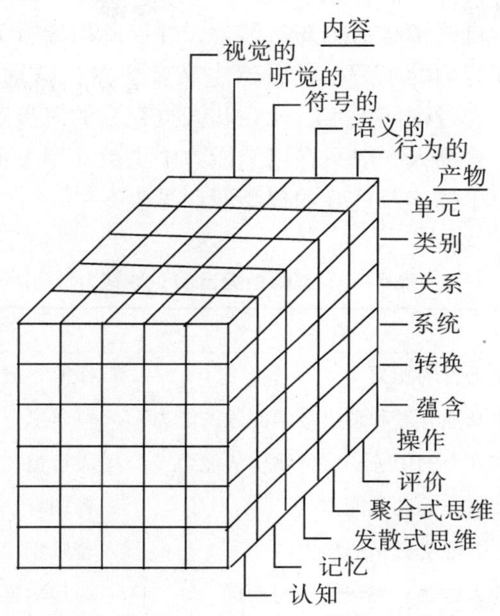

图6-2 吉尔福特的智力三维结构模型

（三）多元智力理论

将智力定义为G因素一直充满争议。例如在生活中我们常会看到，一个孩子可能数学成绩不佳但能熟练地弹奏钢琴，另一个阅读成绩很好的孩子在处理人际关系方面却表现糟糕。电影《雨人》中“雨人”的原型金·皮克（Kim Peek）等的极端案例也让人们看到一个人身上同时拥有极端的智力优势与劣势的情形。这些观察的结果让心理学家们相信，必须提出新的、涵盖面更广的智力定义，以更好地预测个体在真实世界中获得成功的可能性，而不仅仅是在学校中获得成功的可能性。美国哈佛大学的心理学教授霍华德·加德纳（Howard Gardner）提出的多元智力理论，就是这类观点中的一个代表。

加德纳认为，智力是在某种社会或文化环境的价值标准下，个体用以解决自己遇到的真正的难题或生产及创造出有效产品所需要的能力。他认为智力不是一种能力而是一组以相对独立的形式存在的能力。加德纳提出构成多元智力的基本内容有：①语言智力：对词的声音、节律和意义的灵敏性，以及对不同语言功能的灵敏性；②逻辑—数学智力：洞悉能力和灵敏性、逻辑和数学模式，把握较为复杂的推理；③空间智力：准确知觉视觉—空间世界的能力，对人的最初知觉进

行操作转换的能力；④身体—运动智力：控制身体运动和有技巧地运用物体的能力；⑤音乐智力：产生和欣赏节奏、音高的能力，对不同音乐表达能力的欣赏；⑥人际关系智力：对其他人的情绪、气质、动机和期望的辨认与恰当反应能力；⑦自我认识智力：对自己情绪的感知、区分，并以此指导行为的能力，对自己的力量、弱点、期望和智力的了解；⑧自然主义者智力：识别大自然模式的能力；⑨存在主义者智力：通过询问人生、死亡和人类存在的终极现实的问题，看到人类世界重点的能力。普通人一般只在以上能力中少数几个方面发展较强。加德纳提出的9种智力的简单描述及适合的典型职业见表6-1。

表6-1　加德纳提出的9种智力

智力类型	描述	典型职业
语言	运用语言的能力	作家、演讲家
逻辑—数学	有逻辑地思考和解决数学问题的能力	科学家、工程师
空间	理解在空间中怎样定位物体的能力	飞行员、艺术家、航海家
身体—运动	控制身体运动的能力	舞蹈家、运动员
音乐	作曲、演奏音乐的能力	音乐家
人际关系	对他人敏感、理解他人的动机	心理学家、管理者
自我认识	理解情绪以及情绪对行为的影响	各种以人为本的职业
自然主义者	识别大自然模式的能力	农民、景观设计师、生物学家
存在主义者	通过询问人生、死亡和人类存在的终极现实的问题，看到人类世界重点的能力	哲学家

如果加德纳的多元智力理论是正确的，那么传统的智商测验所测量的其实只是实际智力的一部分，即语言、逻辑—数学、空间等智力。从这个意义上说，我们的教育也许正在浪费人类巨大的潜能。多元智力理论提出后，许多学校已经开始利用该理论来开发学生更广泛的技能和才艺了。

当然，也有批评者质疑，把各种能力都总括在智力的概念之下真的有意义吗？某些技能（如语言、推理等技能）不是比其他技能更关键吗？他们指出，智力是心理能力，而那些我们不是想有就有的能力（如音乐和运动能力），更应该被看作天资而不是智力。

（四）成功智力理论

传统的智力测验评估的是学业智力，它们能很好地预测学业成绩，却不能很好地预测职业成就，因此是一种“惰性化智力”。美国心理学家斯腾伯格和加德纳一样，都承认多种能力有助于人的成功，但斯腾伯格更简洁地区分了智力的三个层面：分析、创造和实践，它们都代表有效操作的不同方面，这三者构成了成功智力。

分析性智力提供了人们可以应用于生活中许多熟悉任务的基础信息加工技能。这类智力是根据思维和问题解决过程中的成分或心理过程来定义的，强调比较、判断、评估等分析思维能力，在智力测验中可以用定义明确、只有一个正确答案的问题来评估。斯腾伯格认为有三种成分对信息加工至关重要：①知识获得成分，可以用于学习新的事实；②操作成分，作为问题解决的策略和技巧；③元认知成分，用于选择策略、监控认知过程以达到成功。

创造性智力指人们处理新异问题的能力，表现为对新情境的适应性反应以及新观念的产生，涉及发现、创造、想象、假设等创造思维的能力。

实践性智力反映在对日常事务的处理上，是处理意义不确定、往往有多种解决方法的日常任务所需要的智力。它包括对新的不同环境的适应，选择合适的环境以及有效地改变环境以适应人们的需要等应用知识的能力。

成功智力是一个有机整体，创造性智力帮助我们找对问题，分析性智力发现好的解决办法，实践性智力解决实际问题。只有这三个方面协调、平衡才能帮助人们取得成功。一个人要取得成功，不仅需要成功智力三个方面的素质，更需要知道在什么时候、以何种方式来有效运用这些能力。例如在科学研究中，创造性智力帮助我们形成一个新的理论，分析性智力让我们把假设的新理论与其他理论进行比较，实践性智力则让我们把科学原理运用于日常生活、社会实践中。

（五）情绪智力

我们在身边也许不难发现这样的朋友，他们在学校中很成功，成绩优异，但是在生活中，例如在获得更好的婚姻、成功地养育子女方面的表现往往并不佳。对于这种现象，部分的答案也许就是心理学家萨洛维和迈耶（Salovey & Mayer，1990，2002）所说的情绪智力。

情绪智力即知觉、表达、理解和调节情绪的能力。情绪智力包括四种主要成分：准确和适当地知觉、评价和表达情感的能力；运用情绪来促进思维的能力；理解和分析情绪、有效运用情绪知识的能力；调节和管控情绪，以促进情绪和智力发展的能力。迈耶等的研究表明，情绪智力水平与传统的智力测验结果只是略有相关，表明情绪智力和传统的智力并不相同。

研究人员已经发现，情绪智力对于日常生活有非常重要的影响。情绪智力高的人是能够自我觉知的，能够管理自己的情绪，不会令严重的抑郁、焦虑或愤怒控制情绪；他们能够为了追求长远回报而延迟满足，不被即刻的冲动支配；他们能读懂别人的情绪，知道如何回应别人的情绪，知道该如何鼓励同事、安慰朋友、解决冲突。总之，他们是情绪上的聪明人。

情绪智力被提出后已经获得了许多佐证，引起了强烈的社会反响，在教育、管理、商业等领域产生了积极的影响。

相关链接 6－2

白痴学者

在第六十一届奥斯卡金像奖评选中获得四项大奖的美国电影《雨人》描述了一对兄弟之间的手足之情。影片中哥哥的原型是美国人金·皮克，一个自闭症患者，其智商低于正常水平。金·皮克平日生活中的自主能力有限，无法处理生活琐事，缺乏与人沟通的能力，但他有着惊人的记忆力。哪怕只看过一遍的书，一年后皮克还能记得大部分的内容，在他的头脑中记住了至少 9 000 本书的内容。皮克知道美国所有的邮政编码和电话区号，数百首古典音乐的任意一段他一听就能说出音乐的作曲者、创作和首演时间等细节。像皮克这样智力测验得分低下，但是在某一个方面具有惊人才能的特殊个体，通常被称为白痴学者。

早在 1789 年，科学文献中就出现了有关白痴学者的记载——一位能够闪电般推算日期的富勒先生。当人们问他活了 70 年 17 天又 12 小时的人总共活了多少秒时，富勒花了 90 秒就得出了正确答案：2 210 500 800 秒。他把其中的 17 个闰年都考虑进去了。但是除了推算日期，富勒在复杂的数学上并没有什么好的表现。

白痴学者的出现为人们认识智力提供了特殊的视角，智力的结构是复杂的而非单一的，白痴学者就是智力结构发展不均衡的一种突出表现。

第二节　智力测量与智力差异

一、智力测量

（一）什么是智力测量

每个人的学习、生活表现都受到个体智力水平的巨大影响，在教育、人员选拔等过程中我们常常希望了解教育对象、候选人员的智力特点，并据此进行因材施教，做到人职匹配。为了客观、科学地了解人们的智力水平，心理学上常用的方法就是进行智力测量。

所谓智力测量，即用客观的、科学的方法对人的智力进行数量化的评价的过程。因为智力水平与人的工作效率、学业成就密切相关，因此在人才选拔、教育、临床等活动中人们都希望能对人的智力获得了解。为了评价人的智力，人类开展了许多的尝试，现在心理学上一般认为科学的智力测量始于 1905 年法国心理学家比纳和他的助手西蒙所编制的比纳—西蒙量表的使用。

（二）科学心理测验的要求

在心理测量中所使用的测量工具被称为测验或量表。在日常生活中，人们经常在报纸、杂志、互联网上看见许多所谓的“心理测验”或“智力测验”，这些“测验”的结果是准确可信的吗？心理学上认为，一个科学的、可信的智力测验应该要具备以下几个条件：

1. 具有较高的信度

所谓信度也称可靠性，指的是心理测验结果的一致性程度。使用一个测验，在不同时间对同一群被试进行反复的测量，其结果的一致性就反映了测验的信度。只有当一个测验具有较高的信度时（即反复测量的结果较为稳定），这样的测验才有可能是一个好的测量工具。大家可以想象一下，如果我们用同一把尺子量一张桌子的长度，第一次量是 1 米，第二次量却成了 2 米，那说明什么呢？肯定说明这把尺子有问题，因为用它进行测量的结果很不稳定，即缺乏信度，所以这把尺子一定不是一个好的测量工具。在智力测量中也是同样的道理。

2. 具有较高的效度

所谓效度也称准确性，指的是测验能有效地测量到它所宣称要测量的东西的程度，即测验目的的达成程度。一个宣称是测量智力的测验，它的内容是否真的是在测量智力而不是测量其他的心理特质呢？这是测验是否科学准确的关键因素，即测验的效度。如果一个语文老师要了解学生的语文水平，却给学生做了一份数学测验，那大家当然都觉得这个测验的成绩是不能反映学生的语文水平，即数学测验在了解语文水平上是没有什么效度的。如果在一个智力测验中有许多内容并不是反映智力特质的（如反映的是人格特点或者特定的知识经验），那这样的测验也不是一个科学的智力测验。

3. 具有恰当的常模

心理测验的结果都是相对的，无法确定绝对的零点，如在智力测验中，什么样的人是聪明的，什么样的人是愚笨的，这没有绝对的标准，只有相对的比较。因此在智力测验中确定相对的比较标准就相当重要。这种相对的比较标准就是常模。智力测验中一般以人群的平均得分和分数分布状况作为常模，只有具有了合适的、标准化的常模，我们才可以对智力测验的结果做解释。

4. 标准化

标准化是指心理测验在实施、评分时的一致性。这种一致性包括测验所使用的材料、对测验的指导、测验的时限、测验的情境以及在计分标准上的一致性，另外测验还应建立作为测验分数参照标准的常模。只有实现了测验的标准化，不同的接受测验的人的测验结果才可以进行比较。

参照以上几个标准，我们可以发现，日常生活中人们常见的很多所谓的“心

理测验”“智力测验”并不能满足这四个条件，因此这些“测验”的结果并不能用来对人的心理特质、包括智力特质做科学的评价。

（三）智力测量结果的表达形式

在智力测量中，最后是用一个数量化的结果来表示人的智力水平，随着智力测验的不断发展，用来表示人们智力水平的指标也在不断发生演变。

在最早的比纳—西蒙智力测验中，比纳创造性地提出了智龄的概念，以智龄作为衡量智力水平的指标。所谓智龄，即用相当于多少岁儿童的智力来表示一个儿童的智力水平。在比纳—西蒙量表中，不同难度的题目被分配到不同的年龄组中。当儿童可以完成某年龄组的题目时，我们就认为这个儿童的智力相当于该年龄儿童的智力。例如，一个 8 岁的儿童只能通过 6 岁组儿童题目的测验，则我们认为该儿童的智力只是和 6 岁的儿童相当，即其智龄为 6 岁。

智龄的概念容易为人们所理解，容易传达测验的信息。但是智龄这个指标不方便对不同年龄儿童的智力相对水平做比较，而且不具有相等的单位（同是智龄相差一岁，从 6 岁到 7 岁的差距显然要比从 14 岁到 15 岁大）。因此当 1916 年美国斯坦福大学教授推孟对比纳—西蒙量表进行修订，发表了斯坦福—比纳测验时，一个重大的改变就是引入了智商的概念。智商这个概念来自于德国心理学家斯腾（Stern）所提出的心智商数，即以智力年龄除以实际年龄的商数（MA/CA）。推孟将心智商数改名为智商，并扩大 100 倍以消除小数，即：

$$IQ = \frac{MA}{CA} \times 100$$

因为这种智商是根据智力年龄和实际年龄的比率计算得出，所以也称为比率智商。比率智商的提出，方便了对智力的相对水平的比较。但是比率智商有一个假设前提，即智力年龄是和实际年龄一起增长的。而心理学的研究表明，这个假设并不成立，人的智力水平并不会随年龄的增长而不断增长，人的智力都有一个增长、高峰、衰退的发展过程。因此比率智商只适用于对处在增长期的儿童的智力进行衡量，当用于对成人的智力进行解释时，就会得到一些不合理的结论。为了解决这个问题，美国心理学家大卫·韦克斯勒（David Wechsler）1939 年在编制韦克斯勒—贝勒维智力测验时，率先引入了离差智商的概念来表示智力水平。离差智商的原理是把各年龄段个体的智力看作正态分布的，其平均数就是该组个体的平均智力，定为 100（如图 6－3）。某一个体的智力水平则以他的得分与平均数之间的距离来表示，这个距离以标准差为单位来进行计算，即：

$$IQ = 100 \times 15\,\frac{XM}{S}$$

在公式中，X 是某个体的得分，M 是年龄组的平均分，S 则为该组被试得分的标准差。

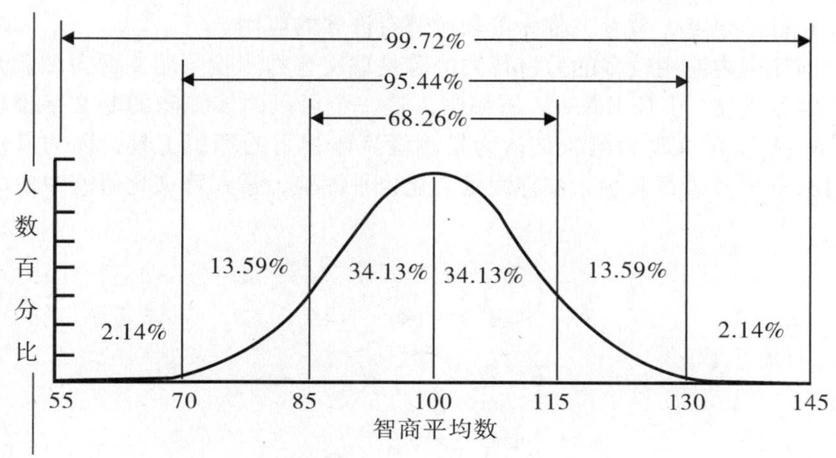

图 6－3　智商的正态分布

离差智商比较好地解决了智龄、比率智商在衡量智力水平时所存在的问题，成为现在智力测验中普遍使用的智力分数形式。

（四）常见的智力测验形式

科学的智力测验从 1905 年诞生以来，经过一个多世纪的发展，产生了众多的测验形式。从测验的实施方法上看，有个别测验也有团体测验；从测验的材料上看，有语言文字测验也有非语言文字测验；从测验的反应方式上看，有纸笔测验也有操作测验。其中，韦克斯勒智力测验是一种较为权威、经典的智力测验。

韦克斯勒—贝勒维智力测验是由美国心理学家大卫·韦克斯勒所编制的系列智力测验，共包括幼儿、儿童、成人三套测验，其适用的年龄段各不相同且相互衔接。韦克斯勒—贝勒维智力测验的构成形式大致相同，都是由不同的分量表和分测验所组成，例如在最新的韦氏儿童智力测验第四版（WISC－IV）中，就包括了四个分量表、十四个分测验，其内容如表 6－2 。

表 6－2　韦氏儿童智力测验第四版（WISC－IV）的构成

分量表	言语理解	知觉推理	工作记忆	加工速度
分测验	类同 词汇 理解 常识	积木 图画概念 矩阵推理 填图	背数 字母—数字序列 算术	译码 符号检索 划消

韦克斯勒—贝勒维智力量表只能个别施测，对个体的智力进行比较多层次的分析，在科学研究、教育、临床等领域都有许多的应用。

目前在国内应用较多的另一智力测验是瑞文智力测验。瑞文智力测验是由英国心理学家瑞文（J. C. Raven）所编制，是一个可以团体施测的非文字推理测验（如图 6－4）。瑞文智力测验被认为是测量流体智力的理想工具，因为其使用的测验材料不涉及语言文字，被称为是文化公平测验，常在跨文化研究中使用。

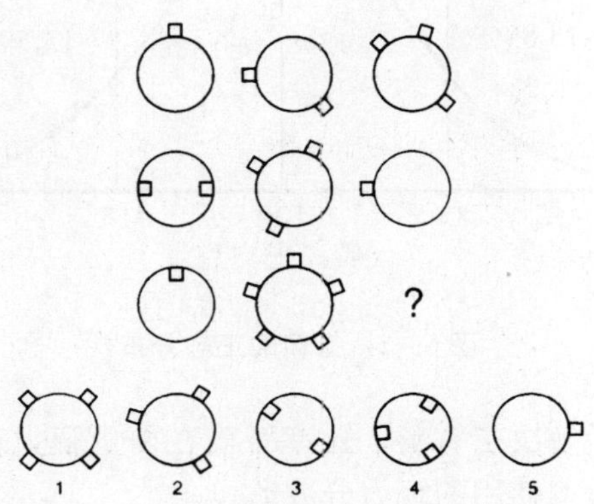

图 6－4　类似瑞文测验的例题

二、智力差异

心理学的研究表明，个体的智商是相对稳定的。在人群中，智商是呈正态分布的，各智商水平的个体占人口的比例大致如表 6－3 所列。

表 6－3　智商的分布与分级

智商	人口百分比	分级
130 以上	2. 2	非常优秀
120 ~ 129	6. 7	优秀
110 ~ 119	16. 1	中上
90 ~ 109	50	中等
80 ~ 89	16. 1	中下
70 ~ 79	6. 7	近愚
70 以下	2. 2	智力缺陷

从表6－3中可见，智商高于130或低于70的个体在全人口中很少，大概各占2%左右，心理学上分别称其为智力超常和智力落后。对这些特殊群体的研究，有利于我们更好地认识智力，为教育、智力开发等工作提供依据。

（一）智力超常

智力超常是指智力发展优异，远超同龄人一般智力水平的表现。智力超常者具有观察事物细致、准确；注意集中而稳定，范围较广；记忆迅速准确巩固；富于想象力；思维灵活，有创造性等特点。在过去，人们认为这种智力超常的儿童是天降神赐的，故称为神童。20世纪前，西方学者中智力天赋遗传论的观点占优势，所以智力超常者也被称为天才。

20世纪初，美国心理学家推孟较早地开展了对超常儿童的研究。推孟把智商达到140以上的儿童称为超常儿童。但也有心理学家认为，不能仅凭智商分数判断儿童是否属于智力超常。如吉尔福特提出智力的三维结构理论，认为智力测验不能有效测量儿童的创造力这一智力超常者应有的重要特征。美国教育心理学家伦朱利（Renzulli）则提出了天才的“三环”概念。这种概念把天才描述为三个维度：能力、创造力和任务执着。根据这一观点，被认为是天才的个体，其智商需要在平均水平之上，需要有高水平的创造力，并对于特定问题或特定领域表现出高水平的执着（如图6－5）。

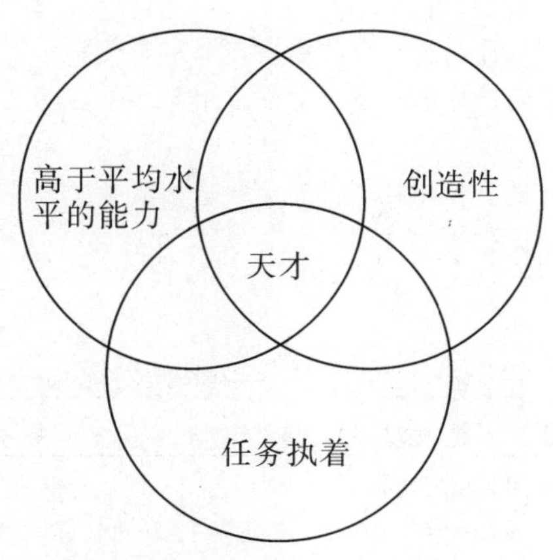

图6－5　天才的“三环”概念

从1921年开始，推孟对筛选出来的1 500多名智商超过135的超常儿童进行了跟踪研究。结果发现，这些智力超常者大多数接受了高水平的教育。到1950年，这一群体的800名男性被试中有78人获得博士学位，48人得到医科学位，85人得到法律学位，74人正在或曾在大学任教，104人担任工程师，47人入选《美国科学家年鉴》。这些人数的比例都比普通人群中的相应比例高了几十倍。

由此可见高智商在人的成就取得中有巨大作用。

当然，高智商并不是获得必然成功的保证。在推孟的研究中，也有约20%的被试成年后取得的成就的水平并没有超出一般人的水平。有些被试长大后成了罪犯、失业者或适应不良者。成功与成功者的区别在哪呢？推孟的被试中大多数成功者的家长都受过良好教育，注重学习，并鼓励孩子也成为这样的人。超常者中成功的人有高度的掌握知识的决心，有学习的恒心和动机，力求做到最好，能够坚持到底。可见，超常儿童的成功与生活条件和儿童的个性特点有很大的相关。

相关链接 6－3

对智力超常者的常见误解

日常生活中人们对智力超常者的许多成见已被心理学研究证明是错误的。

误解一：超常者往往是奇特的、社会退缩的人。

事实：超常者往往社会适应良好，而且具有中等以上的领导才能。

误解二："早熟早衰"，超常儿童在成人期往往会失败。

事实：超常儿童在成人期后智商仍然在高分范围。

误解三：头脑聪明者往往体质差，身体虚弱，书呆子气。

事实：超常者的平均身高、体重和体质都高于中等水平。

误解四：越聪明的人越容易得精神病，天才都近乎疯子。

事实：超常者的心理健康记录好于平均水平，具有更强的抵抗心理疾病的能力。其心理调节能力都很强。

误解五：智力与成功没有关系，在实际工作中取得成就不需要高智力。

事实：推孟的研究中最惊人的发现就是那些超常儿童在以后所取得的成就。超常的智商与后来取得的杰出成就有高相关。

（资料来源：库恩，等．心理学导论——思想与行为的认识之路：第13版．郑钢，等译．北京：中国轻工业出版社，2014.）

（二）智力落后

智力落后指个体的智力水平显著低于同龄人的平均水平（智商低于70），或在适应性行为方面有严重障碍。智力落后者往往具有知觉速度缓慢，范围狭窄，内容笼统贫乏；对词和直观材料的识记都很差，再现时发生大量的歪曲和错误，记忆保持差，难以回忆；语言出现迟，发展慢，词汇数量少；缺乏概括力等特点。

造成智力落后的原因主要有两类：一是家庭环境性智力落后。有30% ~40%的智力落后儿童找不到生物学方面的原因，他们往往生活在贫困的家庭中，缺乏营养、智力刺激、医疗条件和情感方面的照顾。这些人一般为轻度智力落后，智商在50 ~70。这类智力落后很大程度上可以通过改善营养、教育和儿童早期教养条件等加以预防。

另一类智力落后是器质性或生理性智力落后。分娩过程中由于缺氧等情况造成的产伤，由于疾病、感染或母亲滥用药物造成的胎儿损伤，儿童摄入重金属等毒素都有可能造成智力落后。还有的智力落后与基因变异有关，如唐氏综合征就是第21 号染色体变异（多出一条）的结果，其患者往往表现出程度不同的智力落后。

智力落后者在智力发展水平上有障碍，但大多数智力落后者在一定的帮助下是能够在主流社会中生活甚至自食其力的（见表6 –4）。智力落后者往往敏感并容易受到伤害。人们的支持、尊重、帮助会极大地增加智力落后者成为适应良好的社会成员的机会。

表6 –4　智力落后的水平

智力落后水平	智商分数	占落后人数的百分比	对生活的适应
轻度	50 ~70	80%	可以学会六年级水平的学业技能，成年后可在帮助下获得独立的社会与职业技能
重度	35 ~49	10%	可以学会二年级水平的学业技能，成年后可在保护性的工作场所里谋生
重度	20 ~34	3% ~4%	可以学会交谈，在精心照顾下可以从事简单的工作任务，但一般不接受职业培训
极度	20 以下	1% ~2%	需要持久的帮助与照顾

第三节　智力的发展

一、智力发展的一般特点

个体智力是会随年龄的增长而发生变化的，心理学上的研究表明，智力的发展表现出以下一些特点和规律：

（一）智力的发展是不均衡的

人的智力发展不是一个平稳的、匀速的过程，在不同年龄阶段，智力发展表现出了不同的速度和方向。研究表明，智力的发展可分为三个大的阶段：①增长期（0～17 或 18 岁），在这个阶段，个体智力的各个方面随着年龄的增长而快速增长；②稳定期（17 或 18～35 或 36 岁），随着年龄的增长，个体智力保持在一个较稳定的高峰水平，如年・贝利（N. Bayley）采用纵向研究的方法，发现智力发展的最高峰是在 26 岁，这个高峰一直持续到 36 岁；而沙依（K. W. Schaie）根据智力测验的结果，认为一般人的智力在 35 岁达到最高峰；③衰退期（35 或 36 岁以后），到了这一阶段，随着年龄的增长个体智力开始出现衰退，60 岁以后这种衰退变得较为明显（如图 6－6）。

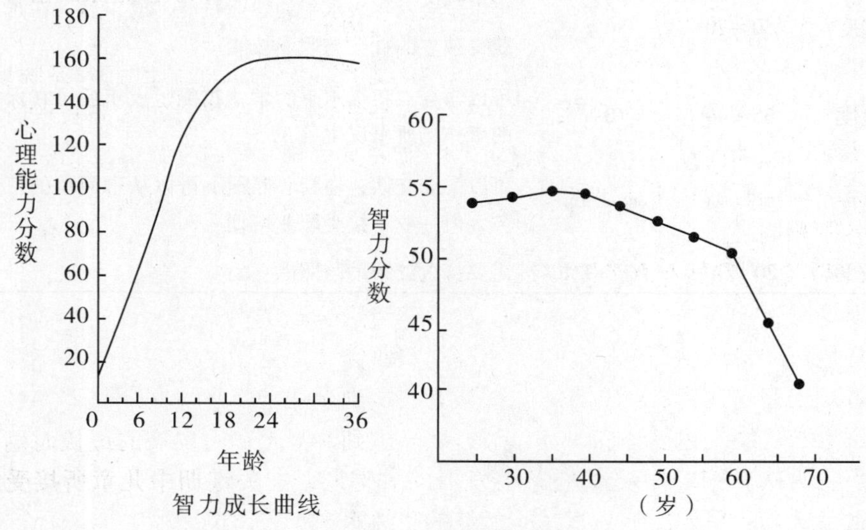

图 6－6　智力成长曲线

（二）各种智力因素的发展有差异

人的各种智力因素的发展不是齐头并进、同步发展的，各种智力因素间的发展是有差异的。一般而言，越复杂的智力因素，增长速度越慢，达到成熟的年龄越迟，衰退也比较晚；越是简单的智力因素，则发展越快，成熟越早，衰退得也比较早。另外，人的液体智力在中年之后有下降的趋势，而晶体智力在人的一生中却是稳定上升的（如图 6－7）。

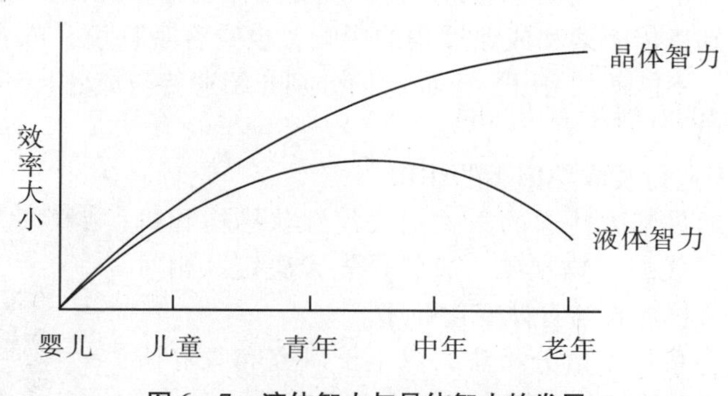

图 6－7　液体智力与晶体智力的发展

（三）个体间的智力发展是有差异的

人的智力发展有共同规律性，也有个别差异性，这种差异主要表现为：①智力发展水平的差异，即人的智力水平是不同的，人群中有智力超常者，也有智力落后者。②智力表现早晚的差异，即不同个体智力发展的速度不同，智力表现的时间早晚不一。有年龄很小就表现出较高水平的早慧的儿童，也有大器晚成者。③智力的优势类型表现的差异，同样智力水平的个体，其智力的优势表现所在可能是不同的，如通过韦氏智力测验，人们就会发现同样智商分数的儿童，有的长于知觉组织，有的长于言语理解，有的加工速度占优，有的短时记忆见长，优势表现各不相同。

（四）智力发展存在关键期

所谓关键期，是指在个体发展过程中环境影响起最大作用的时期，或者说个体对环境作用最敏感的时期。许多心理学家研究认为，人的智力发展是存在关键期的。瑞士著名儿童心理学家皮亚杰认为出生到 4 岁是智力发展的关键期；美国心理学家布鲁纳经过多年的研究认为，从出生到 5 岁是智力发展的最快时期；也有观点认为从 0～12 或 13 岁是智力发展的关键期。在关键期中儿童所接受的教育、社会文化环境的影响，对儿童最终的智力水平有重要的影响。

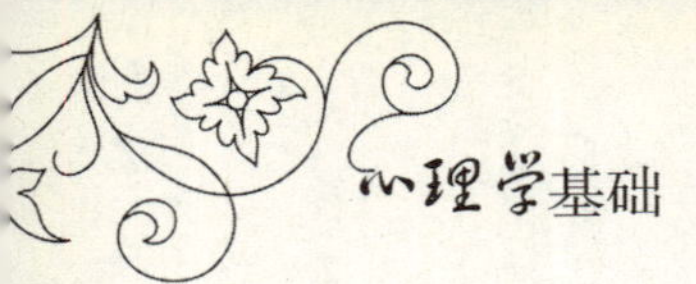

二、影响智力发展的因素

智力的发展主要是先天遗传的结果，还是后天教养的产物？血缘关系如何影响智力？早期的环境以及家庭因素在智力发展中到底起怎么样的作用？这些问题在智力研究中是人们一直争论的问题。在众多的争论中，人们所持的无非是三种观点：遗传决定论、环境决定论和遗传环境交互作用论。现在一般认为，个体的智力发展既受到遗传因素和成熟过程的影响，也受客观环境、教育因素的影响，两者交互作用，不能截然分开。下面我们分别介绍遗传与成熟、环境与教育在智力发展中的作用。

（一）先天遗传及成熟因素的作用

遗传就是通过基因传递的方式把父代性状结构和机能特点传递给子代的生物现象。成熟是先天决定。相对独立于环境的机体成长与身体变化顺序。

图6－8　弗朗西斯·高尔顿

心理学上一系列家谱分析法、双生子研究和收养研究等的结果，说明了遗传在智力发展中的重要性。

家谱分析法，就是选出一个具有某一特征（如低能或某种特殊才能）的对象作为指标，然后以这个指标为出发点，调查其家族史中出现相似特征的对象的数目。弗朗西斯·高尔顿（Francis Galton，1822—1911）是第一个用家谱分析法研究遗传与智力关系问题的人。他调查了1786—1868年的82年间英国的首相、将军、文学家以及科学家共977人的家谱，发现其中89个父亲、129个儿子、115个兄弟共333人也很有名望。而在一般老百姓中4 000人才产生一个有名望的人，即在名人亲属中同样成为名人的比例显著比普通人家庭中出现名人的比例高。因此，高尔顿很坚定地认为遗传因素对智力发展起着决定性的作用。

我们都知道，同卵双生子的遗传基因是完全相同的，而异卵双生子间遗传基因只有50%的相似性。因此可以通过考察同卵、异卵双生子在智力上的相关程度，揭示遗传因素在智力发展中的影响作用。基姆林（1981）对双生子的系统研究发现，不同性别的异卵双生子在同一环境下长大者，智力的相关系数平均为0. 50。同性别的异卵双生子在同一环境下长大者，智力的相关系数平均为0. 60；同卵双生子在不同环境下长大者，智力的相关系数平均为0. 75；同卵双生子在同一环境下长大者，智力的相关系数平均为0. 88。这一结果说明，无论是否在同一环境下长大，同卵双生子智力的相关都要高于异卵双生子，这在一定程度上说明了遗传完全一致的同卵双生子，其智力相关程度要高于异卵双生子之间的相关，遗传越相近，相关系数越高。国内学者的研究也发现了相似的结果。林崇德教授在1981年以24对同卵双生子（幼儿、小学生、中学生各8对）和24对异卵双生子（幼儿、小学生和中学生各8对，且同性异卵、异性异卵各占一半）的智力进行了研究，发现他们在运算测验能力和智力品质等方面存在差异，都呈现出遗传因子越相近，智力各个方面的相关就越高。

遗传能对智力发展产生的影响也可以从收养研究中得到验证。斯考尔等的研究发现，幼年时，被领养孩子的智商与他们的亲生父母有一定的相关（表明了基因影响），也与他们的养父母呈一定的相关（表明了共享的家庭环境的作用），但到了青少年时期，与亲生父母间的相似性仍然很明显，但是被领养者不再与他们的养父母在智力上相似（Scarr & Weinberg，1978），表明遗传对智力的影响作用。洛林（Loehlin）的研究表明，被收养儿童的一般智力水平和他们的亲生父母、养父母智力水平的相关分别为0.13与0.23，被收养儿童与养父母智力的相关要高于其与亲生父母的智力相关水平。在被收养10年以后，被收养儿童仍显示出与其亲生父母智力水平一定程度的相关，保持了原先的相关水平；但与养父母的相关下降到了0.05。这些研究表明，由于被领养的儿童与他们的亲生父母有相同的遗传基因，他们之间的智力水平相关能够保持不变，甚至是越来越高；而被领养儿童的智商与他们养父母的智商之间的相关却随着时间的推移而显示出不再相似。这些研究结果显示了遗传的影响作用。

（二）后天环境与教育因素的作用

生物遗传与成熟只提供智力发展的可能性，智力的发展还要受到个体所处的社会生活环境的制约，环境与教育因素是把这种可能性变成现实性的关键因素。

国内外的研究发现，早期环境对儿童智力发展有重要影响，早期环境刺激越丰富，对儿童的智力发展越有利，反之，则越不利。Gottfried等（1984）发现提供适当玩具对1岁儿童的智力发展有利，而提供刺激多元化的机会对2岁儿童的智力发展更为重要。万国斌采用HOME家庭环境量表及贝利婴儿发展量表为工具，对211名中6~8个婴儿进行了研究，发现家庭环境刺激质量对儿童智力发展的影响在婴儿期就已经存在。寄养的方式不同，如在幼儿园和学校，由于能够接受更多的信息，学习更多的知识，因而对儿童的智力发展是十分重要的。

家庭因素对智力发展的影响也非常大。家庭是儿童发展的第一个场所，父母是孩子的第一任老师，家庭及父母在儿童的成长过程中占据着重要的作用，家庭因素对儿童的智力发展也起着不可低估的作用。家庭环境可分为家庭物质环境和家庭心理环境两大类。前者主要指为儿童的发展提供所需的玩具、书籍等物质条件；后者指家庭为儿童提供的活动刺激、指导及家庭的一般心理氛围。一般来

说，丰富有益的家庭物质环境，可以为儿童的智力发展提供可能性，而积极健康的家庭心理环境，可使儿童获得安全感，心理活动较为稳定，情绪开朗稳定，从而使儿童更乐于接受教育。亲密的家庭感情会使儿童很重视家庭父母的分量，父母能对儿童产生感化作用，这些对儿童的智力发展都是有利的。

Sameroff 及其同事曾对影响儿童智力的家庭心理环境因素进行研究，结果发现，导致 4 岁儿童智商较低的 10 种危险因素中，有 9 种是儿童的家庭或家庭成员的特征。这 10 种危险因素都与儿童 4 岁时的智商有关系，而且多数因素对儿童 13 岁时的智商都有预测作用。影响儿童的危险因素越多，儿童的智商就越低（见表 6 – 5）。

表 6 – 5　与低智商相关的 10 种环境危险因素及是否处于危险环境的 4 岁幼儿的平均 IQ

危险因素	4 岁儿童的平均智商	
	处于危险因素中的儿童	未处于危险因素中的儿童
少数民族儿童	90	110
家长没有工作，或者只是技能很低的工人	90	108
母亲没有高中学历	92	109
家里有 4 个或 4 个以上的孩子	94	105
家庭中没有父亲	95	106
家庭经历多次应激生活事件	97	105
父母有严厉的育儿价值观	92	107
母亲高焦虑或压抑	97	107
母亲心理不健康或诊断为心理失常	99	107
母亲对孩子没有积极情绪	88	107

（资料来源：蔡笑岳，邢强，等. 智力心理学. 广州：暨南大学出版社，2012.）

教育被认为是影响智力发展的最主要的环境因素，儿童的教育程度、教育内容对智力发展的速度与水平都有着显著影响。在一项以 4 ~ 6 岁儿童为被试，考察早期教育对儿童智力发展影响的研究中，结果表明散居的儿童比上幼儿园的儿童智力低，两者差异显著。有人也从系统的研究中发现，散居、日托、全托三种幼教环境比较，日托儿童智力测验得分最高，全托组儿童次之，散居最差。这表明早期接受正规教育的儿童比没有接受正规教育的儿童智力发展表现要好。林崇德以中小学生为对象，开展了以思维品质来培养学生智力的实验研究。通过对被试实施思维品质训练的教学指导，并对照一般的教学，实验的结果显示：实验组被试和对照组被试在思维的敏捷性、灵活性、深刻性和独创性等方面存在差异，经过思维品质训练的被试明显优于对照组被试。此外，冯忠良以结构—定向教学理论为基础开展了对学生智力发展的培养研究，吴天敏的“动脑筋练习”实验研究，刘育明以费厄斯坦工具性强化训练法中的点的结构、分类和空间定向三部分为基础，对小学四年级的学生进行了实验研究。这些研究都一致地表明，教育上的训练对于学生的智力开发有显著的效果。教育对智力发展的影响甚至到成人期仍有表现。吴福元等（1984）对大学生智力发展进行了追踪研究。结果发现，经过两年的大学学习，40 名被试中有 39 名智商得到了提高。

综合以上认识，我们对影响智力发展的因素做出如下总结：智力发展是遗传与环境交互作用的结果。遗传因素与环境因素在智力发展中都非常重要，缺一不可。具体来说，遗传与成熟为智力发展提供了必要的生物前提、物质前提，提供了智力发展的可能性。而环境、教育因素则是把这种可能性变成现实性的主要影响因素。两者的作用可用图 6 – 9 做直观的说明。

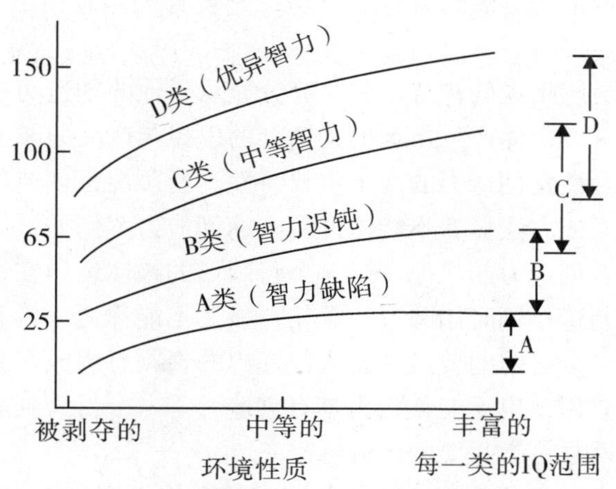

图 6 – 9　遗传与环境因素在智力发展中的作用

遗传与环境因素在智力发展中的作用也不是一成不变的。一般来说，越是简单的智力因素，如感知观察力，受遗传、成熟等因素影响更大；越是复杂的智力因素，如语言能力、抽象思维能力，环境、教育因素的作用就越明显。

第四节 创造力

一、什么是创造力

大家都熟知科学史上阿基米德发现浮力定律的故事。在古希腊，叙拉古城邦的国王怀疑金匠在制作王冠时用廉价的金属替换了黄金。国王命令著名的数学家阿基米德想一个办法，在不损坏王冠的前提下，验证王冠是否是纯金所制。阿基米德为了解决这个问题苦思冥想，考虑了各种可能的方法，但这些办法都必须切割或熔化王冠。阿基米德不得不暂时把这个问题放在一边。一天，阿基米德在洗浴时发现随着人进入浴池，水从浴池中溢出。他一下有了灵感，找到了解决王冠问题的办法。据说他当时激动得忘了一切，光着身子跑到街上大喊："我找到办法了！"

阿基米德的灵感出现的神奇一刻，充分显示了他的创造力。所谓创造力，是指就特定环境而言，个体产生新颖的和适合的思想与产品的能力。

新颖性和适合性是创造力的两个重要特性。新颖性是创造的基本要素，简单地重复现有的思想或方法显然不能体现出人的创造力。例如世界上最早发明车轮的人无疑是极富有创造力的，他是第一个将圆形的物体运用在运输中的人。但若今天一个工匠在制造车辆时用圆形的车轮，显然不能称之为具有创造力了。适合性是创造力中另一个必需的要素。若人们提出的新颖思想或产品并不符合客观规律，不具有社会效用，也不能称之为具有创造力。一个行为到底是荒诞之举还是神来之笔，适合性是一个重要的区分标准。

创造力对于人类十分重要。具有创造力的个体更容易取得较高的个人成就，具有创造力的民族更容易在社会发展、文明进步中取得领先。所以，研究创造力，寻找培养创造力的有效方法是心理学的一个重要任务。

二、创造力的评价

如何评定一个人是否具有较高的创造力呢？心理学研究认为，创造力是发散思维和聚合思维相结合的表现，因此人们常用测量发散思维和聚合思维的方法来评定人的创造力。

发散思维即对一个问题可以产生许多不寻常的想法的能力。发散思维的测量，常用一些灵活的、没有固定答案的，且要求反应具有敏捷性的问题。如：

①列举出砖的可能用途。

②尽可能多地说出白色方形可食用的物品。

③说出你能想到的球形物体有哪些。

对于以上几个问题，你会给出什么样的答案？

人们对这些问题的答案可以从三个维度来评价：

流畅性，即在一定时间内产生的想法的总数。答案数量越多，说明思维的流畅性水平越高。

灵活性，即产生的想法涉及不同领域、不同范畴的变通性。如一个人也许说出了诸如“篮球、足球、排球、网球”等很多球形物体，答案数量多，说明其思维的流畅性水平较高。但这些答案都是属于“体育器材”这个范畴，则该答案的灵活性并不高。

独创性，即在产生的想法中那些合理而别人不容易想到的答案有多少。例如，砖能盖房子这个答案是大家几乎都能想到的，其独创性水平就不高。一般少于5%的人能给出的合理答案被认为是独创性高的想法。

一个人的发散思维水平，需要综合以上三个维度来做出最后的评价。

要产生创造性的思想或产品，除了要利用发散思维得到各种灵活独创的想法，还需要对这些想法进行批评、选择、整合等，寻找最正确、合理的答案，这个过程中聚合思维十分重要。聚合思维是指整合不同来源的信息，从而解决问题的能力。如果个体能以某种方式整合信息、形成新颖的解决办法，他就被认为是富有创造力的。

远距联想测验是评价聚合思维的一项测验，该测验要求人们找出与给定词相关联的词。如：

①与以下三个词都关联的词是什么？小屋、瑞士、蛋糕。

②与以下三个词都关联的词是什么？花、朋友、跟踪。

对聚合思维的测量还可以集中体现在顿悟上。顿悟即问题解决方法突然出现在脑海中的情境。突然顿悟并找到新颖的问题解决方案的人被认为是富有创造力的。

三、高创造力的有利因素

富有创造力是十分重要的，那么什么样的人容易表现出高创造力呢？

生活中人们很容易有的一种想法是“聪明的人有创造力”。心理学上关于智力与创造力的研究表明，一定的智力水平对创造力来说是必要而非充分的条件。在一定的范围内，智力测验得分高的人往往在创造力测验中得分也高。但是，超出一定

水平（得分大约120）后，智力分数和创造力之间就不再相关。那些独具创造性的科学家、设计师、工程师们，在智力测验中的成绩往往并不比他们那些创造性较低的同事的成绩高。获得诺贝尔奖的物理学家理查德·费曼在获奖后查阅了其高中时的智力测验成绩，其IQ为124，这是一个算不错但不算非常突出的成绩。

在具有一定智力水平的前提下，以下几个因素对高创造力是有利的：

1. 专业知识

机遇只偏爱有准备的头脑，在某个领域中我们的学习积累越多，具有越丰富的专业知识储备，在解决问题时我们就越有可能以新的方式把我们所面对的材料进行组合，从而产生新颖有意义的成果。例如，阿基米德在解决王冠问题中表现出的高创造力显然是建立在其丰富的知识储备和长期的思考积累的基础之上的。

2. 富有想象力的思维技巧

想象活动在创造过程中扮演了重要的角色。很多创造性的成果出现之前，人们往往已经具有了相关的想象。想象活动对于创造活动具有动机激励、目标引领的作用。建立在丰富想象上的思维技巧，给个体提供了看待事物的新角度，能帮助个体重组认识，建立事物间的新联系，使人们能以新的方式重新界定、探索问题。因此，一个没有想象力的人是很难有创造力的。

3. 创造性人格

高创造力者往往都具有一些类似的人格特征：他们能忍受模糊和风险，对不同的经验，甚至荒谬的观点持开放的态度；他们在面对困难时能坚持不懈，具有承受失败的坚强意志；在工作中他们不会循规蹈矩、随大流或被别人的意见所左右，具有冒险精神，倾向于寻找新的经验，这让他们看起来有时候有点古怪或与众不同。

4. 内部动机

高创造力者在完成自己的工作时，不是为了应付一个即将到期的任务，不是为了哗众取宠，不是为了金钱等物质利益。高创造力者的工作动力，最重要的来自于创造性活动本身所带来的挑战以及完成活动时的愉快与满足。正如心理学家特雷萨·阿马比尔所指出的，“当人们感到主要是由工作本身的兴趣、愉快、满足与挑战所推动，而不是受外部压力所驱使时，他们是最具有创造性的”。

5. 创造性环境

人们的工作生活环境对高创造力有重要的影响。我们周围的家人、朋友、师长、同事对我们的指导、支持；我们的整个社会文化有更大的包容性，能接受不同的观点，不墨守成规，不追求“唯一的正确答案”，鼓励质疑，鼓励批判。这样的社会文化环境对创造性思想的出现提供了有利的条件。

四、怎样提高创造力

创造力非常重要，创造力是可以通过努力而提高的。如何才能更有效、更有创造性地解决问题呢？下面是帮助我们提高创造力的一些建议。

（一）打破心理定势，挑战假定

心理定势是一种心理活动的准备状态，它使我们在问题解决时有某些固定的倾向性，而无视了其他可能的问题解决方案。思维定势是创造力的重要障碍，它往往使人先入为主地看待问题，形成某些可能并不真实的问题假定，妨碍我们创造性地解决问题。

例如图 6－10 的两个问题，图 a 中有 9 个点，你的任务是一笔画四条直线贯穿这 9 个点。图 b 中有 6 根火柴，你的任务是要用它们组成四个大小相等的三角形，且三角形的边长要等于一根火柴棍的长度。

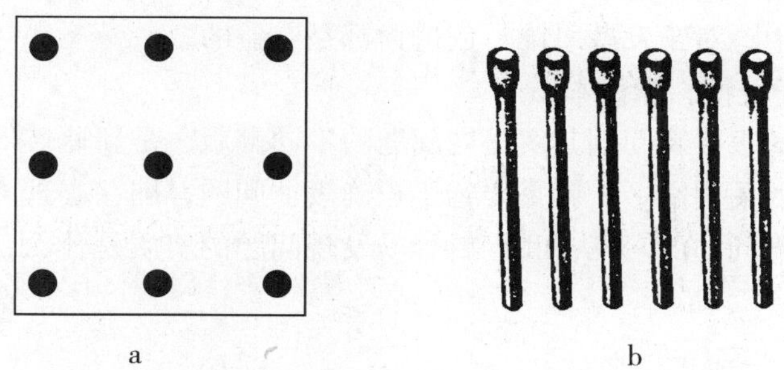

图 6－10　思维定势对问题解决的影响

你能解决这两个问题吗？有困难吗？如果你感到困难，不妨问一下自己：你对这两个问题做出了什么假定？这些假定合理吗？当你打破你的思维定势，摆脱了那些先入为主的假定时，你会发现这些问题并不难解决。

（二）扩展问题设定范围，用不同方式去陈述问题

扩展问题的设定范围，换一种方式去陈述问题是打破思维定势，产生创造性的成果的另一种有效办法。假如一所学校说要在教学区和生活区之间安一扇门，那我们可能得到的就是最普普通通的门。如果我们把问题扩展为设计教学区和生活区之间的一条通道，我们得到的方案可能会具有一定的创造性。如果我们把问题进一步扩展：把教学区和生活区做分隔的最好办法是什么？那真正富有创造性的方案就会由此产生。

所以，在生活中，很多富有创造性的新产品的诞生都是扩展了问题的设定范

围，换个角度去看问题的结果。一个小组的设计师曾接受了设计一种新的开罐头盒的工具的任务，在讨论的过程中，设计者们不是只想着用于开罐头的某种东西，而是想着罐头怎么开最方便。在讨论"开"这个概念时，有成员提出，有些自然界里的物种就有自己开的方式（如成熟的豆荚会裂开）。受此启发，这个小组发明了易拉罐，一种不需要使用开罐头的工具，随手就能拉开的产品包装形式。

（三）广开思路，多纳信息

发散思维是创造力的主要成分，只有广开思路，充分接触各种信息，思考各种可能，才有可能产生有创造性的产品。如何做到广开思路呢？有心理学家提出一种简便易行的策略，即随意翻看词典中的词，并将这个词与你当前要解决的问题进行联系，这可能就会激发灵感。例如，现在你需要提出一个清理海滩油污的新方法，但是你的头脑中一片空白。你可以翻开一本词典，随意选出一些词，如杂草、泡沫、放大、飘逸、链子等，尝试着在一个词与清理油污之间建立联系，看看能否产生出一些新的思路。平时看看报纸，浏览不同的新闻，将自己置于各种丰富的信息中，对于发散思维、创造力都是有益的。

（四）善于表征，抓住本质

我们遇到的很多新问题其实是老问题的不同翻版，是新瓶装旧酒。因此创造性地解决问题的关键之一，就是要善于正确表征问题，即在心理上对问题做正确的表达。通过对问题的表征，我们就容易发现问题的实质是什么，并找到有效的解决方案。

例如像下面这个问题：

一个和尚早上8点开始上山，一路上休息了几次，走走停停，下午6点到达了山顶。在山顶的寺庙中休息一晚后，第二天早上8点这个和尚开始沿原路下山，同样是走走停停，在下午6点到达了山脚。问题是：这个和尚是否会在两天中的同一个时刻经过同一个地点？

你的答案是什么呢？也许你在犹豫。但是我们可以告诉你，答案是肯定的。如果你一时还无法理解为什么，你可以想象一下，两个人，一个在山脚，一个在山顶，早上8点同时相向而行，那么会发生什么情况呢？显然这两个人一定会在某一点相遇。所以答案是肯定的，这个和尚一定会在两天当中的同一个时刻经过同一个地点。

这个问题的解决，就是变换了一下问题的表征方式，这样我们就更容易看到问题的本质，从而能有效解决问题。

（五）标新立异，敢于冒险

敢于标新立异也是从事创造性工作的重要条件。一些不寻常的、独具匠心的思想最初可能会受到众人排斥，所以，在这种思想没有被广泛接受之前，一个富有创造力的人要表现出坚韧不拔的意志，有时还要有点儿冒险精神。现在，许多办公室里到处都贴着不干胶便签。一开始，那位发明不干胶的工程师在无意中发现，他调和出的一种胶的黏性很差，但他并没有立刻丢掉这个配方，而是极具创造性地应用了这种胶粘上后又能拉开的特点。后来，他花了很长时间去说服别人，使厂家相信这种黏性差的胶同样会成为有用的产品。可以想象，假如那位工程师没有标新立异的精神，我们今天的工作中可能就少了一样很便利的工具了。

（六）留出时间，充分酝酿

创造性思想的诞生需要时机，在创造性活动中，当发现一时不能有效解决问题时，如果将问题搁置一段时间，然后再回头去解决，往往问题解决的效率更高，这种现象称为酝酿效应。在酝酿期间，个体虽然在意识层面上终止了解决问题的思维过程，但其思维过程并没有完全终止，仍然在潜意识中断断续续地进行着。通过酝酿，最近的记忆和已有的记忆被整合在一起，弱化了心理定势的效应，特别是遇到与问题有关的外部线索，酝酿过程会特别有成效，让人们容易激活比较遥远的思维线索，产生对问题的新看法，使问题得以顺利解决。

有心理学家用实验说明了酝酿的效应。给被试提出一个经济项链问题：你面前有四条小链子，每条链子有三个环。打开一个环要花 2 分钱，封合一个环要花 3 分钱。开始时所有的环都是封合的，你的任务是要把这 12 个环全都连接成一条闭合的大链子，但花钱不能超过 15 分钱。实验中三组被试都用半小时来解决这一问题。第一组，半小时中有 55% 的人成功解决了问题；第二组，在半小时解决问题的过程中插入半小时做其他事情，结果有 64% 的人成功解决了问题；第三组，在半小时中插入四小时做其他事情，结果有 85% 的人成功解决了问题。在实验中，要求实验者大声说出他们解决问题的过程，结果发现第二、三组被试回头解决问题时，往往是重新开始，而不是接着之前的步骤。因此，可以认为酝酿过程打破了不恰当的思路，促进了新思路的产生。

（七）鼓励自由表达，暂缓评价对错

心理学研究表明，在问题解决时给予解决者充分的自由，鼓励其寻找各种可能方案而不需要担心受到别人批评时，人们的创造力得到最大程度的发挥。在创造性活动中不要轻易否定自己的努力是很重要的，人们总担心自己解决方法的正确性会妨碍其创造力。头脑风暴法是根据这一原则设计出来的、有助于提高人们创造力的一种问题解决方法。

头脑风暴法是在团体进行问题解决时常用的一种方法。这种方法的基本特点就是在问题解决过程中鼓励每个人尽可能多地提出自己的看法，而不必顾忌别人的批评，只有到了头脑风暴的最后，各种问题解决的方案才会被评估。

要保证头脑风暴的成功，必须遵循以下原则：①在头脑风暴过程中严禁对任何观点进行批评，评价只能在临近结束时进行；②鼓励人们修改自己的观点或将自己的意见与别人的想法结合起来，取长补短；③想法多多益善，在头脑风暴前期，观点的数量比质量更重要，由量求质；④鼓励标新立异，充分发挥大家的想象力；⑤记录好人们提出的各种观点，在头脑风暴后期改进和完善最有价值的观点。

头脑风暴法的实质就是将提出思想和评价这些思想的过程相分离，在开始提出一个想法时，人们不需要考虑逻辑性、正确性、实用性等标准，每个人都自由发挥，由此会产生一种相互激发效应，有利于产生出富有创造性的思维成果。

相关链接 6－4

创造力与疯狂

生活中人们对富有创造力者常有一种刻板印象：天才都近乎疯子，他们生活在疯狂的边缘或在生活中有疯狂的体验。事实真的如此吗？心理学家罗伯特·维斯伯格研究了作曲家罗伯特·舒曼的艺术作品。这位艺术家患有躁狂—抑郁的双相障碍。根据一些数据，创造力与疯狂之间似乎是有联系的，舒曼在躁狂时期创作的作品数量比他在抑郁时期创作的作品要多很多。但是在分析了作品的质量后，这种联系就不存在了。舒曼在躁狂时期的作品并不比抑郁时期的作品质量高。对其他一些历史人物的回顾我们也发现，创造力和疯狂之间的关系很小。有一些研究认为创造力与某些心理疾病（例如双相障碍）之间存在着弱相关，然而相关关系并不表示因果关系。这可能是由于某种形式的心理疾病使人们变得更加有创造力，也有可能是希望变得更有创造力的努力使人们患心理疾病的可能性增加了，还有可能是个体脑部的某些特征使得他们有更高的创造力，同时也更容易患心理疾病。总之，高创造力与疯狂之间可能并不存在因果关系，天才都近乎疯子更多的是一种生活中人们以偏概全的刻板印象。

复习思考题

1. 什么是智力？对智力与能力的关系有哪些不同的看法？
2. 斯皮尔曼和卡特尔的智力因素论有什么区别？
3. 加德纳提出的多元智力理论包括哪些类型的智力？
4. 举例说明成功智力的三个层面在生活中分别有什么作用。
5. 科学的心理测验应该具备什么条件？
6. 智力测量发展历史中出现过哪些表达智力测量结果的指标？
7. 导致智力落后的主要原因有哪些？
8. 智力发展有哪些主要特点？
9. 如何看待遗传与环境因素在智力发展中的作用？
10. 什么是创造力？对创造力有利的因素有哪些？

主要参考书目

[1] 理查德·格里格，菲利普·津巴多．心理学与生活：第19版．王垒，等译．北京：人民邮电出版社，2014.

[2] 戴维·迈尔斯．心理学：第9版．黄希庭，等译．北京：人民邮电出版社，2013.

[3] 库恩，等．心理学导论——思想与行为的认识之路：第13版．郑钢，等译．北京：中国轻工业出版社，2014.

[4] 桑德拉·切卡莱丽，诺兰·怀特．心理学最佳入门：原书第2版．周仁来，等译．北京：中国人民大学出版社，2014.

[5] 蔡笑岳，邢强．智力心理学．广州：暨南大学出版社，2012.

[6] 彭聃龄．普通心理学．4版．北京：北京师范大学出版社，2012.

[7] 黄希庭，郑涌．心理学导论．3版．北京：人民教育出版社，2015.

[8] 张积家．普通心理学．广州：广东高等教育出版社，2004.

[9] 蔡笑岳．心理学．3版．北京：高等教育出版社，2014.

[10] 蔡笑岳，刘百里．教师的心理学——心理学的教学应用．广州：广东人民出版社，2009.

（刘百里　撰写）

第章

人格

引言

设想一封推荐信中充斥着关于人格特质方面的描述，信中说这位求职者是个认真的、精力充沛的、有洞察力的和友善的人。如果这些描述确实是有意义的，那么对求职者的判断可能是对的、错的或介于两者之间。又比如，一个大学生假期在家里被妈妈要求介绍她的新室友，“她是友好的，但属于粗心的一类人，当然也很能吃苦”。可以假定，这些词汇一般认为真实地描述了某人或某事，为了更精确，每个词汇倾向于描述两类真实的事情：一个人表现的行为模式以及推断的特性。一些人格判断试图预测具有某些特性个体的未来行为。例如，一封推荐信的阅读者或许不得不做出是否雇佣这个人的决定，这一决定在很大程度上取决于信中所描述的特质以及基于此人在学校或工作中的行为预测。人们之间彼此好奇，那位大学生的妈妈仅仅是出于她的关心想了解女儿的生活，而并不是想真正预测其室友的行为。

内容提要

※人格是个体身上内在的、稳定的、持久的特质或倾向，具有统合性与动力性、稳定性与一致性、独特性与普遍性的特点。

※人格是众多社会角色的复合物，它总是存在于特定的文化背景中，人格的本质因其所处文化不同而有差异。

※精神分析认为，人格差异由潜意识决定，人格结构包含本我、自我和超我。

※特质理论假定，人格由特质构成，特质是人格的基本单元。“大五”人格特质包括神经质、外倾性、开放性、宜人性和尽责性。

※按照人本主义的观点，健全的人格应具备“自我实现者”或“机能完善者”的特征。

※早期的环境和经验对人格发展有重要影响，婴幼儿对环境作用有高度的易感性。

※遗传与环境共同制约人格的发展，对人格发展起关键作用的环境是非共享经验。

※人格测验包括自陈测验、投射测验和情境测验，其中自陈测验是最便捷、最常用的测验，投射测验是最难操作的测验。

第一节　人格的内涵

一、什么是人格

按照汉语词典的解释，人格有三种含义：①个人的道德品质；②人的气质、能力、性格等特征的总和；③法律、道德或其他社会准则应享有的权利或资格。可见，从汉语的角度讲，人格或多或少与道德有关联。但是，从心理学的角度分析，人格是个相对中性的概念，每个人都有人格，因为每个人都与众不同。在这里，人格主要是指人的独特性。

（一）词源学的分析

从词的来源分析，人格（personality）一词源于古希腊的“persona”，意指古希腊戏剧中演员所戴的面具，它代表了演员在戏里所扮演的角色和身份，相当于我国京剧表演中应剧情需要所画的脸谱。后来心理学借用这个术语用来说明：在人生的大舞台上，人也会根据社会角色的不同更换“面具”，这些“面具”就是人格的外在表现。“面具”后面还有一个实实在在的真我，即真实的自我，它可能和外在的“面具”截然不同。这就暗示了一个人有两面：公开可见的一面及隐藏于面具后不为人知的一面。

（二）心理学家的观点

瑞士著名心理学家卡尔·荣格（Carl Jung，1875—1961）指出，人格应该包含两个层面：一层是人格的表层，即“人格面具”，意指一个人按照别人希望他那样去做的方式行事，也就是角色扮演，这是人格中可以向别人展示的那一部分；另一层是人格的深层，即“真实的自我”，意指一个由于某种原因不愿意向别人展示的人格成分，其中包含了人性中的阴暗面。在现实生活中，社会规范、法律法规、伦理道德等无时无刻不在限制和约束我们，使得我们不敢表现，不能表现，因此很多时候

图7－1　卡尔·荣格

人们要将本能和欲望压抑到潜意识，不让别人知道，甚至连自己也不知道。日常用语中，人格通常是指第一层含义，即他人的看法或个体的名声，这是一个人被他人描述的特有方式。

美国心理学家普汶（Lawrence Pervin，1995）对人格的内涵做了更为细致的解释，他认为，人格是个体认知、情感及行为过程的复杂组织，它赋予个人生活的倾向性和一致性，人格包含了过去的影响、对现在的解释以及对未来的建构。这一定义可以从三方面理解：

其一，人格包含了许多结构，如认知观念、情绪和情感反应、行为表现等。正因为如此，我们可以通过分析一个人的想法去了解一个人的人格，通过观察一个人的情绪稳定性来判断其人格，根据一个人的行为表现推断其人格。例如，看到一个人经常喋喋不休，你会认为这是个外向的人。

其二，人格让我们的生活带有倾向性和一致性，例如，一个有责任心的人在他还没有做（为人处世）之前就会考虑如何为自己的行为承担责任，而且不论在什么时候以及什么场合下都是如此。

其三，人格是过去、现在和将来三个时间段的统一体，它是一个连续的发展过程，我们不能将这三个时间段割裂开来理解人格。

另一位美国心理学家伯格（Jerry M. Burger，2015）则认为，人格是稳定的行为方式、内部过程以及发生在个体身上的人际过程。稳定的行为方式指的是个体差异，我们可以在不同时间、不同情境下来考察这些稳定的行为方式。例如，一个腼腆害羞的人，今天是腼腆害羞的，明天还是腼腆害羞的；一个焦虑紧张的人，不止在重要场合容易焦虑紧张，在一般场合也容易焦虑紧张。内部过程是从人的内心发生，影响着人怎样行为、怎样感觉的所有情绪、动机和认知过程。这一过程我们只能从外部行为表现推断，换言之，人们看不见一个人的人格。最后，“发生在个体身上的人际过程”强调的是人际关系和人际互动对于人格的重要性，从发展的角度看，一个人的成长离不开他人及其周围的环境，人格发展总是体现在“人—环境—人”这种三位一体的关系中。

二、人格有何特征

（一）统合性与动力性

人格并非是单一的概念，而是一类概念的综合体。如果说个体之间的差异可以分为智力和人格两个方面的话，那么人格这种个体差异比智力要复杂得多。尽管智力有各种各样的形态，也包含许许多多的结构，但其本质都是决定活动效率的那个东西，而且可以相对客观地测量。人格则不同，它既包括需要、动机和特质单元，也包括认知、情感和行为系统；既包括一个人的态度和看法，也包括他的信念和价值观。

人格是一种具有动力性的组织。一个人做出某种行为或从事某种活动需要人格的推动作用。人格的动力性是由其构成的单元如需要、动机等决定的。按照马斯洛的需要层次论，个体从出生到成熟，其需要从低级的生理需要到高级的自我实现，需要满足的过程实则是人格形成和发展的过程，已形成的人格反过来又促使个体追求更高一级的需要。从某种意义上讲，我们要理解一个人行为背后的原因，最有效的方法就是了解他的需要、动机、信念、价值观，这些便构成了他的人格。

（二）稳定性和一致性

人格具有相对的稳定性和一致性。人格心理学家一致认为，一方面，人格在跨时间方面具有相对的稳定性，一个人过去是内向的，现在也会是内向的，将来仍有可能是内向的，这种内向一般不会随着时间的变化而改变。值得一提的是，这种稳定性只能是相对的，在某种条件下（如重大的生活事件），人格有变化的可能性。例如，对于儿童来讲，类似于家庭暴力或父母离异这样的生活事件很可能改变其人格。

另一方面，人格在跨情境方面具有一致性。内向的人不止在陌生的场合不喜欢讲话，在很多熟悉的场合如学校或家里也不喜欢讲话，亦即他的这种沉默寡言是始终一贯的。当然，内向的人偶尔也有健谈的时候（如遇到多年的好友），但这并不意味着他变得外向了，因为判断一个人的人格主要是看他一贯的表现。

（三）普遍性与独特性

人格是普遍性与独特性的统一。心理学家克拉孔和莫瑞（Kluckhohn & Murray，1948）曾这样概括人与人之间的相同和不同：我们和所有的人都一样；我们和有些人一样，和另一些人不一样；我们和任何人都不一样。这三句话精辟地解释了人格的普遍性和独特性。我们每个人在许多方面都一样，这是由人的本质和社会化的要求共同决定的。第二句话的意思是指我们和某些人相似，例如，有些人喜爱社交，喜欢参加聚会，有些人则喜欢安静、独处和看书；一些人具有高自尊，过着不太焦虑的生活，另一些人则经常感到孤独和被自我怀疑所困扰。这些就是个体差异的维度，是个人与其他某些人相似的方面。第三句话的意思是指我们每个人都是独一无二、不可替代的。研究表明，即使是那些生活在同一个家庭中的同卵双胞胎，他们之间的人格也不可能一样。我们认为，独特性是人格的核心，是一个人成为他自己的最本质特征。

三、人性、个性和性格

（一）人格与人性

按照字面意义理解，人性即“人类的本性”，是指人类最接近自然、真实的一面，亦即几乎每个人都具备的、人类作为一个物种所拥有的典型的人格特质和机制。人性起初是哲学家们关注的问题，19 世纪末心理学从哲学中分离出来后，人性自然成为心理学家们不可回避的问题之一。如弗洛伊德将人性等同于动物性，而马斯洛则认为人的本性是善良的，诸如此类的观点与哲学家的观点如出一辙。与人格不同的是，无论对人性持怎样的观点，我们都不可能将其做量化研究，而只能是在理论层面探讨。人格则不同，我们可以对人格的某些方面如人格特质进行客观的测量，当代人格心理学家已编制了大量的人格测试工具，并在现实中产生了广泛的应用价值。

（二）人格与个性

人格与个性是最容易混淆的一对概念。在国内许多心理学教科书中，仍然继续沿用这一概念。按照汉语词典的解释，个性是指“一个人在一定的社会环境和教育的影响下形成的比较固定的特性”。我们认为，个性是一个内容特别广泛的通俗概念，简单的理解就是个体差异性，是指一个人区别于他人的独特的整体面貌，这种差异性既包括外在的（如相貌），也包括内在的（如特质）。我们平时讲某个人有个性，实际上是指这个人看上去特别与众不同。如果要对个性与人格做个区分，我们认为个性中包含了人格，人格相当于个性中那些内在而又稳定的特征。

（三）人格与性格

人们习惯于用性格来概括一个人的真实面貌。按照国内一些心理学专家的观点，性格是指一个人完成活动任务的态度和行为方式方面的特征，或指个人的品行道德和风格。这些特征大概类似于人格当中后天教育形成的那一部分，它跟一个人的道德品质或品性密切相关。与此相对，人格中还有先天遗传的那部分，心理学家称之为气质，它是指一个人与生俱来的心理活动的动力特征，与后天的环境和教育没有多大关系。例如，有些小孩生下来就喜欢哭闹，精力特别旺盛，而有些小孩却显得特别安静，比较容易安抚。根据这种差异，心理学家预测，待这些小孩长大后，第一种小孩可能成为比较外向和冲动的人，第二种则很可能成为比较内向和文静的人。这种预测往往还比较准确，因为气质是人格的基础。

四、人格与文化

（一）文化决定论的观点

按照社会文化决定论的观点，人格是众多社会角色的复合物。如果要求一个人在一张白纸上由“我是……”开始写下去，那将会得到一张相当丰富的角色表。例如，这个人可能是女的，20 岁，大学毕业，一米六的个头，一个有条理的人，某组织的成员，漂亮，从事心理职业等。以上所列项目的每一条都与一种规定的社会角色相关，而且对每一种角色，社会对它已经规定了可以接受的行为方式。换言之，每一种角色都有可接受的行为范围，这个范围是由文化决定的，如果你超越这个范围，就会感受到某种形式的社会压力。决定人格的其他文化因素还有家庭的社会经济地位、家庭结构的大小、出生顺序、种族、宗教、出生地、父母的文化水平等。一个出生在富贵人家的人不可能与贫困人家的人有相同的经验，这些不能由个人选择的生活环境必然对人格造成重大影响。社会文化决定论者还有强调人际关系重要性的，儿童早期生活中与父母的人际关系对后来的人格发展影响很大。

（二）文化对人格的影响

心理学家认为，理解人格的本质离不开文化，这不仅因为不同文化中的不同经验影响着人格发展，更重要的是，人与人格总是存在于文化背景中，人格的本质因其所处文化不同而有差异。在一种文化中被认为是正常的人格或行为模式，在另一种文化中可能被认为是不正常的甚至是变态的。例如，谦虚是中国人推崇的一种美德，但是许多外国人对这种美德则很难理解和接受。人格研究中所考察的行为方式，往往由于文化不同而具有不同的形式和意义。在一些集体主义文化中，成就意味着合作和群体的成功；在一种文化中被看作过分依赖或过度自我中心主义的行为，在另一种文化中可能是良好的行为。

每个人都处在特定的社会文化环境中，文化对人格的影响极为重要。社会文化塑造其社会成员的人格特征，使其成员的人格结构朝着相似性的方向发展，文化对人格的影响力因文化而异，这要看社会对顺应的要求是否严格。如果社会对其成员的顺应性要求越严格，那么其文化的影响力也越大。如我国古代的中庸之道强调的是不偏不倚、忍让与服从，这种强势文化深刻地影响着每个社会成员。影响力的强弱也要看行为的社会意义，对于社会意义不大的行为，社会允许较大的变异；而对社会意义十分重要的行为，就不允许有太大的变异。如果一个人极端偏离其社会文化所要求的人格特质，不能融入社会文化环境中，就有可能被视为行为偏差或患有心理疾病。可见，文化赋予了人格特定的内涵，换言之，个体

的人格特征已深深地打上了文化的烙印，人格发展正常与否需要看是否与他（她）所处的社会文化要求相匹配。

（三）个体主义与集体主义

个体主义与集体主义是两种最典型的文化类型。包括多数西欧国家和美国在内的个体主义文化强调个人的需要和成就，强调个人的自由和权利，因而生长于这种文化中的人倾向于把自己看作独立、自主和独特的人。相反，生活在集体主义文化中的人则倾向于将自己归属于一个较大的群体，如家庭或宗族，这里的人们（如亚洲、非洲和中南美洲的许多国家）对合作的兴趣胜于对竞争的兴趣，他们将集体的利益看得高于一切，他们从群体成就中获得的满足，胜过从个人成就中获得的满足。因此，西方心理学家研究中使用的一些概念用在集体主义文化中的人们身上时就有了不同的含义。

相关链接 7 - 1

自尊与文化：个人英雄或团队成员？

你和几个朋友在玩足球，你的球队赢了，某种程度上是因为你踢进了几个好球。赛后，你因为自己出色的表现十分高兴，你并不想吹嘘自己是个英雄，但是自尊却因此而大大提高。

在日本，志乃武和几个朋友也在玩足球，他的球队赢了，某种程度上是因为他进了几个好球。赛后，志乃武因为自己的球队表现出色而自豪。尽管如此，志乃武也仔细思考了自己的不足之处以及改进方法，争取做得更好。

这些故事告诉我们东方人与西方人在心理上的基本差异。在个人主义文化氛围中，如美国，自尊是建立在个人成功和出色表现基础上的。对美国人来说，自我鼓励是获得高自尊的有效途径，并倾向于夸大成功、忽略失败和错误（Ross et al.，2005）。

而在亚洲文化中，如中国或日本，人们强调的是集体和人际互动。对他们来说，自尊来源于自己属于某个社会集体，这种归属感是自尊的基础。因此，亚洲文化中的人更倾向于自我批评，通过改正个人错误来提高集体表现。当集体胜利了，个体便自我感觉良好，增强了自尊。

无论在东方文化还是西方文化，自尊或许都是建立在成功的基础上的（Brown et al.，2009）。但是，不同的文化却奇妙地将成功进行了不同的定位。北美文化所强调的胜利并不是提高自我评价的唯一途径。

（资料来源：库恩，等. 心理学之旅：第 5 版. 郑钢，等译. 北京：中国轻工业出版社，2015：337.）

第二节　人格理论

一、精神分析论

（一）关于人格的本质

精神分析论的观点认为，是人的潜意识而不是意识对其行为方式的差异起决定作用，这种所谓的深层心理学最关心的是去发现行为背后的原因。按照精神分析的观点，由于行为的最终原因来自于潜意识且起源于童年期，因此对它们的探求是极其复杂和困难的。这一过程需要复杂的手段，如催眠、自由联想、梦的分析或研究日常生活中的口误、笔误等。

按照这种观点，由于潜意识领域的东西可以在意识领域中以任何一种形式显示出来，因此不可能仅仅通过研究一个人的意识领域来真正理解这个人。为了理解人格，我们必须将那些无意中表现出来的东西追溯到深层的潜意识领域。很显然，精神分析论者关注的是个体为什么那样行动，而行为的真实原因对于行为者来说往往是不知道的。

（二）关于人格的结构

弗洛伊德认为，潜意识是人格结构的核心，它由三种成分构成：

1. 本我（id）

这是人格结构中与生俱来的成分，由先天的生物本能和欲望组成，可以看作原始驱动力的储存处。它非理性地运作，由冲动支配并追求即时的满足感，不考虑所渴望的行为是否符合现实需要，是否被社会所认可。本我被快乐原则所支配，无节制地寻找满足感而不考虑其后果，这种快乐特别指性、生理和情感快乐。婴儿在出生时完全受本我支配，在这方面人类和动物没有本质区别。但是，如果每个人的人格都只受本我控制，每个人都为所欲为，那么，这个世界定会处于无法想象的混乱之中。

2. 自我（ego）

随着年龄的增长，儿童慢慢掌握了一些基本的规则，知道什么情况下能做什么，不能做什么，这就出现了另一种人格结构——自我。基于现实的自我常常用来调解本我冲动和超我需求之间的冲突（见图7－2）。自我代表一个人关于生理和社会现实的观点，是他（她）关于行为的原因和结果的理性认识。自我的一部分工作是选择那些能够满足本我冲动的行为，但这些行为同时又不会带来不愿看到的结果。自我受现实原则支配，这种原则为快乐的需求提供现实的选择。比如，自我会阻止考试作弊的冲动，因为它考虑到被抓住而产生的后果，同时它会用以后更努力的学习行为或者寻求老师同情等方法来代替作弊。当本我和超我产生矛盾后，自我会进行折中来尽量满足两者需要。

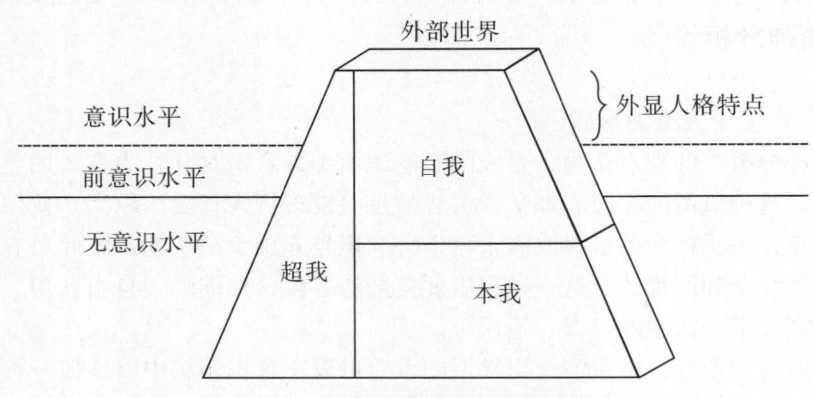

图 7－2　弗洛伊德的人格层次结构图解

3. 超我（superego）

这是人格结构中符合道德需要的成分，与后天的教育和学习有关，这也是人类和动物的本质区别。儿童在出生后除了要学习一些基本的规则，还要学习一些道德规则，行为表现不只要符合现实需要，有时还要超越现实。例如，有的时候为了帮助他人要牺牲自己的利益（如分享、捐赠）。超我对于自我的思想和行动起着判断和监督的作用，是一个人价值观的储存处，包括从社会习得的道德态度。超我的一部分称为良心，反映着一个人的道德标准。当一个人的行为违背这种标准时，其良心就会受到内疚感的惩罚。超我的另一部分称为自我理想，即一个人想让自己努力成为的样子，反映着一个人在幼年时受到父母赞扬或奖赏的那些行为。可见，超我经常和本我出现矛盾，本我想要做感觉上快乐的事情，而超我则坚持做那些正确的事情，自我不得不在中间充当“和事佬”。

（三）自我防御机制

在精神分析理论中，自我防御机制对个体应对重大内部冲突极为重要。通过使用自我防御机制，个体可以保持满意的自我意象和受欢迎的社会形象（见表7－1）。例如，一个儿童强烈地憎恨他的父亲，如果见诸行动就是有危险的，而压抑就会相安无事。因而这种敌意冲动在意识范围内不再急于要求满足，甚至它的存在也不会被注意到。然而，尽管这种冲动不会被看到或听到，但它并没有消失；这种情感始终在人格功能中产生影响。例如，通过与父亲建立强烈的认同感，儿童可增加自我价值感，并减少因担心敌意冲动被发现而产生的潜意识的恐惧。自我防御机制虽然有用，但终究是自我欺骗。当人们过度使用时，会比解决问题产生更多的麻烦，为了减少焦虑花费大量的时间和心理能量去歪曲、伪装以及改变不被接受的冲动是不健康的心理状态。这样做的后果是没有精力去过有意义的生活或建立满意的人际关系，后面我们将看到，有一些心理疾病就是过度依赖自我防御机制应对焦虑的结果。

表 7－1　主要自我防御机制

否认	为保护自我拒绝承认不愉快的现实
置换	将敌意等强烈的情感从最初唤起情绪的目标转移到较少危险的另一目标
幻想	用想象的方式满足受挫的欲望（白日梦是一种最常见的形式）
认同	通过把自我与他人或制度等同以增加自我价值感，常常是虚幻的表达
分离	将情感与伤害性的环境分开，或把相互矛盾的态度分离为有逻辑关系的不同成分，同时持相互冲突的态度，但它们从未被同时想起，或从未被认为其间有什么关系
投射	把对困难的抱怨归于他人，或把自己不被允许的欲望归于他人
合理化	试图证明一个人的行为是合理的、公正的，以证明自我和他人的价值感
反向作用	通过认同相反的态度和行为类型，把它们作为屏障，以防止危险欲望的表达
退行	退回到以前的发展水平，包括更幼稚的反应以及较低水平的愿望
压抑	将痛苦或危险的想法排除在意识之外，使之不被觉知，这是最基本的防御机制
升华	将受挫的性欲望以社会文化认可的非性活动来满足

（资料来源：理查德·格里格，菲利普·津巴多．心理学与生活：第19版．王垒，等译．北京：人民邮电出版社，2014：435.）

二、特质理论

（一）特质及其假设

图 7－3　戈登·奥尔波特

人格心理学的产生得益于人格特质研究，当弗洛伊德等精神分析学家热衷于潜意识和梦的分析时，特质论的创立者戈登·奥尔波特（Gordon Allport，1897—1967）则对人格的特质词汇情有独钟，这位哈佛大学的高才生和他那位可怜的助手亨利·奥德伯特（Henry Odbert）在1936年完成了一项艰巨的任务：查阅韦伯斯特大词典，记录下所有用于描述人格的词汇，并找到了 17 953 个这样的词汇。这些词有常用的，如害羞、友好、热情、保守、大方、随和等；也有生僻的，如 dubitative、acaroid、bevering、davered。他们将那些认为不太明显或不太能表示人格特质的词汇删除，最终得到了 4 500 个特质词。

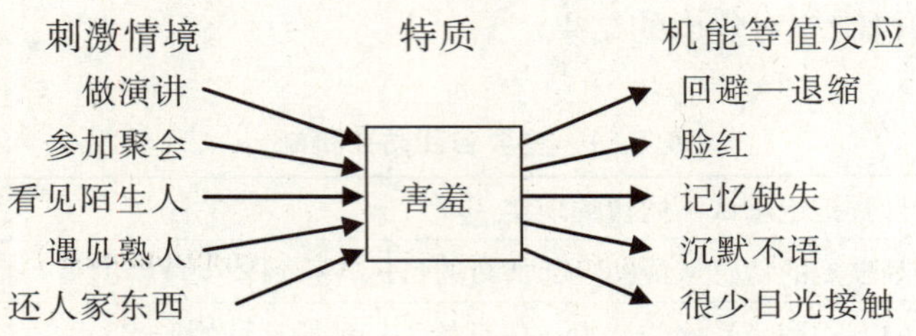

图 7－4　不同刺激情境下害羞所产生的机能等值反应

特质心理学家认为，特质（trait）是指个体内在的系统和倾向，这种系统或倾向使个体以独特的方式知觉情境，并对各种极不相同的情境做出相同的反应方式（见图 7－4），具有一致性、持久性、动力性、独特性等特点。特质理论假定，人类的人格特征包含在他们创造的语言和词汇当中（词汇假设理论）；人格由特质组成，特质是人格的基本单元，并决定个体的行为；人格特质在时间上是相对稳定的，并具有跨情境的一致性；了解人格特质可以预测个体行为。正因为假定特质是存在的，人格测量和评估、人格描述和判断才有可能进行。

（二）首要特质、中心特质与次要特质

奥尔波特认为，人格由共同特质和个人特质组成，前者是指某种社会文化形态下大多数人或一个群体所共有的、相同的特质。例如，在中国传统文化的影响下，中华民族形成了一种勤劳、朴实、善良的共同特质。而个人特质则是指某一个体身上表现出来的稳定、独特的倾向，按其在人格中的普遍程度划分为三类：

1. 首要特质

即个体最典型、最有概括性的特质。这是个体身上非常普遍的一种特质，一个人只要具备这种特质，他的每一动作几乎都可以追寻出它的影响。首要特质影响一个人如何安排生活，例如对于一个法官来说，首要特质可能是为了维护法律的尊严和公正而铁面无私。

2. 中心特质

即构成个体独特性的几种重要的特质。这是个人最有特点的特质，而且经常表现在行为中，很容易识别。奥尔波特认为，用 5 ~ 10 种中心特质即可大致概括出一个人的整体面貌。如林黛玉的清高、率直、聪慧、孤僻、抑郁、敏感等都属

于她的中心特质。

3. 次要特质

即一些在特殊情况下表现出的不太重要的特质，较少为人所知。它对于描述一个人显得更不重要，更为特殊。尽管它有助于预测个人在特定情境中的行为表现，但是在决定人格的过程中所起的作用要相对小些。例如，一个人对于食物和衣着的偏好就是他的次要特质。

(三)“大五”人格特质

目前，大多数人格心理学家都认为存在五种基本特质，这就是通常所说的“大五”（Big Five)，即神经质（neuroticism)、外倾性（extraversion)、开放性(openness)、宜人性（agreeableness）和尽责性（conscientiousness)。每个词第一个字母重新排列后使人们更容易记住它们——OCEAN，意味着这五个方面像“海洋”一样包含了人格结构的方方面面。

1. 神经质

在这五个因素中，神经质反映个体情绪状态的稳定性及内心体验的倾向性，它依据人们情绪的稳定性及其调节加以评定。消极情绪有不同的种类，如悲伤、愤怒、焦虑和内疚等，它们有着不同的原因，并且需要不同的对待方式，但是研究一致表明，那些倾向于体验某一消极情绪的人通常也容易体验到其他的消极情绪。在神经质上得分低的人多表现为平静，自我调适良好，不易出现极端和不良的情绪反应。

2. 外倾性

外倾性反映了个体神经系统的强弱及其动力特征，该维度一端是极端外向，另一端为极端内向。外倾者爱好交际，通常还表现为精力充沛、乐观、友好和自信。内倾者的这些表现则不突出，但这并不等于说他们就自我中心和缺乏精力。正如一个研究小组所解释的那样，“内倾者含蓄而不是不友好，自主而不是追随他人，稳健而不是迟缓”。

3. 开放性

开放性反映个体对经验的开放性、智慧和创造性程度及其探求的态度，而不仅仅是一种人际意义上的开放。构成这一维度的特征包括活跃的想象力，对新观念的自发接受，发散性思维以及智力方面的好奇。在开放性上得分高的人是不落俗套的、独立的思想者。得分低者则多数比较传统，喜欢熟悉的事物胜过新事物。

4. 宜人性

宜人性反映人性中的人道主义方面及人际取向。在宜人性维度上得分高的人是乐于助人的、可信赖的和富有同情心的，而那些得分低的人多富有敌意、为人多疑。宜人者注重合作而不强调竞争，宜人性得分低的人则喜欢为自己的利益和信念而争斗。

5. 尽责性

尽责性反映自我约束的能力及取得成就的动机和责任感，是指我们如何控制自己及如何自律。该维度得分高的人做事严谨、认真、踏实、有尽责性，得分低的人则马虎大意、容易见异思迁、不可靠。由于这些特征总是表现在成就或者工作情境中，因此有些研究者将这一维度称为“成就意志”维度，或者叫“工作”维度。

三、人本主义理论

（一）心理学的第三势力

20 世纪 60 年代早期，在马斯洛的领导下，一批人本主义者开始了一场被称为第三势力心理学的运动。这些心理学家宣称，心理学的第一势力——行为主义和第二势力——精神分析忽视了人的许多重要特性。他们说，行为主义将自然科学技术应用于人的研究中，把人当成了机器人、低等动物或计算机；对行为主义者而言，人没有什么独特之处。他们对精神分析的主要批评是，认为它的研究对象主要局限于神经症患者，并发展一些使异常个体成为正常人的技术。第三势力心理学家认为，上述两种势力所忽略的一些内容——自由、价值、潜能——可以促使健康的个体变得更健康，即实现他们的全部潜能。要使个体的潜能得以充分实现，就必须发展起一种新的人性理论，这种理论应当强调人的独特性及其积极的一面，而不是消极的方面。

（二）马斯洛的“自我实现的人”

1. 自我实现的内涵

马斯洛认为，自我实现就是充分发挥一个人的潜能。就动机状况而言，健康的人已充分满足了他们对安全、归属、爱和尊重的基本需要，因此他们主要受自我实现需要的驱动。“自我实现也许可大致描述为充分利用和开发天资、能力、潜能；就是使命的完成；就是更充分地认识并承认一个人的内在天性；就是个人内部不断趋于统一、整合或协同的过程。这样的人似乎在竭尽所能，使自己趋于完美。”（Maslow，1968）自我实现强调“完满的人性”，强调以生物学为依据的人的本性的发展，因而是适合全人类的规范标准，而不是只对特定时代和地区的人适用的，亦即和文化的相对关系不大。可见，自我实现并非只存在于名人、伟人或天才们身上。

2. 自我实现者的特征

因为要求每个人都充分发挥其全部潜能是不可能的，所以马斯洛将那些层次性需要已得到充分满足的人看作自我实现的人。马斯洛认为，心理学强调研究低等动物及心理障碍者的时间太久了。为了纠正这种情况，他研究了许多他所认为的自我实现者，这些人包括历史上的以及当时仍然在世的著名人物——斯宾诺莎、贝多芬、歌德、爱因斯坦、林肯、杰弗逊、弗洛伊德、亚当斯、詹姆士以及当时的美国总统罗斯福等。作为这一研究的成果，马斯洛从这些人物中概括出一些共同的人格特征，并称之为自我实现者的特征：

（1）了解并认识现实，持较为实际的人生观；

（2）接纳自己、别人以及周围的世界；

（3）在情绪与思想表达上较为自然；

（4）有较广的视野，就事论事，较少考虑个人利害；

（5）能享受自己的私人生活；

（6）有独立自主的性格；

（7）对平凡事物不觉厌烦，对日常生活永感新鲜；

（8）在生命中曾有过引起心灵震动的高峰体验；

（9）爱人类并认同自己为全人类之一员；

（10）有至深的知交，有亲密的家人；

（11）具有民主风范，尊重别人的意见；

（12）有伦理观念，能区别手段与目的，绝不为达到目的而不择手段；

（13）带有哲学气质，有幽默感；

（14）有创见，不墨守成规；

（15）对世俗和而不同；

（16）对生活环境有时时改进的意愿与能力。

（三）罗杰斯的“机能完善的人”

与马斯洛一样，另一位人本主义大师卡尔·罗杰斯（Carl Ransom Rogers，1902—1987）假定人有一种朝向自我实现的内驱力，如果人们将这种实现倾向作为生活的参考框架，那么他们将有可能过上美好生活并最终发挥出自己的全部潜能。他指出，一个人只有经历无条件积极关注后才能成为机能完善的人，罗杰斯强调：“最好的生活是一种漂泊的、变化的过程，在其中没有任何事物是固定不变的，它们在于成长的过程之中。好的人生是一种过程，而不是一种状态；是一个方向，而不是终点。”（Rogers，1961）人的本性就是要努力保持一种乐观的感受和对生活的满足。想成为一个自我完善的人，就要不断接受生活中的各种考验。一个机能完善

图7-5　卡尔·罗杰斯

的人应该具备什么样的人格特征呢？对此，罗杰斯归纳为以下几个方面：

（1）经验的开放性。对一切经验采取开放态度，个体毫无拘束地体验所有的情感和经验，他们不封闭自我。

（2）存在主义的生活方式。对生活有着清新感，生活于存在的每一瞬间。

（3）信任自己的机体。健康的人格犹如一切资料都程序化了的计算机，并不徒劳地思虑所面临的每一件事情。但是他们考虑问题是全面的，并且能对行动的过程迅速做出决定。

（4）富有自由感。机能健全的人是“意志自由”的人，他们的决定都是出自个人的意愿，而不是受外部的强制或内部的压抑。他们能享受到生活的个人权力感，相信未来是自己决定的。

（5）高度创造力。这种人富有创造和创新能力，不遵循或消极适应社会和文化传统。

与大多数人相比，机能完善的人不太屈从于社会的要求，相反，他们看重自己的兴趣、价值观和需要。他们能深刻地体会自己的情感，不论是积极的还是消极的。也正是因为这种敏感性，完善的人生活经历更丰富，他们了解痛苦，但更了解快乐，他们比别人更理解愤怒和恐惧，这也是他们深层次地享受爱和快乐的代价。坦诚地让自我面对自己的情感，可以很好地遏制那些限制我们自己的情绪。完善的人生活在他们自己的生活当中，而不仅是生活的过客。

四、行为主义与学习理论

行为主义与学习论者将人格差异看成是条件反射和心理预期的结果，其核心主张是，人格由我们所经历的事情所构成，它是行为的习惯系统，而行为则是由环境造就的。

（一）斯金纳的强化理论

斯金纳认为，动物不必非得依靠实验者提供的刺激，它也可以学着为自己提供刺激。例如，一只白鼠可以通过学会按电钮来获取食丸。斯金纳将这种主动行为命名为操作性条件反射。在这种条件作用下，有机体可以“操作”环境来产生结果。与经典条件反射不同的是，操作性条件反射是从有机体自发的行为开始的。当我们将老鼠关进一只笼子时，老鼠会不顾一切地乱动、乱抓、乱挠，因为这些反应都没有被强化。但是，如果这些行为中的一个总是伴随一颗食丸，则这一行为出现的频率就会增加（见图7－6）。

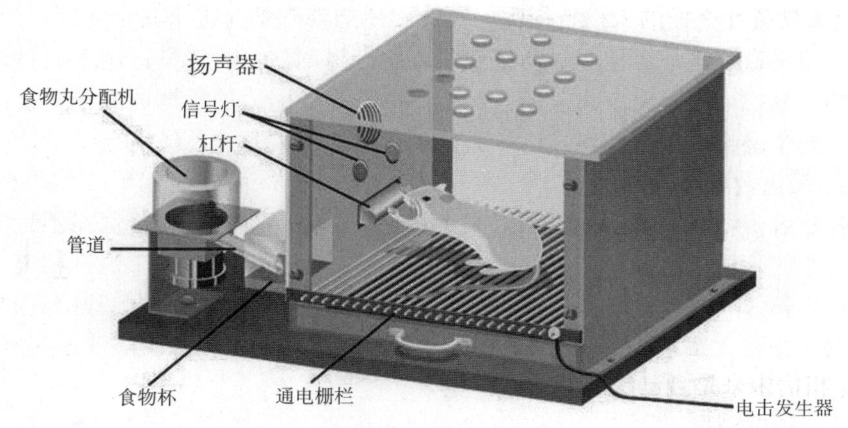

图 7－6　斯金纳箱的实验装置

有机体自发性反应之后的强化将加强其继续反应，斯金纳将这一机制称为后效强化，即反应后的强化效果加强了该反应。强化有正负之分，正强化大致相当于奖励，负强化则是指撤销惩罚。为了使强化在行为塑造过程中更为有效，斯金纳强调，强化应当针对行为本身而不是针对有机体。强化既可以是连续的，也可以是间歇的，建立某一操作反应的最佳训练组合可能是：最初使用连续强化，然后是固定时间间隔的强化，最后是变化比例强化。

（二）罗特的行为预测理论

社会学习理论家朱利安·罗特（Julian Rotter，1916—　）认为，高强度的强化未必导致个体实际做出某种行为。他指出，我们主要的或基本的行为模式是在社会情境中获得的，个人在寻求满足时必须有他人作为媒介。一个人的行为不只由强化决定，还取决于对所选择的行为将导致强化的预期。按照罗特的观点，行为的可能性或行为潜势由行为所导致的强化效价和对这些行为的心理预期来决定。

1. 行为潜势

行为潜势指在为了达到某种目标的特定情境中出现某种行为的可能性。例如，为了从母亲刚刚买回的一兜苹果中吃到一个，小孩可能会直接向母亲开口要，也可能会为母亲端来饮料以期获得奖赏。对于一个特定情境下的特定目标而言，多种可行的行为中都有发生的可能性（即行为潜势），只不过有些行为的潜势相对较高，而另一些则相对较低。

2. 心理预期

心理预期指个体对自己在某种特定情境中以某种方式行动产生预测强化所抱的信念。它是一种主观概率，受人们经历过的强化影响，可分为特殊预期和类化

预期。前者是对某特定情境的预期，如一个学生对于与自己的同桌成为好友的可能性的预期取决于他以往与自己历任同桌相处得如何；后者是运用于数种情境中的预期，如一个学生对于自己的人际关系以及交往能力的预期取决于自己以往与同桌、同学及亲友等之间存在的一系列相关的人际关系的总体情况。

3. 强化效价

强化效价指某一物品或结果对某个特定的个体具有的心理价值而不是实际价值。一个 3 岁的小男孩可能更愿意选择一支玩具手枪而不是一个装饰精美、价格昂贵的皮箱。一位孤独的老母亲可能会觉得：与那些富有的儿女们寄来作为生日礼物的一张张支票相比，只有那一双普通的亲手织的手套最暖心。

（三）班杜拉的社会认知学习理论

1. 观察学习

美国著名心理学家、社会认知学习理论的杰出代表阿尔伯特·班杜拉（Albert Bandura，1925—　）早期从事的研究是观察学习，这种学习指个体只是旁观者的身份，观察别人的行为表现就可以习得这种行为。观察学习不只是限于个体观察别人的行为表现，从而学到这种行为，而且也可以进一步从别人行为的后果中获得间接经验。幼儿如果看到其他小孩因打针而恐惧啼哭时，他只凭在旁观察就可能学会对打针的恐惧反应。像这种只从观察别人的行为经验即可获得新经验的学习方式，班杜拉称之为替代学习。

图 7－7　阿尔伯特·班杜拉

与条件反射和基于强化的学习方式相比，观察学习有以下两个优点：

（1）观察学习效率高，错误率低。如果人的每种行为都须按强化相倚原则的小步子强化，那么行为的学习将会是个十分低效率而高错误率的过程。这与我们实际生活中的经验不相符合，虽然那种尝试错误的学习方式也存在，但我们的大多数行为都可以通过观察别人的行为既快又好地学会。例如，看过母亲化妆的小女孩会很快学会给自己的玩具娃娃化妆。

（2）观察学习是一种间接学习。我们不必亲自去做出某种行为，然后根据随后出现的强化是积极还是消极来确定自己做得对还是错，只需看着别人是怎样做的，做过之后带来何种后果，便可以知道自己该如何做。譬如，如果已经看见别的小朋友上课做小动作被老师罚站了，自然不必以身试法之后才明白上课不能做小动作，直接从榜样人物的教训中吸取经验就可以了。这种间接学习扩大了个体的直接经验，避免了许多不必要的错误。

2. 交互决定论

班杜拉于 1986 年提出了交互决定论的观点，认为个体、个体的行为和环境三个因素之间存在相互作用，每个成分都可以影响和改变其他成分，并且这种影响极少是单向的。你的行为会受到你的态度、观念、之前的强化经历以及环境中可获得的刺激所影响；你所做的可以对环境产生作用，同时人格中某些重要的成分会受到环境和行为反馈的影响。因此，交互决定论成为班杜拉理论中的一个重要概念。它意味着如果要完整地理解人格和社会生态学，就必须全面地考察所有的这些因素。举个例子来说，假设你是一个肥胖的人，你可能不会在田径场上表现得很活跃，但是，如果你住得靠近某个游泳池，你可能会花时间去游泳；如果你性格外向，你可能会和游泳池周围的人交谈，在那里创造一个非常友好的气氛，这样游泳池的环境会变得更加令人愉快。这是一个由人、地点和行为组成的交互影响系统。

相关链接 7－2

人格的生物学与进化理论

人格的生物学与进化理论从另一个角度来探讨人格的决定因素，它认为人格的重要成分都是遗传而来的。在行为遗传学研究的基础上，生物学和进化取向的研究者提出了人格至少部分取决于基因的观点，这就跟我们的身高大部分由基因决定一样。这种进化视角认为，那些让我们的祖先能够成功生存和繁衍的人格特质更可能被保存下来，传到下一代。

双生子的研究可以说明基因在人格中的重要性。例如，明尼苏达大学的人格心理学家奥克·特立根（Auke Tellegen）及其同事调查了很多分开抚养的同卵双生子的人格特质，他们的基因相同但成长环境完全不同。在这个研究中，每一个双生子都要做一系列的人格测试，包括测量11种关键人格特征。

人格测验的结果表明，尽管他们已经分开了很多年，但是在很多方面双生子都非常相似。而且，有些特质受遗传影响更大，有些则小一些。例如，社会权力（一个人在社会情境中扮演多少统治和领导角色）和传统主义（遵从权威的倾向）就深受基因的影响，而成就和社会亲密性则与基因关联较弱。

一些研究者坚称，某些特定的基因和人格有关。例如，多巴胺D4受体基因更长的人更倾向于寻求刺激。这些刺激寻求者更可能是外向、冲动、急性子的，他们总是在寻找刺激和新鲜环境。

明确了与人格有关的基因，是否意味着我们生来就拥有某种人格？这很难说。首先，任何一个单个的基因要想和某种具体的特质相连几乎是不可能的。例如，多巴胺D4受体对于寻求新鲜感这种特点只有10%的决定能力。换言之，为什么人们会追求刺激有很多原因，大部分与环境因素有关，或者是其他基因作用的结果。

更为重要的是，我们的基因会和环境发生交互作用。为了真正理解人格是如何形成的，就需要知道环境如何影响基因以及基因如何在环境中发挥作用。

尽管越来越多的人格理论家开始考虑生物学和进化因素，但是该领域尚未出现一个受到广泛认可的综合性理论。不过有一点是肯定的，基因与特定的人格特质有关，遗传和环境相

互作用共同决定人格。

（资料来源：麦格劳—希尔编写组．妙趣横生的心理学：第2版．王芳，等译．北京：人民邮电出版社，2013：248.）

第三节　人格的形成与发展

一、人格发展的理论

（一）弗洛伊德的心理性欲发展理论

弗洛伊德认为，成人人格的本质早在生命的最初五六年即已形成。尽管有些人进入成年期后会变得似乎与小时候不同，但成人人格的根基在生命的早年已经形成。个体从出生至成熟经历了一系列发展阶段，各阶段的划分以“性感区”为主要标志，而且这些阶段会影响到成年期人格，因此人们称之为发展的心理性欲阶段。

根据心理性欲阶段理论，性本能是一种广泛的性驱力，它不是在青春期突然产生的，而是在一出生时就开始起作用。对儿童生殖器官和其他敏感区域（性感区）的身体刺激会引发快乐。表7－2是关于心理性欲发展的五个阶段。弗洛伊德认为，性快感的生理来源会按照这样的顺序不断变化。一种主要的心理性欲发展障碍，至少对男孩而言，发生在“性器期”。在此阶段，一个四五岁的男孩必须克服恋母情结，即俄狄浦斯情结。弗洛伊德相信，小男孩都有一种将父亲视为自己追求母亲的性竞争对手的内在冲动。由于男孩不能替代他的父亲，因此恋母情结一般会在男孩对父亲的力量产生认同时被消除。

表7－2　弗洛伊德的人格发展五个阶段

阶段	年龄	性感源	发展任务	存在的问题
口腔期	0～1岁	快感源自口腔活动	发展信任感	口腔性格：退缩、悲观、依赖、苛刻性格，并出现酗酒、贪食、烟瘾、咬指甲行为
肛门期	2～3岁	快感源自排泄物的去留	训练大小便	肛门性格：冷漠、刚愎、吝啬、暴躁性格

（续上表）

阶段	年龄	性感源	发展任务	存在的问题
性器期	4～6岁	快感源自性器的抚摸	形成性别角色	出现恋父、恋母情结，通过“自居作用”解决冲突，完成性别认同
潜伏期	7～12岁	注意力转移至外界事物	发展超我	本能冲动暂时被压抑，转向发展友谊
生殖期	12岁以后	注意力转移至异性	性心理发展成熟	发展稳定的情感关系

（二）艾里克森的心理社会发展理论

艾里克·艾里克森（Erik Eriksen，1902—1994）的理论被称为心理社会发展理论，强调个体与他人的相互作用，关注社会文化因素对人格发展的影响，重视青少年期以后的发展。该理论将人的毕生发展划分为八个阶段，每个阶段都有一个主要的心理社会任务，艾里克森称之为人格“危机”（见表7－3）。这些阶段以固定的模式出现，并且对所有人都是相似的。

图7－8　艾里克·艾里克森

尽管没有一种危机可以完全解决，但个体至少必须充分化解每一阶段的危机，以应对下一个阶段的要求。与弗洛伊德不同，艾里克森没有将青春期视为人格发展的完成阶段。他指出，成长和变化持续贯穿于人的一生，在成年中期，个体将经历繁衍到停滞阶段，他们可能由于自己给予家庭、社区和社会的贡献而产生一种对生命延续的积极知觉，也可能对自己传递给未来一代的事物感到失望而具有一种停滞感。

表7－3　艾里克森的人格发展八个阶段

阶段	发展重点	发展危机	重要他人	适应模式	适应成功	适应失败
婴儿期（0～1岁）	依附、感觉统合、认知	信任—不信任	母亲	依附	希望	不安全感
幼儿期（1～3岁）	语言、动作、自我意识	自主—羞怯怀疑	父母	模仿	意志	怀疑
学龄前期（3～6岁）	性别认同、道德、人格	主动—内疚	家庭	认同	目标	退缩

（续上表）

阶段	发展重点	发展危机	重要他人	适应模式	适应成功	适应失败
学龄前（6～12岁）	友谊、社会关系、学业	勤奋—自卑	学校	学习	胜任	无成就
青春期（12～18岁）	自我认同、计划未来	自我认同—角色混乱	同伴	社会化	忠诚	自我怀疑
成年期（18～40岁）	成就、稳定的两性关系	亲密—疏离	社会团体	社会化	爱	冷漠
中年期（40～65岁）	承担责任、回馈社会	繁衍—迟滞	社会团体	社会化	关怀回馈	自私
老年期（>65岁）	人生回顾、接受过去	统合—绝望	有意义的人	统整	智慧	后悔

二、早期的人格发展历程

（一）子宫内的环境与人格的形成

许多研究都针对影响胎儿身体发育的各种因素展开，特别是研究导致灾难性后果的因素如酒精、吸毒或母亲所患的疾病。一些研究人员认为，母亲的情绪和心理状态可能不仅会影响胎儿的身体健康，还会影响其人格的形成。一个平静而舒畅的母亲，其胎儿所处的环境与焦虑而紧张母亲的胎儿所处环境有很大不同。这种不同的迹象表现为，自述在怀孕期间情绪狂躁不安的妇女，其胎儿似乎更为多动。虽然研究人员还不能确定这种胎儿多动现象的原因，但他们已经发现这种现象与怀孕期间的焦虑和呕吐、早产、难产以及分娩时大量使用麻醉剂有明显关系。结果表明，焦虑而紧张的母亲所生产的孩子更有可能出现生理或心理上的毛病。

即便是健康婴儿，如果其母亲过度焦虑，那也会受到明显的不良影响。出生后不久的检查发现，这些孩子有多动症和易激动的特征，他们比顺产的孩子更爱哭闹，而且更容易出现喂奶和睡眠的困难，这些情况都与日后出现的独特人格有联系。

（二）忽视及其对人格的影响

随着年龄的增长，儿童会将周围世界看作一个友善的、可预测的世界，他们身处其中感到很安全，可以去寻求一定的独立性，并且他们认为自己的行动会产生有意义的结果。忽视、虐待和冷漠则是这一发展过程的主要障碍。这些影响因素可能会使一个儿童的行为方式变得混乱而令人厌烦。马丁·塞利格曼（Martin

Seligman）认为，在早期的婴儿与照料者的关系中，婴儿就开始与环境“共舞”，这是一个非常复杂的相互作用过程，并将持续于整个童年时期。这种“共舞”的结果决定了婴儿是一个无助者还是胜利者。当婴儿对刺激做出一种行为反应时，例如因为痛苦而哭泣，它既可能引起环境的某种变化（母亲安抚孩子），也可能不会引起任何变化（哭泣没有产生预期的效果）。

塞利格曼推测，婴儿在某种原始水平上对自己的行为与行为后果之间的联系进行“计算”：如果不存在联系，那么将发展出无助感；如果有联系，那么反应发挥了作用。婴儿便学会更频繁地表现或抑制这种行为，这取决于相关的结果是正面的还是负面的。当由于缺乏同步性而导致无助感时，正如严重忽视型家庭表现的那样，儿童便会停止做出反应，而且会懂得反应一般是不起作用的。它对婴儿的影响将是灾难性的，因为在婴儿期这一发展敏感的阶段，了解自我以及个人在世界中的重要性是信心和人格发展的基础。

（三）早期经验的影响

通常认为，5 岁左右是儿童发展的“关键期”或“敏感期”，此时儿童对环境作用有高度的易感性，同时极易受不良经验和学习情境的影响。一般而言，年幼者比年长者更易受影响，更易形成深刻印象，且早期经验的影响将持续一生。早期经验和学习对后来的发展究竟有什么影响呢？心理学家艾伦·克拉克在回顾了现有的关于早期经验及其影响的证据之后得出这样的结论：令人遗憾的是，到目前为止，这个问题尚缺乏确凿的科学知识。尽管如此，他在过去的研究结果中仍然发现了某种一致性。

短暂的创伤性事件对儿童的长期的影响效果一般可以忽略，婴儿在 7 个月前的经验也只有非常短暂的影响。只有当早期学习与经验反复持续地受到强化，才有可能产生长期效果，但这主要是后来强化的结果，而不是早期学习的结果。因此，重要的是以敏感而合理的方式对待童年期创伤，防止负性经验反复出现，以免暂时性不良影响变成长期而根深蒂固的影响。

通过综述过去的研究，克拉克对婴幼儿时期人格定型说产生了怀疑态度。他认为，早期经验并没有为儿童今后的发展铺下一条固定的轨道，我们尚不清楚诸如喂养的方法（母乳喂养或人工喂养、定时喂养或按需喂养）或断奶的迟早等问题对儿童人格发展究竟有何影响，有证据表明这类早期经历的影响几乎可以忽略不计。虽然不同的社会有着不同的家庭结构和教养方式，但总的来看，它们都能成功地将无助而自我中心的婴儿变为自立而有责任心的社会成员。事实上，绝大多数婴幼儿都具有接受训练的基本准备，亦即他们对一切社会性事物都有天生的偏向性。

三、后期的人格发展历程

（一）学龄初期的人格发展

学龄初期的人格发展达到了一个新的高度，以往能获得父母赞同的人格特质和行为表现，此时已不具优势。例如，一个性格平静的孩子，在此之前经常因表现安静、听话而受到奖励，但在学校情境的团体之中则可能处于不利地位。突然间父母不再是唯一给予奖励的人了，自己也不再是最重要的人了。由于智力技能的发展和学校生活要求孩子倾注更多的注意力，教师的赞许可能产生更大的影响。儿童在入学之前可能已经做过冷静的自我价值评估，尤其是儿童在有兄弟姐妹的情况下，但这些似乎都不如来自同学的赞许或藐视那么重要。换句话说，同学或同伴的评估在左右着儿童的自我评价，影响着儿童的人格发展及行为表现。

在此发展阶段，身体的特征对儿童人格发展有重要影响。漂亮的孩子常常使人更有好感，对男孩子来说则是个子高、力气大的能受到特别的尊重。有进取心、性格开朗的孩子很可能成为领袖，而羞怯、自卑的孩子只能扮演追随者的角色。同学的意见不但影响一个人的社会地位，而且也影响着他的智力表现。如果朋友们都轻视学校的功课，那么孩子也会产生厌学的态度。研究人员发现，学龄儿童在教室里的自我表现与学龄前儿童相比有一种明显的变化：他们更倾向于保持一致性。这个年龄的孩子追随学生领袖的倾向十分强烈，以至于在回答问题时，为了与前一个同学保持一致，明知不对也宁愿做出错误答案。可见，儿童人格发展过程中早期起关键作用的父母亲逐渐为同学或同伴所代替。

（二）青春期的人格发展

到十二三岁时，儿童开始进入青春期。在此后约 10 年的时间里，青少年必须不断调整以适应快速的身体变化，同时又要为塑造成年人的人格而不断奋斗。青少年在塑造人格时的主要任务是结束对父母的依赖关系。这其中，有的民族比其他民族的文化更鼓励孩子的独立性。例如，美国的孩子在选择伴侣之前应该能自食其力，而一些亚洲文化中的孩子其伴侣常由家庭选择。在西方文化中，十几岁的孩子为了定义自我，常常要找一个行为的榜样，尤其是在同伴之中寻找榜样。但这并不是说父母被忽视了。有研究指出，虽然调整得很好的孩子在诸如服装风格和音乐爱好等事情上会去寻求同伴的指导，但在涉及教育和职业选择等的重大问题上，青少年仍然把父母和亲属看成可依靠的榜样。

有些儿童可能因为青春期的情绪压力而退缩，转而求助于过分的理智主义、内省和禁欲主义。少数人可能陷入拒绝的恶性循环：因为他们表现出缺乏信心，所以被同伴拒绝；这样可能会降低他们的自尊并导致更严重的社会隔绝。研究表明，对同伴的判断担心程度最低的青少年最受尊重。尽管青春期充满压力和担忧，但它同时也可能成为健康恢复期。据心理学家观察，童年期的情绪创伤有可能在这个时期得以愈合。一个有同情心的女朋友可能会帮助一个父母有操纵行为的男孩克服家庭的应激情景；一个要求严格、竞争性很强的家庭出身的女孩，如果有一个男朋友羡慕她的天赋品质，而且不挑剔她成就大小，她可能从男朋友那里得到自尊。

四、影响人格形成和发展的因素

（一）遗传和生物学因素的影响

人格的生物学流派认为，个体差异源于遗传素质和生理过程的不同，人格特征如同其他生理特征一样也是经世代发展进化而来的。从个体发展的角度讲，人格显然受遗传的影响，我们身上的很多人格特征或多或少是从我们的父母或祖父母、外祖父母那里遗传过来的，例如，我们有时候会说某个小孩的脾气像他爸或他妈，说的就是遗传的作用。行为遗传学的研究表明，遗传基因完全相同的同卵双胞胎其人格特质间的平均相关为0.50，而遗传基因只有50%相似的异卵双胞胎的平均相关为0.30，一般的兄弟姐妹为0.20。假如使用这个双胞胎数据来评估基因对人格的作用，我们可以得出这样的结论：许多人格特质是中度可遗传的，即整体的平均相关为0.40。

从最新的研究结果来看，遗传对人格的影响或贡献绝不亚于环境和教育的影响，对于有些人格特质而言，遗传的影响甚至比环境更大。现实中我们发现，有些小孩生下来就活泼好动，精力特别旺盛，这样的小孩长大后很可能会比较外向、冲动，喜欢寻找刺激，而且这种人格特征在不同时间、不同情境下具有相当的稳定性和一致性。因此，如果说人格具有相对稳定性的话，那么这种稳定性主要来自于遗传对人格的贡献。

（二）环境和教育的影响

1. 共享与非共享环境的影响

共享环境是指同一家庭子女在成长过程中共同享有的经验或环境，如家庭的社会地位、经济状况、父母受教育水平等；非共享环境则是指在同一家庭中成长却不被子女共同享有的环境构成，如子女们因性别差异、排行顺序或特定的生活事件而被父母区别对待。如果共享环境是重要的，那么一起抚养的养子女应比分开抚养的养子女更相似；如果非共享环境更重要，一起抚养的亲生子女就不会比分开抚养的亲生子女更相似。

研究表明，人格中有40%的变异归于遗传因素的作用，约35%的变异是非

共享环境经验的作用，约5%的变异是共享环境经验的作用，剩余20%是测验误差及无法归为遗传或环境因素的其他变异的影响。可见，客观意义上的环境或许并不重要，重要的是父母或环境中的他人以怎样的方式作用于儿童。研究表明，对人格发展起关键作用的环境因素是非共享环境。

2. 父母教养方式的影响

发展心理学家指出，父母教养方式分成两个维度：接纳/反应和命令/控制。接纳/反应性是指父母对孩子提供支持、对孩子的需要敏感的程度。接纳/反应型的父母会经常微笑地面对孩子，表扬和鼓励孩子。当孩子做错事情时，他们会严厉地批评孩子，但一般情况下，他们会温和地对待孩子。接纳性和反应性较低的父母经常轻视、批评、惩罚和忽视孩子，并且几乎不会与孩子交流他们喜欢和欣赏的事物。命令/控制性是指父母对孩子限制和控制的程度。命令/控制型的父母会制定规则，期望孩子遵从，并会密切监控孩子的活动以保证孩子能够真正地遵守规则。较少控制或不命令的父母也会较少限制性。他们对孩子几乎没有什么要求，给予孩子相当多追求自己兴趣的自由，并且同意他们对自己的活动做出决定。

相关链接 7－3

父母教养方式对人格发展的影响

对父母教养方式的两个维度进行交叉匹配可以得到四种具体的教养方式：接纳/控制型（权威型）、接纳/不控制型（放任型）、冷淡/控制型（专制型）和冷淡/不控制型（不作为型）。

（1）权威型的父母会对孩子提出许多合理的要求，并且会谨慎地说明要求孩子遵守的理由，保证孩子能够遵从指导。与专制型的父母相比，权威型父母更多地接纳孩子的观点并做出反应，会征求孩子对家庭事务的意见。因此，权威型父母能够认识到并尊重孩子的观点，以合理、民主的方式来控制孩子。

（2）放任型的父母会相对较少地提出要求，允许孩子自由地表达自己的感受和冲动，不会密切监控孩子的行动，很少对孩子的行为做出强硬的控制。

（3）专制型的父母会向孩子提出很多规则，期望孩子能够遵守。他们很少向孩子解释遵从这些规则的必要性，而且依靠惩罚和强制性策略（如权力专制）迫使孩子顺从。专制型父母不能接受孩子的不同观点，而且希望孩子能够将他们所说的话当作圣旨，并尊重他们的权威。

（4）不作为型的父母或者会拒绝孩子的要求，或者会由于过度关注自己的事情而对孩子投入极少的时间和精力。这种类型的父母几乎没有规则和要求，他们对孩子的需要不予理睬或不敏感。研究表明，不作为型可能是最不成功的教养方式。

（资料来源：陈少华．人格发展与教育：让你的孩子更有个性．广州：暨南大学出版社，2015：130－131．）

3. 父亲角色的重要性

与母亲相比，父亲为孩子提供了一个安全可靠的基地，使婴幼儿能够在没有恐惧感的情况下去探索新的社会环境。此外，与父母双方形成亲密纽带的孩子，比那些主要依恋母亲的孩子的社交反应更敏锐。大多数情况下，父亲是孩子们更喜欢的玩伴，更有可能给孩子以身体方面的刺激，比如做一些无伤害的打闹，或者做各种各样传统的或是想象不到的发明创造游戏。这种娱乐式的关系有助于孩子的认知发展，特别是当这些游戏具有更多的智力挑战性时。在人格特征方面，诸如勇敢、果断、冒险一类的表现一般是从父亲那里学到的，这一点对男孩尤为重要，父亲是男孩性别角色塑造中不可或缺的榜样。

（三）遗传与环境的交互作用

其一，同样的环境经验对具有不同遗传构成的个体影响不同。例如，焦虑父母的同种行为对易怒的、反应不灵敏的孩子和对平静的、反应敏感的孩子影响会不一样。除父母焦虑对两类孩子的直接影响相同外，还存在父母行为与孩子特征的交互作用。

其二，具有不同遗传结构的个体可能会唤起不同的环境反应。例如，易激怒的、孤僻的孩子唤起的父母反应可能与安静的、反应灵敏的孩子唤起的父母反应不同。通过比较一对焦虑父母与一个生来性急的婴儿和与另一个生来安静的婴儿的第一次交互作用你会发现，前者可能会增加父母的焦虑，后者则可能会减弱父母的焦虑。

其三，具有不同遗传结构的个体会寻求、改变和创造不同的环境。一旦个体能够积极地作用于环境，遗传因素就会影响对环境的选择和创造。外倾者所寻求的环境与内倾者不同，活跃者与不活跃者、有音乐天赋者与有视觉想象力者所寻求的环境各不相同。当个体开始有能力选择自己的环境时，这些影响将随着时间的推移而逐渐增加。

第四节　人格测验

一、自陈测验

想要了解一个人的人格，最快、最便捷、最常用的方法是去问他本人，这就是人格自陈测验的原理。自陈测验是一种自我报告的测验，即对拟测量的人格特征编制许多测题，要求受测者做出符合自己实际情况的回答，主试根据其作答情

况来评估其人格特征。这是目前最广泛、最通用的人格评估工具，也是一种相对客观的人格测验，受测者被要求回答关于思想、情感和行为方面的一系列问题，例如，“你经常在午夜感到害怕吗?”“你晚上经常失眠吗?”一类的问题。

（一）艾森克人格问卷（EPQ）

艾森克人格问卷（Eysenck Personality Questionnaire，简称 EPQ）是国内较早引进的最常用的人格自陈测验工具之一，是由英国伦敦大学心理系和精神病研究所艾森克教授编制的。他搜集了大量有关的非认知方面的特征，通过因素分析归纳出三个互相成正交的维度，从而提出决定人格的三个基本因素：内外倾（E）、神经质（N）和精神质（P），人们在这三方面的不同倾向和不同表现程度，便构成了不同的人格特征。EPQ 分为成人版和儿童版，分别适用于 16 岁以上成人和 7～15 岁儿童，施测仅需要 10～15 分钟。

艾森克人格问卷共 90 个题目，被试以“是”或“否”作答。然后，按 E、N、P、L 四个量表记分。内外倾性 E 因素与中枢神经系统的兴奋、抑制强度有关；神经质 N 因素与自主神经系统的稳定性有关；精神质 P 因素与某些易发展为行为异常的心理特质有关；L 为测谎量表，是后来加进去的效度量表，用以测定被试掩饰、假托或自身隐蔽倾向，或者测定其社会性朴实幼稚的水平。

目前，艾森克人格问卷已在许多国家被广泛应用，获得了比较稳定的信度和效度。中国心理学家龚耀先和陈仲庚先后修订了艾森克人格问卷的中文版。陈仲庚修订的成人问卷和儿童问卷，最后修订本为 85 个项目。以下是修订后的 EPQ（成人版）项目举例：

（1）你是否有广泛的爱好?

（2）在做任何事情之前，你是否都要考虑一番?

（3）你的情绪时常波动吗?

（4）当别人做了好事，而周围的人却认为是你做的时候，你是否感到洋洋得意?

（5）你是一个健谈的人吗?

（6）你曾经无缘无故觉得自己“可怜”吗?

（7）你曾经有过贪心使自己多得分外的物质利益吗?

（8）晚上你是否小心地把门锁好?

（9）你认为自己活泼吗?

（10）当看到小孩（或动物）受折磨时你是否难受?

艾森克人格问卷是目前医学、司法、教育和心理咨询等领域应用最为广泛的问卷之一。

（二）卡特尔 16 种人格因素问卷（16PF）

16 种人格因素问卷是美国伊利诺伊州立大学人格及能力测验研究所卡特尔

教授编制的用于人格检测的一种问卷，简称 16PF。根据一项研究，1971—1978 年间被研究文献引用最多的测验中，16PF 仅次于 MMPI 位居第二。在一项关于心理测验在临床上应用的调查中，16PF 排第五。卡特尔是人格特质理论的主要代表人物，对人格理论的发展做出了很大的贡献。16PF 适用于 16 岁以上的青年和成人，现有 5 种版本：A、B 本为全版本，各有 187 个项目；C、D 本为缩减本，各有 106 个项目；E 本适用于文化水平较低的被试，有 128 个项目。表 7 – 4 是 16PF 中的 16 种人格特质的高分和低分描述：

表 7 – 4　卡特尔的 16 种人格特质

因素	特质	低分描述	高分描述
A	乐群性	保守、爱批评、冷淡、呆板	开朗、热心、容易相处
B	聪慧性	智力较差、具体思维	智力较好、抽象思维、聪明
C	神经质	情绪化、情绪不稳定、容易气恼	情绪稳定、成熟、能面对现实、平静
E	恃强性	恭顺、温柔、随和、易适应、宽容	武断、咄咄逼人、顽固、竞争
F	兴奋性	庄重、谨慎、缄默	逍遥自在、乐观
G	有恒性	权宜之计、不顾规则	诚心诚意、坚持、理智、克己
H	敢为性	害羞、拘束、胆怯、对威吓敏感	大胆、不可抑制、好一时冲动
I	敏感性	强硬、自信、现实主义	温柔、敏感、依恋、过分被保护
L	怀疑性	忠诚、易适应	多疑、固执己见
M	幻想性	实际、因袭传统、受外界约束	好幻想、心不在焉、玩世不恭
N	世故性	直率、谦逊、单纯、朴实	机灵、俗气、世故
O	忧虑性	自信、满足、安详、尊贵	忧虑、自责、不安全、好担忧、烦躁
Q_1	激进性	保守、循规蹈矩、尊重传统	有实验精神、自由主义、思想开放
Q_2	独立性	依赖团体、参加和追随别人	自我满足、足智多谋、愿自己决定
Q_3	自律性	漫不经心、自我主张、顽固	受支配、拘泥刻板、社会性严密
Q_4	紧张性	松弛、宁静、不可阻挡、沉着	紧张、气馁、被动、过度劳累

16PF 结构明确，每一题都备有三个可能的答案，被试可任选其一。在两个相反的选择答案之间有一个折中的或中性的答案，使被试有折中的选择（例如，我喜欢看球赛：a. 是的，b. 偶然的，c. 不是的；又如，我所喜欢的人大都是：a. 拘谨缄默的，b. 介于 a 与 c 之间的，c. 善于交际的），避免了在是否之间必选其一的强迫性，所以被试答题的自发性和自由性较好。为了克服动机效应，尽量采用了"中性"测题，避免含有一般社会所公认的"对"或"不对"、"好"

或“不好”的题目，而且被选用的问题中有许多表面上似乎与某种人格因素有关，但实际上却与另外一种人格因素密切相关。因此，被试不易猜测每题的用意，有利于诚实作答。

通过16种人格因素或分量表上的得分和轮廓图，不仅可以反映被试人格的16个方面中每个方面的情况和其整体的人格特点组合情况，还可以通过某些因素的组合效应反映性格的内外向型、心理健康状况、人际关系情况、职业性向、在新工作环境中有无学习成长能力、从事专业能有成就者的人格因素符合情况、创造能力强者的人格因素符合情况，也可以反映被试的人格素质状况并作为临床诊断工具用于心理临床诊断。

（三）“大五”人格问卷（NEO－PI）

20世纪80年代初，科斯塔和麦克雷（Costa & McCrae）开始编制用以测量三大人格维度——神经质、外倾性和开放性的NEO人格问卷，该量表最终于1985年发表。最初的NEO人格问卷包括测量神经质、外倾性、开放性中每个维度的六个层面，但不包括对新增加的宜人性和尽责性的测量。1992年，科斯塔和麦克雷发表了240个题项的NEO人格量表修订版（NEO－PI－R），这就可以依据每个因素的六个具体层面对每一个大五维度做不同的测量。NEO－PI－R共包括30个独立的层面。

NEO－PI－R测题采用第一人称表述，每一个表述都与人格的五大维度相关联。被试按照从“很不同意”到“很同意”共五个级别的标准来评估自己对每一个表述的认同程度。这一测试法的另一种形式提供的是内容相似的第三人称表述，旨在由被试的同伴、配偶或其他专业人员给出更为客观的评价。以下是各维度的项目举例：①神经质，如“我很少感到恐惧或焦虑”；②外倾性，如“与人闲聊时，我得不到多少乐趣”；③开放性，如“我不喜欢将时间浪费在幻想之上”；④宜人性，如“我总是把人往最好处想”；⑤尽责性，如“我总是为自己能做出正确的判断而感到自豪”。

NEO－PI－R是在中老年成人样本中采用因素分析和测验结构的多方法效度程序得出的。量表显示出显著的一致性、时间稳定性以及配偶与同伴评定间的会聚效度和区分效度（Costa & McCrae，1992）。并且，这个30个层面的量表的因素结构在许多不同的语言和文化中都能够进行非常接近的重复（Costa & McCrae，1997）。大量研究还表明，NEO－PI－R各个维度是同质的，信度高，同时也显示了很好的效标效度和概念效度（Furnham et al.，1997）。NEO－PI－R用来研究人格的稳定性和终生的变化，也用来研究人格特点和生理健康与各种生活事件的关系，诸如职业成功或者退休早期等。

二、投射测验

你是否曾经将一朵云看成一张脸或一种动物？如果你让你的朋友来看，他们看见的可能是一个睡美人或一条龙。心理学家在用投射测验（projective test）进行人格测评时也根据了同样的原理。在投射测验中，主试给被试一系列模棱两可的刺激，如一些墨迹图片或情景图片，然后要求被试根据这些图片描述自己所观所感，或编造一个与图片有关的故事，最后，主试根据比较复杂的投射原理对被试的人格做出推断。

（一）罗夏墨迹测验

在交错的光影以及变幻的云朵中，人们通常可以想象出各种各样的人与物。对于心理学家而言，这些幻象并不仅仅是一种幻觉。从某种意义上说，它反映了一个人的经历和期望，可以预测一个人的人格。鉴于此，瑞士一名精神病学家赫尔曼·罗夏（Hermann Rorschach）发明了一套模糊的图形，在最初制作这些图形时，先在一张纸的中央滴一摊墨汁，然后将纸对折并用力压下，使墨汁四下流开，形成沿折线两边对称但形状不定的图形。

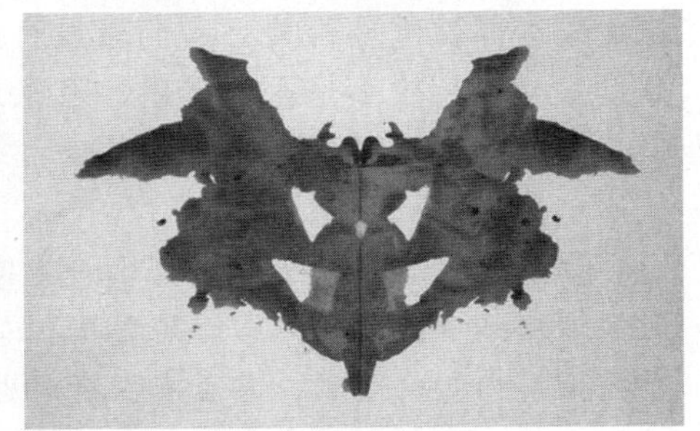

图 7－9　墨迹图

在罗夏墨迹测验的 10 张对称的墨迹图中，有 5 张是黑白的，每张墨色深浅不一；2 张主要是黑白墨色加上红色斑点；3 张由彩色构成。施测时先设法使被试放松、舒服，用简单的指导语告诉被试如何完成测验。主试尽量少加自己的意见或其他说明。在测验开始前，首先要让被试确信答案没有对错之分。

在正式测验时，主试首先向被试呈现每张墨迹图，并要求他们描述从中看到了什么。然后主试可能回到其中任何一张图，请被试确切地辨别图中的一个特定部分，详细解释刚才的描述，或根据新的印象做出解释。不同的人对同一张图片的回答可能有着明显的差别，例如，有些人从一张图上看到的是“鲜血正从匕首上滴下来”，而有的人则认为这张图是“原野上盛开的鲜花”。这些报告对于诊断人的心理冲突和幻觉有着重要意义。实际上，被试从图中所看到的具体东西是什么并不是最重要的。心理学家认为，更重要的线索是使被试发生想象的内容在墨迹图中的位置，以及被试是如何组织自己的想象的，只有后面这些信息才能够反映被试的知觉方式和情绪障碍。

（二）主题统觉测验

另一种被广泛使用的投影测验叫主题统觉测验（Thematic Apperception Test, TAT），它由心理学家亨利·默瑞（Henry Murray，1893—1988）及其助手克里斯蒂安娜·摩根于1938年创制。主题统觉测验由30张黑白图片和一张空白卡片组成，每幅都画有一个不同的场景或生活情境，如一个青年在沉思、一个提着箱子的男子、一个女人和一个男人。施测时根据被试的性别以及是儿童还是成人（以14岁为界）取统一规定的19张图片和一张空白卡片，每张图片为一题。

图7-10　主题统觉测验用图

与罗夏墨迹一样，这些图片包含着模棱两可的意义，测试时向被试呈现这些图片，要求被试根据每张图片分别讲述一个故事，包括图片中的人在干什么，想什么，故事是怎么开始的，又是怎么结尾的。每个故事大约花5分钟的时间，被试可以充分发挥自己的想象力。主试评价故事的结构和内容，评价被试描述的个体行为，并试图发现被试关心的问题、动机及其人格特点。例如，主试可以根据被试是否关心人们有没有按照他们的意愿快乐地生活以及故事是否以严肃、有条理的方式来讲述评价一个人的公正性。下面是两位女性被试为右图所编的故事：

故事一：这位女子看重自己的美貌。她小时候就曾因漂亮而受到夸奖，青年时又博得许多男子的倾心。她私下担心自己终归要年老色衰。但是她美丽的外表却掩盖其内心的隐衷，甚至本人有时也忽略了这种情感。她生活着，孩子们开始离家自立。她担心将来，一边照镜子，一边想象自己成了老太婆，也许是一个最坏、最丑恶的人。将来在她的眼里是可怕的、难熬的。

故事二：这张图片使我想起了一个男青年，他是个舞蹈演员，我知道这是画的女子，但那位男青年极像画上的人。他很美，和姑娘一样，体态非常标致。我自己，还有画上的这位妇女都不如他。他结婚了，有点轻视妇女，但心地善良，很难得。后面的老妇，我想这只是代表“妇女”，一位似乎不如男人漂亮的女人。

三、情境测验

如果想要了解一个人在特定情境中的行为，最好的方法就是使他置身于该情境之中。情境测验（situational test）是在一种对真实生活环境的模拟情境中进行的对被试行为表现进行观察的人格评估方法。我们将观察到一个人在这种情境下的直接反应，观察到一个人在挫折情境、诱惑情境、压力情境或其他情境中所暴露出来的人格特点。由于有意设计和控制了情境，因此可以认为情境测验是一种特殊的实验观察。

相对而言，这种形式的观察可以克服直接观察和自我监控的某些不足，因为通过观察一个人在设定情境中的行为表现，更有可能真实地评估其行为及人格特征。心理学家与某人面对面，让他或她进入一个很麻烦、很压抑的情境中，然后按他最终的行为表现进行评定。在第二次世界大战中，空军飞行员候选人培训就经过了一组测试，其中有这样一个情境测验：被试要在一根管子中捏住一根很细的金属棒，只要一碰到管子，灯就亮一次，而进行测试的人会说一些令人不快或吓唬人的话，甚至突然在旁边大吼一声，观察的目标行为是被试行为操作的精确性。以下是一些典型的情境测验：

(1) 被试必须通过四道印制的迷宫，每道只花15秒的时间，能够让铅笔轨迹碰到迷宫的边缘。如果成功，说明这个人有决断力。

(2) 被试按正常方法大声地念一篇故事，然后倒过来念；所费时间的差距越大，被试比较僵硬和不灵活的可能性就越大。

(3) 一组被试参加一个对某个有争议话题的态度测试，每个人都私下里被告知他/她的观点与大多数人的观点不同（这不一定是事实）。过了一会儿，被试再接受测试，一个人对其态度改变的程度被用来检测他/她对于求同压力或适应性压力的抵抗能力。

(4) 被试坐在椅子上等待一件计划好的事情发生，可这件事情却被推迟了。但是他又不知道，这椅子便成了一个“小动作计”，把所有的动作都记录下来，那些动得很多的人被认为是很紧张或者很容易受挫折的人。

许多警察学校的训练和考试中都有一个有趣的科目，叫做“快速判断”，这也是一个情境测验。在紧急情况下，警察必须在半秒钟或更短的时间内做出自己是否开枪的决定，此时，判断错误将是致命的。在测验中，由一些特别的演员扮演持枪歹徒，模拟各种各样的高度危险的场景，某些现场也可能通过影像模拟技术加以呈现。以下是一位参加过这种情境测验的记者写下的感受：

我总是判断失误。我被“打死”了好几次，一次是被一个躲在壁橱里的家伙；一次是被一个挟持人质的歹徒；还有一次是被一个女的，她正和情人接吻，我没想到她会给我一枪。我还误伤过几个无辜者，一次是一个醉汉，我以为他要掏枪，其实他是从衣服里拿一把梳子；还有一个男孩，他拔出一把黑色的玩具水枪，我看着像是一把真枪。

这种情境测验不仅可以达到训练的目的，而且还具有鉴别的意义，因为测验结果可以说明一些警察学员的快速判断能力较差，他们将来可能不适合做带枪执勤的工作。用于测验人格的情境，不外乎“实际生活情境”与“设计的情境”

两种，前者多用在教育上，如品格教育测验；后者多用在特殊人员的选拔上，如情境压力测验。

复习思考题

1. 什么是人格？人格与个性、性格、气质有何区别？人格有哪些特征？

2. 根据你的成长经历，简述你的人格是如何受到自己所处社会文化影响的。

3. 你是否赞同弗洛伊德关于人格的看法？人格结构中本我、自我和超我三者有何关系？

4. 什么是特质？举例说明特质对行为的预测作用。

5. 试用5～10个词描述你的中心特质，然后请你的朋友也用相同数量的词描述你的中心特质，最后比较你们的描述中哪些一致，哪些不一致。

6. 根据马斯洛提出的自我实现者的特征，谈谈你对健全人格的看法。

7. 针对斯金纳提出的“行为是强化的结果”这一观点，试用有关的理论进行反驳。

8. 为什么说早期经验对人格的发展有重要影响？试举例说明。

9. 除遗传和环境因素外，你认为还有哪些因素影响人格的形成和发展？

10. 什么是自陈测验？在所有人格测验中，你认为哪类测验更科学？为什么？

主要参考书目

[1] 陈少华. 人格心理学. 广州：暨南大学出版社，2010.

[2] 陈少华. 人格判断：多维的角度. 广州：暨南大学出版社，2013.

[3] 陈少华. 人格发展与教育：让你的孩子更有个性. 广州：暨南大学出版社，2015.

[4] 理查德·格里格，菲利普·津巴多. 心理学与生活：第19版. 王垒，等译. 北京：人民邮电出版社，2014.

[5] 兰迪·拉森，戴维·巴斯. 人格心理学——人性的科学探讨：第2版. 郭永玉，等译. 北京：人民邮电出版社，2011.

[6] 时代生活图书荷兰责任有限公司. 人格之谜. 刘善红，译. 北京：中国青年出版社，2002.

[7] 麦格劳—希尔编写组. 妙趣横生的心理学：第2版. 王芳，等译. 北京：人民邮电出版社，2013.

[8] 库恩，等. 心理学之旅：第5版. 郑钢，等译. 北京：中国轻工业出版社，2015.

[9] 伯格. 人格心理学：第9版. 陈会昌，译. 北京：中国轻工业出版社，2015.

[10] Jess Feist，Gregory J. Feist. 人格理论：第5版. 李茹，等译. 北京：人民卫生出版社，2005.

[11] 珀文. 人格科学. 周榕，等译. 上海：华东师范大学出版社，2001.

（陈少华　撰写）

第八章

心理发展

引　言

唐和妻子莉莎分居了。莉莎是他们两岁女儿的监护人。唐一直试图和她联系，想要探视女儿。最后，他找到了警察，发现他的妻子已经因严重伤害罪被捕，并且已经被监禁了大约3周。莉莎告诉他，女儿在邻居家，但唐在拜访过很多邻居之后都没有找到女儿。最后，他只好向公寓的管理员要了妻子公寓的钥匙。在公寓里，他发现他的宝贝女儿满身是脏兮兮的、已经干了的番茄酱。女儿拽着他，不让他走。

这个两岁大的孩子独自在公寓中待了19天并活了下来。在这19天中，她吃的是芥末、番茄酱、未煮的意大利面以及一切能在冰箱底部和厨房碗柜里找到的东西，喝的是浴室洗脸池里的水。父亲找到她时，她全身赤裸，身上布满了干的食物残渣。尽管营养不良，但她确实在被父亲救出之前主动找到了足够维持生命的食物。父亲对她还算不错的状态很是惊讶。到医院的第2天，在经过针对营养不良和脱水的治疗后，这个勇敢的小女孩正坐在病床上，笑着和护士玩游戏。

这个真实的故事发生在2003年9月，它不仅让我们看到了人类的生存动力，也让我们看到了儿童先天的适应能力。哪怕很小的孩子也可以探索他们周围的环境，然后找到方法来应对逆境。

内容提要

※发展心理学是研究人类生命周期中个体生理、心理和社会性发展变化的一门学科。

※心理发展具有连续性与渐变性、整体性以及可塑性的特点，受历史和文化的影响。

※在发展的关键期或敏感期，特定的环境刺激对某种能力或特性的发展尤为重要。

※成熟是心理发展的动因，教育和训练要尊重成熟这一发展前提。

※儿童动作发展遵循头尾原则、远近原则以及整体—部分—整体原则。

※青春期的生理发展对青少年认知、情感、人格及亲子关系产生了重要影响。

※儿童的语言发展源于生理成熟、认知发展及语言环境之间复杂的相互作用。

※皮亚杰认为，儿童的认知发展经历了感知运动、前运算、具体运算和形式运算四个阶段。

※当父母以敏感的抚养方式去适应婴儿的气质特征时，儿童可以实现最佳的发展。

※儿童对自己的评价是自我的重要组成部分，自尊的稳定性随年龄增长逐渐提高。

第一节 心理发展的概述

一、心理发展的本质

（一）什么是心理发展

生命是一个奇迹，而人的发展又是奇迹中的奇迹。我们刚出生的时候，跟那些小动物们没什么区别，靠本能维持生存。要不了几年，我们不仅会走、会跳、会跑，而且还能说会道。经过10多年的发展，我们已经掌握了一套比较复杂的规则和知识系统，能够较好地适应社会环境，所有这些都涉及心理发展的问题。心理发展是指个体随年龄的增长，在相应环境的作用下，整个反应活动不断得到改造，日趋完善、复杂化的过程，是一种体现在个体内部的连续而又稳定的变化。并不是所有的心理变化都可以叫做发展。例如，由于疲劳和疾病等原因而发生的心理上的变化，就不能称为发展。

发展心理学（developmental psychology）是研究人类生命周期中个体生理、心理和社会性发展变化的一门学科，其中个体心理发展的特点和规律是发展心理学家研究的核心问题。事实上，几乎所有的人都在一岁左右开始学会走路，两岁左右开始学会说话。当我们是孩子的时候，我们每个人都参与一些社会性游戏，以便为将来的生活做准备。当我们长大成人后，我们都会微笑、爱或憎恨，有时也会思考某一天自己将面临死亡的事实。可见，探讨心理发展的规律性与共同特点非常重要。

（二）心理发展的特点

1. 一个连续和渐变的过程

就发展的本质而言，心理发展是一个连续和渐变的过程。发展心理学家认为，12 岁以前是生命历程中极为重要的部分，它是为青春期和成年期奠定基础的阶段。随着年龄的增长，儿童获得了新的学习技能，培养了不同的兴趣和爱好。并且这种发展变化会一直向前延伸，经过中年、老年，直至死亡。尽管人的发展被描述为一个持续的、累积的过程，但唯一不变的东西却是变化本身。

2. 整体过程

发展心理学家将人的发展划分为三个主要领域：①研究生理的成熟和发展，包括身体的变化和运动技能发展的时间和顺序；②研究认知方面的发展，包括知觉、语言、学习和思维；③研究心理的社会性发展，包括情感、人格和人际关系的发展。这种划分在理论上是可行的，但在实际操作中却很困难，因为人的各方面的发展是一个整体，它们之间相互影响、相互制约，不可割裂。

3. 可塑性

可塑性是指为适应积极或消极生活经验而改变的能力，亦即变化的可能性。尽管发展心理学家已经承认发展是一个连续和渐变的过程，而且在某些阶段（如青春期后）或某些方面（如智力、人格）具有相对的稳定性，但是已有大量的研究和事实发现，如果个体生活的重大方面发生变化，发展的过程也可能发生突变。例如，在单调的、人手缺乏的孤儿院里，婴儿会很抑郁，但是一旦被人收养，社会性刺激增多，他们会变得很快乐和友爱。

4. 历史和文化的影响

没有一种单一的发展模式能精确地适用于所有文化、社会阶层或所有人种、种族，这是因为每种文化、亚文化和每个社会阶层都会向自己的下一代传递特定的信仰、价值观、风俗和技能，这种文化的社会化内容对个体的特性和能力有很大影响。发展也受到社会变化的影响，如历史事件（战争）、科技创新（互联网）、社会原因等。每一代人以自己的方式发展，又为下一代改变着世界。

二、心理发展研究的基本问题

（一）遗传因素与环境因素

遗传还是环境，或者说天性还是教养，是人类发展中的一个永恒话题，也是一个两难问题，无论强调哪一个重要，都有不妥。所谓遗传是指从亲生父母那里继承的一些先天特征或特质，环境则是指个体从母体受孕开始所经历的所有外部世界以及通过各种经验所学到的知识技能。这两个因素对于发展的作用孰轻孰重，心理学家们一直争论不休，以下是两种对立的观点：

人的主要缔造者是遗传而非环境……世界上几乎所有的痛苦和快乐都不是环境带来的……人与人的差别是与生俱来的、在胚胎时期就被决定了的（Wiggam，1923）。

给我一打健康的儿童，在由我设计好的特定世界里把他们养育成人。我可以保证，无论其天赋、兴趣、能力、特长和他们祖先的种族如何，我都能把他们随机训练成任何一种类型的专家，从医生、律师、艺术家、商人、政治家到乞丐和小偷（Watson，1925）。

关于遗传与环境，简单笼统地争论两者的贡献孰大孰小是没有意义的，对于心理发展而言，内容不同，天性和教养的作用也不一样，有些方面的发展受遗传的影响比较大（如生理的发展），有些受环境的影响较大（如道德的发展）。可以这样认为，遗传为心理发展提供了一个总体的空间，环境决定了个体在这个发展空间中的高度。我们假定在后天提供非常理想和优越的环境下，当个体遗传基因中所包含的全部潜能都得到开发，他（她）的发展高度能够达到100%，这是一种最充分、最完整的发展（最理想的发展状况）。在这个整体的发展空间中，有些人能达到80%，有些人能达到50%，有些人只能达到30%。这种发展高度的差异取决于后天的环境和教养。

相关链接 8－1

测测你对天性与教养的态度

这些问题没有预定的答案，根据你自己的判断来回答是真（T）还是假（F）：

1. 如果工作足够努力的话，你就能完成任何你想做的事。
2. 有的人生来就是哑巴，我们对此爱莫能助。
3. 想知道你有多聪明，最好的办法就是看看你父母有多聪明。
4. 要做真正伟大的艺术家或音乐家，你生下来就必须有点艺术天赋。
5. 努力工作比天赋更能让你在生活中取得进步。
6. 个性品质很大程度上是遗传的，幼儿时期后不大可能有太大的改变。
7. 大多数犯罪行为之所以产生是因为罪犯所生长的环境通常不健康。
8. 男女生来就平等，唯一区别是社会对待他们的不同方式造成了我们后来所看到的差异。
9. 酗酒可以遗传。
10. 遗传和环境在人类行为发展中都很重要，但人在环境下的体验更重要。

得分：每答对一题得 1 分

1. F　2. T　3. T　4. T　5. F　6. T　7. F　8. F　9. T　10. F

9～10 分，你完全支持“天性”说，即你认为行为受遗传而非环境因素的强烈影响。

7～8 分，你相信大多数情况下遗传因素（天性）都要比一个人的环境（教养）更为重要。

4～6 分，你相信遗传（天性）和环境（教养）对行为的影响差不多同等重要。

2～3 分，你相信大多数情况下一个人的环境（教养）要比遗传因素更为重要。

0～1 分，你完全支持“教养”说。

（二）连续性与阶段性

如果问一个 3 岁的幼儿和一个 13 岁的青少年有没有本质区别，答案是不言而喻的；但是如果问一个 3 岁的幼儿和一个 3 岁 1 个月的幼儿有没有本质区别，答案就没那么肯定了。一个人的发展是逐渐形成的过程还是突然发生变化的过程？每个人都会觉得自己的现在和过去非常相像，但又不完全相似，既是连续的，又是阶段性的。连续性的观点将心理发展视为分小步发生的一个累加过程，而不是突然变化。反之，阶段性的观点将通向成熟的道路描绘成一系列突然发生的变化，每一次变化都将儿童推向一个新的、更高的发展水平，发展是一条非连续的曲线。

连续性与阶段性问题涉及发展变化究竟是量的变化还是质的变化。量变是程度上的变化。例如，儿童长得越来越高，每长一岁，他们跑得更快一些，并学习到越来越多的关于周围世界的知识。质变是类型的变化，亦即与原来的样子相比，个体发生了本质上的改变。从蝌蚪到青蛙的变化就是质变。同样，从不会说话的婴儿到说话很流利的学前儿童，这是质变；性成熟的青年和刚进入青春期的少年相比，也是一个质的不同。连续性理论家认为，心理发展是逐渐发生的、量的变化；而阶段性理论家则认为，心理发展是突然发生的、质的变化，需要经过一系列的发展阶段。每个阶段可能都表示在一个更大发展序列中的一个不同时期。同时，每个阶段都与前一个阶段和后一个阶段有质的不同。

（三）关键期与敏感期

许多伟大的心理学家如弗洛伊德都一致认为早期经验对心理发展有重要影响，支持这种观点的证据大多基于动物的研究，其中以奥地利动物行为学家洛伦兹（Konrad Lorenz，1937）关于“印刻”的研究最为著名。洛伦兹试图了解为什么小鹅总是排成一列跟在母亲身后。洛伦兹发现小鹅的确具有天生的跟随倾向，它们会追随孵化后最初看到的任何移动的、发声的物体，而不仅仅是它们的母亲。此外，一旦小鹅开始追随一样物体，通常就不会再追随其他物体了。如果它们的母亲正好在孵化那一刻出去觅食，而一只公鸡恰巧昂首路过，这些小鹅就会跟着公鸡直到它们发育成熟，这也许会给公鸡带来巨大的困惑。

洛伦兹将这种早期的特殊学习称作“印刻”，这是一种受生物成熟高度制约的学习，它只发生在鸟类生命中的一个短暂的、敏感的时期，即“关键期”。所谓关键期，是指在一个有限的时段内，如果发展中的有机体接受适宜的刺激，就会展示出生来固有的某种适应性的发展模式。过了这一关键期，再给予同样的刺激是没有持久效应的。心理学研究发现，从婴儿期到 5 岁是人格发展至关重要的时期。如果一个孩子在此期间受到侵犯或剥夺，即使这几年中儿童只失去了一部分充分体验生活的时间，也很可能在以后的人生历程中产生人格障碍。在极端剥夺的实例中，受害儿童差不多不会说话。由于错过了语言学家所说的学习语言的关键期，他们永远不能学好语言。

尽管关键期概念似乎解释了动物发展甚至人类发展的某些方面，但许多人类习性学家认为，用“敏感期”描述人类发展更为准确。敏感期是指特定能力或行为出现的最佳时期，在此期间个体对环境影响特别敏感。敏感期的时间框架没有关键期那样严格和精确，过了敏感期某种发展还有可能出现，但是养育更加困难（Bjorklund & Pelligrini，2002）。一些人类习性学家认为，从出生到 3 岁是人类社会和情绪反应发展的敏感期（Bowlby，1973），如果在此期间没有或很少有机会形成这种关系，这些个体会难以结交亲密朋友，且在以后生活中很难与他人建立亲密的情感关系。

三、心理发展的研究方法

（一）横断研究

这是一种在同一时间点上对不同年龄群被试进行相互比较的研究方法。例如，想要了解孩子是如何学习走路不摔倒的研究者，会在同样的实验任务条件下，测试 15 个月、21 个月、27 个月、33 个月和 39 个月大的孩子（Joh & Adolph，2006）。横断研究的主要优点是研究者能够在短时间内从不同年龄段的儿童那里收集数据，花费较少，耗时较少。

但是这种方法也存在一定的局限性，由于它在出生日期和生活年代都不同的被试之间进行比较，与年龄有关的变化混淆在因出生于不同年龄而经历不同的社会或政治条件而产生的差异中，因此一项比较 10 岁和 18 岁被试的研究可能发现，现在的被试之间的差异可能不同于 20 世纪 70 年代成长起来的 10 岁与 18 岁被试之间的差异，因为所发现的差异既与其发展阶段有关，也与其所处的时代有关。此外，这种研究不能告诉我们个体发展的状况，因为它仅仅在某个时间点上来考察被试。例如，横断研究不能回答诸如“什么时候我的孩子可以变得比较自立”“是否 2 岁时具有攻击性的儿童到 5 岁时依然具有攻击性”这样的问题。这类问题需要追踪研究来回答。

（二）追踪研究

追踪研究是在某一时间段内对同一群被试进行反复观察研究的一种方法。这个观察期可以相对较短（如半年或一年），或者相对较长，甚至贯穿一生。研究者可以研究发展的一个特定方面，比如智力，也可以研究发展的多个方面。通过反复测试同一群被试，研究者可以评估样本中每个人的各种特性的稳定性，也可以通过寻找共同特点，比如大多数儿童在某些时间点上会经历的某些特定变化，从而确定常态的发展趋势和过程。心理学史上最著名的一项追踪研究莫过于美国斯坦福大学心理学家刘易斯·推孟关于天才的遗传研究（Genetic Studies of Genius），也称推孟资优研究（Terman Study of the Gifted），这是一项自 1921 年开始至今还在进行的追踪研究，研究主题是探究天才儿童长大成人的过程和特征，该研究现已成为世界上现存持续时间最长的追踪研究。

（三）序列研究

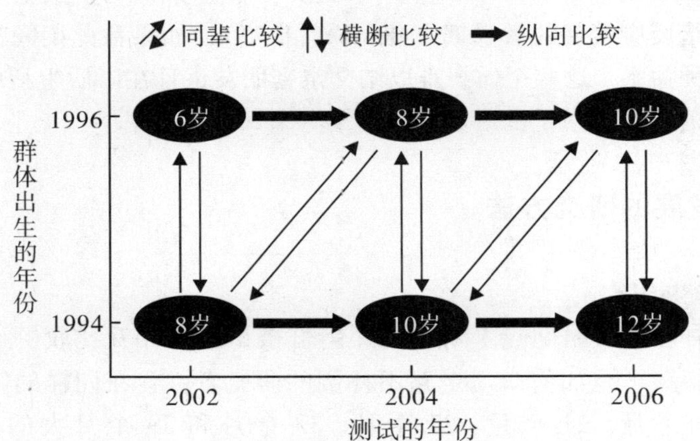

图 8－1　序列研究设计示意图

这是在几个月或几年时间内对不同年龄群的被试进行反复研究的一种方法，它结合了横断研究与追踪研究的优点。例如，关于 6～12 岁儿童逻辑推理能力发展的研究，其序列设计如图 8－1 所示。两个儿童样本，一个样本生于 1994 年，一个样本生于 1996 年，对他们从 6 岁追踪到 12 岁。这种设计方法使研究者能通过比较生于不同年代的同龄儿童，来评估是否存在同辈效应。如果不存在同辈效应，那么这种设计中的追踪比较和横断比较就能使研究者得出一个有关发展变化的强度和方向的强有力的证据。这种方法的不足之处在于，与横断研究相比，它花费多，耗时长，当把所得的发展变化推广到别的群体中去时仍然有一定的问题。

第二节　生理与动作的发展

一、成熟与发展

在心理发展研究中，成熟是先天遗传因素中最重要的一个方面，是心理发展必不可少的原因。所谓成熟，是指个体遗传基因中预先设定的生物程序的发展。如同种子如果有充足的水分和营养物质就会成长为成熟的植物，人则在母体内里成长。

（一）双生子爬梯实验的启示

美国心理学家格塞尔（Arnold L. Gesell）1929 年做过一个著名实验：让一对同卵双生子练习爬楼梯。其中一个为实验对象（代号为 T），在他出生后的第 48 周开始练习，每天练习 10 分钟。另外一个（代号为 C）在他出生后的第 53 周开始接受同样的训练。两个孩子都练习到他们第 55 周的时候，T 练了 7 周，C 只练了 2 周，如图 8－2 所示。

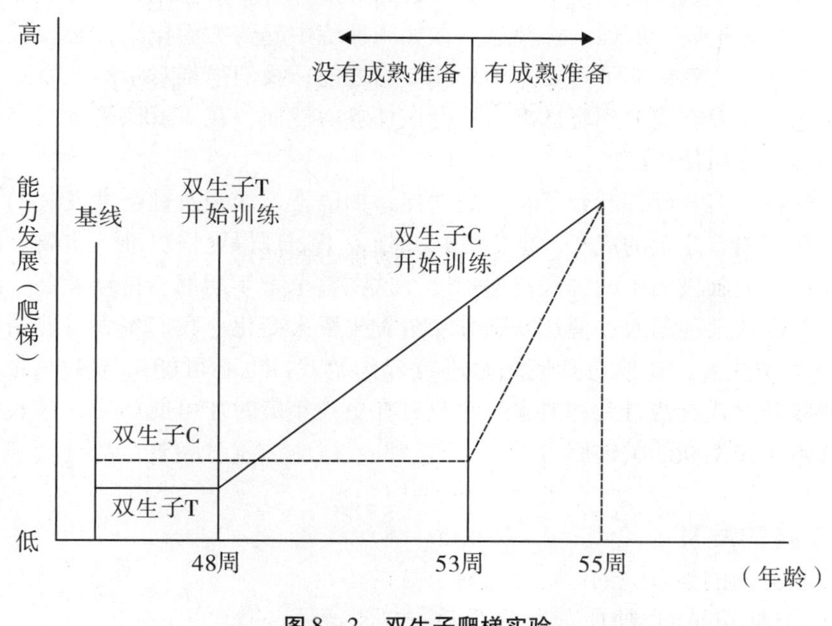

图 8－2　双生子爬梯实验

这两个小孩哪个爬楼梯的水平高一些呢？大多数人肯定认为应该是练了7周的T比只练了2周的C好。但是，实验结果出人意料：只练了2周的C爬楼梯的水平比练了7周的T好，C在10秒钟内爬上那制的五级楼梯的最高层，T则需要20秒钟才能完成。

格塞尔分析说，其实48周就开始练习爬楼梯，为时尚早，孩子没有做好成熟的准备，所以训练只能取得事倍功半的效果；53周开始练习爬楼梯，这个时间就非常恰当，孩子做好了成熟的准备，所以训练就能达到事半功倍的效果。这个实验给我们的启示是：教育要尊重儿童的实际水平，在儿童尚未成熟之前，要耐心地等待，不要违背儿童发展的自然规律，不要违背心理发展的内在“时间表”，人为地通过训练加速孩子的发展。

（二）成熟是发展的动因

成熟进程中的生物程序让人的成熟有一个大致相同的时间表：大约在1岁开始行走并说出第一个有意义的单词，11～15岁达到性成熟，然后成年、死亡。此外，成熟也要对人的心理变化负一定的责任，这些心理变化包括日渐增长的注意能力、解决问题的能力、对他人的思想和情感的理解能力等。因此，人类在很多重要方面相似的一个原因就是共同的“种系遗传性”，或者说是成熟的蓝图在生命的相同点上引导我们经历很多相同的发展变化。

尽管在大多数发展变化中，经验和成熟都发挥着重要作用，但是成熟在许多特定场合尤为重要。例如，经验显然在如厕训练中起到关键作用，必须教会儿童使用厕所，但成熟也起了重要作用。在2岁之前，我们很难对年幼儿童进行如厕训练，他们还没有成熟到可以准备接受该任务。然而，在3岁以后，大多数儿童很快学会了如何使用厕所。

成熟在许多方面都起到了相同的功能，如语言、认知及社会性发展的不同方面。例如，随着儿童的成长，他们在认知任务上表现得更快更准，主要是因为髓鞘化加快了大脑核团中的神经传递速度，这在整个童年期都会持续发展，在一定程度上会导致某种结果，使认知随着年龄发生巨大变化。我们不太可能指导一名18个月大的儿童，让他与其他儿童进行合作游戏，也不可能指导4岁儿童学习抽象的数概念，这些行为和概念一般只有在更大年龄时才可能学习，这表明大脑的成熟是认知发展的关键因素。

二、大脑的发育

（一）脑重量的增加

在生命早期，大脑以一种惊人的速度生长，婴儿刚出生时，大脑的重量仅有

350～400 克，大约是成年人脑重量的 25%。此时，虽说在外形上已具备了成人脑的形状，也具备了成人脑的基本结构，但在功能上还远远差于成人。因此，婴儿刚生下来时，不会说话，不会走路，不能自主活动，这些能力需要在日后脑发育的基础上才能逐渐具备。到了 1 岁左右，脑的重量达到出生时的 2 倍，达到成人脑重的 50%，2 岁时为成人脑重的 75%。母亲怀孕的最后 3 个月和婴儿出生后的前两年被称作“大脑发育加速期”，因为成人大脑一半以上的重量是在这段时间获得的（Glaser，2000）。从脑重量增长的速度可以看出，在最初的 1～2 年内，大脑发育显然是最快的，因此可以这么认为，婴儿出生后的头 1～2 年是大脑发育的关键期。

相关链接 8－2

大脑的可塑性

研究表明，婴儿大脑具有高度的可塑性，即神经细胞对环境的影响非常敏感（Stiles，2000）。发展心理学家的解释是，处于发育中的大脑，能够超额产生大量的神经元和神经突触，以接受人类可能经历的任何种类的感觉和动作刺激。当然，任何人类个体都不可能有如此种类繁多的经验，因此个体还有许多神经环路没有被开发利用。可以推测，最经常被刺激的神经元和突触继续发挥功能，其他那些存活下来但不经常受到刺激的神经元会失去突触，它们是后备军，目的是弥补大脑损伤或支持大脑新的技能（Elkind，2001）。

是否可以通过给个体提供一个具有各种各样丰富刺激的环境，来促进未成熟的、具有可塑性的大脑神经元的发展呢？答案是肯定的。与标准实验室环境下养育的动物相比，同窝出生但在有许多同伴和玩具环境下生成的动物的大脑更重，神经元之间的联结更广泛。如果在丰富刺激环境下养育的动物被转移到缺少刺激的环境下，其大脑的复杂联结将会减少。以人为对象的研究结果表明，那些来自高社会经济地位家庭、母亲具有大学文凭的孩子的头围显著大于那些来自低社会经济地位家庭、母亲没有大学文凭孩子的头围（Gale et al.，2004）。因此，即使基因可能提供了大脑该如何被塑造的粗略的指导信息，早期经验还是在很大程度上决定着大脑的具体结构。

（资料来源：谢弗，等．发展心理学——儿童与青少年：第 8 版．邹泓，等译．北京：中国轻工业出版社，2009：187.）

（二）大脑单侧化

大脑单侧化是指大脑左右半球功能分化的过程，左半球控制身体的右侧，包括言语、听觉、动作记忆、决策和积极情感表达中枢，右半球控制身体的左侧，包括空间视觉、非言语声音、触觉和消极情感表达。此外，大脑单侧化还包括偏爱使用某一侧手或身体部位，大约 90% 的成年人使用右手书写、吃东西和执行其他一些动作。研究表明，大脑两半球似乎先天就具有特定的程序来决定两半球

的不同功能，而且在婴儿出生时就已经开始“分工”了。

但是，在出生时大脑并未完全分化，在整个儿童期我们变得越来越依靠某一特定脑半球去执行某些特定的功能。例如，左利手和右利手倾向很早就出现了，并且在2岁时就已经很好地建立起来了，随着年龄的增长，单侧化倾向会越来越强。在一项实验中，要求学前儿童和青少年执行以下操作：捡一支蜡笔、踢球、观察一个不透明的小瓶子、把耳朵贴在盒子上听一种声音。结果表明，青少年中有超过半数以上的人表现出稳定的单侧化倾向，依赖身体的某一侧来完成所有这四项操作，而学前儿童只有32%表现出这种倾向。

三、动作的发展

儿童自出生之日起就有两种身体活动。一种是人类在长期进化过程中遗传下来的一系列的反射动作，如吸吮反射、觅食反射、抓握反射等。另一种是身体一般性的反应活动，如转头、扭动身体、腿和手臂的活动。这是儿童自发性的身体活动，正是这种自发性的身体练习活动，构成了日后动作发展的基础。

（一）动作发展的基本趋势

1. 动作发展的原则

（1）头尾原则（从头部向下发展）。儿童最早发展的动作是头部动作，其次是躯干部动作，最后是脚部动作。任何一个儿童的动作总是沿着抬头—翻身—坐—爬行—站立—行走的方向发展。

（2）近远原则（从中心到四周）。接近身体中心（躯干）部分的肌肉和动作总是先发展，远离身体中心的肢端部分的动作最后发展。以手臂为例，肩头和上臂首先成熟，其次是肘、腕、手，手指动作发展得最迟。

（3）整体—部分—整体原则。新生儿的动作是混乱笼统的、未分化的大肌肉群动作。例如，4～5个月的婴儿要取前面的奶瓶，往往不会用手，而是用手臂乃至整个身体。随着神经系统和肌肉的成熟以及反复练习，动作不断分化。婴儿渐渐学会控制身体局部的小肌肉群动作。在婴儿获得了对各部分的小肌肉群动作控制之后，又学会将这些小动作“归并”到一起，整合成为更加复杂的整体动作。

2. 动作发展的基本顺序

与其他动物的幼年相比，人类婴儿在出生时处于不利境地，这是因为新生儿缺乏独立运动的能力。不过，这种状态不会持续很长时间。到第1个月结束时，大脑和颈部肌肉已经足够成熟，大多数婴儿已达到自己动作发展的第一个里程碑——俯卧时可以抬起下巴。不久以后，如果有人扶着，婴儿可以抬起自己的上半身，伸手够物、翻身以及坐立。研究者对婴儿前两年的动作发展进行调查，发现动作发展遵循特定的顺序，如表 8 - 1 所示。虽然不同婴儿第一次出现这些技能的时间可能差别很大，但是较快掌握这些技能的婴儿并不一定比掌握这些技能速度一般或稍慢的婴儿更加聪明，而且也不能据此认为前者的发展更有优势，动作发展的速度实际上很少能预测孩子未来的发展。

表 8 - 1　重要动作发展的年龄常模（月数）

动作技能	50% 的婴儿掌握这项动作技能的月份	90% 的婴儿掌握这项动作技能的月份
俯卧抬头 90°	2. 2	3. 2
翻身	2. 8	4. 7
扶坐	2. 9	4. 2
独坐	5. 5	7. 8
扶站	5. 8	10. 0
爬行	7. 0	9. 0
扶走	9. 2	12. 7
拍“面包”	9. 3	15. 0
独站片刻	9. 8	13. 0
独自站好	11. 5	13. 9
走得很好	12. 1	14. 3
垒两层的积木	13. 8	19. 0
爬楼梯	17. 0	22. 0
向前踢球	20. 0	24. 0

（资料来源：Bayley，1993.）

（二）精细动作的发展

精细动作是指个体主要凭借手以及手指等部位的小肌肉或小肌肉群的运动，在感知觉、注意等多方面心理活动的配合下完成特定任务，它不仅是个体早期发展的重要方面，而且是个体其他方面发展的重要基础。婴儿在发展和完善大动作（如坐或行走）的同时，他们的精细动作也取得了很大的进步（见表 8 - 2）。例如，3 个月大的婴儿表现出了一些四肢协调的能力。

表 8－2　精细动作发展的里程碑

年龄（月）	精细动作技能
3	手明显地张开
3	抓住拨浪鼓
8	用大拇指和其他手指抓住物体
11	恰当地抓住蜡笔
14	用两个立方体搭积木
16	把钉子放到木板里
24	在纸上模仿画画
33	画圈

（资料来源：Frankenberg et al.，1992.）

尽管婴儿出生时就具有伸手够取某个物体的能力（一种非条件反射），但这种能力尚不完善，也不精确，而且在出生后大约 4 周就消失了。而 4 个月大时又重新出现一种全新的更为精确地够取物体的能力。在婴儿伸出手之后，他们还需要花费一些时间以成功地协调一系列抓握动作，但很快，他们就能够伸手去抓住感兴趣的物体。

精细动作技能的复杂性在继续发展。11 个月大时，婴儿能够从地上捡起小到弹珠之类的物体，照料者尤其需要注意这些物体，因为这些物体很容易被婴儿捡起来后直接放到嘴里。到 2 岁时，儿童可以小心地端起杯子，把它送到嘴边，并做到一滴不洒地喝下去。

像其他动作发展一样，抓握动作也遵循一个有序的发展模式，那就是简单技能被逐渐整合到复杂的技能中去。例如，婴儿一开始用整个手捡东西。当他们长大一些，他们就使用钳形抓握（拇指和食指形成一个圈，像钳子一样）。钳形抓握使婴儿可以进行相当精确的动作控制。

（三）动作技能的发展

动作技能是一种自动的、迅速的、正确的、柔和的动作，它不是一个单一的动作，而是一连串上百个肌肉与神经的协调动作。婴儿在 1 周岁之前就已经在肌肉协调初步成熟的基础上开始发展动作技能。这是一种精细动作的协调，小肌肉群起着重要的作用。

儿童进入学校后，不论是在技能的速度、强度、灵活性和平衡性方面，还是在技能的内容方面，都有很大的发展变化。同时，男女儿童在技能发展上的差异也更加清楚。男女动作上的差异，在学龄前期已初露端倪。男孩在长肌动作的协调方面，如抛球、从这里跳到那里、上下楼梯等比女孩强；而女孩在短肌动作协调方面，如单足跳、跳跃、奔跑就比男孩略为优胜。跑、跳、投掷是儿童很多活动中共同的因素。研究者根据大量文献资料以及对男女儿童的赛跑、跳远和弹跳能力所做的测量发现，男女儿童在这三方面活动的能力都有随年龄的增长而增长的趋势。但是男孩从 5 岁一直到 17 岁活动都有增进，而女孩只从 5 岁到学龄初期出现明显增进。大约到 13 岁时她们的活动已发展到了顶点，从那时起便保持原来水平或开始下降。

四、青春期的发展

（一）青春期的生理发育

青春期的生理发育及变化是由激素分泌量的快速增加所造成的。这个时期的身体变化可区分为整个身体的加速成长和性成熟两个方面。两者之间相互联系，并受激素分泌变化的调节。这个时期，身体和生理机能都发生急速变化，成为生长发育的高峰期，也就是第二加速期。这个时期的儿童的身高、体重、肩宽、胸围都发生非常明显的变化。

1. 生理机能的变化

青春期儿童的生理机能也迅速增强，肌肉与脂肪的变化，使男性肌肉强健，女性身体丰满。经历青春期的成长加速，少年儿童的体形和面部特征都发生了明显的变化。通过这一变化，他们的体貌特征开始接近成人。

青春期脑与神经系统逐步发育成熟，12 岁时脑的重量接近 1 400 克，几乎达到成人的平均脑重量。13 ~ 14 岁时，脑电波出现第二个“飞跃”现象。脑皮质细胞在功能上的成熟，具体表现为感知觉非常敏感，记忆力、思维力不断提高，这就为它们系统、深入地掌握高难度的知识提供了有利条件。

2. 性的发育成熟

生殖系统是人体各系统中发育成熟最晚的，它的成熟标志着人体生理发育的完成。而青春期最明显的标志就是性的发育成熟。

（1）性器官发育。生殖器官在青春期之前发育非常缓慢，一旦进入青春期，发育速度会迅速上升。

（2）第二性征的出现。第二性征是指身体形态上的性别特征，也称副性征。女性第二性征主要表现为乳房隆起、体毛出现、骨盆变宽和臀部变大等；男性第二性征主要表现为出现胡须、喉结突出和嗓音低沉、体毛明显等。第二性征的出现，使男女青少年在体征上的差异突显出来。

（3）性功能成熟。生殖系统发育成熟标志着人体生理发育的完成，性腺的发育成熟使女性出现月经，男性发生遗精。月经初潮出现是女性少年身体发育即

将成熟的标志。初潮年龄在10~16岁，平均年龄为13岁左右，但一般到18岁卵巢发育才能达到成熟水平。男性性成熟要晚于女性，首次遗精出现在12~18岁，平均年龄为14~15岁，4~5年之后生殖系统才能真正发育成熟。

（4）性别差异。青春期的发育存在性别差异，女性比男性平均提早两年。

（二）青春期变化的心理影响

青春期的到来给青少年带来了各种各样的困惑：

当个男孩当然会有压力。有粉刺了！你是知道的，你总是被期望有一个非常光滑、干净的脸庞，但是谁能做得到？男孩子被期望是有男子气概的，要瘦点，并且要善于运动。（克里斯，14岁）

我不喜欢我的乳房，它们太小了，看上去很可笑。（安吉，13岁）

我个子很矮，这让我无法容忍。我已经14岁了，但看上去却像个小孩，我经常被嘲笑，特别是被其他男生戏弄。我的个子这么矮，女孩们似乎对我也不感兴趣，因为她们中大部分人都比我个子高。（吉姆，14岁）

1. 身体意象及其影响

身体意象就是一个人对自己外表的自我感觉。对于处于青少年初期的人，身体意象和自尊有着紧密的联系。因为当孩子步入青少年时期，他们会越来越关注别人对自己的看法。如果青少年对他的身体变化持积极的看法，那么他不仅可能具有更高水平的自尊，而且可以建立积极的同伴关系。如果青少年对他的身体变化不满意，或者总是把注意力集中于一些自认为有缺点的方面，那么他可能会感到抑郁，也可能采取不健康的控制行为（Fichter，2005）。青少年对身体意象的满意度源于对自己外表的实际评价与理想外表之间的差距大小。

2. 青春期变化对亲子关系的影响

青春期荷尔蒙变化可能导致亲子间冲突的发生以及消极情绪的出现。研究表明，11~13岁，当青春期变化达到最高峰时，青少年会变得更加独立，亲子之间都感到彼此关系不如以前亲密了，而且经常与父母争吵。虽然这些疏远行为经常是由于未整理卧室、回家太晚、异性交往、音乐声音太大等原因而引起的小争吵，并不涉及核心价值观念，但是这种争吵仍然会使彼此感到不快。

当然，大部分亲子冲突都是比较温和的，并且冲突的频率在青少年晚期会有所减少。事实上，父母和青少年之间既有冲突也有关爱，并且他们一般都会在一些重要的价值观方面达成共识，例如，他们都觉得人应该诚实并要接受教育。

3. 早熟与晚熟的影响

（1）对男孩的可能影响。早熟对于男孩会有某些社会优势。成人和同伴都会把早熟的男孩视为随和的、独立的、自信的、有身体吸引力的人。他们受到了同龄人欢迎，在学校中占据了领导者的位置，并最有可能成为体育明星。相比之下，晚熟的男孩不如他们那样受人喜欢，成人和同伴都认为他们是焦虑的、过于健谈的、寻求关注的，他们可能有更低的教育期望。早熟和晚熟的差异随时间的推移而逐渐消失。

（2）对女孩的可能影响。早熟可能使女孩处于某种劣势地位。早熟女孩可能不太喜欢与人交往，也不太受欢迎，可能出现更多的焦虑和抑郁症状；早熟女孩更可能沾染如吸烟、酗酒、吸毒和性方面的不良习性，出现心理焦虑的危险更大。与之相比，晚熟女孩被视为有身体吸引力的、活泼的、合群的人，并且她们在学校中还常常担任领导者的角色。

第三节 语言与认知的发展

一、儿童的语言发展

儿童语言发展又称语言获得，指的是儿童对母语的产生和理解能力的获得，主要指口头语言中的说话和听话。语言发展是一个复杂的过程，所有生理发育正常的儿童都能在出生后四至五年内未经任何正式训练而顺利地获得听、说母语的能力，其发展的速度是其他复杂的心理过程和心理特征所不能比拟的。

（一）语言获得的观点

1. 天赋论

美国语言学家乔姆斯基认为，人类先天有一种语言处理器——语言获得装置（LAD），该装置包含一个普遍语法，无论儿童倾听的是哪一种语言，只要他已经获得足够的词汇，就可以通过 LAD 将单词组合成新的、受规则限制的言语，并理解他所听到的内容。

天赋论的观点指出，人类具有先天的语言能力，亦即先天的、内在的语法规则系统。这种规则系统是在有限的基本语言素材基础上，通过先天语言获得装置的复杂加工而得，不是后天学习的结果。儿童根据这些规则就能产生和理解大量的语句，包括他们从未听到过的语句。这就表现出人类语言获得过程的创造性与独特性。

2. 习得论的观点

很难想象，一个小孩若从小没有人与之交流或教他说话，最后他能使用语言。大多数人都相信，语言离不开后天的学习和训练。而这正是习得论的观点。行为主义心理学家斯金纳认为，养育者通过示范和强化合乎语法的言语教会孩子说话。强化和模仿是语言习得的关键。他指出，言语行为和其他行为一样，是通过操作性条件反射学得的。他特别强调强化依随在语言学习中的作用，认为儿童说话是对环境中语言的或非语言的刺激做出语言反应。正确反应得到成人的鼓励和奖赏后就能保持和加强，逐步形成语言习惯；错误反应由于得不到鼓励和奖赏，就会逐渐消退。

3. 交互作用论的观点

交互作用论的支持者认为，天赋论者和习得论者从某种程度上说都是正确的：语言发展来源于生理成熟、认知发展和不断变化的语言环境之间的复杂的相互作用，其中，语言环境受到儿童与同伴之间沟通情况的很大影响（见图 8－3）。总之，年幼儿童的语言深受丰富的、有响应的且日益复杂的语言环境的影响，儿童参与了语言环境的创造。

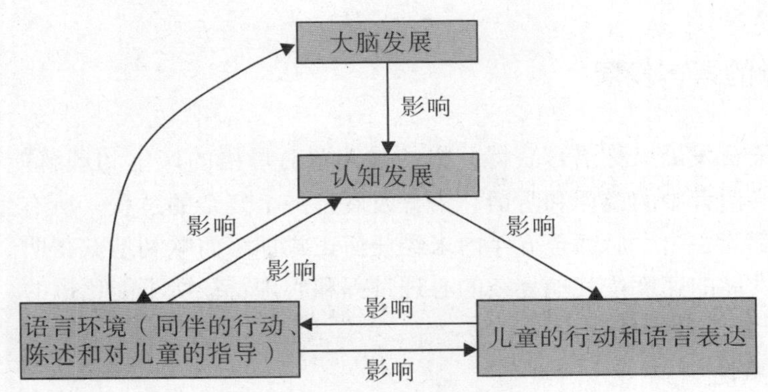

图 8－3　交互作用论的语言发展模型

（二）语言发展的阶段

1. 语言准备期

婴儿一出生就大声哭叫，这是最初对环境的反射性发声。约从第 5 周始，非哭叫的反射性发声发出。先是发音器官的偶然动作，随后以活动自己的发音器官为乐而发出许多非哭叫的声音。最初发出类似于元音 a、o 等声音，然后出现辅音 b、p 等声音，但这些发音并不具有信号意义。

婴儿在第 1 年中期会出现与语音极为相似的声音，并能将辅音和元音结合连续发出，如 ba－ba、ma－ma、da－da 等类似“爸爸”“妈妈”等单音节语音，我们称这种发音叫“牙牙语”。这种语言在 9 个月的时候达到高峰。1 岁左右儿童开始产生第一个能被理解的词。这时牙牙语的出现率开始下降。咿呀语使儿童学会调节和控制发音器官的活动，这是真正语言发生和发展所必需的。

2. 单词句阶段

大约在1岁或者1岁之前，大部分儿童开始说出有意义的单词，如“妈妈”或者“爸爸”，这些词通常都是名词，儿童往往用一个单词来表达比该词意义更为丰富的意思。所以这种词叫做整句字（整个句子只有一个词）。例如，儿童可能冲着妈妈说：“奶!”这代表着“我想要牛奶”或者“我喝完牛奶了”。单词句的特点是与动作紧密结合，含义不够明确，词义笼统，词性不确定。

在单词句阶段初期，儿童的词汇量只有几个词，随着年龄的增长，词汇量增加也日趋迅速。有人研究过18个儿童最初出现的10个词，结果表明，都是些动物、食物、玩具的名称。在他们最早习得的50个词中，范围已扩大到人体器官、衣服、家庭用具、运载工具、人物等方面，但没有出现过像“尿布”“裤子”“汗衫”之类父母经常使用的词。

3. 电报语阶段

大约在1岁半时，婴儿开始把词汇连成一串，使用名词、动词和形容词组成一个短的简单句。这类句子缺少某些必要的成分，不符合语法规则，带有很大的情境性（即必须结合说话的情境才能被理解），类似于发出的电报，如“宝宝吃”“妈妈走”“爸爸抱”。因此，为了恰当地理解电报语，我们不仅要看儿童说出的话，而且还要考虑这些话说出的背景。

当儿童能够将几个单词放在一起表达丰富的意思时，他们就不再用姿势和动作来帮忙了。电报语的获得使婴儿能更好地使用语言符号的内在性质来交流意义。婴儿使用电报语的创造能力很强。虽然他们理解的要比他们说的要多，但是他们会使用有限的词汇和对有限的词汇进行新的组合，这样他们所表达的意思也能被他人理解。这一阶段的儿童会用同样的句子表达不同的意思，如“爸爸走”这句话既可能是告诉别人爸爸走了，又可能是让爸爸走开。通常，儿童使用不同的语调或是通过对词的强调来表现其说话的意思。

4. 完整句阶段

1.5岁到2岁的儿童在说出电报语的同时开始能说出结构完整而无修饰语的简单句，如主谓句“宝宝要吃”，主谓宾句“妹妹读书”，主谓双宾句“阿姨给××糖”等。2岁时这种句子已占总句数的一半以上，到3岁时基本上都是完整句。此时，儿童开始使用合乎语法的句子，并增加了句子中词的数目。

从3岁到6岁，儿童不仅积累了大量的词汇，而且开始掌握复杂的句法和语法结构。4岁儿童基本上能理解并列复句（“不是……就是……”），6岁儿童基本上能理解递进复句（“不但……而且……”）和条件复句（“如果……那么……”）。他不仅懂得一句话的字面意义，而且懂得说话者的意图。例如，有人敲门问：“你妈妈在家吗?”一个3岁儿童就会去叫妈妈来开门，而不只是回答

“妈妈在家”。到 6 岁或者更大时，尽管和成人相比掌握的词汇仍然有限，但他们说话的流利程度却越来越接近成人。

二、认知发展：皮亚杰的观点

在西方心理学史上，让·皮亚杰被认为是最伟大的儿童心理学家，他关于儿童认知发展的研究，迄今为止还没有人能超越。皮亚杰采用简单的示范法，对自己的孩子以及其他孩子进行了细致入微的观察和访谈，从而产生了有关早期心理发展的复杂理论。他的兴趣并不在于儿童拥有信息的数量，而在于他们在发展的不同阶段对外部物质世界的内部表征和思维方式是如何发生变化的。皮亚杰将儿童认知发展分为四个阶段：

图 8－4　让·皮亚杰

（一）感知运动阶段（0～2 岁）

在这个阶段，婴儿利用他们的感觉和运动能力来学习了解周围的世界。最开始，婴儿只能运用出生时的非条件反射来与物体和人进行互动。随着感觉和运动的发展，他们开始通过抓、推、尝等动作直接和物体互动。婴儿会从重复简单的动作发展为模式复杂的动作。

在感知运动阶段末期，婴儿的客体永久性发展完善。客体永久性指的是对无论是否出现在视野中的物体都存在的认识。例如，“躲猫猫”游戏很重要，它会教育婴儿，妈妈的笑脸总会在她的手后面。这是发展语言的关键步骤，因为词汇本身只是事物的象征，它们并不存在。在感知运动阶段末期，抽象思维也就使利用符号（如语言）表现客体的能力成为可能。

（二）前运算阶段（2～7 岁）

这个阶段儿童的各种感知运动图式开始内化为表象或形象图式，特别是语言的出现和发展，使儿童日益频繁地用表象符号来代替外界事物，但他们的语词或其他符号还不能代表抽象的概念，思维仍受具体直觉表象的束缚，难以从知觉中解放出来。其思维有如下主要特征：

图 8－5　思维守恒测试

（1）思维不守恒。例如，在液体守恒实验中，首先给儿童呈现两杯等量的水平（杯子的形状一样），然后把这两杯水倒入不同口径的杯子里，问儿童哪个杯子的水多（或一样多）。实验发现，6 岁以下儿童仅根据杯子里水的高度判断水的多少而不考虑杯子口径的大小，而 7 岁以上的儿童对这个问题一般都能做出正确回答，即他们同时考虑水面的高度和杯子口径两个维度来决定杯子里水的多少。

（2）思维不可逆性。可逆性指改变人的思维方向，使之回到起点。前运算儿童不能这样进行思维。例如，问一名 4 岁儿童：“你有兄弟吗?”他回答：“有。”“兄弟叫什么名字?”他回答：“吉姆。”但反过来问：“吉姆有兄弟吗?”他回答：“没有。”

（3）自我中心的思维。自我中心指不能从对方的观点考虑问题，以为每个人看到的世界正如他自己所看到的一样。例如，皮亚杰让儿童坐在一座山模型的一边，将玩具娃娃置于另一边，要儿童描述玩具娃娃看到的景色。结果 7 岁以下的儿童描述玩具娃娃看到的景色和自己看到的相同。

（三）具体运算阶段（7 ~ 11 岁）

这个阶段的儿童认知发展的标志是守恒观念的形成。所谓守恒是指儿童认识到客体在外形上发生了变化，但其特有的属性不变。其思维主要有如下特征：

（1）多维思维。例如，呈现一些几何图形，要求儿童完成下列数目的计算：①正方形的数目；②长方形的数目；⑧白色图形的数目；④阴影图形的数目；⑤阴影正方形的数目。具体运算阶段儿童能完成这类任务。这类任务要求儿童从多维对事物归类。

（2）思维的可逆性。这是思维守恒性出现的关键。例如，对上面所说的倒水例子，具体运算阶段的儿童不仅能够考虑水从大杯倒入小杯，而且还能设想水从小杯倒回大杯，并恢复原状。这种可逆思维是运算思维的本质特征之一。

（3）去自我中心。亦即儿童逐渐学会从别人的观点看问题，意识到别人持有与他不同的观念和解答。他们能接受别人的意见，修正自己的看法。这是儿童与别人顺利交往，实现社会化的重要条件。

（4）具体逻辑推理。具体运算阶段儿童虽缺乏抽象逻辑推理能力，但他们能凭借具体形象的支持进行逻辑推理。例如，向 7 ~ 8 岁小孩提出这样的问题：假定 A > B，B > C，问 A 与 C 哪个大? 他们可能难以回答，若换一种说法：“张老师比李老师高，李老师又比王老师高，问张老师和王老师哪个高?”他们可以回答。因为在后一种情形下，儿童可以借助具体表象进行推理。

（四）形式运算阶段（11 岁以后）

儿童形成了解决各类问题的推理逻辑，由大小前提得出结论，不管有无具体事物，都可了解形式中的相互关系与内涵的意义。他们的思维有以下重要特征：

（1）假设—演绎思维。假设—演绎思维指不仅从逻辑上考虑现实的情境，而且考虑可能的情境（假设的情境）进行思维。例如，“如果这是第 9 教室，那

么它就是4年级。这不是第9教室，这是4年级吗?”回答这样的问题需要假设—演绎思维。有人请小学生以“是”“不是”或“线索不充分”来回答这个问题。多数小学生回答“不是”。但正确答案应是“线索不充分”。

（2）抽象思维。抽象思维指运用符号的思维，也称命题思维。例如，学习中学代数就需要抽象逻辑思维。中学生已具有抽象逻辑思维能力，他们能解决代数问题。

（3）系统思维。系统思维指儿童在解决问题时，能分离出所有有关的变量和这些变量的组合，一个典型的例子是儿童解决钟摆问题。问儿童：决定钟摆的摆动速度的因素是什么？这里涉及摆的长度、摆锤的重量、推动摆锤的外力和摆锤离中心线升起的高度。前运算儿童不能系统操纵某一变量，同时控制其他变量去解决问题，只有形式运算阶段的儿童能同系统探索，解决这个问题。

相关链接 8－3

让·皮亚杰小传

1896年8月9日，出生于瑞士纳沙泰尔。

1907年，皮亚杰出版了他第一本自然科学论著——一份关于患白化病的麻雀的简短记录。当时皮亚杰年仅11岁。在20岁之前，他还发表了很多关于软体动物的论文。他的工作能力使人们相信他必定会成为科学家。所以他高中还没毕业就得到日内瓦博物馆馆长的职位。

1915年，皮亚杰从纳沙泰尔大学得到本科学位，3年后他又从同一所大学获得自然科学的博士学位。

1918年，皮亚杰离开纳沙泰尔，去寻求心理学方面的训练。他在巴黎的索邦大学停留下来，跟阿尔佛雷德·比奈一起从事智力测验方面的工作。不久，他意识到儿童的错误比他们的IQ得分更具启发意义。皮亚杰发明了“临床法”来评估儿童的思维。

1921年，皮亚杰任瑞士日内瓦大学让·雅克·卢梭学院实验室主任。

1923年，瓦伦丁·沙特奈和让·皮亚杰结婚。他们有三个孩子：杰奎琳、露西安娜和劳伦。孩子们在婴儿时期的忙乱发展给皮亚杰提供了独一无二的观察机会，并为他的发展理论提供了证据。

1955年，皮亚杰在日内瓦创立“国际发生认识论中心”并任主任，直至去世。

1980年9月16日，皮亚杰逝世，享年84岁。在皮亚杰的职业生涯中，他出版了50余部著作，发表了500多篇论文，是最多产的心理学家。

（资料来源：布丽姬特·贯艾斯. 发展心理学. 宋梅，等译. 哈尔滨：黑龙江科学技术出版社，2008：72.）

三、认知发展：维果斯基的观点

一个6岁的孩子，把玩具弄丢了，向父亲求助。父亲问他最后一次看见玩具是在哪里？

孩子说："不记得了。"

父亲又问了许多问题："在不在房间？外面？隔壁房间？"

每次孩子都回答："没有。"

当父亲问道："汽车里呢？"

孩子说："我想是在那里。"

于是他就跑去取玩具了。

从这段对话中不难看出，父亲和孩子在交往协作中完成了回忆和解决问题，孩子可能从中将这些策略内化，下次丢了东西就可以用上了。儿童这种思维和问题解决的过程正是苏联心理学家维果斯基（Lev Rygotsky，1896—1934）关注的重点所在。作为社会文化理论的倡导者，维果斯基提出：①认知发展发生于社会文化背景中，社会文化影响着认知发展的形式；②儿童的许多重要认知技能是在与父母、老师以及更有能力的同伴的社会交往中逐渐发展起来的。

（一）文化在认知发展中的作用

维果斯基认为，儿童的认知发展与其所处的文化关系密切。尽管全世界的儿童不会发展出完全相同的心理，但是他们会学习使用人类所特有的大脑和心理能力来解决问题，并对周围环境做出与他们的文化要求和价值观相一致的解释。维果斯基指出，人类的认知，即使被隔离起来，本质上仍是社会文化的，它受到由文化传递给个体的信仰、价值观、智力适应工具等影响。尽管这些价值观和智力适应工具从一种文化到另一种文化可能会有很大的变化，但无论是认知发展的过程还是内容都不会像皮亚杰所假设的那样具有普遍性。

（二）认知能力的社会起源

社会文化的发展观指出，所有的高级心理机能都起源于社会相互作用。与皮亚杰的观点一致，维果斯基认为年幼儿童是充满好奇心的探索者，他们会积极主动地去学习和发现新的准则。然而，与皮亚杰不同的是，维果斯基认为，儿童的许多真正重要的发现产生于有技能的老师和新生的合作或协作以及交谈的情境中。在此情境中，老师做动作示范并给予口头指导，学生最初是试图理解老师的指导，最终将这些信息内化，并以此来调整自己的行为表现。让我们想象一下4岁的汤姆和他的母亲第一次做拼图游戏的情形：

汤姆：这个我放不进去。（试着将一块拼图放在一个错误的地方）

母亲：哪一块可以放在这儿？（指着拼图）

汤姆：他的鞋子。（寻找与小丑鞋子相似的一块，但是尝试错误）

母亲：好，哪一块看起来像这个形状？（再一次指向拼图）

汤姆：棕色的那块。（试一下，正好，然后试另一块，并看着他的母亲）

母亲：试着稍稍转动一下。（给他做手势）

汤姆：我知道了，在那儿。（放入更多块拼图，母亲看着）

（三）最近发展区

维果斯基认为，儿童心理发展有两种水平：其一是现有发展水平，即儿童独立完成任务时达到的心理水平；其二是潜在发展水平，指儿童在有指导的情况下借助成人帮助所达到的问题解决水平。最近发展区则是指儿童在有指导的情况下借助成人帮助所达到的问题解决水平与儿童在独立活动中所达到的问题解决水平的差距。此时，如果给予细致的指导，新的认知发展就有可能发生。在上述例子中，有了母亲的帮助，汤姆成了更娴熟的拼图者。更重要的是，他把与母亲协作时使用的问题解决技巧进行内化，并最终会独立使用这些技巧，从而上升到一个独立掌握的新水平。

在最近发展区内，成人或同伴的指导帮助形式是多样的：如用模仿的方法示范、列举实例、启发式提问、由成人进行监督或集体活动等形式。“最近发展区”理论给我们提供了一条理解儿童认知发展的途径，其蕴含的重要思想是：儿童的发展主要是通过与成人或更有经验（能力）的同伴的社会交往而获得的。维果斯基说：“如果儿童在最近发展区接受新的学习，其发展会更有成果。在这个区内，如能得到成人帮助，儿童比较容易吸收单靠自己无法吸收的东西。”

第四节　情绪与社会性发展

一、儿童的情绪发展

（一）人类最早的情绪

刚出生的新生儿对周围世界充满兴趣。新生儿以大哭为信号来告诉抚养者他饿了、困了或冷了，他们还能表达厌恶的情绪。研究发现，在新生儿第一次吮吸母乳之前，对苦的液体就已产生反应：嘴角朝下、双唇紧闭、眉头紧锁，以此表示不愿意喝。当新生儿渐入梦乡，脸上会无缘无故地流露出笑容，专家对此解释是，这种笑容是轻度睡眠中大脑活动的生理反应。入睡过程中父母轻轻地抚拍会使孩子露出这样的笑容。很多人认为婴儿是因为看到妈妈的面孔才发出的微笑。其实不然，婴儿此时的微笑是天生的本能。

（二）婴儿的情绪表达

美国心理学家路易斯·墨菲在多年的研究中发现，婴儿在出生后 1 ~ 2 个月开始表现出悲伤、焦虑、高兴、兴奋和愤怒（见图8－6）；3个月后，婴儿会为照料者的出现而感到快乐，也会因与看护者的分开而感到伤心和害怕，这些反应促使养育者多待在孩子身旁。4个月大时，他们会因可笑的事而发笑，在不安的哭闹中也会表现出悲伤或失望。6个月大的婴儿已经可以预测事情的发展，当出乎所料的事情发生时，婴儿会感到吃惊。大多数7～9个月的孩子表现出一种“怯生”的紧张心理，这通常是由于在不熟悉的环境中遇到了陌生人所致。9个月大的孩子会在养育者离开时表现出失望和难过。到1岁大时，婴儿对基本情绪有了完整的概念，但是像内疚、惭愧和鄙视一类的复杂情绪则要年龄大一点才会出现。

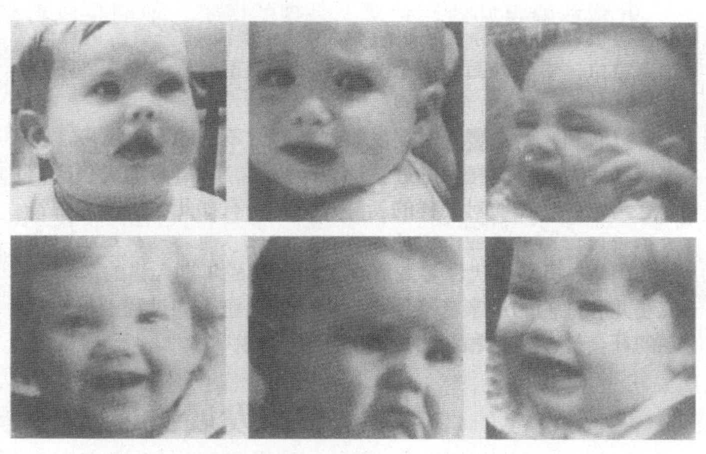

图8－6　婴儿的各种面部表情（Shaffer，2005）
（依次为好奇、恐惧、厌恶、愉快、悲伤、愤怒）

相关链接8－4

婴儿体验到了情绪的高低起伏吗？

任何人只要花时间和婴儿相处，就会知道婴儿的表情似乎是其情绪状态的指示器。在我们期待他们会快乐的情境中，他们似乎微笑着；当我们可能假定他们受到了挫折时，他们表现出愤怒；当我们可能预期他们不高兴的时候，他们看起来有些悲伤。

事实上，这些基本的面部表情即使是在差别最大的文化之间也是惊人的相似。不论我们是看着印度、美国，还是新几内亚丛林的婴儿，其基本情绪的面部表情都是相同的。而且，被称为非言语编码的非言语表情，在各个年龄阶段都相当一致。这些一致性让许多研究人员得出了这样的结论：我们天生就具有表达基本情绪的能力。

婴儿表现出相当广泛的情绪表达。许多研究考察了母亲在她们孩子的非言语行为中看见了什么，根据这些研究，几乎所有的母亲都认为她们的孩子在满月前就已经表达出兴趣和喜

悦。此外，84%的母亲认为她们的孩子已经表达出愤怒，75%认为有惊讶，58%认为有恐惧，而34%认为有悲伤。研究采用伊扎德编制的“最大限度辨别面部肌肉运动编码系统”也发现兴趣、苦恼和厌恶在出生时已经出现，而其他的情绪在之后的几个月表现出来。

尽管婴儿展示了相似的情绪种类，但情绪的表达程度在婴儿间各有不同。甚至在婴儿期，来自不同文化的儿童在情绪的表达性上显示出了显著的差异。例如，在11个月大之前，中国的婴儿相比于欧洲、美国以及日本的婴儿来说，普遍具有较少的表情。

（资料来源：罗伯特·费尔德曼. 发展心理学——人的毕生发展. 苏彦捷，等译. 北京：世界图书出版公司，2007：211－212.）

（三）幼儿期及学龄儿童的情绪发展

到了3岁，儿童能够更好地评判自己表现的优劣，他们在成功完成一项困难任务后开始表现出骄傲，也会在未能完成一项简单任务后表现出羞愧。当然，父母对儿童自我评价性情绪的体验和表达有显著影响。在一项研究中，研究者记录了母亲在其4～5岁的子女解决各类难题成功或失败时的反应（Alessandri & Lewis，1996）。结果表明，儿童在成功时表现出骄傲和在失败时表现出羞愧的程度很大程度上取决于母亲对他们成绩的反应。那些更关注消极表现，在儿童失败时给予严厉指责的母亲，其子女在失败后表现出较高水平的羞愧，却很少在成功后感到骄傲；而那些更倾向于在孩子成功时做出积极反应的母亲，她们的孩子在感到成功后更骄傲，而在未能实现预期目标时表现出的羞愧则很少。

5岁以后，儿童对社会准则和行为标准开始有了越来越清楚的认识。一件事做得好坏只是产生某种情感的原因之一，是否按道德标准来做此事也会导致不同情绪的产生。比如得到了自己想要的蜡笔，孩子们不一定就高兴，还要看蜡笔是如何得到的：是别人送的礼物还是偷着从同学那里拿来的。

6～9岁的儿童开始把自豪、愧疚等情感与责任感联系起来。履行了责任就会感到骄傲，不尽责就会感到内疚。年幼的儿童就理解不了其中的关系，所以他们常说故事中主人公应该为这事或那事感到骄傲或愧疚，实际上故事里的主人公对这事根本就是无能为力。与此相反，年长的儿童不但懂得责任感的重要性，也知道如何适时地支配它们。随着年龄的增长，儿童开始懂得如何恰当地表达自己的情绪，学会了如何隐藏胆小和恐惧以免被人嘲笑。

二、气质与依恋的形成

（一）气质的发展

1. 气质的成分

婴儿生下来就是与众不同的，这种不同是由婴儿的气质差异所决定的。一些研究者认为，气质“是个体在情绪、运动、注意反应以及自我调节等方面的先天差异”，是成人人格的情绪和行为的基石（Rothbart & Bates，1998）。一般来说，婴儿气质的个体差异按以下六个维度来划分：

恐惧性：警觉，不安，面对新异环境和刺激时的退缩反应。

易激惹性：挑剔，哭闹，而对挫折表现出不安。

活动水平：大动作活动量（如踢、爬等）。

积极情绪：经常笑，愿意接近他人以及与他人合作（又称社交性）。

注意广度—坚持度：儿童指向并专注于物体或感兴趣的事物的时间长度。

节律性：机体功能，如进食、睡眠、肠胃功能的规律性、可预期性。

2. 幼儿气质的类型

托马斯和切斯等最早的研究报告指出（Thomas，1977；Chess & Birch，1970），婴儿气质的某些方面可以有效地归为一类，形成更广泛的气质类型。在他们的追踪研究中，141 个婴儿大部分可以归入以下三种气质类型：

（1）容易型（约 40%）：随和的儿童，脾气平和，情绪较为积极，对于新事物较为开放和适应。他们的生活有规律，可以预测。

（2）困难型（约 10%）：这类儿童活跃、易怒、生活没有规律。他们对改变常规会有过度反应，对新的事物和人适应较慢。

（3）迟缓型（约 15%）：这类儿童不怎么活跃，有点抑郁，对新的人和环境适应较慢。但是与困难型儿童不同，他们对新刺激的反应一般较为温和，不会过激和消极。例如，他们不要人抱时会往别处看，而不是又哭又闹。

3. 气质的稳定性

一个 8 个月时对陌生人面孔感到害怕的婴儿到 2 岁时是否还会对陌生人保持警惕？到 4 岁时是否还是不敢和陌生的同龄人一起玩耍？追踪研究发现，诸如活动水平、易怒性、社交性和害羞等气质成分，在婴儿期、童年甚至成人早期都具有中等程度的稳定性（Eisenberg et al.，2004）。新西兰的一项追踪研究发现，在 3 岁时测量的气质，不但在 3 ~ 18 岁之间比较稳定，而且能够预测个体在 18 ~ 20 岁时的反社会倾向和家庭关系质量（Newman et al.，1997）。当然，这种稳定性并不是绝对的，后天的环境和教育尤其是早期的抚养方式可以在某种程度上改变一个人的气质。确定其是否改变的关键，就是儿童的气质类型与父母抚养方式的拟合度（goodness of fit）。当父母以敏感的抚养方式去适应婴儿的气质特征时，儿童可以实现最佳的发展。

（二）依恋的形成与发展

1. 依恋的本质

依恋是指婴儿和养育者之间一种互惠的、持续的情感联结，以相互关爱和希

望保持亲近为特征。对于婴儿来说，依恋具有适应性的价值，它可以确保婴儿的心理社会和生理需要得到满足。依恋不仅是婴儿和养育者之间的一种情感纽带，而且也是此后一切人际关系的基础。研究表明，大约有65%的婴儿能够和父母建立起安全的依恋关系，而有35%的婴儿和养育者建立的依恋关系是不安全的。

2. 依恋的类型

在婴儿建立起与养育者的依恋的过程中，一直存在较为明显的个体差异。有的婴儿与养育者在一起时显得相当放松和有安全感，而有的婴儿则显得很焦虑，对将要发生什么感到没有把握。对于依恋安全性的测量，通用的技术是艾思沃斯提出的陌生情境测验，其程序是：儿童被带进一个有很多玩具的陌生房间里。母亲在场时，儿童被鼓励去探索陌生环境。几分钟后，一个陌生人进屋与母亲交谈，并接近这个儿童。接着，母亲离开房间。短暂分离后，母亲返回，与儿童重新在一起，陌生人离开。研究人员记录下儿童与母亲分离和重聚时的行为，结果发现有三种基本类型（Ainsworth et al.，1978）：

（1）安全型依恋：儿童在母亲离开房间时显得忧伤；在母亲回来后寻求亲近、安慰和接触；然后慢慢地又去游戏。这类儿童大概占70%。

（2）回避型依恋：儿童显得很冷淡，在母亲返回后主动躲开或忽视她。这类儿童约占20%。

（3）矛盾型依恋：儿童在母亲离开后变得极为不安和焦虑；在母亲返回后也不能安静下来，对母亲表现出生气和抵制，但同时又表现出接触的需要。这类儿童约占10%。

3. 依恋的形成与发展

早期的一些心理学家认为，社会性依恋的根源在于婴儿与抚养者的亲密关系，正是母亲的喂养导致婴儿身体紧张的减少。然而，美国动物心理学家哈利·哈洛（Harry Harlow，1905—1981）的研究却表明，依恋行为可能不依赖于食物的来源和饥饿的减退而产生，进食和紧张降低的舒适感的联结只是加强了依恋的程度，但这不是依恋产生的唯一原因。

图8－7　恒河猴宝宝与其两个代理“母亲”

哈洛用铁丝做了一个金属“母亲”，在它胸前有一个可以提供奶水的装置；然后，又用绒布做了一个绒布“母亲”。他写道：“一个是柔软、温暖的母亲，一个是有着无限耐心、可以24小时提供奶水的母亲……”哈洛将一群恒河猴宝宝和两个代理“母亲”关在笼子里。

几天之后，令人惊讶的事情发生了，猴宝宝很快依恋上了用绒布做成的代理“母亲”，他们每天紧紧拥抱绒布“母亲”超过 12 小时。只有当它们感到饥渴时才会爬到金属“母亲”身上一小会儿。

哈洛由此证明，婴儿对母亲依恋的首要原因是母亲身体的柔软温暖，与身体是否同时作为食物来源并无关系。根据这一研究结果，依恋形成的关键原因可能是婴儿与养育者之间身体接触的舒适度。很显然，与父亲相比，母亲常常知道怎样让孩子更舒适，她们从对婴儿的抚摩到拥抱的姿势都非常讲究。因此，婴儿通常会对母亲产生强烈的依恋。当然，在后期的发展中，父亲通过与孩子游戏增进了相互之间的感情，依恋也得到了加强。

三、儿童的道德发展

（一）皮亚杰的道德发展理论

皮亚杰早期研究的主要精力放在儿童道德推理上。他在日内瓦的郊区花了大量的时间观察儿童的游戏，并通过一些道德两难问题来研究儿童的道德推理。他感兴趣的是，孩子们是如何获得游戏规则的？他们认为的规则从哪里来？以及规则是否可以被改变？根据儿童对规则的理解和使用，以及对过失、说谎、公正认识的考察和研究，皮亚杰将儿童道德认知发展划分为四个阶段：

1. 前道德阶段（0 ~4 岁）

这一年龄时期的儿童正处于前运算思维时期，他们对问题的考虑都还是自我中心的。他们不顾规则，按照自己的想象去对待规则。他们的行动易冲动，感情泛化，行为直接受行动的结果所支配，道德认知不守恒。例如，同样的行动规则，若是出自父母就愿意遵守，若是出自同伴就不遵守。他们并不真正理解规则的含义，分不清公正、义务和服从。

2. 他律道德阶段（4 ~8 岁）

又称权威阶段。这一阶段的儿童遵从成人的规则；从行为结果去判断行为好坏，不考虑行为动机。比如，他们会认为无意打破 10 个玻璃杯的小孩比故意打破 3 个玻璃杯的小孩坏，因为前者打破的更多，他们单单从行为的结果看哪个更糟糕。这个阶段的儿童认为，应该尊重权威和尊重年长者的命令。

3. 自律道德阶段（8 ~10 岁）

此时的儿童不是盲目遵守成人的权威，而是自主地用自己的道德认识去判断，有一定的规则意识，有自己内在的判断标准。而且会从行为动机出发去判断。这个阶段的儿童不再认为成人的命令是应该绝对服从的，道德规则是固定不变的。他们认为，判断好坏的标准不是以权威而是以公平为标准，认为公平的行

为就是好的，反之就是坏的。

4. 公正阶段（10 ~ 12 岁）

这个阶段儿童的道德观念开始倾向于公正。公正观念不是一种判断是非的单纯的规则关系，而是一种出于关心与同情的真正的道德关系。亦即儿童不再刻板地按固定的规则去判断，在依据规则判断时隐含考虑到同伴的一些具体情况，从关心和同情出发去判断。

（二）科尔伯格的道德发展

科尔伯格的道德发展研究虽然沿用皮亚杰的方法，但目的并不是要了解儿童对行为是非的道德判断，而是借助道德两难问题情境，旨在了解儿童做出道德判断后如何说明其判断的理由。以下是科尔伯格道德两难问题中最为人熟知的故事：

欧洲有个妇人患了癌症，生命垂危。医生认为只有一种药能救她，就是本城一个药剂师最近发明的镭。制造这种药要花很多钱，药剂师索价还是成本的10倍。他花了200元制造镭，而这点药他竟索价2 000元。病妇的丈夫海因兹到处向熟人借钱，一共才借得1 000元，只够药费的一半。海因兹不得已，只好告诉药剂师，他的妻子快要死了，请求药剂师便宜一点卖给他，或者允许他赊欠。但药剂师说："不成，我发明此药就是为了赚钱。"海因兹因此走投无路，最后铤而走险，在夜深人静的时候撬开了药剂师经营的药店，为妻子偷走了药。

故事结束后向儿童询问以下开放式问题：海因兹应该这样做吗？为什么应该？为什么不应该？偷药是否违反了法律？海因兹应该为此而坐牢吗？为什么？人们是否有必要为了挽救一个人的生命而不择手段？等等。儿童对这些问题既可做肯定回答，又可做否定回答。科尔伯格真正关心的不是儿童做出哪一种回答，而是儿童为此提出的理由。通过详细的临床访谈，科尔伯格得出结论：道德是沿着固定的三个水平六个阶段发展的，且这些道德水平和阶段的发展顺序是固定不变的：

1. 前习俗水平

阶段1：惩罚和服从的定向。这种定向是为了逃避惩罚而服从于权威或者有权利的人，通常是父母。一个行动是否道德是依据他对身体的后果来确定的。

阶段2：天真的享乐主义。这一阶段的儿童服从于获得奖赏。尽管也有一些报偿的分享，但也是有图谋、为自己服务的，而不是真正意义上的公正、慷慨、同情和怜悯。它很像一种交易："你让我玩四轮车，我就把自行车借给你。"

2. 习俗水平

阶段3：好孩子定向。在这一阶段，能获得赞扬和维持与他人良好关系的行为就是好的。尽管儿童会以他人的反应为基础来判断是非，现在他们更关心他人的表扬与批评而不是他人的身体力量；注意遵从朋友或家庭的标准来维持好名声；开始接受来自他人的社会调节，并依据个人违反规则时的意向来判断其行为的好坏。

阶段 4：维持社会秩序的道德。这一阶段个体盲目地接受社会习俗和规则，并且认为只要接受了这些社会规则他们就可以免受指责。他们不再遵从其他个体的标准而是遵从社会秩序。大多数个体都不能超越习俗道德水平。

3. 后习俗水平

阶段 5：社会契约定向。这一阶段出现了道德信念的可变性。个体开始认识到，法律或习俗的道德规范仅仅是一种社会契约，是由大家商定的，也可以因大多数人的要求而改变。在判断好坏时，认为只有兼爱的行为者才是道德的，错误的行为可以根据其动机是好的而减轻对其责难的程度。但并不因为动机良好而将其错误的行为也看成是正确的。

阶段 6：普遍的伦理原则。以人生的价值观念为导向，对是非善恶的判断标准超越现实道德规范的约束，以正义、公正、平等、尊严等这些人类最一般的伦理原则为标准进行思考。并根据自己所选定的原则进行某些活动，行为完全自律。这种认识突破了既存的规章制度，不是从具体的道德准则，而是从道德的本质上去进行思考与判断。

科尔伯格认为，儿童道德判断力的发展在 10 岁以前大都处于第一种水平，10～13 岁多半处于第二种水平，只有极少数进入第三种水平；16 岁以上 30% 进入第三种水平。儿童道德发展的先后次序是固定不变的，这与儿童的思维发展有关，但具体到每个人，时间有早晚，与文化背景、交往等有关。要促进儿童道德发展，必须让他不断接触道德环境和道德两难问题，以利于讨论和开展道德推理的练习。

四、自我意识的发展

（一）自我概念的发展

1. 自我的出现

现在回到起点，看看儿童是如何认识自我的。婴儿从什么时候开始把自己和他人区分开？什么时候开始意识到自己的独特性？年幼儿童使用哪些信息来描述自我？发展心理学家布朗（Brown，1998）认为，新生儿就有能力区分自己和周围环境。例如，当新生儿听到另一个婴儿哭声的录音时会哭，而听他们自己哭声的录音却不哭，这说明他们能区分自己和他人。2 个月大的宝宝可以做出那些使自己感到快乐的动作，如通过踢腿伸胳膊让挂在床边的铃铛发出声音，这说明婴儿已经意识到了自己的存在，自己与他人和客体是独立的。

为了研究婴儿的自我再认，刘易斯等人（Lewis & Brooks - Gunn，1979）进行了胭脂测验，研究者让母亲悄悄在婴儿（9～24 个月）鼻子上抹上一点胭脂，然后将婴儿置于镜子前面，观看其反应。结果表明：较小的孩子往往什么也不做，或试图去擦镜子里人鼻子上的红点；15～17 个月的孩子身上可以看到自我认识的迹象；大多数 18～24 个月大的孩子会摸自己的鼻子，明显意识到自己的鼻子上多了一个奇怪的点，他们清楚地知道镜子里的那个孩子是谁。此外，游牧部落的婴儿虽然没照过镜子，但与城市长大的婴儿在同一个年龄开始表现出测试中显示出的自我认识（Priel & deSchonen，1986）。

2. 学前儿童的自我概念

我三岁了，和爸爸妈妈哥哥姐姐住在一个大房子里。我有一双蓝眼睛，在我的房间里有一只橙黄色的小猫和一台电视。我认识所有的 ABC 听力字母。我真的跑得很快，我喜欢披萨，在幼儿园我有一位好老师。我能数到 10，想听我数吗？我喜欢我的小狗杰瑞。我能爬到架子上……我很强壮，看我能举起这把椅子！（Hartery，1999，p. 37）

一些发展心理学家认为，学前儿童的自我概念是具体的、生理上的，而心理上的自我知觉几乎空缺。为什么这么说呢？从上述描述中我们不难看出，3～5 岁的儿童在描述自我时，大多数都回答他们的生理特征、拥有物，或者他们最为骄傲的行为，而心理特征的描述，如“我很快乐”“我喜欢和人们在一起”，很少为这些年幼儿童所采用。

3. 儿童中期和青少年期的自我概念

随着年龄的增长，儿童的自我描述会从身体、行为和其他外在特征转向概括其稳定的内在特质——人格特质、价值观、信念、思维方式。以下是一个 17 岁的女孩对自己的描述：

我是一个人……一个女孩……一个个体……我是双鱼座的。我是一个忧郁的人……一个优柔寡断的人……一个有野心的人。我是一个有很强的求知欲的人，我很孤独。我是一个美国人，民主党员，是一个自由主义者，我是一个无神论者，我保守。

与学前儿童相比，青春期个体在描述自我时除了使用更多的心理学词汇，也意识到他们在所有情境下都不会完全相同，这使他们感到困惑甚至苦恼。研究者要 13、15、17 岁的个体提供与父母、朋友、恋人、老师和同学在一起时的自我描述，然后要求他们整理这四类描述，从中选出不一致的地方，并指出给他们造成混淆和不安的程度（Harter & Monsour，1992）。结果发现，13 岁的个体报告的不一致之处很少，15 岁的个体则列举出很多相反特征并为之困扰。而对于年长的青少年来说，自我形象的不一致造成的困扰要轻一些，他们能在更高的层次上对其加以整合，更容易以连贯的方式看待自己。

（二）自尊：自我评价的发展

自尊是个体做出的并经常保持的对自己的评价，表达了对自己赞许或不赞许的态度，标志个体对自己能力、身份、成就及价值的信心。简言之，自尊就是对自我的评价成分。

1. 自尊的发生和发展

儿童对自己和自己能力的评价是自我最重要的组成部分，这将影响他们行为和心理健康的所有方面。自尊是如何产生的？在什么时候儿童建立起了真正意义上的自我价值？一项针对4～5岁儿童的研究发现（Verschueren et al.，1996），与那些非安全依恋的儿童相比，和母亲有安全依恋的儿童不仅认为自己更可爱，老师也认为他们有更强的能力和社会技能。与双亲之间都是安全依恋的儿童，自尊的评分是最高的。可见，大概4～5岁甚至更早时，儿童已经建立起早期重要的自尊感了。

在哈特提出的儿童自尊的层次模型中（见图8－8），研究者让儿童完成自我知觉量表，在五个方面评价自己：学业能力、社会接纳、身体外貌、运动能力和行为举止。儿童通过判断某些句子描述与自己的符合程度来进行自我评估，如"有的孩子在学校里成绩好"（学业能力），"有的孩子很贪玩"（运动能力）。研究者认为，4～7岁的儿童可能处于自我膨胀阶段，他们倾向于在所有方面积极评价自己，这些积极评价反映了儿童在各个方面希望有良好表现并讨人喜欢的愿望，并不是完全的自我价值感。大约8岁起，儿童的自我评价和他人对他的评价越来越接近。到青春前期，个体对自我价值的判断集中在人际关系方面，研究者发现，在不同的关系条件下（如同父母、老师、男同学、女同学），青少年开始意识到存在不同的自我价值。

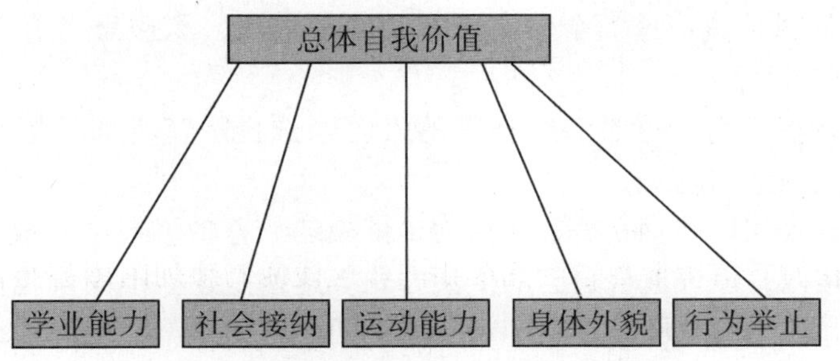

图8－8　自尊的多维层次模型（Harter，1996）

2. 自尊的稳定性

一个8岁时高自尊的儿童，当进入青春期后会不会对自己有同样的好评？青

春期面临的紧张和压力会不会使大多数青少年怀疑自己的能力，从而削弱其自尊？这些都涉及个体自尊稳定性的问题。追踪研究发现儿童和青少年对某些方面能力（如学业、运动、社会接纳等）的自我评价，从小学、初中到高中一直在下降（Jacobs et al.，2002），而在某些方面（如学业），青少年早期会有明显的下降。对自己能力的信心降低，部分反映了年龄较大儿童对自己的看法趋于现实，认识到自己在某些能力上并不特别优秀。

罗宾斯及其同事（Robins et al.，2002）对超过30万9～90岁个体的总体自尊进行了调查，发现，男性和女性的自尊都在9～20岁时有明显的下降趋势，而后在成人初期到65岁之间又会逐渐恢复和增加，到了老年阶段人的自尊再次开始下降。元分析还发现，自尊的稳定性在儿童期和青春期早期最低，而到了青春期后期和成年早期则大大提高。这表明，在过渡到青春期时，个体差异很大：有的人会感知到自尊的丧失，有的人则没有觉得有什么变化，甚至还有人觉得自尊有所提升。

（三）自我认同感的发展

埃里克森（1963）认为，青少年面临的主要发展障碍是获得自我认同感（self－identity），即个体对自己是什么样的人、将要去向何方以及在社会中处于何处的稳固且连贯的知觉。

1. 自我认同感发展的四种情形

玛西亚（James Marcia，1980）根据青少年对职业、宗教、性取向及政治价值的探究和确定程度，将自我认同感发展划分为四种情形：

（1）认同感混乱：对认同感问题不做思考或无法解决，没有计划将来的生活方向。

（2）认同感早闭：这类个体获得了认同感，但是在这种认同感的获得过程中并未经历危机，即没有经历什么是最适合自己的选择过程。

（3）认同感延缓：这类个体经历了认同感危机，积极思考有关生活选择的问题，并寻求答案。

（4）认同感获得：这类个体获得的人已经选择了特定的目标、信仰和价值观，解决了同一性问题。

认同感延缓和认同感获得都被认为是健康的。青少年亲自去做一些试验，摒弃不适合的东西，发现适合自己的生活方式。这些是建立牢固自我认同感的重要部分。那些无法跨越认同感混乱和认同感早闭的青少年不能很好地适应。认同感混乱的青少年经常放弃自我，把自己的生活归结为命运。而认同感早闭的青少年则很刻板，不宽容，独断，自我防御。

2. 自我认同感的发展趋势

梅尔曼（Meilman，1979）对12～24岁男性的自我认同感水平加以测量，发现其呈明显发展趋势：在 12 ~ 18 岁之间有很多个体是属于认同感混乱和提前结束的，只有4% 的15 岁个体和20% 的18 岁个体获得了稳定的自我认同；在21 岁之后，大部分个体才达到延缓水平并获得稳定的认同感。

可见，自我认同感的形成需要很长的时间。直到青少年晚期，许多人才从混乱和早闭状态向延缓状态改变，继而获得认同感。但这并不意味着认同感形成过程的结束。许多成年人仍然为之困扰，甚至有的人会把“我是什么样的人”这类以前有了答案的问题重新提出来。比如，离婚就会让家庭主妇重新思考作为女人的意义，并对其他方面的自我认同感提出疑问。

总之，自我认同感的获得是曲折的，青少年可能在一个领域中获得稳定的认同感而在其他领域仍处于探索状态。

复习思考题

1. 何谓心理发展？心理发展有哪些特点？
2. 关于遗传因素与环境因素对心理发展的影响，你持何种观点？谈谈你的看法。
3. 什么叫关键期和敏感期？试举例解释人类发展的关键期和敏感性。
4. 双生子爬梯实验对儿童早期教育有什么启示？
5. 儿童动作发展遵循哪些基本原则？动作发展的基本顺序是固定不变的吗？
6. 青春期变化给青少年带来了哪些方面的影响？
7. 皮亚杰的认知发展理论包括哪几个阶段？各阶段的认知发展特点是什么？
8. 何谓最近发展区？维果斯基的认知发展理论对教育实践有何启示意义？
9. 什么叫依恋？结合实际谈谈如何促进亲子之间安全依恋类型的形成。
10. 简述科尔伯格的道德发展理论。

主要参考书目

[1] 陈少华．人格发展与教育：让你的孩子更有个性．广州：暨南大学出版社，2015.

[2] 桑德拉·切卡莱丽，诺兰·怀特．心理学最佳入门：原书第2版．周仁来，等译．北京：中国人民大学出版社，2014.

[3] 本杰明·B. 莱希．心理学导论：第9版．吴庆麟，等译．上海：上海人民出版社，2010.

[4] 布丽姬特·贾艾斯．发展心理学．宋梅，等译，哈尔滨：黑龙江科学技术出版社，2008.

[5] 劳拉·E. 贝克．婴儿、儿童和青少年：第5版．桑标，等译．上海：

上海人民出版社，2008.

［6］理查德·格里格，菲利普·津巴多．心理学与生活：第19版．王垒，等译．北京：人民邮电出版社，2014.

［7］罗伯特·费尔德曼．发展心理学——人的毕生发展．苏彦捷，等译．北京：世界图书出版公司，2007.

［8］麦格劳—希尔编写组．妙趣横生的心理学：第2版．王芳，等译．北京：人民邮电出版社，2013.

［9］谢弗，等．发展心理学——儿童与青少年：第8版．邹泓，等译．北京：中国轻工业出版社，2009.

（陈少华　撰写）

第九章

学习心理

引　言

春秋时期，楚国有个名叫卞和的人，有一天，他在山里找到了一块还没有琢磨过的玉石，于是便把这玉石呈给国君楚厉王。没想到，宫里的玉匠竟说这只是一块普通的石头，楚厉王一生气，命令部下把卞和定了罪。

楚厉王死后，武王继位，卞和又将这玉石献给楚武王，可是，仍然遭到了被定罪的命运。卞和失望地抱着石头，在山脚下哭了三天三夜。楚武王死后，楚文王即位。楚文王知道了这件事，便将卞和请进宫来，命令玉匠把这块石头好好打造一下，发现果然是一块上等的美玉，便将它命名为“和氏璧”。于是就有了对后世影响至深的千古名言：玉不琢，不成器；人不学，不知义。

内容提要

※学习心理学是研究学习的心理学规律的一门学科。

※学习理论要回答学习是什么，是怎样发生的以及如何学习等问题。

※学习的本质是有机体因经验而引起的心理和行为发生较为持久的变化过程。

※加涅将学习分为言语信息、智慧技能、认知策略、动作技能、态度。

※学习迁移在个体学习过程中是必要的。

※影响学习迁移的因素有个体和客观两个因素。

※有效的学习策略能促进学习进程。

※个体的学习风格主要体现在其对外界信息刺激的感知、注意力和解决问题的方式上。

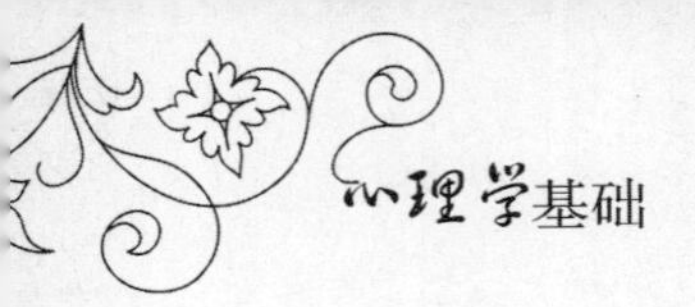

第一节 学习的本质与分类

一、什么是学习

在心理学中，学习是一个非常重要的范畴，心理学家从不同的角度，用不同的措辞赋予其丰富的含义。例如心理学家鲍威尔和希尔加德认为，学习是主体在某个现实情境中的重复经验引起的、对那个情境的行为或行为潜能的变化，不过这种行为的变化是不能根据主体的先天反应倾向、成熟或暂时状态（疲劳、兴奋等）来解释的。教育学家杜威认为，学习就是经验的改造和改组的过程。中国学者张春兴认为，学习是个体经过练习或经验使其行为产生较为持久的改变的历程。

（一）人类的学习

（1）以掌握间接经验为主。自有人类文化以来，人类社会积累了大量的知识和经验，这些知识和经验通过社会传递保存下来。而个体从出生以来，就是通过与成人的交往，通过在学校里与教师的交往进行学习，掌握前人所积累的经验；还通过与同代人的交往而获得大量的社会经验。这种间接经验的学习，无论是在内容上还是在形式上都是非常丰富的，这在动物学习中是不可能的。

（2）具有积极主动性。动物的学习主要是一个自发的过程，即动物本能的生存需要，计划性、目的性、自觉性较差。而人学习不仅仅是为了适应环境，人不仅要认识世界也要改造世界，所以人是在积极地作用于环境，以及在与周围人的交往过程中进行学习。由于人的学习不仅是为了满足生理的需要，更重要的是为了满足社会生活的需要，因此人们有极为丰富的学习动机、学习目的，而为了达到这一目的，人们主动地探索各种有效的学习方法，这也是动物学习根本不可能做到的。

（3）以语言为中介。人类是以语言为中介来进行学习的。有了语言，人扩大了个体掌握社会历史经验的可能性；有了语言，人不仅能掌握具体的经验，而且有可能掌握概括、抽象的经验，因为语言是使事物之间关系抽象化、概括化的信号。

（二）学生的学习

正如上段内容提及的，人类学习是在社会生活实践中，以语言为中介，自觉地、积极主动地掌握社会和个体的经验的过程。学生的学习是人类学习的具体表现形式，它们是包含和被包含的关系，前者涵盖后者，但是学生学习有其独有的特点。

首先，学生的学习以掌握间接经验为主，因此它与人类认识客观世界的过程有所不同。人类最早的认识来源于实践，而学生的学习则未必如此，它可以从现有的经验、理论、结论开始。当然，学生的学习也要求个体有一定的经验基础。

其次，学生的学习是在教师指导下有计划、有目的、有组织地进行的。教师在传授间接经验时，事先要准备教学内容，制定教学目标，限定教学时间等。

最后，学生的学习有一定程度的被动性。学生的学习不是为了适应当前的环境，而是为了适应未来的环境。当学生意识不到他当前的学习与将来的生活实践的关系时，就不愿意为学习付出努力或是被动学习，产生厌学情绪。因此教师应注意运用多种方法去培养和激发学生的学习兴趣，提高他们学习的主动性和积极性。

二、学习的本质

从以上定义可以看出，学习是有机体因经验而引起的心理和行为发生较为持久的变化过程，要准确掌握学习的定义，关键是要掌握以下四个要点：

第一，学习是人与动物共有的普遍现象，无论是低级动物还是高级动物乃至人类，在其整个生活中都贯穿着学习。

第二，学习表现为行为或行为潜能的变化。有时，人们通过学习获得的一般性知识经验和道德规范，往往不一定在人们的当前行为中立即表现出来，但是它们影响着人们未来的行为潜能。

第三，学习表现为个体行为由于经验而发生的较稳定的变化。有机体的行为经常发生变化，有的变化是学习的结果，有的则不是。有时个体由于暂时的心理状态（疲劳、兴奋等）而引起某些行为的变化，这只是临时性的变化，一旦这些状态消除，行为的变化也会随之消失。例如，某个文质彬彬的人在醉酒状态下可能做出某些疯狂的行为，如在大街上大喊大叫、在无音乐伴奏下跳舞等，而这些行为在他清醒时不可能会发生。另外，个体由于成熟等原因也会发生某些行为方面的比较稳定的变化，但这并不是由于经验而引起的，因此不能称作学习。例如，小孩在婴幼儿时期离开父母就会哭闹，随着年龄的增长，小孩的独立性越来越强，可以离开父母独自学习、工作或生活，当然这其中也存在一些学习的结果，但成熟因素占更重要位置。

第四，学习是有机体后天习得经验的过程。有机体有两类行为：一类是先天遗传下来的经验，如哭、笑、吞咽等生存技能；另一类是后天的、习得的经验，如言语。前一种经验的获得是通过遗传实现的，而学习是指后一种经验的掌握。随着个体的发展，两类经验在其生存中的重要性也不同。低等动物主要依赖遗传经验来生存，后天的习得经验对其生存的意义不大。但动物的等级越高，其遗传行为越少，学习在其生活中就越重要。

三、学习的分类

（一）加涅的学习结果分类

加涅认为，理想的教学应根据所期望的学习目标，即学生在学习之后所获得的各种能力来组织。他在《学习的条件和教学论》一书中将学习结果分为五种类型：言语信息、智慧技能、认知策略、动作技能、态度。

（1）言语信息。指能够用语言表达的知识。其中又分为三个小类：①符号记忆，包括人名、地名、外语单词、数学符号的记忆，如李白、广州、hello、+等。②事实的记忆，包括已知的、既定的事实。如广东省的省会是广州市，正月十五是元宵节等。③有组织的整体知识，如唐代及其后文学的发展历程经历了唐诗、宋词、元曲等。

（2）智慧技能。指运用规则或概念解决问题的能力，其中又分为五个小类，见图9-1：

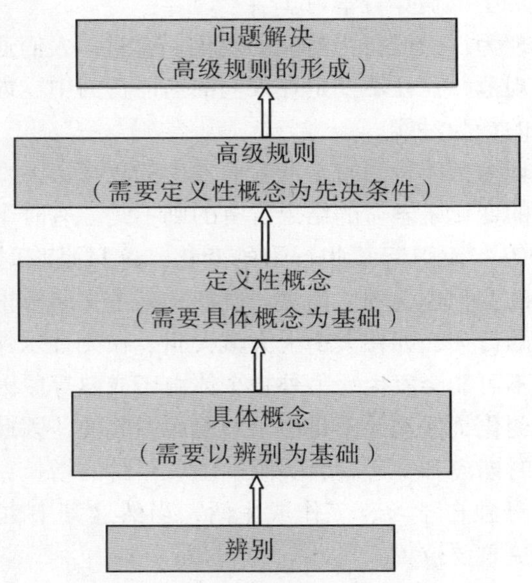

图9-1　智慧技能各个子类的关系

（3）认知策略。指个体对认知过程进行调节与控制的能力，是处理内部世界的能力。人们运用有关如何学习、记忆、思维的规则去支配学习过程，并提高其学习能力。具体内容会在第三节中做详细介绍。

（4）动作技能。指通过练习获得，按一定规则协调自身肌肉运动的能力。如跳高、跳水运动。

（5）态度。指对人和事物的固定的反应倾向。如认为北方人豪爽，南方人精明。

上述五种学习结果中，言语信息、智慧技能和认知策略同属于认知领域，动作技能属于动作领域，态度属于情感领域。

（二）奥苏伯尔的学习分类

奥苏伯尔依据不同的学习划分标准，将学习确定为两大类四种学习方式：一是根据学习进行的方式，将学习划分为接受式学习和发现式学习；二是根据学习材料的性质和学习者对学习材料性质的理解程度，将学习划分为有意义学习和机械学习。

1. 接受式学习与发现式学习

（1）接受式学习。接受式学习是教师将学习的内容以定论的形式传授给学习者，要求学习者对学习材料进行内化的一种学习过程。内化是指学习者把新学习到的知识和头脑中原有的知识进行融会贯通并储存下来。

接受式学习表面上是教师在课堂上讲授，学生被动地接受信息。因此有些人指责这种学习是“填鸭式”教学，不利于学生的发展，这是错误的观点。事实上，教师在教授的过程中，运用合理的教学技巧，组织概括有意义的学习材料，在某种程度上会简化学生的学习，使学生不仅学到系统的知识，还学到合理的逻辑思维方式。因此接受式学习也对教师提出了更高的要求。

（2）发现式学习。在教师教学和学生学习过程中，掌握具体知识无疑是重要的，而掌握科学的方法、养成独立思考的能力也是必需的。发现式学习就是以培养学生探究性思维为目标，是让学生主动解决问题的过程。教师不直接把教学内容呈现给学生，而是由教师创设问题情境，使学生在这种情境中感知到矛盾，从而积极主动地思考，并通过分析、运算、操作等过程掌握知识。发现式学习强调的是学习发生的过程而不是学习的结果，它要求学生不仅要知其然，还要知其所以然。以教师的角度来看，就是“授之以鱼，不如授之以渔”。

2. 有意义学习和机械学习

（1）有意义学习。用符号、文字代表的新知识与学习者原有的知识结构之间建立的一种“实质性”和“非人为”的联系。实质性是指可以用不同的符号、文字表达相同的意义，如三条边相等的三角形为等边三角形，三个角相等的三角形为等边三角形。非人为是指这种联系是事物本身具有的，不是人为创造的，如掌握了边与角和等边三角形的概念之后，就知道等边三角形的三个角相等。

（2）机械学习。机械学习是一种单纯依靠记忆学习材料、符号所代表的新知识与学习者认知结构中已有的知识建立非实质性的和人为的联系，如艾宾浩斯在研究记忆的时候使用的是无意义材料，学生通过机械记忆的方式学习。虽然机械学习不是一种高效率的学习方式，但是在某些情况下是必要的。例如中国学生一开始接触英语的时候，单词对于初学者来说是无意义材料，其认知结构中缺乏与新知识相联系的知识储备，不得不采用死记硬背的方式记忆单词。即使通过某些方法帮助记忆，如记忆 season（季节）这个单词的时候，想象为季节（season）是海（sea）的儿子（son）。但是这种记忆属于人为建立起来的联系，因而仍属于机械记忆。

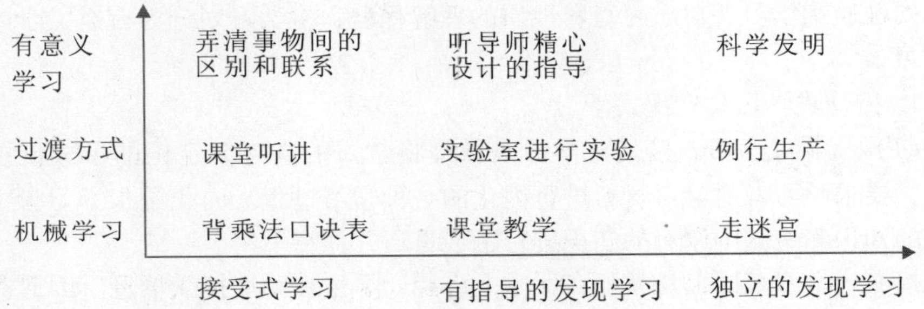

图 9－2　四种学习方式的表现形式

（三）冯忠良的分类

我国教育心理学家冯忠良从学校的实际出发，考虑学生德、智、体的全面发展要求，依据教学内容的不同，主张将学生的学习分为三类：

（1）知识学习。包括知识的领会、巩固和应用三个环节，要解决的是知与不知、知之深浅的问题。

（2）技能学习。分为心智技能和操作技能，要解决的是会与不会的问题。

（3）社会规范的学习。又称为行为规范的学习，把外在于主体的行为要求转化为主体内在的行为需要的内化过程。其学习既包括社会规范的认识问题，又包括规范执行及情感体验的问题，因此比知识技能的学习更复杂。

相关链接 9－1

关于学习的误解

有人把接受式学习等同于机械学习，发现式学习等同于有意义学习，这实质上是对接受式学习和发现式学习的误解。接受式学习既可以是机械学习，也可以是有意义学习。在理解基础上的接受就是有意义的，反之是机械的。同样，发现式学习也存在机械学习和有意义学习之分。动物通过盲目尝试获得某种经验属于机械的发现式学习，而科学家的发明创造属于有意义的发现式学习。

有人认为接受式学习是低级的学习，发现式学习是高级的学习（布鲁纳）；也有人认为接受式学习是高级的学习，发现式学习是低级的学习（奥苏伯尔），这都是错误的看法。很难判定接受式学习和发现式学习孰好孰坏，只能说在不同的学习情境下发挥的作用不同。接受式学习和发现式学习是个体获得知识经验的两条有效途径，两者都是在能动反映现实的基础上，通过个体主动构建而成。

第二节　学习理论

一、行为主义学习理论

（一）“试误—联结”学习理论

爱德华·桑代克（Edward Lee Thorndike，1874—1949）是美国哥伦比亚大学师范学院的教授，桑代克的学习理论在美国的影响延续了整整半个世纪。他是美国动物心理学的创始人之一，同时也是一位系统阐述教育心理学的心理学家。他所开创的工作不仅在学习理论方面，也在教育实际领域、言语行为、比较心理学、智力测验、先天—后天问题、训练的迁移以及把数量化的测量应用于社会心理学的问题上。

图 9－3　爱德华·桑代克

和许多早期的心理学家一样，桑代克把行为和生理反射联系在一起。早期的心理学家提出某些生理反射如膝跳反射，不用大脑加工就能发生，因此，他们假设，人类的其他行为也同样决定于对环境中刺激的反射。桑代克在其主要著作《教育心理学》（*Educational Psychology*）中提出，人类最基本的学习模式就是感觉经验（刺激或事件的感知）与神经冲动（本身有行为表现）之间形成联结。这是一种行为主义理论，因为它将刺激和反应之间的联结作为学习的基础。桑代克超越早期行为主义心理学家的地方在于，他提出在某个行为之后出现的刺激影响了未来的行为。

桑代克学习理论的提出是基于动物实验的研究成果，其中最著名的就是饿猫开迷箱的实验。在这个实验中，一只饿猫被关在桑代克专门设计的实验迷箱里，迷箱的门紧紧关闭，箱子外面不远处放着一条鲜鱼，箱子里有一个开门的旋钮，如果碰到这个旋钮，门便会打开。开始的时候，猫无法走出迷箱，只是在里面乱碰乱撞，在乱碰乱撞过程中，猫偶然一次碰到开门旋钮，门便打开，猫可以逃出吃到鱼。经过多次尝试错误，猫学会了碰旋钮开门的行为。

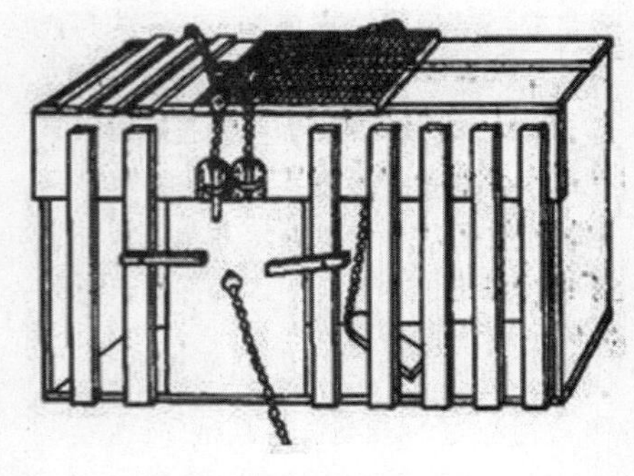
图 9－4　桑代克迷箱

桑代克认为，学习的本质在于个体在刺激情境中建立起刺激与反应的联结。而学习过程或联结建立的过程是尝试错误的过程，这个过程都是先经历错误反应多于正确反应，而后逐渐变为正确反应多于错误反应，最后达到全部为正确反应而无错误反应。桑代克将这种学习的方式称为试误学习。

（二）经典性条件反射学习理论

约翰·华生是美国心理学家，行为主义心理学的创始人。1915 年当选为美国心理学会主席。主要研究领域包括行为主义心理学理论和实践、情绪条件作用和动物心理学。他认为心理学研究的对象不是意识而是行为，主张研究行为与环境之间的关系。他在使心理学客观化方面发挥了巨大的作用，对美国心理学产生了重大影响。

华生根据经典性条件反射学习理论做了一个著名的恐惧形成的实验。实验的被试是一名 11 个月大的名叫艾伯特的婴儿。首先，让艾伯特接触一个中性刺激——小白兔，艾伯特并不害怕，似乎想用手去触摸小白兔。然后，在小白兔出现后，就紧接着出现用铁锤敲打一段钢轨发出的使婴儿害怕的响声（无条件刺激）。经过 3 次结合，单独出现小白兔也会引起艾伯特的害怕与防御的行为反应；6 次结合后，被试的反应更加强烈；随后泛化到相似的刺激，艾伯特对任何有毛的东西都感到害怕，如老鼠、做成标本的动物，甚至有白胡子的圣诞老人。

图 9－5　恐惧形成实验

该实验说明恐惧情绪是可以通过条件反射后天习得的。华生提出，有机体的学习实质上就是通过建立条件作用，形成刺激与反应之间的联结。条件刺激通过与无条件刺激在时空上的结合，替代无条件刺激与无条件反应建立联系。求职面试时感到紧张，看到牙医工具时感到害怕，这些情绪现象的根本原因就在于此前生活中建立的复杂的条件反射。

（三）操作性条件反射学习理论

图9－6　伯尔赫斯·斯金纳

斯金纳长期致力于研究鸽子和老鼠的操作性条件反射行为，提出了“及时强化”的概念以及强化的时间规律，形成了自己的一套理论。斯金纳还将操作性条件反射学习理论应用于对人的研究，他认为，人是没有尊严和自由的，人们做出某种行为，不做出某种行为，只取决于一个影响因素，那就是行为的后果。人不能自由选择行为，而是根据奖惩来决定自己以何种方式行动。因此，人既没有选择自己行为的自由，也没有任何的尊严，人和动物没有什么两样。

操作性条件反射学习理论是依据斯金纳发明的一种学习装置“斯金纳箱”的经典实验提出来的。早期斯金纳箱很简单，箱内有一个开关（按键或杠杆），与传递食物的机械装置相连。稍有压力触动开关，就会有食物掉进食槽，作为触动开关这种操作反应的报酬，也就是强化。动物进入箱内，不受拘束，自由活动。但当触动开关时便可得到食物，再触动开关又可得到食物。继续下去，条件反射就形成了。由于在斯金纳箱中，开关本身没有强化作用，只是操作的工具，受到强化的是动物的操作反应。由于受到强化，动物进行操作反应的概率增加，因此，斯金纳称这样形成的条件反射为操作性条件反射。

（四）社会学习理论

阿尔伯特·班杜拉（Albert Bandura，1925—　），美国当代著名心理学家，新行为主义的主要代表人物之一，社会学习理论的创始人。他所提出的社会学习理论是在与传统行为主义的继承与批判的历史关系中逐步形成的，影响波及实验心理学、社会心理学、临床心理治疗以及教育、管理、大众传播等社会生活领域。有人称他为社会学习理论的奠基者、社会学习理论的集大成者、社会学习理论的巨匠。

1. 三元交互决定论

行为和环境都是可以改变的，都会对个体行为产生影响，但班杜拉反对行为主义的环境单向决定论，也反对人本主义的个人决定论。班杜拉指出，行为、环境、人的内部因素三者并不能单独地发挥作用，而是三者相互联结、交互决定的，任何两个因素之间的双向互动关系的强度和模式都随着行为、个体、环境的不同而发生变化。

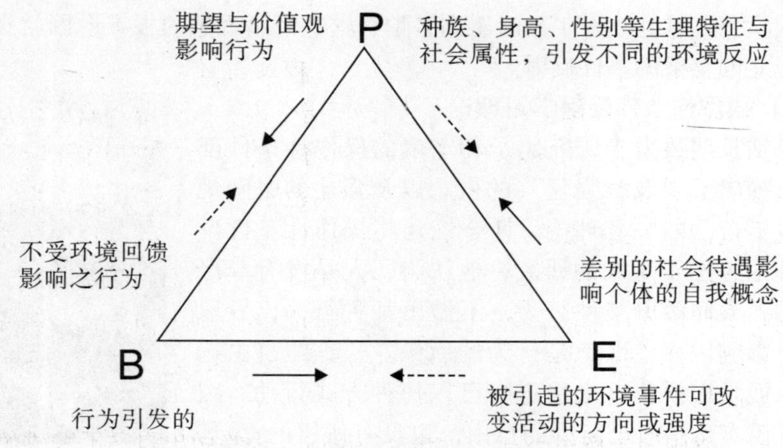

图 9－7　环境、个体、行为的三向关系

2. 观察学习

观察学习亦称替代学习，就是通过观察他人（或榜样）的行为（这种行为对于观察学习者来说是新的行为），获得示范行为的象征性表象，并引导学习者做出与之相对应的行为的过程。班杜拉认为，观察学习分为四个过程。

（1）注意过程。注意过程是观察学习的起始环节，在注意过程中，示范者本身的特征、示范行为的特点、观察者本人的认知特征以及观察者和示范者之间的关系等是影响注意的重要因素。观察者比较容易观察那些被认为是优秀的、热门的和有力的榜样；示范行为的独特性、流行性、复杂性、行为的效果和价值都会对观察学习产生重要影响。有依赖性的、自身概念低的或焦虑的观察者更容易发生模仿行为，观察者本身的感觉能力、唤起水平和知觉定势也会影响模仿行为的发生；观察者与榜样之间的邻近、交往频率、心理距离、相似性等因素增强了行为模仿的频率。

（2）保持过程。示范行为虽然不再出现，但示范信息进行了积极的符号转换和建构，以表象和语义—概念的形式表征，存储在记忆系统中。因此，示范事件主要是通过其信息功能而影响观察者的，但是这些示范信息保存在记忆系统中并不是万无一失的，它会经历衰退和衰变的过程。因此，保持过程还需要认知演习和实演（操作）演习。

（3）动作再现过程。观察学习的第三个子过程是产出过程，即将记忆中的动作观念转换为行为，也就是再现以前所观察到的示范行为，这是观察榜样学习的中心环节。班杜拉认为“动作再现过程主要包括动作的认知组织、实际动作和动作监控三步”。其中，动作的认知组织就是将保持中的动作观念选择出来加以组织。实际动作就是将认知组织的动作表现出来。动作监督过程是根据信息反馈对行为进行的调整。

(4) 动机过程。行为的获得是一个认知过程，而行为的表现则是一个动机过程，二者依赖于不同的心理机制。动机过程指个体不仅经由观察模仿从观察榜样身上学到了行为，而且也愿意在适当的时机将学得的行为表现出来。观察学习者（或模仿者）是否能够表现或经常表现出示范行为要受到直接强化、替代强化和自我强化三种诱因的影响。直接强化指按照榜样行为导致有价值的结果，人们便倾向于表现这种行为。替代强化指观察者因看到榜样行为受到奖励，就会倾向于表现出这种行为；反之，如果观察到他人的行为受到惩罚，就会倾向于抑制这种行为表现。自我强化是指个人依据强化原理安排自己的活动，每达到一个目标即给予自己物质或精神的奖励，直到最终目标完成。这也会影响到这个行为的表现，人们一般倾向于做出感到自我满足的反应，拒绝做出自己不赞成的行为。

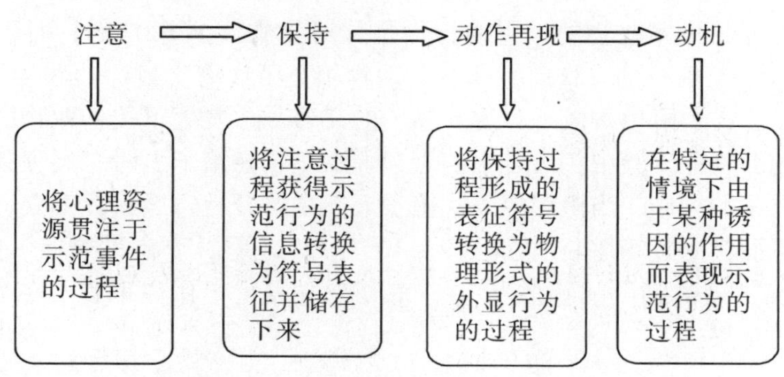

图 9－8　观察学习的四个过程

二、认知主义学习理论

认知主义学习理论是学习理论的重要组成部分，具有重要的影响力，它更加重视在学习或解决问题过程中的心理加工过程。

（一）完行—顿悟学习

苛勒是德国著名的心理学家，格式塔心理学的创始人之一。苛勒对黑猩猩的问题解决行为进行了一系列的研究，提出完行—顿悟学习。他指出：真正的解决行为，通常采用畅快、突然解决的过程，具有与前面发生的行为截然分开来而突然解决的特征。顿悟学习的实质是主题内部构建的一种心理完形。

在人们的日常生活中，虽然许多简单行为的习得可以用刺激—反应联结的形成来解释，但是对于复杂行为的习得而言，仅用刺激—反应联结的形成来解释则

过于简单化。主体的认知过程在复杂学习中起着主要的作用。按照认知理论的观点，学习并不是在外部环境的支配下被动地形成刺激—反应联结，而是主动地在头脑内部构造完形、形成认知结构；学习并不是通过练习与强化形成反应习惯，而是通过顿悟与理解获得期待；有机体当前的学习依赖于他长时记忆系统中的认知结构和当前的刺激情境，学习受主体的预期所引导，而不是受习惯所支配。

图 9－9　沃尔夫冈・苛勒

格式塔心理学家认为，学习过程中问题的解决，都是由于对情境中事物关系的理解而构成一种完形来实现的。例如图 9－10 中，在黑猩猩接棒取物的实验中，黑猩猩不是因偶然看到棒子拿起来玩弄，因此碰巧得到笼外的食物的；而是先看一看目的物，考虑所要达到的目的，再开始接棒取物的。它的行为是针对食物（目标）的，而不仅是针对棒子（手段和工具）的。这就意味着，动物领会了食物（目标）和棒子（工具）之间的关系，在视野中构成了食物与棒子的完形，才发生了接棒取物的动作。又如，在叠箱取物的实验中，当笼中的黑猩猩 2 正躺在箱子上时，黑猩猩 1 并没有发生移箱取物的动作。当黑猩猩 2 从箱子上起来离开后，黑猩猩 1 立刻把箱子移到目的物下面，并登箱取物（如图 9－10 右）。这是由于在黑猩猩 1 的视野中，同一箱子由“可供躺卧的物体”这一完形改造成了“用以取得目的物的工具”这一完形的结果。

图 9－10　苛勒的黑猩猩顿悟学习实验

（二）符号学习

爱德华·托尔曼（Edward Chase Tolman，1886—1959）是新行为主义学派代表人物之一。托尔曼一生研究行为心理学，他的理论糅合了当时众多心理学理论，在其去世后他的理论和研究方法更促成了20世纪50年代末期的心理学“认知革命”。他提出整体行为模式和中介变量的概念，弥补华生古典行为主义的缺陷，同时建构了符号理论，是认知心理学的先驱。

图9－11　爱德华·托尔曼

托尔曼通过白鼠的“位置学习”实验来证明自己的理论。该实验训练白鼠在迷津里游泳，这种迷津与心理学家用于训练白鼠的迷津大致相同：有一个出发点、一个食物箱，以及三条远近不同的从出发点到达食物箱的通道1、2、3（如图9－12）。大致的实验过程是：将小白鼠置于迷津的出发点处，任其自由摸索，经过一段时间后进入测试阶段，观察它们的学习效果。在测试阶段，托尔曼等会对三条通道做不同的处理，如在白鼠已经学习过的迷津中阻塞某些通道，迫使白鼠改道而行，观察白鼠的行为。

在迷津中有三条通道可以到达食物箱，通道1最近，通道2次之，通道3最远。托尔曼发现，经过几次训练之后，白鼠学会了走迷津，并最喜欢走通道1，而不喜欢走通道2和3；将通道1堵塞，发现白鼠迅速从通道1返回，选择通道2；通道2堵塞，发现白鼠再次从通道2返回，迅速选择通道3。托尔曼在实验中还随时堵塞任一通道，发现当迷津通道有所变化时，白鼠完全可以用最好的方法来解决问题。就像一个对校园十分熟悉的学生，当发现一条路不通时，自然会选择另一条路，到达想去的地方。

托尔曼认为，白鼠学到的不是一系列动作，而是迷津本身的空间布局，也就是说，白鼠习得了迷津的地图，因此能在有水和无水的迷津中成功地到达目的箱。托尔曼用“认知地图”来描述动物在迷津实验中所学到的东西，即关于迷津的位置信息，例如，哪条路是死路，哪条路通向食物，哪条路最近，哪条路绕弯等。一旦白鼠将这些信息同化到自己的某种认知地图中，它就会明白目标在哪里以及应该如何走，而不是依靠某些固定的运动系统来达到目的。认知地图是关于某一局部环境的综合表象，它不仅包括事件的简单顺序，并且包括方向、距离甚至时间关系等。而位置学习就是根据对情景的认知，在当前情景与达到目的的手段、途径间建立起一个完整的符号系统。

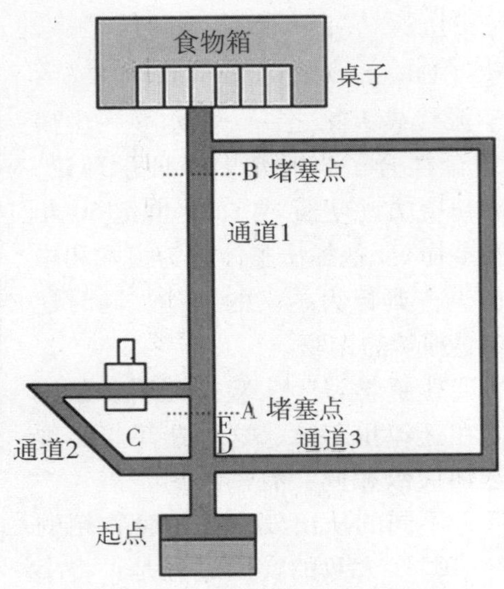

图 9－12　托尔曼白鼠迷津实验

（三）信息加工学习理论

罗伯特·加涅（Robert Mills Gagne，1916—2002），美国教育心理学家。他原是经过严格的行为主义心理学训练的心理学家，在学术生涯后期，吸收了信息加工心理学和建构主义认知学习心理学的思想，形成了有理论支持也有技术操作支持的学习理论。这一理论解释了大部分课堂学习，并提出了切实可行的教学操作步骤。作为信息加工学的代表人物，他在 1974 年获桑代克教育心理学奖，1982 年获美国心理学会颁发的“应用心理学奖”。

图 9－13　罗伯特·加涅

加涅汲取了各种学习理论的成分，他一方面认为，行为的基本单元是刺激—反应联结，另一方面又着力探讨刺激与反应之间的中介因素——心智活动。20 世纪 70 年代后，他着重用信息加工模式来解释学习活动，对学习的信息加工过程及条件做了深入探讨。

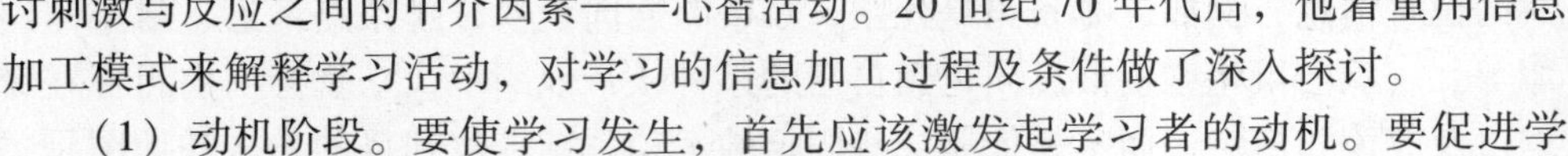

（1）动机阶段。要使学习发生，首先应该激发起学习者的动机。要促进学习者的学习，就要使他们具有一种奔向某个目标的动力。

（2）领会阶段。学习者的心理活动主要是注意和选择性知觉。具有较高学习动机的学习者容易接受外部刺激，使外部信息进入自己的信息加工系统，并储存到自己的记忆中。

（3）习得阶段。对外部信息一旦开始注意和知觉，学习活动就可进入习得阶段。习得阶段指的是所学的东西进入了短时记忆，也就是对信息进行了编码和储存。

（4）保持阶段。经过习得阶段，已编码的信息将进入长时记忆的储存器，这种储存可能是永久的，而且应指出的是，长时记忆的能力是很强的，至今还没有实验证实出大脑记忆容量的极限。

（5）回忆阶段。也就是信息的检索阶段，此时，所学的东西能够作为一种活动表现出来。在这个阶段中，线索是很重要的，提供回忆的线索将会帮助人回忆起那些难以回忆起来的信息。

（6）概括阶段。对所学东西的提取和应用并不限于同一种学习情景，它不是只在所学内容的范围里才出现的，人们常常要在变化的情景或现实生活中利用所学的东西，这就需要实现学习的概括化。

（7）作业阶段。即反应的发生阶段，就是反应发生器把学习者的反应组织起来，使它们在作业（操作）活动中表现出来。

（8）反馈阶段。通过作业活动，学习者认识到自己的学习是否达到了预定的目标。这种信息的反馈就是强化的重要组成因素。学习者看到学习的结果，从而在内心得到了强化，而强化过程对人类的学习来说是很重要的，它证实了预期的事项，从而使学习活动至此而告一段落。

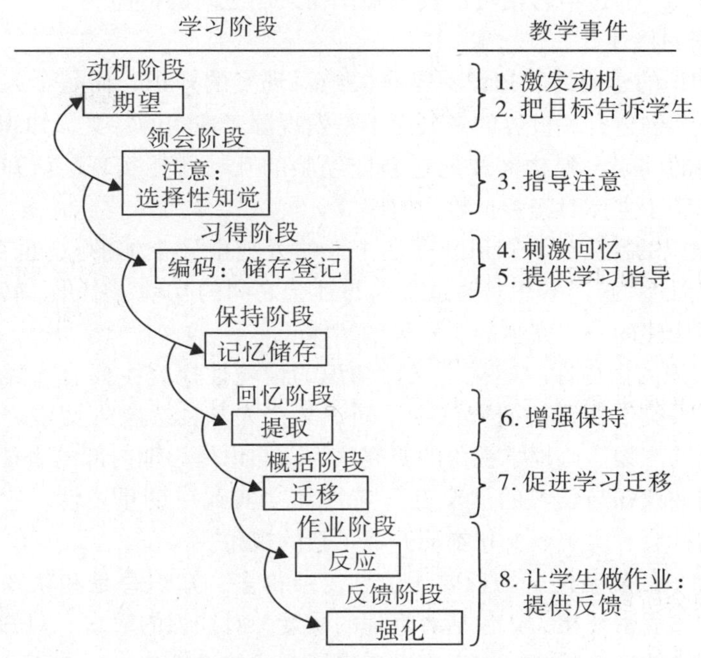

图 9－14　加涅的信息加工学习理论模型

三、建构主义学习理论

（一）建构主义的知识观

让·皮亚杰，瑞士人，近代最有名的儿童心理学家。他的认知发展理论成为这个学科的典范，一生留给后人50多本专著、500多篇论文，他曾到许多国家讲学，获得几十个名誉博士、荣誉教授和荣誉科学院士的称号。皮亚杰对心理学最重要的贡献，是把弗洛伊德那种随意、缺乏系统性的临床观察变得更加科学化和系统化，使日后临床心理学有了长足的发展。

1. 知识观的概述

在知识观上，建构主义学者在一定程度上对知识的客观性和确定性提出了质疑，强调知识的动态性。按照客观主义的观点，事物是客观存在的，而知识是对事物的表征，科学概念是与各种事物相对应的，科学命题、定理等是经过科学验证了的对事物的唯一正确的、真实的解释。而且只要掌握了这些知识，我们便掌握了这个世界的运转法则，便具有了支配世界的力量。另外，语言可以赋予知识以客观的形式，通过语言便可以实现知识在人们之间的传递。

2. 知识的特性

（1）知识的建构性。知识不是有关绝对现实的知识，而是个人对知识的建构，即是个人创造有关世界的意义而不是发现源于现实的意义。知识是由认知主体积极建构的结果，建构需要通过新旧经验的互动才能实现；认知的功能是适应，它应有助于主体对经验世界的组织。

（2）知识的社会性。知识既存在于人的大脑中（个体的），也存在于团体/共同体中（社会的）。知识是通过个人与社会之间的互动、中介、转化等方面的张力形式而构建的一个完整的、发展的实体。

（3）知识的情境性。建构主义对知识的情境性探究主要有人类学视角和心理学视角。人类学视角的研究认为，知识是个人和社会物理情境之间联系的属性，是互动的产物。心理学视角的研究认为，知识是心理内部的表征。所有的情境理论都强调认知与学习的“交互”特性和“实践”的重要性。它们为研究和理解学习的社会、历史、文化本质开辟了新的视角。

（4）知识的复杂性。知识要比信息复杂得多，知识总是和认知者在特定情境中的求知过程密切相关，包括对真理的质疑、对知识的渴求、对知识的建构与理解以及相应的情境脉络。知识难以直接提取或传递给他人。知识是复杂的，一是因为世界是复杂且普遍联系的；二是因为每个认知者的知识建构网络及其结果是独特的。复杂知识的主要特征是结构的开放性、不良性，知识的建构性、协商性、情境性和应用的不规则性。

（5）知识的沉默性/隐性。显性知识，是指能够表达和交流的、存在于个体内部或外部的大部分的理论知识。隐性知识，是指不能表达和交流的、个体内部的大部分的经验知识。隐性知识是显性知识的基础，显性知识是由隐性知识转化而来的。隐性知识像雾一样，弥漫在人的意识活动中，是人类知识各层次融会贯通、触类旁通的关键；而显性知识则像粒子一样，离散地存在于意识活动中，像网络一样把认识之网提擎起来。

纵观起来，建构主义的知识观是知识的建构性、社会性、情境性、复杂性和隐性。在建构主义看来，从某种程度上，知识与其说是个名词（knowledge），不如说是个动词（knowing）。知识是一个不断认知、体认和建构的过程。

（二）建构主义的学习观

（1）学习是学习者利用感觉吸收并且建构意义的活动过程，这一过程不是被动地接受外部知识，而是同学习者接触的外部世界相互作用的结果。

（2）学习包括建构意义和建构意义系统两个部分。

（3）建构意义的至关重要的活动是人的智力活动，它发生在人的大脑中。利用人的物理活动传递经验也许对学习来说是需要的，尤其对孩子来讲，但它还不够。我们必须投入与物理活动一样多的智力活动才可以保证意义的建构。

（4）学习是一种社会活动。个体的学习同其他人，如教师、同伴、家庭等关系密切。而像戴维（Dewey）指出的那样，传统教育更加倾向于将学习者同社会分离，倾向于将教育看成是学习者与目标材料之间一对一的关系。相反，进步主义教育意识到学习的社会性，同其他个体之间的对话、交流已成为完整学习体系的一部分。

（5）学习是在一定情境中发生的。我们不能离开实际生活而在头脑中存在抽象虚无的、孤立的事实和理论，我们学习的是已知事物之间的关系及人类确立的信念。只有这样，我们的学习行为才可能清晰，学习是活动的和社会性的，该种观点才可能成为一种必然的推论。总之，人类的学习不能离开生活而存在。

（6）个体学习需要先前知识的支持。如果个体没有先前形成的知识结构的基础，是不可能吸收新知识的。我们知道的越多，能够学习的就越多。因此施教者必须尽量创设与学习者当前状态相联系的知识结构，必须为学习者提供基于先前知识的路径。

（7）学习需要花费一定的时间。学习不是瞬间完成的，对于知识来说，需要学习者多次复习、思考及其应用，这一过程不可能在5~10分钟内完成。

（8）学习是一种意义获取。因此，学习必须从围绕个体将要从事的意义建构（construct meaning）开始。

（9）部分的理解有利于整体意义的理解。部分必须纳入整体关系中理解，因此学习过程集中于原始概念而非孤立的事实。

(10) 学习的目的是建构个体自己的意义，而非重复他人的意义获得“正确”答案。

总体来看，建构主义认为，学习是学习者在原有知识经验基础上，在一定的社会文化环境中，主动对新信息进行加工处理，建构知识的意义（或知识表征）的过程。

相关链接 9－2

各种学习理论的比较

行为主义能够有效提高那些仅需简单认知加工的任务（如规则记忆、基本事物的关联、匹配区分等），使人们知道某些事实领域一些习惯性的技能和动作、有效的刺激与反应、连续的反馈，会大大提高这类知识的学习效率，对于客观事实的介绍，比如概念的形成、事实的获取等，采用行为主义方法是比较适合的。

认知主义比较适合用于教授问题解决技术，也就是给定一些事实和规则，解决一些新情境中的问题。这要求学习者知道为什么。它对学习者的认知加工能力有了较高的要求，比较适合那些需要进行较高认知加工的任务，如归类、规则的推导、程序的建立等。这种任务的学习需要带有很强的认知色彩的学习策略，如语义组织、模拟推导、精细加工等。

建构主义最适合于一些非良构领域的复杂知识的学习和掌握。它要求学习者要有很强的认知技能及自我控制能力。对于一些需要很高认知加工的任务，如复杂的问题解决、认知策略的选择与调控等，则需要采用基于建构主义的学习策略，如情景学习、认知学徒制、社会协商等。另外，建构主义学习强调情景、协作、会话等，对学习环境有较高的要求，要求学习环境能够充分展示问题的复杂性，提供足够的材料、细致数据分析与操纵的工具等。而对于规则的演绎、推导与简单应用，采用认知主义的学习是比较适合的（如下图）。

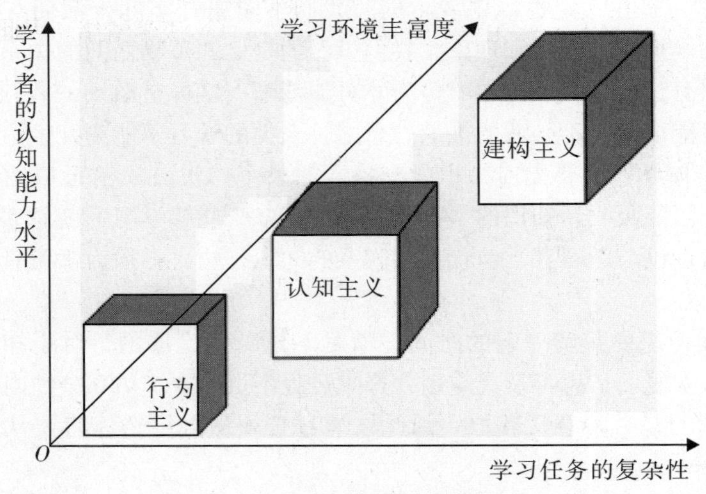

图 9－15　三种学习理论的比较

第三节　学习与迁移

在日常生活中我们可以发现，学会了骑自行车，有助于学习驾驶摩托车；学习数学有利于学习物理；已学的汉语拼音会干扰英语字母的读音，这些现象都可以称为迁移。由此可以看出，迁移就是一种学习对另一种学习的影响，这种影响可以是积极的，也可以是消极的。迁移现象在学习中是普遍存在的，动作技能、知识、情感和态度都可以迁移。

一、迁移的种类

（一）正迁移、负迁移

根据迁移效果的性质，可以将迁移分为正迁移、负迁移。

1. 正迁移

正迁移是指一种学习对另一种学习的影响是积极的，具有促进作用的，即一种学习会提高另一种学习的效率。例如，在小学低年级，我们学会了如何使用铅笔写字，掌握了正确的握笔姿势，等到高年级的时候，我们就可以很快地学会如何使用钢笔写字，因为用钢笔写字和用铅笔写字有很大的共通之处，之前的学习就对现在的学习产生了积极的影响，大大提高了学会使用钢笔写字的效率。又如，学生在生活中养成了爱干净、整洁的习惯，当他在写作业的时候，也会特别注意字迹的工整和作业卷面的整洁。这是习惯和态度的迁移，前者对后者的影响是正向的，这些都是正迁移。

2. 负迁移

负迁移是指一种学习对另一种学习起干扰或抑制作用。它通常表现为一种学习使另一种学习所需的学习时间或所需的练习次数增加或阻碍另一种学习的顺利进行以及知识的正确掌握。例如，在生活中，我们学会骑三轮车，然后再利用骑三轮车的技能去学习骑自行车，这势必会影响学习骑自行车的效率和效果。此时，骑三轮车的技能并不适用于骑自行车，继续使用前者的规则是不利于学习骑自行车的。

（二）横向迁移和纵向迁移

根据迁移内容的抽象和概括水平的不同，可以将迁移分为横向迁移和纵向迁移。

1. 横向迁移

横向迁移，也称水平迁移、侧向迁移，是先前学习向在难度上和复杂程度上

大体属于同一水平，并且相似而又不同的后继学习发生迁移效果的现象。主要是指习得的概念或一般规则在新情境中的简单运用，一般不会产生新的概念或规则。如学生学习了“红灯停，绿灯行”的交通规则后，用这一规则在十字路口过马路。

2. 纵向迁移

纵向迁移指习得概念或规则在新情境中运用之后产生新的高级规则。例如，大学生将所学的数学知识运用于解决经济学方面的问题，这便是一种纵向迁移。这里要学会区分横向迁移和纵向迁移：横向迁移是概念和规则的简单运用，一般不会产生新的概念或规则；纵向迁移则是概念和规则在变化情境中的灵活运用，需要解决新的问题并得出新的规则即高级规则。

（三）顺向迁移和逆向迁移

根据迁移学习的先后顺序，可以将迁移分为顺向迁移和逆向迁移。

1. 顺向迁移

顺向迁移即先前的学习对后来的学习的影响。当面临新的学习情境和问题情境时，学习者如果利用原有的知识或技能获得了新知识或解决了新问题，这种迁移就是顺向迁移。例如，当学生面临一个新的问题情境——学习骑摩托车时，能够利用以前所学的知识和技能如骑自行车技能来促进学习，这便是顺向迁移。

2. 逆向迁移

新的知识技能对原有知识技能的影响，称为逆向迁移。如果学生所掌握的知识技能存在缺陷或不够牢固，不足以解决新情境中的问题，需要学习新的知识技能对原有的知识技能进行改组或修正，这种后继学习对先前学习的影响就是逆向迁移。通过整合使原来知识的功能和结构会发生一定程度上的变化。

（四）近迁移、远迁移和自迁移

根据迁移范围的大小可以将迁移分为近迁移、远迁移和自迁移。近迁移、远迁移和自迁移的区分在于前后学习情境的相似程度。对于学习情境的相似程度，可以从学习情境的结构特征和表面特征加以区别界定。学习情境的结构特征是指学习情境中与目标实现有关的成分，如原理、规则或事件间的关系等属于本质特征。学习情境中的表面特征是指学习情境中与最终目标实现没有直接关联的成分，如某些具体的事例内容、环境因素属于非本质特征。学习情境的相似性程度是由两种学习情境中所包含的共有的结构特征与表面特征的多少来决定的。

1. 近迁移

近迁移是指将所学的知识经验迁移到与原始学习情境相似的情境中去，两种学习情境的表面特征和结构特征相似。如在学校学习中，某些学科之间的迁移。正如前面所提到的学好数学有利于学习物理，学会开小轿车的人更容易学会开公交车。

2. 远迁移

远迁移是指个体能将学到的知识经验迁移到与原初的学习情境极不相似的其他情境中去，两种学习情境的表面特征不相似，但结构特征相似。如把在课堂上习得的知识经验迁移到实际运用中，具体来说，在课堂上学会了利用气流原理制作风车的学生把这种知识用来指引帆船在海上航行。

3. 自迁移

自迁移是指原有的知识经验在相同情境中的重复，两种学习情境的表面特征和结构特征基本相同。如课堂上已经学习过用勾股定理求三角形的边，第二天复习的时候用勾股定理求另一个三角形的边就会很快解答出来。

二、学习迁移的理论

自从有了学习活动，学习迁移的现象就一直为人们所关注。各种学习理论都非常重视学习迁移问题。从理论上对迁移进行系统的解释和研究始于 18 世纪中叶，之后不同的研究者从不同的理论基础出发，对迁移发生的原因、过程以及影响因素等进行研究和解释，形成了众多有关迁移的理论和解释。

1. 形式训练说

从形式训练的观点看，心是由各种官能组成的整体，一种官能的改进，可在无形中加强或提高其他官能的能力。学习迁移就是通过对各种官能的训练而实现的。某些学科可能具有训练某一个或某些官能的价值，如拉丁语和希腊语等古典语言和数学具有训练记忆、推理和判断的心理官能的作用，因此学校里应该重视古典语言和数学的教学。一旦心的官能在这些学科中得到训练，就可迁移到其他类似性质的问题的解决中。

因此，形式训练说认为，教育的目的仅在于进行这种形式的训练。学习内容是会被忘记的，其作用是暂时的，而只有通过这种形式的训练达到的官能的发展才是永久的，才能迁移到其他的知识学习上去，会终生受用。一些受官能心理学影响的教育学家认为学校教材的选择不必重视其实用价值，只应重视它们对心理官能训练所具备的形式。如果某种教材所代表的学校活动属于记忆形式，则不管内容如何，它就具备训练记忆官能的价值。同样，如果某种教材具有推理活动的形式，那它就有助于训练推理官能。依此类推，所有的官能都可以通过某种形式的学科而加以训练。

2. 相同要素说

桑代克认为两种学习中迁移产生的原因在于两种学习情境，即先前的学习情境和后来的学习情境之间存在着某种共同的要素。在学习过程中，这种共同要素会导致先前学习向后继学习迁移，并且迁移的程度往往是由两种学习情境中共同要素的多少来决定的。共同要素越多，迁移的程度越高；共同要素越少，迁移的程度越低。

在学校教育中，桑代克认为，如果大量学生选修类似的课程，就可以测量他们经过整个学期的学习智商变化的情况，并确定各种课程的一般迁移效应。如：比较甲班学生和乙班学生的智商可以确定几何与簿记两门课的一般迁移效应，因为两班所修的科目中，其他各项都相同，只有几何与簿记课不同。比较乙班学生和丙班学生的智商测量分数则可以确定拉丁语和法语学习中的一般迁移效应。利用这一方法，桑代克发现，除了两个测验中共同要求的知觉能力和动作行为等要素外，任何学科对一般智力都没有大的迁移效应。但他发现在学习时，智力高的学生在这一年里学得的知识最多，智力测验成绩也最高。不论他们选什么课，在智力方面都能得到最大的收获。

桑代克的相同要素说在当时的教育界曾起过积极的作用，使学校脱离了那种在形式训练说影响下不考虑实际生活只注重所谓的形式训练的教学状况，在课程方面开始注意重视应用学科，教学内容的安排也尽量与将来的实际应用相结合。这一学说也揭示了迁移现象中的一些事实，对迁移理论的研究做出了重大贡献。但桑代克所提出的相同要素实际是从联结主义的观点出发的，只是指学习内容中要素间一对一的对应，即所谓的共同的刺激和反应的联结。所谓相同要素也就是相同的联结，学习上的迁移只不过是相同联结的转移而已。他还设想这种共同的刺激反应的联结是“凭借同一脑细胞的作用”而形成的。他把迁移现象都归结于联结的形成，把迁移局限于有相同的刺激—反应联结，而未能充分考虑学习者的内在训练过程，未免失之偏颇。

三、学习迁移的影响因素

由于迁移是学习过程中普遍存在的一种现象，可以说影响学习的所有因素都会直接或间接对迁移产生影响。下面主要介绍个体因素和客观因素这两个方面对学习迁移的影响。

1. 个体因素

个体因素主要就是学生本身的一些能影响迁移的特质或状态。

（1）智力。智力一般指观察力、注意力、记忆力、想象力和推理力的有机结合，其核心是推理力。能力则是智力用之解决实际问题的外部表现。学生学习活动中，观察力起“门户”作用，以有效感知知识；注意力起“警卫”“组织者”作用，以引起并维持大脑的兴奋；记忆力起“仓库”作用，以备知识的储存和提取；想象力起“联想”作用，以对知识进行“转换”和重新组织；推理力起“思考”作用，以对知识进行分析、比较、抽象和概括等。教学实践证明，智力高的学生，学习的理解、迁移、解决问题的能力强，对各科的各种内容学习的适应性也高。这是因为，学生智能的运用既为他们理解、迁移提供了利用、提取认知结构观念的优越条件，又为他们打下了对新旧课题共同本质属性进行分析、概括、转换和重新组织的良好基础。

（2）年龄。年龄不同的个体由于处于不同的思维发展阶段，学习间迁移产生的条件和机制有所不同。例如，具体运算阶段的学生，其学习迁移的发生有赖于具体事物的支持和协助，学习的迁移更多地表现在先后学习内容间较为具体的相同要素之间的相互影响；形式运算阶段的学习者由于已经具备抽象思维能力，不依赖两种学习情境间的具体的相同要素的支持，就能概括出共同的原理、原则，产生学习的积极迁移。

（3）认知结构。在学习中，认知结构一般是指个人在以前学习和感知客观世界的基础上形成的，由知识经验组成的心理结构。认知结构主要从三个方面影响学生在学习新知识，解决新问题时提取已有知识经验的速度和准确性，从而影响迁移的发生。

（4）学生原学习的程度。学生在新的学习过程中发生的迁移质量很大程度上是由原学习的程度决定的。如果学生对早期的学习有着很好的正确理解，它对新学习的影响将是非常巨大的，这会帮助学生取得优异成绩和非凡成就。有研究者从时间序列的维度对这一问题的研究进行分析，并提出迁移可以发生在过去的学习和现在的学习之间，也可以发生在现在的学习和未来的学习之间，原学习既可以是“过去的学习”，也可以是“现在（当前）的学习”。

（5）定势干扰。当新知识与认知结构中原有的知识相似而不相同时，“先入为主”的原有知识常常干扰、抑制新知识的学习，因定势而出现负迁移，这与认知结构中原有的观念不稳定、不清楚有关。事实上，教学中正迁移和负迁移往往是交织在一起的。对可能发生的负迁移事先认识得越清楚，则越有利于正迁移。不同形式的定势干扰构成了负迁移。

2. 客观因素

（1）学习材料的特性。包括所学知识、技能之间是否有共同的要素或成分，学习材料或新知识的组织结构和逻辑层次以及知识的实用价值等。那些包含了正确的原理、原则，具有良好的组织结构的知识以及能引导学生概括总结的学习材料，有利于学习者在学习新知识或解决新问题时的积极迁移。实验研究证明，学习迁移的他因与效果的大小取决于学习材料之间的共同因素，这一规律已为教学所吸取，并应用于教材的选择和编排等方面。

（2）教师的指导。教师有意识的指导有利于积极迁移的发生。只是使用与现实生活情境有相同或相似要素的教材是不够的，更重要的是学生有认识这种同一性的能力和形成有利于探索和发现这些相同要素的态度。教师在教学时有意地引导学生发现不同知识之间的共同点，启发学生去概括总结，指导学生监控自己的学习或教会学生如何学习，都会对学生的学习和迁移产生良好的影响。

（3）学习情境的相似性。简单地说，学习的情境如学习时的场所、环境的布置、教学或测验的人员等越相似，学生就越能利用有关的线索来提高学习或问题解决中迁移的出现。这是因为由于这些相关，拓展了大脑保存信息的能力，在大脑神经元之间形成新的联结，进而对新学习的内容进行编码，促进学习迁移产生。

第四节　学习策略与学习风格

一、学习策略

在学习实践中，怎样学习以及学得又好又快是每个学习者都在思考的问题。学习策略是学习者为了提高学习效果，实现学习目标而进行的一种有效的程序、规则、方法、技巧和调控方式。学习策略研究是学习科学体系中的一门重要学科。

（一）认知策略

1. 复述策略

复述策略是指在工作记忆中为保持信息而进行的反复重复的过程。逐字的重复信息、抄写、记录、画下划线和做概要都是复述的形式。如果要应对机械记忆的任务，复述是一种有效的策略。如要记一个手机号码，那么在拨打出去或抄录下来之前，我们往往在心里反复默念，这就是复述策略在机械记忆任务时的典型应用。准确来说，这是逐字的重复信息。抄写的功能和逐字的重复信息一样。但是，复述不能将复述的信息与已有的长时记忆中掌握的内容联系起来，也不能对信息进行精细加工和重新组织，因此通过复述储存在长时记忆的信息往往难以提取。

（1）识记过程中的复述策略。

①利用随意识记和有意识记。随意识记是指没有预定目的、不需经过努力的识记。这种识记是有条件的：凡是对人有重大意义的、与人的需要和兴趣密切相关的、给人以强烈情绪反应的或形象生动鲜明的人或事，就容易被随意识记。例如，当我们读完一部小说或看完一部电视剧后，有人问小说或电视剧中的人名、地名或其他信息，我们可能一时回答不上来。这些信息我们重复看过好多次，但为什么回答不上来呢？这是因为我们只是关注故事情节，没有想过要记住它们。因此，要想记住某一信息，就需要有意识地、用心地去记忆，尝试着自己复述一遍，看看能否复述出来。

②排除相互干扰。有时，我们之所以没有记住某一信息，是因为这一信息受到了干扰，或者被其他信息搞混了，又或者被其他信息挤到一边去了。在生活中，常常有这样的现象，有人刚刚告知他的电话号码，另外一个人马上来谈别的事情，等谈完事情我们会发现自己并没有记住那个电话号码。因此，在进行其他活动之前，一定要花时间在头脑中复述刚刚获得的新信息。一般来说，前后所学信息之间存在相互干扰。先前所学信息对后面所学信息的干扰叫做前摄抑制；后面所学的信息对前面所学信息的干扰叫做倒摄抑制。倒摄抑制可能是遗忘的一个重要原因，这就是为什么我们很难记住频繁重复的影像，如上周三晚餐的情景。在安排复习时，要尽量考虑预防这两种抑制的影响。在早上起床后或学习开始时学习重要内容可以克服前摄抑制的影响；相反，在晚上睡觉前或学习结束前学习重要内容可以克服倒摄抑制的影响。另外，要尽量错开学习两种容易混淆的内容，如英语和拼音，避免相互干扰。心理学家还发现，在学完一系列词汇后马上进行测验，记开始和结尾的几个词一般要比中间的词牢固。另外，由于在最末的项目和测验之间几乎不存在其他信息的干扰，造成了近位效应。学习时，要充分考虑首位效应和近位效应，要把最重要的新概念放在复习的开头，最后再对它们进行总结。不要把首尾时间花在处理课堂纪律问题、整理材料、削铅笔之类的琐碎小事上。

③多种感官参与。在进行识记时，要学会同时运用多种感官，如用眼睛看、用耳朵听、用嘴巴说以及用手写等。有心理学家证明，人的学习 83% 通过视觉，11% 通过听觉，0.5% 通过嗅觉，1.5% 通过触觉，1% 通过味觉。而且，人一般可记住自己阅读的 10% ，自己听到的 20% ，自己看到的 30%，交谈时自己所说的 70% 。这一结果说明，多种感官的参与能有效地增强记忆。

④整体识记和分段识记。篇幅短小或者内在联系密切的材料，适于采用整体识记，即整篇阅读，直到记牢为止。篇幅较长或者较难、内在联系不强的材料，适于采用分段识记，即将整篇材料分成若干段，先一段一段地记牢，然后合成整

篇识记。至于段的长短，要根据自己对材料的熟悉程度而定。

⑤尝试背诵。学习一篇材料时，要一边阅读，一边自己提问题、自己回答或背诵，然后根据回答或背诵的情况，检查自己的错误和薄弱环节，以便重新分配精力，避免不必要的重复，减轻识记的负担，从而提高识记的效率。这样，才能印象深刻、记忆牢固、学习效率高。如果只是反复地读，那就犹如小和尚念经——有口无心，学习效率低。

⑥过度学习。在刚好记住之后，再多记几次。假如一篇文章从头到尾读10遍就能记住的话，那么，再多背5次，就是过度学习。一般来说，过度学习越多，保持效果越好，而且保持的时间也越长（如图9－16）。某些基础知识和技能，如乘法口诀、汉字书写、英语发音以及英语单词的拼写等，都需要进行过度的操练，达到自动化水平，以便腾出脑子去完成更复杂的任务。

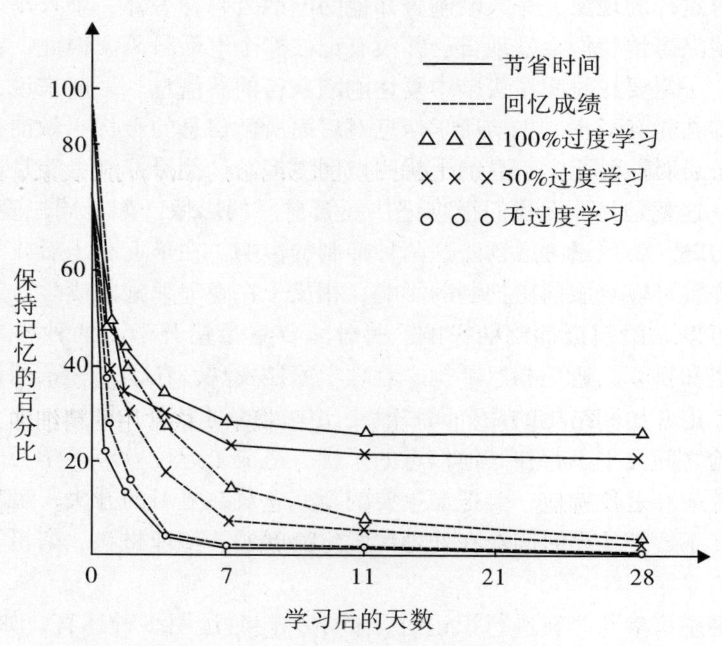

图9－16　过度学习后保持记忆的百分比

（2）保持过程中的复述策略。

①及时复习。心理学家艾宾浩斯等人发现，遗忘的进程是先快后慢。在识记后的20分钟，就差不多遗忘了40%左右，再过几天就忘记得差不多了。如果过了很长时间，直等到考试前才复习，就几乎等于重新学习了。所以，新学习的材料一定要注意及时复习，至少要在当天加以复习，以减缓遗忘的进程。

②分散复习和集中复习。集中复习就是集中一段时间一下子重复学习许多次，分散复习就是每隔一段时间重复学习一次或几次。对于大多数学习，分散复习更有益于长期保持。这就是家庭作业的最主要用意：让学生在持续的时间里复习刚学的知识和技能，以加强对这些技能的保持。因此，要注意利用分散复习，经常进行复习，按时完成家庭作业。千万不要等到考试的前夜，才临时抱佛脚地进行突击复习。

③复习形式多样化。采用多种形式进行复习，如将所学的知识再用实验证明、写成报告、做出总结、与人讨论以及向别人讲解等方式，比单调重复更有利于理解和记忆。某一领域的专家之所以能记得住许多专业知识，是因为他们在反复地应用这些知识。因此，要善于在不同的情境下反复应用所学的知识，以加深对知识的理解和保持。

④反复实践。在实践中应用所学知识是对知识的最好复习。如果学到的知识，适用于限定的、常常是人为的环境之中，而不能应用于生活中，那就成了人们常说的“书呆子”“死啃书本”。

2. 精细加工策略

精细加工策略是指学习者为了更好地记住所学的东西，利用表象、意义联系或人为联想等方法对学习材料做充实意义性的添加、建构和生发。它是一种深加工策略（莫雷，2005）。精细加工策略的本质是有意识地将新学习到的材料整合到我们已知的材料中，并且去思考它未来能使用的情境以及应用。举例来说，以解决数学问题作为情境，精细加工策略包括：在理解数学概念的时候将其与已知的事物相联系；在解决数学问题的时候使用一些新的方法来获得答案；在解决数学问题的时候是否愿意将其解决方案应用到其他情境中。下面就是一些常用的精细加工策略。

（1）应用表象。

具体说来，表象就是产生一个心理图像。比如当想到“苹果”这一概念时，你会想到其球形的外表、粉嫩的表皮以及甜甜的口感。通过产生一个心理图像，并且将它和“苹果”这个词产生联系，我们就记住了这个概念。当然，我们也可以采用复述策略记住苹果的相关概念，但是比较起机械的策略，应用表象的策略显然能让我们在短时间内掌握更多的概念。

（2）记忆术。

①位置记忆法。这是一种传统的记忆术。它在古代不用讲稿的讲演中曾被广泛使用，而且沿用至今。位置记忆法是指学习者在头脑中创建一个熟悉的场景，在这个场景中确定一条明确的路线，在这条路线上确定一些特定的点，然后将要记忆的项目全部视觉化，并按顺序把这条路上的各个点联系起来（莫雷，2005）。假设进入一间房间，按顺序有一张桌子、灯和电视机，如果我们要去超市买的项

目是油、牛奶和苹果。我们要先将各个位置与要记住的项目进行联想，如桌子上放着一桶油，灯罩是奶白色的，电视机品牌是苹果。为了回忆要在超市买的东西，我们可以想象按顺序看到的房间的各个点，然后联想其与项目之间的关系。

②缩简和编歌诀。缩简就是将识记材料的每条内容简化成一个关键性的字，然后变成自己所熟悉的事物，从而将材料与过去经验联系起来。例如，记忆朝代的时候可以组合记，“唐尧虞舜夏商周，春秋战国乱悠悠，秦汉三国晋统一，南朝北朝是对头，隋唐五代又十国，宋元明清帝王休”。有时，可以将材料缩简成歌诀。歌诀韵律和谐，抑扬顿挫，非常有助于记忆。例如，《二十四节气歌》：“春雨惊春清谷天，夏满芒夏暑相连，秋处露秋寒霜降，冬雪雪冬小大寒。”第一句指立春、雨水、惊蛰、春分、清明、谷雨；第二句指立夏、小满、芒种、夏至、小暑、大暑；第三句指立秋、处暑、白露、秋分、寒露、霜降；第四句指立冬、小雪、大雪、冬至、小寒、大寒。在缩简材料编成歌诀时，最好自己动脑筋，自己创作的东西才印象深刻。

③谐音联想法。学习一种新材料时运用联想，假借意义，对记忆亦很有帮助，这种方法被称为谐音联想法。有这样一个有趣的故事可以说明这一点。据说有一个私塾先生，每天让学生背诵圆周率（π=3.141 592 653 589 793 238 462 6……），自己却到山上寺庙里与一和尚饮酒。学生们总背不会，一天，有一学生编了一顺口溜，学生们很快就背会了，这使先生大吃一惊。顺口溜是：“山巅一寺一壶酒，尔乐苦煞吾，把酒吃，酒杀尔，杀不死，乐尔乐。”学生将无意义的数字系列赋以意义，并且化作视觉表象，把有意义的信息或视觉表象当作“衣钩”来“挂住”所要记住的数字。在记忆历史年代和常数时，这种方法行之有效。

④关键词法。关键词法就是将新词或概念与相似的声音线索词，通过视觉表象联系起来。例如，英文单词“Tiger ”可以联想成“泰山上一只虎”。这种方法在教外语词汇时非常有用。它也同样适用于其他信息的学习，如省首府名、地理信息等。关键词法是阿特金森和他的同事在1975年提出的一种记忆方法，主要适用于学习外语词汇。比如英语“accolade”有“助手”之意，中文发音近似“爱过来的”，我们就进行联想：助手往往在需要帮助的时候都爱过来的，因此就记住了accolade有“助手”的意思。阿特金森于1975年曾对该方法做了一个检验，要求大学生在15分钟内学习60个西班牙语的词汇配对，实验组在实验前接受关键词法的训练，控制组未接受此训练，只要求记住该词汇。结果表明：实验组回忆的正确率为88%，而控制组只有28%。因此，关键词法对外语学习很有效。

（3）笔记。

记笔记有两个重要的功能：第一，能帮助学习者注意信息并对信息进行编码，从而使更有效的记忆存储成为可能。第二，提供了一种信息的外部存储方式。长时记忆经常靠不住，而笔记本则相对可靠，能够让学生在以后一次或多次复习所学材料。这里我们要区分下记笔记、简单的抄写以及概要的区别：首先，记笔记和抄写有相似之处，抄写是机械的复制，确实可以促进回忆，是复述的一种形式，但不属于精细加工，因为精细加工的本质是对信息的联系、整合和应用。其次，记笔记和概要也有相似之处。概要本身基于当前的材料，记笔记不受限于材料，在记笔记的时候学生可以选择性地记录自己感悟较深的信息，并且将新记录的信息与已有的信息整合在一起。因此，记笔记本身不像抄写或概述那样固着于材料本身，这就是为什么同样的内容，一个班的笔记内容可以各不相同。

（二）资源管理策略

基本学习策略的发挥离不开资源管理学习策略的作用。其中，资源管理学习策略中包含学习计划、学习时间、学习环境的自我管理以及学习资源的利用与考试策略，最重要的是时间管理和考试策略这两个策略。

1. 学习计划

教师在督促学生实施学习计划的时候要包含三个方面的内容：学习目标、学习内容、时间安排。计划性的意义在于明确学习目标。学习目标有长远目标与近期目标之分。长远目标指今后若干年要达到的目标，如考高中、大学等。近期目标指在短时间内学习上达到的目标，如期终考试争取好成绩。目标是学生努力的方向与动力，有了学习计划可以保证学生有序地进行学习。学习是一种复杂的脑力活动，也是一种循序渐进的脑力活动。制订了学习计划，就可以科学地安排时间。什么时候学习，什么时候休息；什么时候处理课内作业，什么时候发展兴趣爱好。学而有序有助于科学用脑、提高学习效率、磨炼意志。有了学习计划就要执行。在执行学习计划的过程中不会一帆风顺，会遇到各种问题，要使计划按原定目标进行，就需要有克服困难的决心和行动。因此，坚决执行计划的过程是磨炼自己意志的过程。

2. 时间管理

有效的时间管理将促进学习和成就。短期计划中的时间管理、时间态度是大学生学习成绩的重要预测源。社会认知理论的机能主义交互作用模型解释时间利用的影响因素，认为时间利用受制于行为和环境因素，同时与个体的学习策略相关。行为的影响包括努力去自我观察、自我评估，以及对操作结果的自我反应等。环境因素包括使用计划辅助手段，诸如钟表、闹钟以及协议书等。个人影响包括目标设置、自我效能、归因以及对策略重要性的认识等。拙劣的时间管理则反映出在上述某一方面或多方面的欠缺。

相关链接 9－3

学习策略与学习方法

学习策略与学习方法既有区别又有联系。学习策略不同于具体的学习方法，但是又不能脱离具体方法。学习策略最终要借助于学习方法表现出来。

1. 联系

学习策略和学习方法都是提高学习效果的活动，是学生在一定的学习原则指导下的学习活动。学习策略和学习方法的指导理论来源于学习实践，又指导和应用于学习实践，在指导和应用中接受学习实践的检验，在接受检验中完善和发展自己的学习策略与方法。

学习策略和学习方法本身都是学习的对象。它储存在长时记忆中，对人的学习乃至终生的发展产生影响。这种学习不仅指书本上的学习，还包括生活中的学习。在学习过程中，哪种策略或方法对当前活动更有效，也是学习者需要不断学习的。

学习策略和学习方法同属于操作性知识，都是关于解决学习中的问题和完成某项学习任务的行为或操作步骤的知识。

2. 区别

虽然学习策略和学习方法都属于程序性知识，但学习方法关注的是如何做，学习策略不仅关注如何做，更关注为什么这样做以及怎样做效果更好。从这方面来看，学习策略的内涵更丰富。例如，要学习骑自行车，前者关注的是如何保持轮子转动和车平衡等技能，而后者除了关注具体方法之外，还关注怎样学能更快学会。

学习方法是学习者在完成学习任务过程中相对固定的行为模式，如记笔记、不断重复口述、分类和比较等，它是外显的可操作的过程。学习方法与学习任务有关，但与学习者的人格特质等无关，其更多的是学习者对环境的适应。学习策略是学习者对学习方法选择和综合运用的意识和倾向，一般与学习者的个性特征有关。可见，学习方法是学习策略的基础，没有学习方法或者学习方法缺乏就不可能形成较高水平的学习策略。

学习策略是伴随着学习者的学习过程而发生的一种心理活动，这种心理活动是一种对学习过程的安排，不是僵死的固定的程序。只有那些经过学习者的思维活动之后启用的方法才会获得策略的性质。否则，不经思考随意运用的一种学习方法，不属于学习策略的范畴。

二、学习风格

人格心理学家奥尔波特为鉴别有差异的人格类型和认知类型，最先将“风格”这一概念引入心理学。哈伯特·赛伦于 1954 年首次提出了“学习风格”（learning style）的概念。学习风格是指学习者在一定的生理基础上，在长期的学习活动中逐渐形成的相对稳定的个体偏好的学习方式，这主要表现在个体对外界信息刺激的感知、注意力和解决问题的方式上。

（一）奈欣斯的三维理论

奈欣斯将学习风格描述为感觉定向、反应定向和思维模式这三者的结合。感觉定向指学习者在学习的时候主要是依赖视觉、听觉还是触觉；反应定向指学习者在进行学习任务的时候，更适合单独工作还是小组工作，也就是在单独工作时的成绩好还是小组工作时的成绩好；思维模式指学习者在解决问题时，是先考虑个体的概念轮廓然后去搜集信息，还是首先搜集细节材料然后再去整理组织材料。

（二）雷诺的六维理论

雷诺的六维理论主要包括知觉偏好（视觉、听觉、动觉）、物理环境需要（声音、光线、温度）、社会环境偏好（单独、同伴、多样化）、认知方式（场依存—场独立、抽象概括、主动实验和反省性观察）、最佳学习时间（早、午、晚）、动机和价值观（价值观、动机、态度）。

（三）科尔勃的两维坐标理论

两个维度分别是具体体验—抽象概括维度和反省性观察—主动实验维度。第一阶段与发散者学习风格相对应，表现为有发散思想，富有想象力；第二阶段与同化者学习风格相对应，表现为喜欢抽象概念观点，具有理性与逻辑性；第三阶段与聚合者学习风格相对应，表现为比较擅长将理论应用于实践；第四阶段与顺应者学习风格相对应，表现为强调主动探索，并关注具体体验。

（四）所罗门八维度学习风格

（1）知识的加工：活跃型与沉思型。活跃型学习者倾向于通过积极地做一些事、讨论或应用或解释给别人听来掌握信息。沉思型学习者更喜欢安静地思考问题。“来，我们试试看，看会怎样”这是活跃型学习者的口头禅，而“我们先好好想想吧”是沉思型学习者的通常反应。

（2）知识的感知：感悟型与直觉型 。感悟型学习者喜欢学习事实，而直觉型学习者倾向于发现某种可能性和事物间的关系。感悟型学习者不喜欢复杂情况和突发情况，而直觉型学习者喜欢革新不喜欢重复。前者比后者更痛恨测试一些在课堂里没有明确讲解过的内容。感悟型学习者对细节很有耐心，很擅长记忆事实和做一些现成的工作；直觉型学习者更擅长于掌握新概念，比感悟型的更能理解抽象的数学公式。前者比后者更实际和仔细，而后者又比前者工作得更快更具有创新性。感悟型学习者不喜欢与现实生活没有明显联系的课程；直觉型学习者不喜欢那些包括许多需要记忆和进行常规计算的课程。

（3）知识的输入：视觉型与言语型。视觉型学习者很擅长记住他们所看到的东西，如图片、表格、流程图、影片和演示中的内容；言语型学习者更擅长从文字和口头的解释中获取信息。当通过视觉和听觉同时呈现信息时，每个人都能获得更多的信息。大学里很少呈现视觉信息，学生都是通过听讲和阅读写在黑板上及课本里的材料来学习。不幸的是，大部分学生都是视觉型学习者，也就是说学生通过这种方式获得的信息量不如通过呈现可视材料的方法获得的信息量大。

(4) 知识的理解：序列型与综合型。序列型学习者可能没有完全了解材料，但他们能以此做些事情（如做家庭作业或参加考试），因为他们掌握的是逻辑相连的。综合型学习者习惯大步学习，吸收没有任何联系的随意的材料，然后突然获得它。序列型学习者能对主题的特殊方面知道许多，但联系到同一主题的其他方面或不同的主题时，他们就表现得很困难。序列型学习者倾向于按部就班地寻找答案；综合型学习者或许能更快地解决复杂问题，或者一旦他们抓住了主要部分就用新奇的方式将它们组合起来，但他们很难解释清楚自己是如何工作的。

相关链接 9－4

所罗门学习风格自测问卷表

<table>
<tr><td colspan="2">亲爱的同学们，不同的人有不同的学习风格，对别人来说有效的学习方式，对你不一定适合。下面是一份了解自己学习风格的问卷，一共 44 道题，每道问题有 a 和 b 两个答案可供选择。请选出最符合你学习情况的答案。</td></tr>
<tr><td>1. 为了较好地理解某些事物，我首先
(a) 试试看　　　(b) 深思熟虑
2. 我办事喜欢
(a) 讲究实际　　　(b) 标新立异
3. 当我回想以前做过的事，我的脑海中大多会出现
(a) 一幅画面　　　(b) 一些话语
4. 我往往会
(a) 明了事物的细节但不明其总体结构
(b) 明了事物的总体结构但不明其细节
5. 在学习某些东西时，我不禁会
(a) 谈论它　　　(b) 思考它
6. 如何我是一名教师，我比较喜欢教
(a) 关于事实和实际情况的课程
(b) 关于思想和理论方面的课程
7. 我比较偏爱的获取新信息的媒体是
(a) 图画、图解、图形及图像
(b) 书面指导和言语信息</td><td>25. 我办事时喜欢
(a) 试试看
(b) 想好再做
26. 当我阅读趣闻时，我喜欢作者
(a) 以开门见山的方式叙述
(b) 以新颖有趣的方式叙述
27. 当我在上课时看到一幅图，我通常会清晰地记着
(a) 那幅图
(b) 教师对那幅图的解说
28. 当我思考一大段信息资料时，我通常
(a) 注意细节而忽视概貌
(b) 先了解概貌而后深入细节
29. 我最容易记住
(a) 我做过的事
(b) 我想过的许多事
30. 当我执行一项任务时，我喜欢
(a) 掌握一种方法
(b) 想出多种方法</td></tr>
</table>

（续上表）

8. 一旦我了解了
(a) 事物的所有部分，我就能把握其整体
(b) 事物的整体，我就知道其构成部分

9. 在学习小组中遇到难题时，我通常会
(a) 挺身而出，畅所欲言
(b) 往后退让，倾听意见

10. 我发现比较容易学习的是
(a) 事实性内容　　(b) 概念性内容

11. 在阅读一本带有许多插图的书时，我一般会
(a) 仔细观察插图　　(b) 集中注意文字

12. 当我解数学题时，我常常
(a) 思考如何一步一步求解
(b) 先看解答，然后设法得出解题步骤

13. 在我修课的班级中，
(a) 我通常结识许多同学
(b) 我认识的同学寥寥无几

14. 在阅读非小说类作品时，我偏爱
(a) 那些能告诉我新事实和教我怎么做的东西
(b) 那些能启发我思考的东西

15. 我喜欢的教师是
(a) 在黑板上画许多图解的人
(b) 花许多时间讲解的人

16. 当我在分析故事或小说时，
(a) 我想到各种情节并试图把它们结合起来去构想主题
(b) 当我读完时只知道主题是什么，然后我得回头去寻找有关情节

17. 当我做家庭作业时，我比较喜欢
(a) 一开始就立即做解答
(b) 首先设法理解题意

18. 我比较喜欢
(a) 确定性的想法　　(b) 推论性的想法

19. 我记得最牢的是
(a) 看到的东西
(b) 听到的东西

31. 当有人向我展示资料时，我喜欢
(a) 图表
(b) 概括其结果的文字

32. 当我写文章时，我通常
(a) 先思考和着手写文章的开头，然后循序渐进
(b) 先思考和写作文章的不同部分，然后加以整理

33. 当我必须参加小组合作课题时，我要
(a) 大家首先“集思广益”，人人贡献主意
(b) 各人分头思考，然后集中起来比较各种想法

34. 当我要赞扬他人时，我说他是
(a) 很敏感的
(b) 想象力丰富的

35. 当我在聚会时与人见过面，我通常会记得
(a) 他们的模样
(b) 他们的自我介绍

36. 当我学习新的科目时，我喜欢
(a) 全力以赴，尽量学得多学得好
(b) 试图建立该科目与其他有关科目的联系

37. 我通常被他人认为是
(a) 外向的　　(b) 保守的

38. 我喜欢的课程内容主要是
(a) 具体材料（事实、数据）
(b) 抽象材料（概念、理论）

39. 在娱乐方面，我喜欢
(a) 看电视
(b) 看书

40. 有些教师讲课时先给出一个提纲，这个提纲对我
(a) 有所帮助　　(b) 很有帮助

41. 我认为只给合作的群体打一个分数的想法
(a) 吸引我　　(b) 不吸引我

（续上表）

<table>
<tr><td>20. 我特别喜欢教师
(a) 向我条理分明地呈示材料
(b) 先给我一个概貌，再将材料与其他论题相联系
21. 我喜欢
(a) 在小组中学习　　(b) 独自学习
22. 我更喜欢被认为是：
(a) 对工作细节很仔细
(b) 对工作很有创造力
23. 当要我到一个新的地方去时，我喜欢
(a) 要一幅地图　　(b) 要书面指南
24. 我学习时
(a) 总是按部就班，我相信只要努力，终有所得
(b) 我有时完全糊涂，然后恍然大悟</td><td>42. 当我长时间地从事计算工作时
(a) 我喜欢重复我的步骤并仔细地检查我的工作
(b) 我认为检查工作很无聊，我是在逼迫自己这么干
43. 我能画出我去过的地方
(a) 很容易且相当精确
(b) 很困难且没有许多细节
44. 当在小组中解决问题时，我更可能是
(a) 思考解决问题的步骤
(b) 思考可能的结果及其在更广泛的领域内的应用</td></tr>
<tr><td colspan="2">计分规则和分数解释</td></tr>
<tr><td colspan="2">计分规则：
1. 在下表适当的地方填上“1”（例：如果你第 3 题的答案为 a，在第 3 题的 a 栏填上“1”；如果你第 1 题的答案为 b，在第 1 题的 b 栏填上“1”）。
2. 计算每一列总数并填在总计栏处。
3. 这 4 张量表中的每一张，用较大的总数减去较小的总数，记下差值（1 到 11）和字母（a 或 b）。例如：在“活跃型/沉思型”中，你有 4 个“a”和 7 个“b”，你就在总计栏写上“3b”（3 = 7 - 4，并且 b 在两者中最多）。又如，在“感悟型/直觉型”中，你有 8 个“a”和 3 个“b”，则在总计栏写上“5a”。
分数解释：
每一张量表的取值可能为 11a、9a、7a、5a、3a、a、11b、9b、7b、5b、3b、b 中的一种。其中字母代表学习风格的类型不同，数字代表程度的差异。若得到字母“a”，表示属于前者学习风格，且“a”前的系数越大，表明程度越强烈；若得到字母“b”，表示属于后者学习风格，且“b”前的系数越大，同样表明程度越强烈。例如：在活跃型/沉思型量表中得到“9a”，表明测试者属于活跃型的学习风格，且程度很强烈；如果得到“5b”，则表明测试者属于沉思型的学习风格，且程度一般。又如：在视觉型/言语型量表中得到“a”，表明测试者属于视觉型的学习风格，且程度非常弱；如果得到“3b”，则表明测试者属于言语型的学习风格，且程度较弱。</td></tr>
</table>

（续上表）

活跃型/沉思型			感悟型/直觉型			视觉型/言语型			序列型/综合型		
题号	a	b	题号	a	b	题号	a	b	题号	a	b
1			2			3			4		
5			6			7			8		
9			10			11			12		
13			14			15			16		
17			18			19			20		
21			22			23			24		
25			26			27			28		
29			30			31			32		
33			34			35			36		
37			38			39			40		
41			42			43			44		
总计											

（资料来源：祝智庭．现代教育技术——走进信息化教育．修订本．北京：高等教育出版社，2005：248－250.）

复习思考题

1. 根据奥苏伯尔的学习分类标准，试举生活中的几个例子。
2. 观察学习包括哪四个过程？请加以具体阐述。
3. 简述行为主义、认知主义、建构主义的基本观点。
4. 什么是学习迁移？学习迁移的意义和作用何在？
5. 试述如何将学习迁移理论应用到现实的学习和教学中？
6. 影响学习迁移的因素有哪些？
7. 简述学习策略具体包含哪些策略。
8. 复述策略、精细加工策略和资源管理策略之间有何区别？

主要参考书目

［1］德里斯科尔．学习心理学——一种面向教学的取向：第 3 版．王小明，译．上海：华东师范大学出版社，2008.

［2］加涅．学习的条件和教学论：第 3 版．皮连生，王映学，郑葳，等译．上海：华东师范大学出版社，2001.

[3] 刘儒德．学习心理学．北京：高等教育出版社，2010.
[4] 彭聃龄．普通心理学．3 版．北京：北京师范大学出版社，2004.
[5] 皮连生．教育心理学．4 版．上海：上海教育出版社，2011.
[6] 莫雷．教育心理学．4 版．广州：广东高等教育出版社，2005.
[7] 叶浩生．心理学史．上海：华东师范大学出版社，2009.

（邢　强　夏静静　撰写）

第十章

情绪、压力与健康

引　言

夜深了，你独自躺在床上难以入眠，脑海中却充满了一些想法和情感。在白天的工作中，你有一件事情没有处理好，可能伤害了某个人，这使你感到羞愧。有时，你想到身在另一个城市的父亲，他正在勇敢地与癌症斗争着。晚上看了一部电影，影片的诙谐幽默深深地感染了你，你发出了由衷的笑声。然而在让自己快乐的同时，你却有着一种内疚感。每当想到几个月前结束的一段感情，你便陷入深深的痛苦之中，这些都使你毫无睡意。此时此刻，情绪似乎独立于你的身体和思想，它似乎有自己的生命力。尽管情绪的变化莫测让你备受煎熬，但是人们对情绪问题却又如此着迷。

内容提要

※情绪是一种复杂的身体和心理变化模式，包括生理、认知、表达及特殊的行为反应。

※情绪具有适应与进化功能、社会交际功能、唤醒与动机功能以及认知功能。

※面部表情、身体姿态以及眼神、视线、语调等细微的变化能够真实反映内心的情绪状态。

※当代的情绪理论认为，认知评价导致生理唤醒、行为反应、情绪表达和情绪体验；而唤醒、行为和表情可以增加情绪体验，体验又可以影响评价。

※压力是指当刺激事件打破了有机体平衡和负荷能力，或超过了个体能力所及时的一种反应模式。

※常见的应激源包括重大的生活事件、灾难和创伤性事件、慢性应激源以及日常琐事。

※应对压力的有效策略包括保持冷静、直面问题、改变认知策略和寻求社会支持。

※健康促进行为包括有规律的锻炼、控制吸烟和饮酒、维持饮食平衡、获得

良好的医疗服务并管理压力。

※人格特征与某种类型的健康问题相关，A 型人格与冠心病、C 型人格与癌症有关联。

※客观上的身体健康与幸福有适度相关，主观上对自己健康的认知与幸福感的相关更大。

第一节　情绪的本质

一、什么是情绪

当问及“什么是情绪”时，人们才意识到自己以前并不知道它是什么，除非亲身去感受和体验。回想下面的经历：第一次撒谎、第一次恋爱、第一次上讲台、第一次出远门、第一次拿到薪水……那种心情和体验是刻骨铭心的。通俗地讲，情绪是成功后的喜悦，失落后的空虚；是青春期的冲动，期盼恋人时的焦急；是恐惧、得意、悲伤、愤怒、爱慕、愧疚……

（一）词源学分析

情绪（emotion）源自拉丁文 e（向外）和 movere（运动），而“move + ion”表示一种行动、过程或状态，因此，emotion 原指从一个地方向外移至另一个地方。后来，这个词专用于个体精神状态的激烈扰动。情绪确实能使人动起来，例如，我们常常会由于愤怒、害怕或喜悦的情绪而采取某些行动，它与人类的基本适应行为有关，如攻击行为、逃避行为、寻求舒适、助人行为及生殖行为等。《牛津英语大词典》对情绪的解释是：“指心灵、感觉或情感的激动或骚动，泛指任何激动或兴奋的心理状态。”

（二）心理学家的定义

回想一下怯场的经历：台下座无虚席，鸦雀无声，观众正等待着你的表演；此刻台上的你紧张得心跳加快、头晕恶心、手脚冰凉、双手颤抖、口干舌燥。这其中，情绪发生的一般模式是：我们内心察觉到某种事物（情绪刺激）→该事物引起某种精神上的感受（主观体验）→接着出现相应的身体表现（行为）。尽管如此，心理学家对于情绪的内涵却有着不同的看法，因为情绪本身包含着不同的层面，从生理唤醒、内心体验到外部表现，心理学家们强调的重点不一。

阿诺德的定义为：“情绪是对趋向知觉为有益的、离开知觉为有害的东西的一种体验倾向。这种体验倾向为一种相应的接近或退避的生理变化模式所伴随，该模式因不同情绪而有差异。”（Arnold，1960）拉扎勒斯的观点与阿诺德类似：“情绪是来自正在进行着的环境中好的或不好的信息的生理心理反应的组织，它依赖于短时或持续的评价。”（Lazarus，1985）

美国特拉华州立大学心理学家伊扎德认为，情绪的定义必须包括生理基础、表情行为和主观体验三个方面。他写道：“你可能记得，在你感到愤怒时，你心跳加速，血液涌上脸和你每一块肌肉。由于肌肉过度紧张，你有要爆发的冲动。当你过度悲伤时，身体感到异常的压抑和沉重，肌肉松弛，虚弱无力。你的脸和胸口会疼痛，眼泪止不住地落下，抽泣中感到窒息。”（Izard，1991）

从情绪的这些定义中我们不难看出，有的学者强调情绪的生理唤醒方面，有的学者强调行为方面，另有一些学者强调认知评价方面。一般而言，当代心理学家将情绪界定为一种复杂的身体和心理变化模式，包括生理唤醒、感觉、认知过程、外显的表达以及特殊的行为反应，这些反应都是针对个体认为具有个人意义的情境做出的（格里格，津巴多，2016）。设想一个让你感到特别快乐的场景：你的生理唤醒可能是平缓的心跳，你的感觉是积极的，相关的认知过程包括那些使你将该场景界定为快乐的解释、记忆和预期，你的行为可能是表情的（微笑）或动作的（拥抱）。

二、情绪的种类与维度

（一）情绪的种类

情绪的种类多种多样，如同绚丽多彩的颜色一般。心理学家认为，只存在几种基本情绪，其他情绪都是从基本情绪中分化出来的。但是对于基本情绪，心理学家观点不一。古人所说的“七情六欲”中的喜、怒、哀、乐、惧、恶、忧，这“七情”中既有基本情绪，也有复合情绪，如“忧”可以指忧愁、忧郁、忧虑等。

行为主义者华生认为，情绪就像色彩一样，也有基础色，情绪的基础色即基本情绪，包括恐惧、愤怒和爱，华生分别称之为 X、Y、Z 反应。其中 X 反应（恐惧）由以下原因引起：①婴儿的支撑物被突然移开；②大声音；③在婴儿刚刚入睡或醒来时温和但突然的刺激。该反应的典型表现是屏息、抓手、闭眼、皱唇和哭喊。Y 反应（愤怒）由“阻碍婴儿的活动”引起，其表现包括哭泣、尖叫、身体僵硬、双手乱动和屏气。Z 反应（爱）来自任何温柔的抚摸，特别是对身体性感区的抚摸，外部表现有微笑、咯咯笑和窃窃私语。华生认为，上述每种反应形式都是与生俱来的。

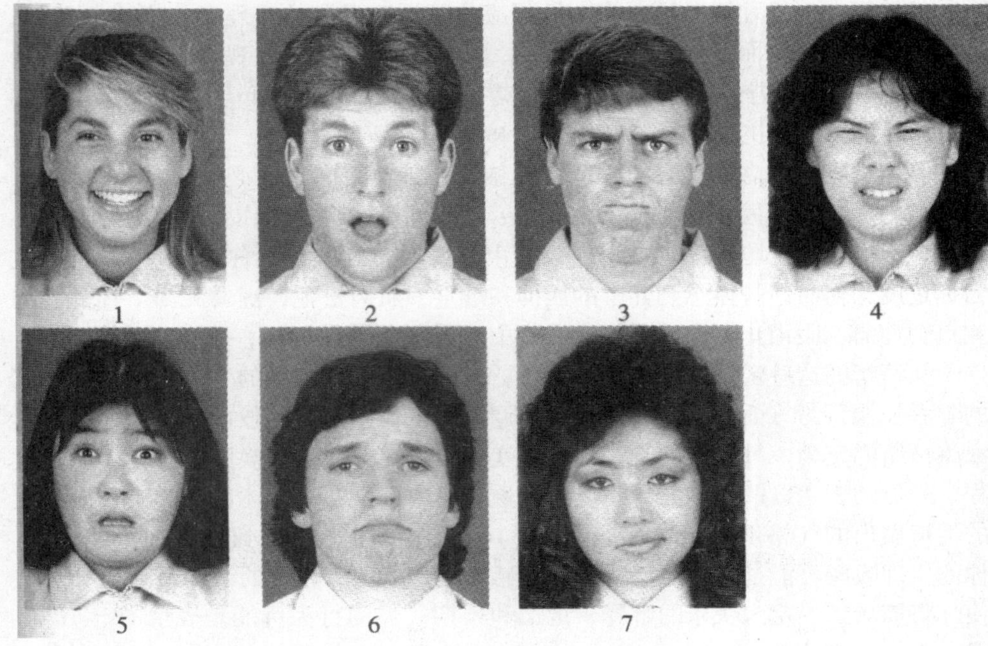

图 10－1　人类七种基本情绪

（注：图片 1 至 7 依次为愉快、惊奇、愤怒、厌恶、恐惧、悲伤、轻蔑）

现代心理学把快乐、悲伤、恐惧、愤怒看作单纯的情绪，称为基本情绪或原始情绪（如图 10－1）。快乐是指盼望的目的达到，紧张解除之后出现的情绪体验，其程度取决于愿望的满足和意外程度。悲伤是指失去盼望的、追求的或有价值的目标时引起的情绪体验，悲伤的程度依赖于失去事物的价值。愤怒是由于目的和愿望不能达到或目标一再受到阻碍逐渐积累而成的情绪体验。挫折如果是由于不合理的原因或人为恶意造成的，则容易产生愤怒。快乐和愤怒都是企图接近、达到引起快乐和愤怒的目标，而恐惧则是企图摆脱或逃避引起恐惧的对象。恐惧往往是由于缺乏处理或摆脱可怕情景的力量和能力造成的，它比其他情绪更具有感染性。上述四种基本情绪在体验上都是单一的，在此基础上可以派生出许多不同的情绪组合形式，如悔恨、羞耻等包含不愉快、痛苦、怨恨、悲伤等多种情绪体验因素。

相关链接 10-1

关于基本情绪的种类

在英语单词中，有400多个词汇是用来描述情绪感受的，尽管它们之间的区别十分微弱，但仔细分析还是可以看出不同的：惊慌不同于恐惧；忧虑也有别于畏惧。用同义词的差异来区分不同情绪之间的界限比单纯对比不同的情绪要简单许多。一些理论家指出，任何可以察觉的方式表现出来的反应，例如眼前突然一亮、脸上现出光彩或口干舌燥，都属情绪的范畴。

据此，20世纪70年代，汤姆金斯提出了八种基本情绪：兴趣、快乐、惊奇、痛苦、恐惧、悲愤、羞怯和轻蔑，后来，伊扎德在他的基础上又增加了厌恶和内疚两种。与此同时，美国加州大学的艾克曼博士提出了六种基本情绪：快乐、悲伤、愤怒、恐惧、厌恶、惊奇。1980年，纽约爱因斯坦大学精神病学专家普拉奇克在艾克曼分类的基础上又加入了容忍和期盼。到1990年，费希尔等人认为只有五种主要情绪，爱与快乐是两种基本情绪，而愤怒、悲伤和恐惧则属于消极情绪。

最近的社会结构理论进一步扩大了研究者的视野，不再把情绪的种类局限于5~7种基本情绪之内，而将人在社会化中逐渐产生的诸如希望、羡慕、妒忌、傲慢、怜悯、内疚等融入认知评价成分的情绪体验和行为纳入情绪研究的范畴，这使得情绪心理学成为解释人的心理发展、心理生活和心理冲突的理论和实践依据。

（资料来源：时代生活图书荷兰责任有限公司．情感的力量．北京：中国青年出版社，2002：9-10.）

（二）情绪的维度

无论有多少种情绪，也无论它们之间的差异程度如何，所有情绪都处于某一特定的维度结构中，由这些维度织成一张庞大的情绪网。任何情绪都有程度问题，例如欣慰—高兴—狂喜，担心—害怕—恐惧；也都有两极性，高兴—悲伤，紧张—轻松。对于情绪的两极性，德国心理学家冯特早在1896年就提出了愉快—不愉快、兴奋—平静、紧张—松弛三个维度。每种情绪的发生都按照这三个维度分别处于两极的不同位置上。

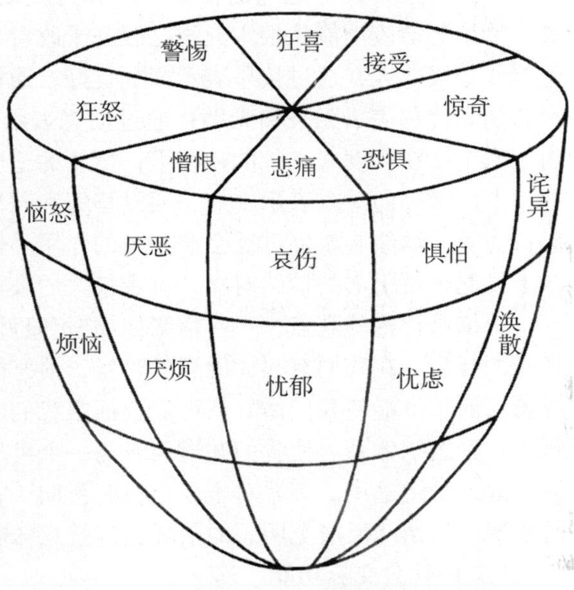

图10-2　普拉奇克的情绪三维结构模式图

关于情绪的维度，最典型的是普拉奇克的情绪三维结构模式。经过多年的研究，普拉奇克发现，情绪研究中最复杂的问题是如何界定情绪的强度和纯度，因为情绪总是以复杂、混合的状态出现：悲伤伴随着厌恶，愤怒夹杂着恐惧。普拉奇克假设：在诸如求爱—相爱—结合这一系列行动的实施中，情绪在人或动物体内发展变化并以容易识别的方式表现出来。在类似光谱图示的情绪分析图示的帮助下，普拉奇克总结并提炼出一组组核心情绪色彩：欢乐与哀伤，喜欢与厌恶，胆怯与愤怒，期望之中和出乎意料。每一组中互为对立的情绪给人的身体、精神和行为带来截然相反的影响。

据此，普拉奇克于1962年提出用一种特殊、直观、形象化的语言来比较不同情绪的性质，这便是情绪的三维结构模式。该模式包含八种初级情绪，逐一分层代表不同的强度和纯度等级。最高层是一些最纯粹的情绪，低一层的可以合并成另一种复杂情绪。例如，同时感到惧怕和出乎意料可上升为惊恐；相反，惧怕和愤怒这两种毫不相关的情绪就不可能相互作用导致更复杂的情绪产生，如果一个人同时经历这两种情绪，就会感到被突然拉向两个不同的方向。

三、情绪的功能

（一）适应与进化功能

人类的情绪具有适应的价值，亦即人类的情绪能够使我们更好地生存和发展。情绪的适应功能从根本上说是服务于改善和完善人的生存和生活条件的。无论是儿童或成人，通过快乐表示情况良好；通过痛苦表示急需改善不良处境；通过悲伤和忧郁表示无奈和无助；通过愤怒表示行将进行反抗的主动倾向。同时，由于人生活在高度人文化的社会里，情绪的适应功能的形式有了很大的变化，例如，人用微笑向对方表示友好，通过移情和同情来维护人际关系，掩盖粗鲁的愤怒行为等，情绪起着促进社会亲和力的作用。但是人们也看到，在个人之间和社会上挑起事端引起的情绪对立，有着极大的破坏作用。

根据进化论的观点，一些情绪如愤怒和恐惧能够帮助我们在特殊情况下做出特殊的行为。在我们有很大胜算的时候，愤怒能够帮助我们做好与入侵者作战的准备，而恐惧能使我们做好从可能会征服我们的入侵者那儿逃离的准备。生存依赖于一种组织体系，使我们知道何时与一个可战胜的敌人作战以及何时从无法战胜的敌人身边逃离。厌恶对于生存也有帮助，它使我们远离有害物质。而在危险时表现出对情绪反应上明智的信任也许就意味着生死之间的差别。

（二）社会交际功能

和语言一样，情绪具有服务于社会交际的功能，通过独特的非言语信号的手段，即由面部肌肉运动模式、声调和身体姿态变化所构成的表情来实现信息的传递和人际的互相了解，其中面部表情是最重要的情绪信息媒介。具体而言，情绪的社会交际功能包括情绪对行为的调节作用和传递信息的功能。一方面，情绪对人的行为有调节作用。和一个人在一起常常体验到痛苦，就让人想远离此人；某种事务常和痛苦伴随，就让人不愿继续做此事。反之，伴随愉快让人对人对事充满热情。另一方面，情绪具有传递信息的社会功能，这主要通过表情来实现。表情是人的情绪的外部表现，是人们思想和情感交流的重要工具。在日常生活中，55% 的信息是靠非言语表情传递的，38% 的信息是靠言语表情传递的，只有 7% 的信息才是靠言语传递的。言语交流往往真真假假、虚虚实实，而表情交流相对难以掩蔽真实情感，特别是姿态表情，往往自己都不能察觉。即使彼此没有意识到对方的表情，却能下意识接收其中的意义。所以，真正的喜欢和假装的喜欢，在相互了解的两个人之间是不容易混淆的。

（三）唤醒与动机功能

当你第一次穿上新毛衣时，发现肩缝处开线了。你为什么会飞快地冲回商店去要求退款呢？如果你想回答“因为我生气了”或者“因为我很失望”，那么可以看出，这时情绪实际上成了行为的原动力。情绪通过唤醒你对于正在经历或想象中事件的行动来完成它的动机功能，然后它会引导并维持你的行为直到达到特定的目标。例如，当爱上一个人时，你会尽己所能地吸引、接近和保护她（他）。

情绪构成一个基本的动机系统，它能够驱策有机体发生反应、从事活动，在最广泛的领域中为人类的各种活动提供动机。一般来说，生理内驱力是激活有机体行为的动力。但是情绪的作用则在于能够放大内驱力的信号，从而更强有力地激发行动。例如，人在缺水或缺氧的情况下，血液成分会发生变化，产生补充水分或氧气的生理需要。但是这种生理驱力本身并没有足够的力量去驱策行动，此时产生的恐慌感和急迫感起着放大和增强内驱力信号的作用，并与之合并而成为驱策人行动的强大动机。与内驱力相比，情绪反应更为灵活，它不但能根据主客观的需要及时地发生反应，而且可以脱离内驱力独立地起动机作用。比如，无论何时何地，恐惧均能使人退缩，愤怒定会发生攻击，厌恶一定引起躲避等。

（四）认知功能

按照情绪的适应性，它帮助人选择信息与环境相适应，并驾驭行为去改变环境。我们经常会感到，在心情良好的状态下工作，思路开阔，思维敏捷，解决问题迅速；而心境低沉或郁闷时，则思路阻塞，操作迟缓，无创造性可言。强烈的情绪会骤然中断正在进行着的思维加工，持久而炽热的情绪则能激发无限的能量去完成活动。

对负面情绪而言，痛苦、恐惧的强度与认知操作效果呈直线相关，情绪强度

越大，操作效果越差。与痛苦、恐惧不同的是，由于愤怒情绪具有自信度较强的性质和指向于外的倾向，中等强度的愤怒一旦爆发出来，有可能组织个体倾向于面对的任务，导致较好的操作效果。研究还表明，情绪执行着监测认知活动的功能，不同性质和不同强度的情绪起着不同程度的组织或瓦解认知活动的作用。

四、表情：情绪的表达

情绪表达又叫表情，是指个体情绪、情感的外部表现。人是富于情绪表达的动物，表情是反映其身心状态的一种客观指标。例如，“喜气洋洋”“气势汹汹”“愁眉苦脸”“眉开眼笑”等标志着人们喜、怒、哀、乐的心理状态。在社会生活中，人们往往根据他人的表情来判断其内心的情绪体验。表情动作提供的线索是十分明显的，不仅面部表情、身体动作等强烈的形体变化，而且连手势、眼神、视线、语调等方面的细微变化，都能真切地反映出个体内心的情绪与情感状态。

（一）表情的普遍性与差异性

表情具有普遍的模式，全世界的人在一些最基本的情绪表达方式上都是一致的，人们在悲哀时哭泣，快乐时发笑，而不是相反。达尔文认为，人类的情绪表达是从其他动物那里进化而来的，人们表达情绪的原始方式具有某些生存价值的遗传模式。他的推理逻辑是：如果全世界的人，相互之间从来不曾了解和交流，但表现出相同或相似的表情，那么这种表情一定是遗传或进化的而不是习得的。例如，相互隔离的不同文化发展了不同的语言，可见语言是环境的产物，是习得的；而不同文化的人有着相同的表情，这说明表情是遗传的。

尽管全世界的人对于特定范围内的情绪表达方式似乎有着相同的基因遗传机制，但是个体之间的情绪表达仍然有明显的差异。这是因为，一方面，不同文化对于情绪表达有不同的规范和标准；另一方面，随着个体不断社会化，人们逐渐学会了如何控制自己的表情。特定的情绪表达总是和特定的文化相适应。文化建立起社会规范，规定人们应该有哪些特定的情绪反应以及特定人群成员的哪些情绪表达具有社会适应性。从这种意义上讲，表情具有文化独特性。例如，伸出舌头在一些文化中是表示惊讶，而在另一些文化中则是开玩笑或表示蔑视。

（二）面部表情

面部表情是情绪外部表现最主要的方面，它通过眼部肌肉、颜面肌肉和口部肌肉的变化来表现各种情绪状态。眼、眉、嘴、鼻、脸色等变化最能表示一个人的情绪。如两眼闪光之惊喜，眼泪汪汪之委屈，眉毛紧锁之忧愁，扬眉之得意，双目圆睁之愤怒，嗤之以鼻之厌恶，脸色苍白之惊恐等。这是因为人的各种情绪状态同脸部肌肉和血管等变化有关。研究表明，喜悦与颧肌有关，痛苦与皱眉肌有关，忧伤与三角肌有关，羞愧因血管舒张而脸红，恐怖因血管收缩而苍白。

达尔文是面部表情研究的开创者，他用20张代表不同表情的照片让20个观察者一一进行判断，如果他们对某张照片做出一致的判断，就认为该照片的确代表某一情绪。他指出，人的面部表情极可能保留了动物祖先的某些行为遗迹，人和动物在情绪表达方面具有连续性。美国加州大学的保罗·艾克曼（Paul Ekman，1934— ）博士是情绪研究的集大成者，他的实验证明，人脸的不同部位传达着不同的表情信号。例如，眼睛对表达忧伤最重要，口部对表达快乐与厌恶最重要，而前额能提供惊奇的信号，眼睛、嘴和前额等对表达愤怒情绪很重要。

在人类的面部表情中，微笑是最具欺骗性的。艾克曼列出了18种笑：礼貌的笑、残忍的笑、假笑、自谦的笑等，但只有一种是真正意义上快乐的笑。这种快乐的微笑被称为“杜克尼式微笑”。这是以19世纪法国一位潜心研究人类面部表情与情感的神经病学家阿芒·杜克尼（Amand Duechenne）的名字命名的。杜克尼指出，最真实的、快乐的微笑会牵动两个肌肉群——拉动颧骨的肌肉和眼睛周围的肌肉的收缩。为了演示这一不同，艾克曼做了一个僵硬的笑（图10－3左），而后，眼角布满皱纹、咧着嘴的是真实的、快乐的微笑（图10－3右）。第一个表情在大脑中没有相应的信号，而“杜克尼式微笑”使大脑产生了兴奋。在各种面部表情的反馈中，只有“杜克尼式微笑”使大脑皮质产生了兴奋。

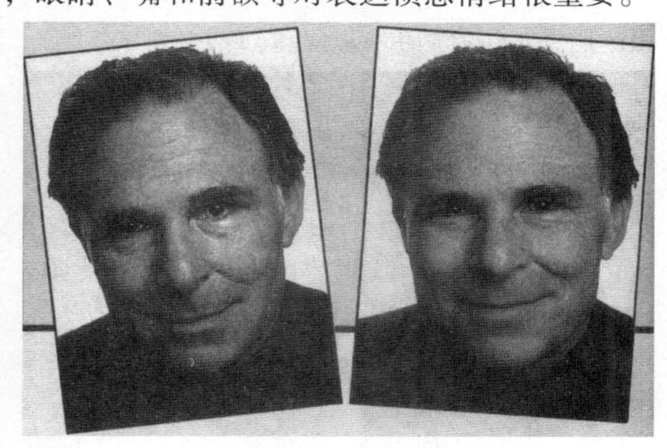

图10－3　假笑与真笑

（三）姿态表情

姿态表情是指除面部之外身体其他部位的表情动作，包括身体表情和手势表情两种。头、手和脚是表达情绪的主要身体部位。例如，人在欢乐时手舞足蹈，悔恨时捶胸顿足，惧怕时手足无措，羞怯时扭扭捏捏，即便握手时的用力与否，也可把人们的情绪感受形之于外。舞蹈和哑剧是演员用姿态表情和面部表情反映情感和思想的艺术形式。姿态表情由人的身体姿势、动作变化来表达情绪，心理学家往往将这种表达方式叫做“手语”。

过去心理学家一直认为，人类主要通过面部表情交流情感，但是最近一项研究表明，身体姿势与面部表情一样在情感交流中起着重要作用。研究发现，对某个人的恐惧姿态的直接反应可能比先前所认为的要自觉和强烈得多。在这方面，人比动物要逊色得多。研究显示，恐惧感影响着大脑的情绪部分。因为在大脑中控制情绪与行动的神经之间的联系比控制视觉和行动的神经之间的联系要紧密得多，因此，恐惧的身体姿势可能让观察者更自觉地产生恐惧反应。

图 10－4　代表不同情绪状态的姿态表情

姿态表情不具有跨文化一致性，它受不同社会文化的影响较大。研究表明，手势表情是通过学习获得的。在不同的文化中，同一手势所代表的含义可能截然不同。如竖起大拇指在许多文化中是表示夸奖的意思，但在希腊有侮辱他人的意思。手势表情具有丰富的表达内涵，但隐蔽性也最小。弗洛伊德曾描述过手势表情："凡人皆无法隐瞒隐情，尽管他的嘴可以保持缄默，但他的手指却会多嘴多舌。"

（四）体态语言

情绪也可以通过体态语言来表达。如果你走到一个人身边，对他说："嗨，丑八怪！"他会生气吗？当他看到来的是一位面带笑容的朋友时，他不会生气，因为表情和身体通过一种特殊"语言"表达了情绪，从而给语言表达的内容提供了更多的信息。体态语言是指在社会交往活动中，以姿态、手势、面部表情和其他非言语手段来交流信息、传递情感，又称身体语言。例如我们常说的"摇头不算，点头算"，就是用摇头或点头来表达同意或不同意的信息；又如我们常用竖起大拇指表示"好"，用微笑表示满意，用咬牙切齿表示愤恨；再如聋哑人完全是通过手势语传递信息。

德国心理学家冯特认为，远古时候，人们用"手势语"来表达思想，声音只是用来表达情感，后来人们才用声音来表达思想。自古以来，人们就用"察言观色”来推测一个人的内心世界，又用“指手画脚”来传递某种用意。但是真正把体态语言作为一门科学来研究，始于20世纪70年代。伯德惠斯戴尔设计了一套可以用来记录面部表情和身体动作的“体态语言”的最小单位的符号。这个符号单位精心细致地描绘了由代表人体八大部分的八种基本符号而派生出来的各种不同符号：①整个头部，②脸，③躯干，④肩，⑤臂和腕，⑥臀部、腿和踝，⑦脚动作和走，⑧颈部动作。它们组合在一起便形成了“体态语言”。

体态语言具有民族特点和时代特点，但整个人类也有可以普遍运用的体态语言。当人们发现细微的不同意见时，往往是从体态语言开始的。你可以试着进行体态语言观察，方法之一是关掉电视机的声音，观察那些笑星或政客们的表演。体态语言可以产生强烈的效果。在最近的一项实验中，研究者让被试看30秒钟的无声录像，观察一位大学教授的体态语言，然后对他进行评价。难以置信的是，实验中的评价和那些听了这位教授一个学期课的学生们的评价非常一致！

第二节　情绪的理论

一、经典的情绪理论

（一）詹姆斯—兰格理论

当人们面对一个自己不习惯的场合时，首先会感到焦虑，然后再出现胃部不适、身体颤抖、说话结巴等反应。然而根据美国心理学家威廉·詹姆斯的观点，首先出现的应当是胃部不适、身体颤抖、说话结巴等反应，焦虑则是人们感觉到这些反应后所产生的情绪体验。他指出：“身体的变化直接跟随着对现存事物的知觉而产生，当它们发生时，我们对这一变化的感觉即是情绪。”换言之，我们害怕是因为我们发抖，而不是因为害怕而导致了发抖；我们感到难过，是因为我们哭了；感到愤怒，是因为我们反击了。根据该理论，情绪来源于躯体反馈，体验到一个刺激引起的自动唤醒和其他躯体行动后，才会产生特定的情绪。骨骼肌和内脏的反馈信息对情绪有直接影响。

就在詹姆斯提出“反常识”情绪理论的第二年，丹麦生理学家卡尔·兰格发表了相似的理论。他认为，情绪受到两个相反的诱导系统驱动，分别是脑内欲望的/愉快的和厌恶的/不愉快的系统。“血管运动的混乱，血管宽度的改变以及各个器官中血液量的改变，是激情真正的最初原因。”他指出，自主神经支配加

强和血管扩张的结果会产生愉快；而自主神经支配减弱及血管收缩和气管肌肉痉挛的结果则产生恐惧。兰格说："假如把恐惧的人的身体症状除掉，让他的脉搏平稳，眼光坚定，脸色正常，动作迅速而稳定，语气强而有力，思想清晰，那么他的恐惧还剩下什么呢?"可见，情绪就是对机体状态变化的意识。

（二）坎农—巴德丘脑学说

经过大量的实验研究，美国生理学家沃尔特·坎农（Walter Cannon，1871—1945）逐渐发现詹姆斯—兰格理论是错误的。他认为，外周或内脏条件不是情绪的起因，而是其他原因导致的结果，控制情绪的是中枢神经而不是外周神经。

坎农指出，情绪反应要求大脑在输入刺激和输出反应中起作用。来自丘脑的信号到达皮质某一位置，产生情绪感觉，到达另一位置引起情感的表达。巴德同时指出，内脏反应不是情绪反应的主要内容，相反，一个情绪唤醒的刺激同时产生两种效应，通过交感神经系统导致躯体上的唤醒，并通过皮质得到情绪的主观感受。唤醒和情绪体验没有因果关系。由于两人都主张丘脑是情绪的控制中心（更新的研究已经精确地指出了下丘脑和边缘系统在情绪中的作用），因此该理论被称为"坎农—巴德丘脑学说"。

根据该理论，当人看见熊后，丘脑被激活，然后激活大脑皮质和下丘脑，人开始行动。大脑皮质负责情绪感觉和情绪行为，下丘脑负责机体唤醒。如果人认为熊很危险，大脑的活动就会同时启动机体的唤醒、逃跑的动作和害怕的感觉。

二、情绪的认知理论

（一）阿诺德的评价—兴奋理论

阿诺德认为，情绪产生的基本过程是刺激—评价—情绪。情绪产生于评价过程。情绪体验是有机体对刺激事件的意义被觉知后产生的，而刺激事件的意义来自评价。她指出，刺激情境并不直接决定情绪的性质，从刺激出现到情绪产生，要经过对刺激的估量和评价，同一刺激情境，由于对它的评估不同，因此产生的情绪反应不同。她举例说，在森林里遇到一只熊，会产生极大的恐惧。然而，在动物园里看到阿拉斯加巨熊时，不但不产生恐惧，反而产生兴趣和惊奇。这种情感反应的区别显然来自对情境的知觉—评价过程。

阿诺德认为我们往往会从自身出发，即时、自动、不知不觉地对我们所碰到的任何事物进行评价。除非有其他一些评价介入，否则我们将趋近那些被评价为"有利"的事物，避开被评价为"有害"的事物，忽视被评价为"无关"的事物。当然，我们可能会对已经做过判断的事物重新做出令自己满意的评价。评价过程是对知觉过程的补充，它使我们产生了要做些什么的倾向。如果这种倾向很强烈，那么它就可以被称作情绪。

（二）沙赫特的认知—归因理论

1. 理论观点

1962 年，美国心理学家沙赫特（Stanley Schachter，1922—1997）提出了情绪的认知—归因理论，将情绪的产生归纳为三个因素的整合作用——刺激因素、生理因素和认知因素。他认为，情绪既来自生理反应的反馈，也来自对导致这些反应情境的认知和归因。因此，认知解释起两次作用：第一次是当人知觉到导致内脏反应的情境时，第二次是当人接收到这些反应的反馈时把它标记为一种特定的情绪。沙赫特认为，大脑可能以几种方式解释同一生理反馈模式，并给予不同的标记。

根据沙赫特的观点，情绪是在对一种生理唤醒进行特殊的认知解释后产生的。当机体被唤醒时，大脑首先要解释感觉。例如，你一个人在黑暗的街道上走着，此时有人悄悄来到你背后，大叫一声："别动!"这时，不管此人是谁，你的机体都会被唤醒，如心怦怦跳、手掌出汗等。如果你看到此人是个陌生人，你就会把这种唤醒解释为害怕；如果此人是你的一个好朋友，这种唤醒就会被解释为惊讶和兴奋。特定情绪的唤醒受过去的经验、情景和他人的反应影响，可能被贴上"愤怒""害怕"或"愉快"等不同标签。

相关链接 10 - 2

归因与生活中的情绪

现实生活中常出现这样一种情况，那就是父母干涉子女的恋爱或婚姻。家长们试图拆散两个年轻人，但反而加强了他们相互的感情。此时，父母的干预给"小鸳鸯们"的感情中增加了挫折、愤怒或害怕的体验，有时两个人偷偷见上一面反而会使他们更激动。由于他们已经在互相关心，所以，他们更可能把增加的感情体验归因于"真正的爱"。因此，根据归因理论，你最容易爱上的人是那种能让你情绪激动的人，即使让你怕、让你恼、让你感到挫折或被拒绝，你也会去追求。

归因与特定的情绪相联系。从原因来源维度看，将失败归结为自身因素会使当事人产生压抑、自卑、焦虑；将失败归因为稳定因素会使人体验到恐惧；将成功归因为稳定因素会体验到希望。从原因的可控性维度来看，将失败归因为他人可控制的因素如懈怠、嫉妒、傲慢等会产生愤怒；将失败归因为自己可控制的因素会产生内疚；将失败归因为他人不可控制的因素如弱智、家庭等则会产生同情、谅解和帮助的意愿；而将失败归因为自己不可控制的因素则会产生羞愧。而且羞愧的内心体验可抑制行为，内疚的体验可增强行为。可见，不是事件本身而是对事件的归因决定了情绪的性质，这一点对于我们保持情绪健康有启示作用。

（资料来源：库恩，等．心理学导论——思想与行为的认识之路：第 9 版．郑钢，等译．北京：中国轻工业出版社，2004：490 - 491.）

2. 实验依据

为了检验这一假设，沙赫特和杰罗姆·辛格进行了一项实验。他们把自愿当被试的若干大学生分成三组，给他们注射同一种药物，并告诉被试注射的是一种维生素，目的是研究这种维生素对视觉可能产生的影响。但实际上注射的是肾上腺素（一种对情绪有广泛影响的激素），因此三组被试都处于一种典型的生理激活状态。然后，主试向三组被试说明注射后可能产生的反应，并做了不同的解释：告诉第一组被试，注射后将会出现心悸、手颤抖、脸发烧等现象（这是注射肾上腺素的反应）；告诉第二组被试，注射后身上会发抖、手脚有点发麻，没有别的反应；对第三组被试不做任何说明。

接着将注射药物以后的三组被试各分一半，让其分别进入预先设计好的两种实验环境中休息：一种是惹人发笑的愉快环境（让人做滑稽表演），另一种是惹人发怒的情境（强迫被试回答烦琐问题，并强词夺理、横加指责）。根据主试的观察和被试的自我报告结果，第二组和第三组被试在愉快环境中显示出愉快情绪，在愤怒情境中显示出愤怒情绪；而第一组被试则没有愉快或愤怒的表现和体验。

实验证明，人们对生理反应的认知和了解决定了最后的情绪经验。这个结论并不否定生理变化和环境因素对情绪产生的作用。事实上，情绪状态是由认知过程（期望）、生理状态和环境因素在大脑皮质中整合的结果。环境中的刺激因素，通过感受器向大脑皮质输入外界信息；生理因素通过内部器官、骨骼肌的活动，向大脑输入生理状态变化的信息；认知过程是对过去经验的回忆和对当前情境的评估，来自这三个方面的信息经过大脑皮质的整合作用，才产生了某种情绪经验。

（三）拉扎勒斯的认知—评价理论

拉扎勒斯（Lazarus，1991）认为，每个人都是评价者，人们在对所遇到的刺激进行评价时，都会考虑到这一刺激与自身的相关性和意义，这就是认知活动，而情绪只是它的一部分。情绪是个体对环境事件知觉到有害或有益的反应，评价通常是在无意识状态下发生的。

1. 初评价

初评价是指人们确认刺激事件是否与自己有利害关系以及该种关系的程度，若认为对自己有贬低和攻击性，就会出现发怒的情绪。评价的结果有三种：其一是无关，即刺激被评价为与人的利害无关，评价过程立即结束；其二是有益，即情境被解释为对人有保护的价值，情绪表现为愉快、舒服、兴奋、安宁；其三是紧张，即情境被解释为使人受伤害，产生失落、威胁或挑战的感觉，严重的表现应激。拉扎勒斯相信，存在着三种初评价：与目标相关的评价、与目标一致的评价以及自我卷入的评价。换言之，这些评价都与动机有关。拉扎勒斯还列出了15种情绪及相应的评价（见表10－1）。

表10－1　情绪评价与相应情绪

情绪	评价
生气	受到轻视或侮辱
焦虑	面对不确定的条件
害怕	一种直接的、真实的、巨大的危险
内疚	违反了道德规范
害羞	将过错归结为自己
悲伤	失去心爱的人或物
羡慕	想别人所有的东西
嫉妒	希望拥有别人的东西
厌恶	接近了某种你所排斥的东西
愉快	正接近渴望的目标
骄傲	获得了有价值的东西或取得了成就
放松	沮丧的情景得到改善
希望	害怕面对最糟糕的局面并盼望事情好转
爱	渴望得到别人感情
同情	被他人的遭遇所感动

（资料来源：库恩，等．心理学导论——思想与行为的认识之路：第9版．郑钢，等译．北京：中国轻工业出版社，2004：493.）

2．次评价

次评价是初评价的继续，经常发生在面对威胁或挑战时，用以调节和控制自己的反应行为，在做出反应之前需要根据自己经验判断做出合适反应。次评价主要涉及人们能否控制刺激事件以及控制的程度，也就是一种控制判断。当人们要对刺激事件做出行为反应时，必须根据主观条件和客观社会规范来考虑行为的后果，从而选择有效的措施和方法。例如，当人们受到侵犯、伤害时，是采取攻击行为还是防御行为，这取决于人们对刺激事件的控制判断。在这种评价过程中，经验起着重要的作用。

3．再评价

再评价是指人们对自己的情绪和行为反应的有效性和适宜性的评价，实际上是一种反馈性行为。如果再评价结果表明行为是无效的或不适宜的，人们就会调整自己对刺激事件的次评价甚至初评价，并相应地调整自己的情绪和行为反应。

情绪唤醒是通过对情境的再评价所产生的活动冲动中得到的，其中包括应对策略、变式活动和身体反应的反馈后果。每种情绪均包括它自身所特有的评价、活动倾向及生理变化。拉扎勒斯认为主要存在三种再评价，与责备或信任有关的评价、应对潜能的评价以及对未来期望的评价。

三、面部表情反馈学说

（一）理论假设

你不妨试试看，如果让自己面带微笑并持续半分钟，你将开始感到高兴；如果紧锁眉头，你将会感到苦闷和烦恼。这是什么原因呢？伊扎德认为，人的面部表情是最敏感的情绪发生器和显示器，它能够影响一个人的情绪体验。根据伊扎德的观点，情绪活动会引起面部表情的内在的程序化改变，而后面部的感觉会给大脑提供一些线索，帮助人们确定自己所体验到的情绪。这种假设被称为面部表情反馈假说。体育运动会引起机体唤醒，但是这种唤醒并不一定引起情绪体验，原因是没有引起表情的变化。换言之，产生面部表情并意识到这种表情才能够引起情绪体验。

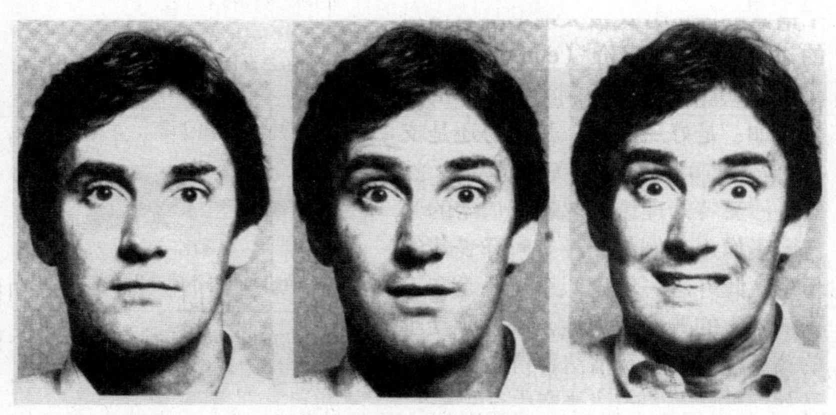

图 10－5　艾克曼研究的参加者“摆出”的面部表情

艾克曼也提出，人们脸上的肌肉变化能引发相应的内心情感，保持一种面部表情将引起真正的情绪，当你机械地、无意识地在自己脸上呈现出一种神态，你就会随即产生一种与此相适应的情绪反应。换言之，如果人们把微笑挂在脸上，人们就会真的感到快乐（如图 10－5）。当你觉得自己情绪消沉时，不妨强迫自己微笑一会儿，这样心情可能会好起来。

（二）实验证据

为了检验这一假设，艾克曼及其同事做了一系列试验。在其中一项实验中，艾克曼让第一组大学生回想一生中最恐怖的经验，如旧金山大地震、火烧房子等，同时记录他们的心率、体温和皮肤电。第二组大学生则在艾克曼的指导下做出一些面部表情，而研究人员并不告诉被试这种表情是表达何种情感的，只是把 7 000 多种不同的面部表情组合，一点一点教他们做出，每块肌肉的动作都要符合标准。实验结果表明：第二组大学生的生理反应（心跳加快、手掌发热等）竟然与第一组的相同。当第二组大学生完成一些相应的面部动作时，与这些面部表情对应的喜悦、愤怒、恐惧、悲伤、厌恶、惊奇等情感也随之突然发生。兴奋随即触及一些自主神经和器官，多数被试都表示当他们做出那些面部表情时，确实体验到了相对应的某种情感。

实验的结果也许还不足以完全证明研究者的假设。但是，保持一种面部表情确实能够引起自主神经系统的反应，表现为心率和皮肤温度的变化。同时，不同的面部表情产生了不同的活动模式，例如，愤怒的表情可提高心率和皮肤温度，而厌恶的表情可降低心率和皮肤温度。在另一项研究中，研究者让被试评价一些卡通画的有趣程度，第一组被试必须用嘴唇含住一支铅笔，以阻止掌管微笑的肌肉收缩，使嘴角无法上扬做出微笑的动作；第二组被试则必须用牙齿咬住一支铅笔，以迫使他们微笑。结果发现：用牙咬着铅笔的被试比用嘴唇含着铅笔的被试更觉得卡通画有趣、好笑。为什么呢？答案是：如果你用牙咬着铅笔，你的面部就不得不形成微笑的样子，而用嘴唇含着铅笔则形成皱眉头的样子。这一结果证明了面部表情反馈学说的预测，被试的情绪体验受到自己面部表情的影响。

四、当代情绪理论模型

（一）对传统理论的评价

当代心理学家认为，无论是经典的情绪理论还是情绪的认知理论，每一种理论都有其合理和正确的部分。詹姆斯—兰格理论正确地指出了唤醒和行为反馈对情绪体验的作用；坎农—巴德丘脑学论的合理部分在于提出丘脑和大脑皮质等在生理唤醒中的先后顺序，随后的研究又发现杏仁核为情绪的唤醒提供了另一条快速的信息通道。沙赫特的认知—归因理论中指出了认知的重要性。如今，心理学家逐渐认识到，对情境的评价方式极大地影响着情绪的过程。情绪评价是指估量一个刺激对个体的意义，如是好还是坏，是威胁还是支持，与自己有关还是无关。然而，沙赫特的理论忽略了情绪的其他因素作用，例如没有解释表情的作用。图 10－6 比较了几种传统情绪理论的异同。

一般常识："我颤抖是因为我害怕。"

詹姆斯—兰格："我害怕是因为我颤抖。"

坎农—巴德："这只狗使我颤抖和感到害怕。"

沙赫特—辛格："我认为我的颤抖和害怕是因为我意识到了这个情境的危险。"

图 10 - 6　传统情绪理论的分析比较

（二）对传统理论的整合

我们不妨把上述几种理论的要点放在一起，整合成一个当代情绪理论模型（图 10 - 7）。根据该模型：认知评价导致生理唤醒、行为反应、面部表情或姿势以及情绪体验；唤醒、行为和表情可以增加情绪体验，情绪体验又可以影响评价；而评价则又进一步影响唤醒、行为、表情和情绪体验。让我们通过一个例子对这一理论模型做进一步说明。当一条恶狗咆哮着扑向你时，"狗"作为一个情绪刺激被评价为受到威胁。你的情绪评价引起的反应包括：①自主神经系统（ANS）唤醒，如心跳加快，身体进入反应准备状态；②内在的情绪表达模式，如面部扭曲成恐惧的表情，摆出紧张的身体姿势；③适应性行为，如躲开狗；④意识上的变化，自己觉察到害怕的主观体验。此时，你所体验到的恐惧感的强度与自主神经系统唤醒的程度有直接关系。

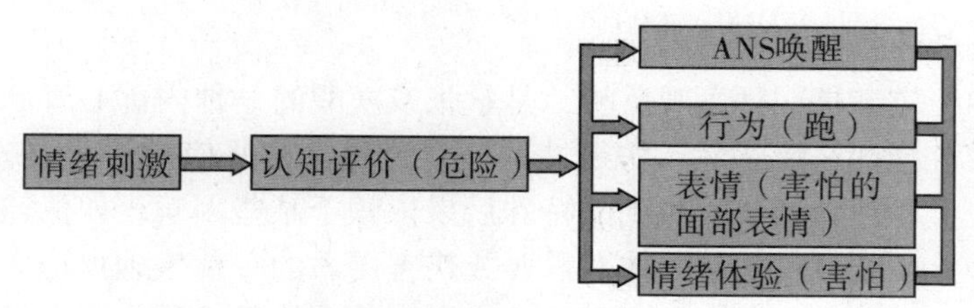

图 10－7　当代情绪理论模型（Coon，2004）

自主神经系统的唤醒、适应性行为、主观体验和情绪表现等每一部分的信息随之又将反馈到情绪评价，并改变你的评价。换句话说，这些反馈信息可能改变你对情绪的想法、判断或认识。这些变化又进一步改变其他反应，而反应的改变会再次使你改变对事件的评价或解释。因此，情绪会通过这一过程发展、改变或消失。

日常生活中，我们的情绪在很大程度上受到自己对事件认识的影响。例如，当你开车时，如果另一个司机强行超车，你可能会非常生气。如果你真的动了气，那你就会给自己增加 5～10 分钟的烦恼。或者，你可以设想那位司机只是年少气盛，自己可一笑了之，从而减少对自己情绪的伤害。值得一提的是，情绪的初始诱因既可以来自外部（如一条扑过来的狗），也可以来自内部（如过去被狗咬、被情人甩掉或被朋友夸奖的记忆）。因此，当我们想到或记起某些过去的事情时，也会感到害怕、悲伤或愉快。

第三节　压力与应对

一、应激及相关情绪状态

（一）什么是应激

应激（stress）是一种反应模式，当刺激事件打破了有机体的平衡和负荷能力，或者超过了个体的能力所及时，就会体现为压力。这些事件包括各种各样来自外界或内部的情形，统称为应激源。当代心理学认为，应激这一概念至少有三种不同的含义：

第一种，应激是指那些使人感到紧张的事件或环境刺激。从这个意义上来讲，应激对人而言是外部的。当我们将应激看成是外部刺激时，称之为应激源更恰当一些。日常需要就是作用于我们自身的力，如太多的工作、太少的收入、孩

子的降临、各种各样的考试等。

第二种，应激是一种主观反映，是紧张或唤醒的一种内部心理状态，是人体内部出现的解释性、情感性、防御性的应对过程。这些应对过程是发展变化的，它们也能产生心理紧张，所产生的特殊后果依赖于某些因素，如认知评价。

第三种，应激也可能是人体对需要或伤害侵入的一种生理反应。需要会提高人体的自然唤醒水平以达到高水平的活动。这些身体反应的作用大概支持行为和心理上的应对努力。最近有证据表明，引发应激的重复出现可能导致生理障碍，长期的应激状态可能会引发消极状态，包括心理衰竭、疾病和死亡。

（二）与其他情绪状态的区别

1．焦虑

焦虑通常是指“有机体在当前遇到一些危险时所产生的一种特殊的、不愉快的紧张状态”。最严重的焦虑反应是惊恐攻击，这些攻击包括“强烈的忧虑、恐惧或恐怖的突然发作，有时还会体验到死亡的逼近”。要将焦虑与应激区分开来似乎不太可能，两者都可视为环境压力的主观心理结果。

2．冲突

两个目标之间的竞争会引发冲突，它有三种类型：①双趋冲突，出现于同时存在两个具有同样吸引力的目标物而只能取其一；②双避冲突，发生于当两个目标都同样没有吸引力而只能避开一种，接受一种时；③趋避冲突，存在于同一个目标既有正面特征，又具有反面特征。冲突可以导致个体处于应激状态。

3．挫折

挫折是指人们在有目的的活动中，遇到无法克服或自以为无法克服的障碍或干扰，使其需要或动机不能得到满足而产生的障碍。心理学上指个体有目的的行为受到阻碍而产生的紧张状态与情绪反应。例如，没能通过大学入学考试的高中学生会有挫折感；一个人想给他的老板或心爱的人留下好印象，但是总有人从中作梗，他也会有挫折感。

4．小应激

情绪专家拉扎勒斯建议，应该用“小应激”来代替频繁使用甚至是滥用的“应激”这个词。小应激是“令人激恼的，使人有挫折感的，令人烦躁的要求”，而这些要求在某种程度上每天都与环境有着交互作用。它虽然没有应激的灾难性类型那样强烈，但具有持久性，就像肉中刺。日常生活中的小应激事件包括弄丢车钥匙，账单越堆越多，不断被打扰，没完没了的排队，日益拥堵的交通等。

二、应激的生理反应

压力研究始于1956年，加拿大内科医生汉斯·塞里叶（Hans Selye，1907—

1982）出版了《生活的压力》一书，书中指出，如热、冷、痛、毒和危险等环境中的应激源，会破坏身体的平衡状态，因此身体会动员它的能量与这些应激源斗争，使其功能恢复正常。

（一）塞里叶的应激理论

根据该理论，许多应激源都会引发相同的反应或一般性的躯体反应。所有这些应激源都需要适应：一个有机体必须找回他的平衡或稳定，从而维持或恢复其完整和安宁。应激源带来的反应被塞里叶称为一般适应综合征，它包括三个阶段：警觉阶段、阻抗阶段及衰竭阶段。

1. 警觉阶段

在该阶段，身体动员交感神经系统去面对即将发生的威胁——参加一个你还没学会逃避疯狗追击的测验。如同我们前面看到的，伴随任何紧张情绪的产生，肾上腺激素、肾上腺素和去甲肾上腺素的释放，会导致能量提高、肌肉紧张、对疼痛的敏感性降低、消化停止（以便血液更有效地流向大脑、肌肉和皮肤）和血压升高。

2. 阻抗阶段

在该阶段，身体会努力抗拒或者应对不可避免的持续压力。在这个阶段中，警觉阶段的生理反应会持续存在，但这些反应使身体更易遭受其他应激源的攻击。例如，当你的身体准备与流感做斗争时，你会发现自己很容易因较小的挫折而引起愤怒的情绪。在大多数情况下，身体最终将适应应激源并恢复正常。

3. 衰竭阶段

在该阶段，持续的压力消耗了身体能量，从而降低了身体免疫力并最终使人患病。在警觉阶段和阻抗阶段，长时间让身体保持同一水平的高效反应会有害健康。肌肉紧张会引起头疼和颈部疼痛；血压升高可导致慢性高血压；如果正常的消化过程被中断或停止时间太长，那将会导致消化功能紊乱。

塞里叶不相信人们会追求一种没有压力的生活。他指出，某些压力是积极而有意义的，尽管它们可能需要身体产生短期的能量，比如参加运动比赛、恋爱、考试、为自己喜欢的工作付出努力。有一些消极压力自然不可避免，这就是生活！

（二）当前的趋势

压力情境下，人的大脑中的下丘脑会沿着两个主要通道对内分泌腺发出信息。其中一条会激活“战斗逃跑反应”的自主神经系统的交感神经。另外一条，下丘脑释放的化学递质会刺激肾上腺皮质分泌皮质醇，以及其他能促进血糖升高和保护身体器官免于受损发炎的激素，增加人们的能量，这种能量是个体对短时间压力做出反应的关键。但如果皮质醇和其他应激的激素作用时间太久，则可能产生有害影响，如导致高血压、其他生理障碍和可能的情绪问题。

现代研究表明，不同的应激源会引起不同的反应，即便对相同的应激源，人们的反应也存在很大的个体差异，这取决于他们的学习经历、性别、先前的医疗条件以及高血压的遗传倾向、肥胖、糖尿病或其他问题（McEwen，2000）。例如，大多数人对公开演讲的压力反应是伴随着皮质醇的暂时增加的。随着时间的推移和练习，他们变得适应和平静下来，其皮质醇的分泌也会减少。不过，也有一些人不能适应，他们的皮质醇水平还会继续增加。

三、应激的心理反应

托马斯·霍尔姆斯（1967）及其助手的研究表明，压力事件会减弱人们对疾病的抵抗力，压力会增加疾病产生的可能性。研究还发现，灾难、抑郁和悲伤常常是疾病的前奏。

（一）生活事件

生活事件对心理和生理健康影响的研究始于20世纪60年代。霍尔姆斯等人编制了一个用以评估压力强度和身体健康所面临的危险程度的量表，即社会再适应等级量表（SRRS）。该量表源自成人的反应，要求他们从一系列的生活变化中识别出自己经历过的事件。比如结婚被随意赋予50单位的生活改变值，这些成人将其他事件与结婚相比较，然后给出每个变化所需的再适应的数值。研究者计算出每人经历的生活变化单位（LCUs）的总值，这些单位被作为个体所经历的压力总量的量度。表10－2的“学生压力量表”是SRRS的修订版。量表分数等于或高于300的人存在健康风险，疾病发生的概率为80%；分数在150～300之间的人在两年内有50%的概率发生严重的健康问题；得分低于150的人有33%的概率健康恶化。

在一项研究中，参与者自愿暴露于一般性的感冒病毒中。那些在高于小组平均水平上将其评价为负性事件的被试有10%甚至更高的可能性真正罹患感冒。在另一项关于拖沓的健康成本的研究中，研究者在健康心理学课堂上将一般拖延量表给学生使用，并在课上布置了一篇学期末论文。在学期初和学期末，学生还被要求报告他们体验到了多少身体不适的症状。研究结果显示：在学期初，拖沓者报告的症状更少，但在学期末，他们所报告的躯体症状明显多于不拖沓者（Tice & Baumeister，1997）。

表 10-2　学生压力量表

等级	生活事件	LCUs	等级	生活事件	LCUs
1	亲密家庭成员的死亡	100	16	学校工作负担的加重	37
2	亲密朋友的死亡	73	17	出众的个人成就	36
3	父母离异	65	18	在大学的第一学期	35
4	服刑	63	19	生活条件的改变	31
5	个人严重的受伤或疾病	36	20	和老师的激烈争论	30
6	结婚	58	21	低于期望的分数	29
7	被解雇	50	22	睡眠习惯的改变	29
8	重要课程不及格	47	23	社会活动的改变	29
9	家庭成员健康上的变故	45	24	饮食习惯的改变	28
10	怀孕	45	25	长期的汽车麻烦	26
11	性问题	44	26	家庭聚会次数的改变	26
12	和亲密朋友严重的争吵	40	27	缺课过多	25
13	改换专业	39	28	更换学校	24
14	和父母的冲突	39	29	一门或更多的课程跟不上	23
15	你的女友或男友	38	30	轻微的交通违章	20

（资料来源：理查德·格里格，菲利普·津巴多. 心理学与生活：第 16 版. 王垒，等译. 北京：人民邮电出版社，2003：366.）

（二）灾难性和创伤性事件

一个事件如果不仅是消极的，而且还是无法控制、无法预测或暧昧不清的，它产生的压力就更大，这些情况在灾难性事件中尤为突出。心理学家试图将人们对于灾难的反应进行概化，从而可以在新的灾难发生时（比如美国的“9·11”恐怖袭击事件）缓和最糟的结果，让人们保护自己。

图 10-8　灾难性事件

飞机和其他严重交通事故的幸存者、强奸和乱伦的受害者、退伍军人以及其他一些亲身经历了创伤性事件的人们，可能在情绪上会出现创伤后应激障碍（PTSD）。PTSD 是一种应激反应，个体不断以某种形式重复体验到创伤性事件，比如噩梦。患者对日常的生活事件感情麻木，并且感觉和他人越来越疏远。最后，这些反应带来情绪上的伤痛将导致各种症状的出现，比如睡眠问题、对于幸存的内疚感、注意力集中困难以及极端的惊恐反应。强奸受害者通常会出现许多创伤后应激的症状。在遭到袭击后两周进行的评估中，94%的强奸受害者被诊断为PTSD，遭袭击后的第12周，仍有51%的受害者符合诊断标准（Foa & Riggs, 1995）。

（三）慢性应激源

设想你的自行车被偷了，该事件起初是一个急性的应激事件，但是当你开始不断地担心新车再次被偷时，该事件就变成了慢性的。研究者已经在那些患有癌症等严重疾病的人们身上发现了这一模式：应对癌症诊断和治疗所造成的焦虑导致的慢性焦虑对健康造成的损害要远大于疾病本身。

对许多人来说，慢性应激来自于社会和环境条件。人口过剩、犯罪、经济条件、污染、艾滋病和恐怖主义的威胁均属慢性应激源。有些人群所承受的社会地位或种族界定导致的慢性应激，对他们的整个健康都产生了影响。例如，非裔美国人比白种美国人患心脏病的比例更高。研究表明潜在的原因并非基因上的差异，相反，非裔美国人的高血压是偏见带来的慢性应激导致的结果：地位低下的工作、有限的教育、找工作的徒劳以及较低的社会经济地位。高血压源于在努力达到基本生活目标时遭到的挫败感，这与基因毫无关系。类似地，那些在社会经济中居于劣势的妇女也处在慢性应激中，她们更有可能早产或生出低体重的婴儿。那些生于贫困或偏见中的儿童比起拥有特权的同龄人来，在生活中要冒更大的风险。

（四）日常的“烦心事”

生活中的一些重大事件不仅直接造成不良后果，而且还会引出数不清的挫折和麻烦。此外，许多人还面临着来自工作或家庭生活的各种压力。因此，心理学家拉扎勒斯及其同事专门研究了日常生活中那些不被注意的、经常性的压力，他们将这一类事件称为“烦心事”或“小应激”。这类“烦心事”包括的范围很广泛，如交通堵塞、丢失物品、跟别人争吵、上司提出无理要求等。

拉扎勒斯等人的研究持续了整整一年，他们调查了100人，请这些人详细记录下自己在日常遇到的各种“烦心事”及其发生的频率和严重性。同时，这些被调查者还填写了关于他们的心理健康和身体健康状况的问卷。研究结果正如拉扎勒斯所料，根据那些经常发生的、较为严重的“烦心事”来预测人的健康状况，要比根据重大生活事件所做的预测更加准确。日常“烦心事”造成的压力与人的身体和心理健康状况有密切联系。当然，重大的生活变化有着长期效应，它能够较有效地预测人在1~2年内的健康状况。

四、应对压力

应对压力是每个人生活中的必修课。应对是指对付那些被知觉为紧张或超过了个体资源所及的内在或外在要求的过程，包括行为的、情绪的或动机上的反应及想法。

（一）保持冷静

应对压力所带来的生理紧张和消极情绪的最直接方式是要平静下来：暂时停止工作，通过沉思、冥想或者放松来降低身体的生理唤醒。例如，逐步放松训练——学着使从脚趾到头顶的肌肉交替地紧张和放松，清理你的大脑，集中精力去冥想，这样就能使血压降低，应激激素水平下降，缓解愤怒或焦虑情绪，提高免疫力。

另一个缓解压力和疾病的有效方式是锻炼。在同样的压力下，身体健康的人比不健康的人会出现更少的健康问题；面对紧张性刺激，身体健康的人显示出较少的生理唤醒。锻炼得越多，人们的焦虑、抑郁、易怒情绪就会越少，患感冒和其他疾病的概率也会越小。

当你情绪激动或者烦恼时，也许你还能想出其他方式来保持冷静。许多人对按摩的轻柔抚慰反应良好，还有一些人喜欢使用听音乐、写日记或烤面包的方式。这些活动能使机体从压力反应的“恐慌阶段”和消极情绪的紧张中恢复过来。但是你并不总能逃离问题。放松也不会改变你失业、挚友背信弃义、做具有危险性手术之类的事实。因此，有时候还需要其他一些应对策略。

（二）解决问题

压力应对的两条主要途径分别是：情绪指向的应对（为了减轻压力产生的不适）与问题指向的应对（直接面对问题）。情绪指向的应对方式关注由问题产生的情绪，无论是生气、焦虑还是悲伤。这种方法对于应对那些不可控制的应激源产生的影响更加有效。比如你有责任照顾患阿尔兹海默症的父母。在此情境中，没有什么来自于环境的“威胁”需要你去排除。你无法找到改变外界应激情境的方式。相反，你需要改变自己对此事的感觉和想法，在任何灾难和不幸过后的一段时间里，出现向情绪低头以及被压倒的感觉都是正常的。在这一阶段，人们往往需要强迫性地谈论这件事，以此达成妥协，使之有意义并决定应该做些什么。

不过，大多数人最后都会开始关注解决问题本身。问题指向的具体应对步骤取决于问题的本质：是一时紧急的决定；是一个持续性的困难，如残疾的生活；还是一个可预期的事件，如需要做一个手术。一旦确定了问题，应对者就可以尽

可能地向专业人员、朋友、书本以及在同样困境中的其他人学习。学识渊博能够增强人们的控制感和提高人们康复的速率。

（三）改变认知策略

一个有效适应压力的方法是改变你对应激源的认知评价。你需要换一种方式来考虑自己的处境、角色以及归因方式。心理上应对压力的方式有两种：一是重新评价应激源自身的性质，二是重新组织对应激反应的认知结构。学习换一种方式考虑特定的应激源，重新标定它们，或者想象它们处于较小威胁的情境中，都是用以减轻压力的认知再评价方式。你是否害怕在公众面前演讲呢？一种应激源再评价技术是想象你的所有潜在批评者都裸体坐在那里，这样可以在很大程度上削弱他们对你的威胁力量。你是否因为羞于参加一个派对而感到焦虑？想想去寻找一个比你更害羞的人，然后通过引发一次谈话来减少他或她的社交焦虑。

你也可以通过改变你对自己说的话或改变你的处理方式来控制压力。认知—行为治疗师梅彻鲍姆（1993）提出了一种三阶段的应激思想灌输法。在第一阶段，人们首先要对他们的实际行为获得更多的认识，是什么引发了它，结果如何。做到这一点的最佳方法是记日记。例如，你发现自己成绩很差是因为没有留多少时间做课后作业。在第二阶段，人们开始认同那些可以抵消非适应性的新做法。也许你会安排一些固定的“学习时间”，或者限制每晚打电话的时间只能有10分钟。在第三阶段，当适应性行为建立后，个体要对自己的新行为结果进行评价，避免先前那种令人难堪的内心独白。

相关链接10－3

重新思考问题，改变思维方式

（1）重新评价情境。尽管你不能摆脱应激性事件（那个讨厌的邻居不可能搬走；你不可能改变失业或患有慢性疾病的事实），但你可以换一种不同的思维方式，我们称之为“重新评价”过程。重新评价可以使愤怒化为同情，忧虑转为果断，损失变成良机。

（2）从经验中学习。一些创伤性事件和不治之症的受害者报告说，经验使他们变得更坚强、更愉快，甚至会成为一名品质更优秀的人。在逆境中善于发现意义和益处的能力对心灵的康复非常重要，它能缓解严重疾病的进程。

（3）进行社会比较。在困难的情境中，成功的应对者通常会将自己与其他不幸的人相比较。即使他们患有致命的疾病，他们也会发现有些人的情况比起他们还要糟。有时，成功的应对者也把自己与那些比他们做得更好的人进行比较。如果人们能够从被比较的人那里获得有关应对方式、控制疾病或改善压力情境的信息，这样的比较就是有益处的。

（4）培养幽默感。罗德·马丁（2001）对幽默进行了20多年的研究，一直坚信幽默的益处。马丁发现，在应激发生期间，与在通风的房子里来回踱步相比，幽默是一种较好的应对方式，尤其是当这种幽默使你看到问题的荒谬性，并使你远离问题或者获得控制感的时候。

不过，讽刺性的、怀有敌意的幽默往往会使事情变得更加糟糕。

（资料来源：卡萝尔·韦德，卡萝尔·塔佛瑞斯．心理学的邀请：第3版．白学军，等译．北京：北京大学出版社，2006：555－556.）

（四）寻求社会支持

社会支持是他人提供的一种资源，告知某人，他是被爱、被关心、被尊重的，他生活在一个彼此联系且相互帮助的社会网络当中。除了社会情感支持的形式外，他人还可以提供有形的支持（金钱、交通、住房）及信息支持（建议、个人反馈、资讯）。你的健康不仅依赖于你的身心状况，还依赖于人际关系。思考一下你的家庭成员、朋友、邻居和同事能帮助你的所有方式：他们会关心你、爱护你；他们会帮助你评价问题并计划行动的进程；他们能为你提供一些资源和服务，比如借钱、借车，或者当你病了的时候为你在课上做笔记。

拥有朋友不只是件令人快乐的事，它还能增进你的健康。研究表明，压力会增加人们患感冒的危险，而拥有众多朋友和社会关系则可以减少这种危险。在一组暴露于流感病毒的近300名志愿者中，那些拥有最多朋友的人得病的可能性最小。社会支持对于每天要求高心血管反应的压力比较大的工作者（如消防员）来说尤其重要。在应激事件过后，社会支持可以使人们的心率和应激激素很快恢复正常。

生活在亲密关系网中的人甚至比其他人活得更长。在对数千个成人进行的连续10年的研究中，拥有许多朋友、关系、教会会员和其他团体成员的人，总体上比那些没有这些关系的人活得更长久。社会支持的积极效果不仅表现在有助于对压力事件的心理调节上，它还可以促进个体从已确诊的疾病中康复并减少患者死亡的危险。一项研究调查了严重的肾病患者的死亡率，发现1百分点家庭支持的上升可以带来13百分点死亡可能性的下降（Christensen et al.，1994）。

第四节　人格、健康及幸福感

一、健康心理学

健康心理学是探讨和解决有关保持或促进人类健康、预防和治疗身心疾病的心理学分支学科，致力于研究人们怎样保持健康、患病的原因以及生病后的反应。近50年来，对于健康的看法，传统的医学模式逐渐让位于生物心理社会模

式（biopsychosocial model）。这一模式主张，疾病是由生理、心理和社会三方面因素共同作用而导致的。心理与社会过程对生理疾病的病程和预后的影响，比人们认为的要大得多。研究表明，当医生帮助患者理解自己的病理时，所开的药物才能够发挥最大的药效（Benedetti，2009）。

（一）健康的内涵

最初人们认为健康就是身体健康，无病无痛，无疾而终。随着社会进步，生活压力增加，一些非生理病因的出现使得人们开始重新定义健康的概念。健康的定义中融入了许多心理层面、社会层面及文化层面的理解。健康的定义从最初的单一的身体健康逐渐发展到 1989 年世界卫生组织提出的"躯体健康、心理健康、社会适应健康和道德健康"四要素说。在人们日常的祝福语中，也逐渐由以往的"祝你身体健康"改为"祝你身心健康"。这种变化反映了时代的进步和要求。对于任何一个人来说，身体是革命的本钱，身体健康比什么都重要。但是，这种健康还不足以保障一个人正常、和谐、健全地发展。由此可见，我们应当赋予健康更深、更广泛的含义。

健康心理学将健康看作一个动态的、多维的体验。最佳健康（wellness）综合了一个人生理、智力、情绪、精神、社会和环境的方方面面。当你采取一些行动来预防疾病，或者想要在其还处在无症状阶段就检查出来时，你就是在采取健康行动。健康心理学的总体目标是运用心理学的知识来提升健康水平，促进健康行为。

（二）有害健康的行为

时至今日，人们常因不良生活方式引发疾病而死亡，如心脏病、脑卒中、艾滋病和肺癌，这些都与对健康有害的各种生活习惯相关。显然，一些行为和生活方式会促进健康，而另一些则会导致疾病和死亡。

虽然有些疾病发生的起因我们无法控制，但是很多有害健康的行为是可以减少的。行为危险因素是指会增加患病、受伤及过早死亡概率的行为。以下是非常有害健康的行为：在过大的压力下生活；患高血压而不进行治疗；吸烟；酗酒或滥用药物；饮食过量；缺乏运动；不安全的性行为；接触有毒物质；暴力；过量暴露于日光下；开飞车；不注意个人安全。70% 的医疗花费都与以下六项因素有关：吸烟、酗酒、药物滥用、饮食不良、缺乏运动和危险的性行为（Brannon & Feist，2010）。

有害健康的行为并不是唯一需要关注的。研究还发现，一些人具有疾病易感人格，从而长期处于抑郁、焦虑和敌意状态，他们会经常生病。相反，一些足智多谋、富有同情心、乐观和友好的人则会更健康。抑郁的人吃不好，睡不好，很少锻炼，开车时忘系安全带，还更常吸烟等。

（三）健康促进行为

行为不改变，世界上所有药物可能都不足以重塑你的健康，在许多情况下，一些生活方式类的疾病可以通过特定、微小的改变而得到预防或治愈。例如，慢性高血压是一种致死的疾病，但我们可以通过改变生活方式来预防这一“无声的杀手”，如严格控制体重、吃低盐食物、控制饮酒量和多做运动等。

除了减少危险行为，心理学家也致力于增加人们有益于健康的行为。健康促进行为包括以下常见的行为：有规律的锻炼、控制吸烟和饮酒、维持饮食平衡、获得良好的医疗服务并管理压力（见表 10－3）。实际上，一项医学研究显示，做到这些因素中的四条就可以显著增加预期寿命。十年间注意了饮食、锻炼，控制了饮酒、吸烟的成人，其死亡风险下降了 65%。

促进健康的行为并不一定意味着严格限制或使其成为难以承受的负担。例如，维持健康饮食并不意味着只靠白菜和豆腐过日子。限制饮酒并不意味着你必须成为禁酒主义者。每天喝一两杯酒精饮品对大多数人是安全的，特别是每周仍留有两至三天不饮酒的人。但是，每天喝三杯或更多的酒则会显著增加患脑卒中、肝硬化、癌症、高血压和其他疾病的风险。

表 10－3　主要的健康促进行为

来源	恰当的行为
烟草	不要吸烟，包括无烟香烟
营养	平衡、低脂饮食；摄取适量的卡路里；保持健康的体重
锻炼	每周五天，进行至少 30 分钟的有氧运动
血压	通过调整饮食、锻炼、必要时用药物降低血压
酒精和毒品	每天不超过两杯酒，远离毒品
睡眠和休息	避免睡眠剥夺；每天留有时间休息
性	进行安全的性行为，避免意外怀孕
伤害	控制危险的驾驶习惯，使用安全带；减少曝光暴露；放弃危险的活动
压力	学习压力管理；降低敌对性

（资料来源：库恩，等．心理学之旅：第 5 版．郑钢，等译．北京：中国轻工业出版社，2015：375.）

二、人格与健康

当代心理学研究表明，某些人格特征确实与某种类型的健康问题有关。而且，人格还可能与很多病态行为有关，这些行为会影响对患者的诊断以及疾病康

复的时间。那么，人格在什么情况下对健康有促进作用？又在什么情况下对健康有破坏作用呢？

（一）人格类型的 A、B、C 型

1. A 型人格

A 型人格是个体对其身体和社会环境做出反应的总体行为方式，它被概括为一个人陷入在短而又短的时间里干多而又多的事情的不断奋斗进取的境况中所表现出来的行为模式。该行为模式的要素包括：①无缘无故的敌意；②攻击性；③争强好胜；④总是感到时间紧迫；⑤没有耐心；⑥行色匆匆；⑦不停地去实现并不明确的目标；⑧讲话和运动迅速而莽撞。

2. B 型人格

B 型人格正好与 A 型人格相反，它是指那种悠闲自得、不爱紧张、无时间紧迫感、不爱争强好胜、脾气随和、容易满足、知足常乐等特征组成的行为模式。有这种行为模式的人更乐于合作，竞争意识不强，不喜欢赶时间，没有攻击性，安于现状，敌对态度小。一般来说不存在单一的 A 型或 B 型人格，但是个体会更倾向于某一种行为模式。

3. C 型人格

C 型人格的行为模式及其应对方式与 A、B 型人格均有不同，其主要特点是不表达愤怒，将愤怒藏在心里并加以控制，在行为上表现出与别人过分合作，原谅一些不该原谅的行为，生活和工作中没有主意和目标，不确定性多，对别人过分有耐心，尽量回避各种冲突，不表现消极情绪（特别是愤怒），忍耐，服从权威。

（二）人格与健康的联系

1. A 型人格与冠心病

关于 A 型人格与心脏病之间关系的研究，得益于两位美国心脏病学家梅耶·弗里德曼（Meyer Friedman）和雷·罗森曼（Ray Rosenman）的开创性工作。这些工作开始于 20 世纪 50 年代，当时两位博士注意到他们的心血管疾病患者很大一部分都拥有与众不同的人格特征。这些人绝大多数是男性，他们雄心勃勃、勇于竞争、十分焦躁，躯体运动方式和说话方式不连贯，富于热情，不愿意等待或浪费时间。两位博士还注意到，由于这些患者总是忙个不停，候诊室的座椅被他们磨得发亮。由他们观察到的可能易于患上冠心病的人格后来被称作 A 型行为模式。

此后，就两者关系所做的大规模调查研究始于 20 世纪 60 年代，研究对象是 3 000 多名健康的中年男性。调查开始时发现约有一半的对象属于 A 型人格，而在八年半之后，研究数据显示，A 型人格者冠心病的发病率比 B 型人格高出一倍，甚至将吸烟等其他危险因素都计算在内时仍是如此。A 型行为模式本身就是冠心病的一个明确危险因素，它与吸烟、高血压或高胆固醇的作用相当。美国等地所做的进一步大规模的实验发现，A 型行为模式同后来发生心脏病的危险存在着类似的联系。

2. C 型人格与癌症

20 世纪 90 年代以来，一些研究者发现，C 型行为模式可以用来预测哪些个体容易患上癌症或者加速他们的癌症病程（Eysenck，1994）。这类行为与有助于减慢癌症或其他严重疾病进程的“斗志”相矛盾：那些不愿意接受他们注定会死亡的现实的个体通常要比那些认命了的个体生存的时间长。C 型人格悲观和被动的态度恰恰是他们易感疾病的主要原因。正如生活中看到的那样，乐观的人会将失败进行外部归因，他们将原因归结为事件的不稳定和变动，这种应对风格对于乐观者的健康很有益处。乐观者较悲观者更少得病，他们通常更健康，寿命更长（Peterson et al.，1988）。

尽管 C 型人格与癌症联系的观点还没有获得直接的、充足的证据，但是，对愤怒的压抑、抑郁与癌症的发生、恶化和预后不良有联系的研究报告则相当多。艾森克等人（1988）的前瞻性研究考察了有关心理社会因素与癌症发病率的关系，结果发现有癌症倾向人格。英国伦敦大学的部分学者对 2 467 人进行了长达 20 年的人格分析和追踪调查，结果发现那些依赖性大、忧虑时容易产生绝望感和无助感的 C 型人格更易患癌症。可见，C 型行为模式已成为致发癌症的重要原因之一。

相关链接 10 - 4

对健康有利的行动

美国心理学家格里格和津巴多（2016）提出，以下九个步骤可以带来更多的快乐和更好的精神健康，可以作为一种指导，鼓励你更加积极地生活，并为你和他人创建一个更加积极的心理环境。这些步骤最好在一年内实施：

（1）永远不要诉说自己不好的事情，寻找那些你将来能采取行动加以改变的不快乐的根源。只给你自己和他人建设坏的批评。

（2）将你的反应、想法和感受同你的朋友、同学、家人以及他人进行比较，从而使你可以估计出自己行为的适宜性，以及你的反应同社会规范的关系。

（3）结交一些知心朋友，你可以同他们分享感受、快乐和忧虑。致力于发展、保持和拓展你的社会支持网络。

（4）发展一种平衡时间的观点，有工作要做时请面向未来，在目标达成和快乐将至时请享受当下，与你的亲朋好友联系时请珍惜过去。

（5）永远对你的成功和快乐充满信心。清楚地了解你独特的、与众不同的品质——那些

你可以惠及他人的品质。了解你的个人优势和可以有效进行应对的资源。

(6) 当你感觉就要对自己的情绪失去控制时，请用离开的办法来避开使你不快的环境，或者站在另一个人的位置考虑一下，或者设想未来，使你看到克服问题的前景。

(7) 记住失败和失望有时是伪装下的祝福。它们可以告诉你目标可能并不适合你，或者救你于未来更大的失败之前。遭受挫折后说一句“我犯了个错误”，再继续前进。

(8) 如果你发现无法使自己或他人走出抑郁，那就向受到训练的专业人员寻求帮助。在某些情况下，那些看上去是心理问题的问题实际上是生理问题，有些则正好相反。

(9) 培养健康的愉悦。花些时间放松、反省、收集信息、放风筝、享受你的爱好、进行一些你可以独处的活动，以及做一些力所能及并得到愉悦享受的活动。

（资料来源：理查德·格里格，菲利普·津巴多. 心理学与生活：第19版. 王垒，等译. 北京：人民邮电出版社，2014：418－419.）

三、健康与幸福感

（一）什么是幸福感

什么是幸福？如何获得幸福？每个人都有自己独特的理解，每个人都按照各自的方式去追求幸福。千百年来，人们一直在苦苦探索幸福的真谛。如今，健康心理学家对这一问题有了自己的答案，认为幸福（happiness）是一种感受良好时的情绪反应，一种能表现出愉悦与幸福心理状态的主观情绪感受，幸福的程度往往通过主观幸福感来测量。所谓主观幸福感（subjective well－being）是指人们对其生活质量所做的情感性和认知性的整体、主观的评价，包括积极情绪和总体生活满意度。研究表明，个体的情绪生活与其对生活满意程度的评价之间具有高度相关。那些生活中愉快情绪多的人对生活的满意度更高，反之亦然。

（二）幸福的人的特点

（1）幸福的人有较强的自尊。快乐的人都是喜欢自己的人，特别是在重视个性的西方文化中。他们觉得自己比一般人更聪明，能更好地与人相处。事实上，这些人常常有一种轻微的自我膨胀，认为自己优秀、能干且令人满意。

（2）幸福的人有很强的控制力。不同于那些感觉被操纵和习得性无助的人，幸福的人觉得自己能够掌控自己的生活。

（3）幸福的人都很乐观。乐观精神使得他们更有效地完成任务并最终达成目标，而且乐观的人也会更健康。

（4）幸福的人都能从日常活动中找到乐趣，且男女差异不大。很多情况下，成年男性和女性会从同样的活动（如朋友聚会）中得到乐趣。有时也存在一些差别，例如，与父母相处时女性得到的乐趣少于男性。